OKt 95

John Cornwell
Wie ein Dieb in der Nacht

SERIE PIPER
Band 1243

Zu diesem Buch

Seit Papst Johannes Paul I. nach nur 33 Tagen Amtszeit plötzlich starb, sind die Gerüchte und Spekulationen über die Hintergründe seines unerwarteten Todes nicht mehr verstummt. Das gewaltsame Ableben eines Nachfolgers Petri war schließlich in der wechselvollen und skandalträchtigen Geschichte des Vatikans kein Einzelfall... Knapp zehn Jahre später war es dem britischen Journalisten John Cornwell möglich, in Gesprächen mit Vertretern der Kurie und anhand bislang unzugänglicher Quellen die Vorgeschichte der Geschehnisse in der Nacht des 28. September 1978 zu rekonstruieren. Dabei geht es nicht mehr allein um die Aufdeckung der mysteriösen Todesumstände des »lächelnden Papstes« und um die merkwürdigen politischen und finanziellen Verstrickungen des Heiligen Stuhls; das Selbstverständnis des Vatikans selbst und die sich daraus ergebenden Konsequenzen für das Handeln ihrer Amtsträger stehen zur Debatte.

John Cornwell, geboren 1940 in London, Journalist, war nach seinem Studium in Oxford und Cambridge Leiter des Auslandsnachrichtendienstes bei der englischen Sonntagszeitung »The Observer«. Er verfaßte zwei Romane und eine Biographie und ist Fellow der Royal Society of Literature. 1984 erhielt er den »Golden Dagger Award« der britischen Crime Writers Association.

John Cornwell

Wie ein Dieb in der Nacht

Der Tod von Papst Johannes Paul I.

Aus dem Englischen
von Klaus Pemsel

Piper
München Zürich

Die Originalausgabe erschien 1988 unter dem Titel
»A Thief in the Night«
bei Viking Penguin in London.

ISBN 3-492-11243-9
Oktober 1991
R. Piper GmbH & Co. KG, München
Lizenzausgabe mit Genehmigung des Paul Zsolnay
Verlags, Wien/Darmstadt

Umschlag: Federico Luci
Foto: dpa, Hamburg
Satz: Sapperlot, Wien
Druck und Bindung: Clausen & Bosse, Leck
Printed in Germany

Dem Rektor, dem Stab und den Studenten am
VENERABILE COLLEGIO INGLESE
in Dankbarkeit gewidmet.

Danksagung

Was ich den vielen Informanten schulde, die dieses Buch möglich gemacht haben, wird im Buch selbst durchlaufend deutlich werden. Besonderen Dank schulde ich Father Andrew Summersgill, Father Philip Caraman, Dr. Nicholas Gold, Jill Lush, Derek Wilson, John Heilpern, Tobias Wolff, Robert Lescher, John Wilkins und Jonathan Cornwell.

Zu besonderer Dankbarkeit bin ich außerdem, wie immer, John Guest und Peter Carson verpflichtet.

„... der Tag des Herrn wird kommen
wie ein Dieb in der Nacht ..."
1. Thessaloniker 5,2

Vorwort

Dieses Buch beschreibt die Geschichte einer Untersuchung der Umstände des plötzlichen Todes von Papst Johannes Paul I. am 28. September 1978 sowie jener Behauptungen, daß er von altgedienten Prälaten der römisch-katholischen Kirche ermordet wurde. Meine Nachforschungen sind vom Vatikan in der Hoffnung unterstützt worden, daß ich einen schlüssigen Beweis für die Unrichtigkeit einer Reihe von Verschwörungstheorien publizieren würde, die der römisch-katholischen Kirche über ein Jahrzehnt lang Anlaß zu Sorge und Bestürzung gegeben haben. Daß der Vatikan bei einer solchen Beweisaufnahme durch einen Außenseiter Kooperationsbereitschaft gezeigt hat, ist meines Wissens bisher einzigartig.

Mir sind weder für meine Nachforschungen noch meine Schlußfolgerungen irgendwelche Auflagen gemacht worden. Meine Interviews mit den offiziellen Vertretern und Hauptzeugen sind auf Tonband aufgenommen worden. Es gab jede Menge an Hindernissen und Behinderungen, die jedoch eher aus persönlichem Widerstreben denn aus der offiziellen Politik resultierten. Schließlich leben im Vatikan Menschen, die ihren eigenen Kopf und ihren eigenen Willen haben.

Es dauerte gar nicht lang, bis ich erkannte, daß der Verlauf meiner Untersuchung genauso wichtig sein würde wie meine Ergebnisse. War mir doch das Privileg zuteil geworden, in den Arbeitsstil, die Persönlichkeiten und das Verhalten von Priestern und Prälaten in einer der geheimnisvollsten und verschlossensten Institutionen dieser Welt Einblick zu gewinnen. Meine Geschichte schließt die Spannungen, die zwischen der hohen geistlichen Berufung einerseits und den Anforderungen von Bürokratie und weltlichem Ehrgeiz, Politik und Mammon im Verwaltungszentrum der römisch-katholischen Kirche anderseits existieren, ein.

Der Vatikan erhoffte sich von mir den Beweis, daß Johannes Paul I. nicht von jemand aus den eigenen Reihen vergiftet worden war. Als ich jedoch im Verlauf vieler höchst interessanter und oftmals verwirrender Begegnungen innerhalb wie außerhalb des Vatikans die Wahrheit zu finden suchte, begannen die Hinweise und Beweise zu einem Schluß zu führen, der mir sogar noch beschämender und tragischer als irgendeine der Verschwörungstheorien erschien, die bis dato in Umlauf waren.

So angesehen ein Journalist und so integer seine Beweggründe sein mögen, eine journalistische Bestandsaufnahme kann ein Gerichtsverfahren nie ersetzen. Es kann keinen Ersatz dafür geben, lebende Zeugen im Gerichtsstand zu vernehmen, ihren Gesichtsausdruck zu beobachten, dem Tonfall ihrer Stimmen zu lauschen sowie abwechselnd Anklage und Verteidigung zu hören. Ich habe mich deshalb für eine Methode der Darstellung entschieden, die es erlaubt, wo möglich, die Beteiligten für sich selbst sprechen zu lassen.

Das endgültige Urteil liegt beim Leser.

Vorbemerkung des Autors

Als sich die Gelegenheit zu diesem Projekt bot, hatte ich mich seit über zwanzig Jahren vom Katholizismus abgewandt. Meine Abkehr vom Glauben hatte sich nicht im Sinne einer allmählichen, wachsenden Gleichgültigkeit ergeben. Ich hatte sieben Jahre in englischen Priesterseminaren studiert, um Priester zu werden. Ich hatte die Kirche aufgrund einer Gewissensentscheidung verlassen, sowohl die Berufung wie den Glauben an Gott abzulehnen. Es war ein schwerer Schritt. Es gab schmerzliche Erinnerungen an eine von intellektueller Enge und übertriebener Disziplin überschattete Jugend, doch es gab auch glückliche Erinnerungen an Kameradschaft innerhalb der Gemeinschaft und flüchtige Perioden geistiger und geistlicher Erfüllung. Der Schatten verblaßte mit der Zeit. Für einen Blick zurück im Zorn bestand so wenig Anlaß wie zu einer reumütigen Nostalgie. In meiner späteren Laufbahn als Journalist kam ich mit religiösen Themen selten in Berührung.

Im Jahre 1987 aber machte ich mich an ein Projekt, das mich zur Prüfung angeblicher „übernatürlicher" Phänomene in unserer Zeit ins Ausland führte. Ich untersuchte die Geschichte des stigmatisierten Padre Pio, die neuesten wissenschaftlichen Erkenntnisse über das Turiner Grabtuch, die Marien-Erscheinungen bei Medjugorje in Jugoslawien. Ich ging diesen Phänomenen vom Standpunkt der Wissenschaft wie des Glaubens nach, und mich interessierten sowohl religiöse als auch psychologische Zwischentöne. Eine persönliche parteiische Anteilnahme war in keiner Hinsicht gegeben.

Diese Arbeiten führten mich im Oktober 1987 nach Rom, wo ich offizielle kirchliche Stellungnahmen zu einer Kontroverse über die Erscheinungen in Medjugorje zu erhalten suchte, und vor diesem

Hintergrund wurde ich vom Vatikan plötzlich und für mich völlig überraschend ermutigt, über ein völlig anderes Projekt nachzudenken: die wahre Geschichte über den Tod von Johannes Paul I. zu schreiben.

Die seit 1978 anhaltenden Gerüchte, daß Johannes Paul I. möglicherweise ermordet wurde, waren mir bekannt; ich war dieser Frage gegenüber aufgeschlossen. Schließlich war Johannes Paul II. nur knapp einem Attentat entkommen. Ich neigte nicht dazu, leichtgläubig anzunehmen, daß die altgedienten Prälaten der Kirche sich zur Ermordung von Johannes Paul I. verschworen oder auch nur ihr schweigendes Einverständnis gegeben hatten. Es gab für mich aber auch keinen Zweifel, daß, sollte ich auch nur das klitzekleinste Beweisstück entdecken, das einen solchen Schluß nahelegte, ich der Sache unerbittlich nachgehen und meine Entdeckungen veröffentlichen würde.

Ich vertrete nicht die Sache der römisch-katholischen Kirche, des Vatikans oder einzelner Vertreter dieser Institution. Ich war von der Straße weg in den Vatikan spaziert und fand mich zur rechten Zeit am rechten Ort.

Für mich als Ex-Katholiken und früheren Seminaristen hat das Schreiben dieses Buches so etwas wie eine „empfindsame Reise" bedeutet. Es bot mir eine ungewöhnliche Gelegenheit, meine Einstellung gegenüber dem Glauben und der Praxis des Katholizismus sowie den Verhaltensweisen des römisch-katholischen Klerus mitten im Herzen der Kirche zu überprüfen. Hie und da sind meine persönlichen Gefühle und Gedanken zu diesem Thema gewiß in meine Erzählung eingeflossen.

Prolog

Eines Morgens im späten Oktober 1987 machte ich mich von meinem Hotel in der Via Vitelleschi nahe beim Castel San Angelo auf den Weg in den Vatikan. Für die Jahreszeit war es warm, und ich fühlte mich beschwingt, als ich aus einer Seitenstraße trat und plötzlich auf der Via della Conciliazione stand, der Prachtstraße, die breit vom Tiber zum Petersplatz aufsteigt. Im dunstigen Sonnenlicht bot sich mir die Basilika St. Peter in all ihrer Großartigkeit. Die Touristen waren zum größten Teil schon abgereist, und so war der Platz leer bis auf die allfälligen offiziellen Repräsentanten der katholischen Kirche, des römischen Klerus. Etwas kantig in den Bewegungen, in schwarzer Soutane mit einem übergeworfenen Regenumhang, mit dickbesohlten Schuhen, das schwarze Birett auf dem bebrillten Kopf, strebten sie jeder für sich mit dem gleichen unbeirrbaren Schritt ihrem Ziel, der Vatikanstadt, zu. Die Kinder in Rom nennen sie *bagarozzi* – schwarze Mistkäfer.

Ich eilte in die gleiche Richtung wie die Priester, zum kleinsten und womöglich geheimnisvollsten Staat der Welt.

Ich war verabredet mit Erzbischof John Foley, dem Präsidenten der Kommission für soziale Kommunikationsmittel, einer offiziellen vatikanischen Stelle für Öffentlichkeitsarbeit. Ich hatte von seinem Sekretär die Anweisung erhalten, mich am Arco delle Campane, dem Tor auf der linken Seite des Petersdoms, zu melden. Der eine der beiden Schweizer Gardisten dort blieb mit seiner aufgepflanzten Hellebarde regungslos stehen, während der andere auf mich zukam. In seinem ausladenden Landsknechtaufzug salutierte dieser fast kahlgeschorene Rotschopf vor mir und versperrte mir entschlossen den Weg. Er wartete auf ein Wort von mir. Nachdem ich ihm meinen Auftrag genannt hatte, rief er kehlig ‚Empfangsbüro' und wies mich mit einer Handbewegung durch den Eingang auf die linke Seite des Torbogens.

Dort befand sich ein marmorgefliester Raum mit einem langen Tisch, vielen Stühlen und einem Schalter, an dem zwei Männer vor alten Telefonen saßen. Davor stand ein Haufen Leute, die mit Schriftstücken wedelten, andere saßen am Tisch und füllten Formulare aus.

Die Sicherheitsbestimmungen des Vatikans sehen vor, daß ein Besucher seine Personalien und die Abteilung angeben muß, die er im Stadtstaat besuchen möchte. Eines der Faktoten hinter dem Schalter ruft bei der entsprechenden Stelle zur Bestätigung der Verabredung an.

Als ich mich schließlich zweimal durchs Gedränge vor dem Schalter gewühlt hatte, hielt ich als Passierschein ein rosa Blatt Papier mit der Aufschrift *Stato della città del Vaticano – Governatorato* in Händen, auf dem meine Ankunftszeit, das Tagesdatum und die Unterschrift des diensthabenden Beamten oder *addetto* eingetragen waren. Ich durfte die Stadt nunmehr frei betreten.

Von den vatikanischen Carabinieri in ihren Unterständen auf den richtigen Weg gewiesen, ging ich an der Ostseite von St. Peter entlang weiter. Links befand sich eine Häufung düsterer barocker Gebäude, wo ich auf einer steinernen Plakette die Inschrift las: *Magnificentia Opus Ejus* – Großartig sind Seine Werke. Ich gelangte auf einen Platz, in dessen Mitte sich ein Garten mit immergrünen Büschen befand, die sich rund um einen Brunnen gruppierten. Zu beiden Seiten standen hohe Bürogebäude. Weit vor mir auf einer Erhöhung konnte ich das Eingangsportal des vatikanischen Bahnhofs mit seinen wuchtigen steinernen Empfangshallen sehen, einem verloren wirkenden Monument der faschistischen Epoche, ein pompöses Eingangstor ins Nichts.

Mir drängte sich förmlich der Eindruck auf, wie ordentlich und ungewöhnlich sauber hier alles war. Nach den lärmigen Straßen von Rom war es hier so ruhig wie an einem Sonntagnachmittag in Zürich. Ich ging auf das erste der beiden Bürogebäude zu. Unter einem Torbogen war der Eingang zur Kommission für soziale Kommunikationsmittel.

Ich wurde von einem Bediensteten in schwarzem Anzug in ein Empfangszimmer gewiesen und war vorläufig mit dem Mobiliar allein: ein gänzlich unerwartetes modernes Gemälde vom Trafalgar Square, einige Sessel, ein niedriger Teetisch, auf dem mehrere Exemplare des Magazins von Radio Vatikan herumlagen. Die Tür stand halb offen, und so sah ich draußen einen Geistlichen vorbeigehen, der einen Augenblick stehenblieb und zu mir hereinschaute. Es war ein *bagarozzo*, dessen Büro in einem Kabäuschen am Ende des Korridors zu liegen schien. Ich winkte ihm vergnügt zu, worauf er schleunigst verschwand.

Ein großer, kahlköpfiger Mann trat ein. Er trug einen vornehmen schwarzen Anzug und auf der Brust ein gewichtig wirkendes Goldkreuz. Er hatte ein semmelrundes Gesicht mit Unschuldsmiene. Ich schätzte ihn auf Anfang Fünfzig. Seine kobaltblauen Augen, von denen eines leicht schielte, waren unentwegt weit geöffnet, so als wäre er permanent aufgeschreckt. Es war Erzbischof John Foley, der Präsident der Kommission für soziale Kommunikationsmittel im Vatikan.

Er erzählte mir, er stamme aus Philadelphia, wo er Herausgeber der Diözesannachrichten gewesen war, bis er 1984 nach Rom versetzt wurde, um ein bißchen frischen Wind aus der Neuen Welt in die Medienpolitik des Vatikans zu bringen.

Wir begannen sofort ein Gespräch über übernatürliche Erscheinungen in der heutigen Zeit, und er berichtete mir, er sei soeben von Syrakus in Sizilien zurückgekehrt, wo er den Schrein der tränenreichen Madonna besucht habe.

Mit einem Ausdruck der Verwunderung in der Stimme erklärte er: „Wissenschaftliche Experten haben Flüssigkeit, die der dortigen Madonnentafel entnommen wurde, eingehend untersucht und sind zu dem Ergebnis gekommen, daß es sich tatsächlich um menschliche Tränen handelt."

Er sprach gleichmäßig. Er sprach jedes Wort deutlich für sich ohne lautliche Verschleifungen und Verkürzungen aus. Sein melodischer, kirchlicher Kammerton war wie für die Kanzel geschaffen. Gelegentlich machte er eine graziöse Bewegung mit den Händen, doch am liebsten verschränkte er die Finger wie zum Gebet, wobei ein klobiger Goldring aufblitzte.

Er nannte mir einige Kontaktpersonen in der Kongregation für die Glaubenslehre, die vom kirchlichen Wächter über die Rechtgläubigkeit der Kirche, Kardinal Ratzinger, geleitet wurde, und das Interview war eigentlich schon beendet. Statt sich zum Abschied zu erheben, plauderte Foley jedoch noch ein Weilchen mit mir und kam auf andere Themen zu sprechen, bis wir schließlich über den Tod von Johannes Paul I. diskutierten.

„Da gibt es Leute, die behaupten, Papst Johannes Paul I. sei von uns hier im Vatikan vergiftet worden. Verdächtigt wird besonders Erzbischof Marcinkus. Es ist wirklich ein Jammer", fuhr er fort, „daß jemand wie Sie nicht die Wahrheit über das schreibt, was in der Sterbenacht von Johannes Paul I. vorgegangen ist. Ich bin mir sicher, das wäre weitaus interessanter als all diese Sensationsmärchen."

Mich verwunderte diese Bemerkung. Ich überlegte kurz, was er damit wohl sagen wollte. Gäbe es etwas Interessanteres als den Mord an einem Papst? Doch warum ich? Hatte es womöglich etwas mit dem Übernatürlichen zu tun?

„Ich bin mir sicher", sagte er, „wenn ein *bona-fide*-Journalist versuchen würde, die Wahrheit über jene Nacht zu schreiben ... ich könnte ihm den Vatikan öffnen."

Mir gefiel die typisch amerikanische Vorstellung; selbst jemandem, der in vatikanischen Angelegenheiten ein Laie war, kam solch ein Versprechen optimistisch vor. Ich mußte mir wieder in Erinnerung rufen, daß ich den PR-Chef des Papstes vor mir hatte.

Ich fragte: „Würde Erzbischof Marcinkus sich dazu bereiterklären, daß ich ihn interviewe?"

Er blickte starr, als ob er irgend etwas unmittelbar über meinem Kopf fixieren wollte. „Oh, ich bin sicher, daß ich Ihnen Erzbischof Marcinkus liefern kann. Sie müßten auch mit John Magee, dem Bischof von Cloyne, reden; er war Sekretär des Papstes. Wissen Sie, wir waren damals, was die ganzen Umstände betrifft, alles andere als offen. Einige unter uns sind der Auffassung, daß die volle Wahrheit ans Tageslicht kommen sollte – besser spät als nie. Das wäre eine Aufgabe der Kommission für soziale Kommunikationsmittel. Es sollte mehr Aufrichtigkeit und eine größere Bereitschaft geben, Fehler und Unterlassungen einzugestehen."

Nachdem ich seinen Blick eine Zeitlang erwidert hatte, meinte ich: „Solch ein Projekt würde mich interessieren. Doch was erwarten *Sie* sich davon?"

„Daß der ganze Skandal aufhört. Diese Gerüchte haben weltweit dem Glauben von Millionen von Katholiken in aller Welt geschadet. Sie kommen zu ihren Gemeindepriestern und wollen wissen: ‚Hochwürden, stimmt es, daß der Papst im Vatikan ermordet wurde?' Und wir haben nichts, was wir dagegen halten können. Selbst Priester schenken diesen Behauptungen Glauben ..."

Er stand auf. „Falls Sie an diesem Projekt interessiert sind, rufen Sie mich doch einfach an.. Überhaupt, warum besuchen Sie nicht die Papstgruft und besprechen die Angelegenheit mit ihm selbst? Sprechen Sie ein kurzes Gebet für Papst Luciani an seinem Grab."

Mir gefiel die Weltfremdheit dieses Vorstands für ‚Soziale Kommunikationsmittel', noch bevor er mir sein Abschiedsgeschenk gab, das ihn als den wohl außergewöhnlichsten PR-Mann auf Erden zu erkennen gab. Ich wollte schon aus der Tür des Empfangsraums treten, als er sagte: „Lassen Sie mich Ihnen meinen Segen geben." Ich stand auf einem Bein und war mir unsicher, ob ich jetzt hinknien sollte oder nicht. Da erhob er sich zu voller Größe und sprach ein förmliches und ziemlich langes Gebet über mir, das er mit einem ausladenden Kreuzzeichen beendete. Er sah mit sich sehr zufrieden aus, als er mich hinausbegleitete.

Draußen vor dem Arco delle Campane beschloß ich, den Erzbischof beim Wort zu nehmen, zumindest soweit es den Besuch des

Grabes von Johannes Paul I. betraf. Ich stieg die Stufen von St. Peter auf der linken Seite der Basilika hoch und ging das Hauptschiff hinunter zum großen Baldachin. Der Abgang zu den Papstgräbern liegt direkt hinter dem Hochaltar. Eine Wendeltreppe führt Pilger hinunter in eine erst kürzlich renovierte Katakombe an der Urne mit den Überresten vom heiligen Petrus vorbei, in eine Folge von unterirdischen Korridoren, die mich an die Londoner Untergrundbahn erinnerten. In Schreinen und Kapellen lagen die Gräber der letzten Päpste, darunter Pius XII., Johannes XXIII. und Paul VI. In einer Grotte fand ich den grauen Marmorblock mit der Inschrift ‚*Johannes Paulus PP I.*'. An jeder Ecke des Sarkophags hielten Engel die Arme über der Brust gekreuzt. Am Kopfende lag eine Rose für den Toten.

Als ich das Grab vom ‚lächelnden Papst' betrachtete, kamen Pilger, die einen Augenblick stehen blieben. Einige legten die Hand auf den Marmor und bekreuzigten sich. Pilger, die in Paaren oder Gruppen kamen, flüsterten sich kurze Bemerkungen zu: „Papst Luciani ...", „ermordet ...", „eine Schande ...". Einen weiblichen englischen Teenager hörte ich ihren Begleiter fragen: „War das der, den sie um die Ecke gebracht haben?" Sie gingen mit einem unterdrückten Kichern in der Düsternis weiter.

Zehn Jahre nach seinem Tod zog das Grab von Johannes Paul I. noch immer mehr Aufmerksamkeit auf sich als die Gedenkstätten aller anderen Päpste zusammen. Zehn Jahre nach seinem Tod litt die römisch-katholische Kirche immer noch unter dem Gerücht über eine Mordverschwörung. Die Tatsache, daß diese mächtige Institution sich von dieser Behauptung dermaßen irritiert zeigte, daß sie sogar erwog, ihre übliche Geheimniskrämerei aufzugeben, war bemerkenswert und ließ aufhorchen.

Am selben Tag noch kam ich im Zusammenhang mit meinen Recherchen über übernatürliche Phänomene einer Einladung zum Mittagessen im Englischen Kolleg nach, dessen korrekter Name *Venerabile Collegio Inglese* lautet. Es ist das theologische Seminar für englische Priesterkandidaten in Rom und steht unmittelbar unter dem Patronat des Papstes. Ich ging dorthin in der Hoffnung, die Erlaubnis zur Benützung der Hausbibliothek zu erhalten, doch ich machte mich mit einiger Beklommenheit auf den Weg – es war seit meiner Abkehr von der Kirche mit 24 Jahren mein erster Besuch eines Priesterseminars. Das Seminar lag abseits in einer engen Altstadtgasse, der Via di Monserrato, bei der Piazza Farnese.

Der Mann in der Portiersloge blickte von seinem Rätselheftchen auf und betätigte hinter seinem Gitterfenster den elektronischen Türöffner.

Ich betrat einen hohen Korridor mit Marmortafeln und einem Papstwappen, auf dem die dreifache Tiara abgebildet war – Symbol der Herrschaft über Himmel, Erde und Hölle. Auf Hochglanz polierte rote und schwarze Fliesen führten in langer Reihe zu einem hohen romanischen Milchglasfenster. Mir stieg ein Geruch von Weihrauch und der typischen Bienenwachspolitur in die Nase und löste in mir eine Flut von Erinnerungen aus. Zu meiner Zeit wären hier Studenten in Soutane schweigend und zielstrebig einen solchen Korridor entlanggegangen. Der junge Mann, der zu meiner Rechten die Marmortreppe herunterkam, trug graue Hosen und Fliegerjacke. Nonchalant eine Zigarette rauchend, trat er am hinteren Ende des Korridors in einen Garten.

Ich vernahm schließlich ein Summen auf der Treppe, und alsbald erschien der Rektor des Kollegs, Monsignore Kennedy. Gutmütig, mit einem Ansatz zur Glatze, die Hände in den Taschen und in Straßenkleidung, kam er auf mich zu. Vor zwanzig oder mehr Jahren wäre er zugeknöpft und eingeschnürt vor mir erschienen – in einer schwarzen Soutane mit violetter Biese, das Kinn in einen glänzenden steifen Kragen gezwängt. Dieser joviale Rektor der achtziger Jahre sah aus, als träfe er geradewegs vom Golfplatz ein. „Nennen Sie mich Jack", sagte er in seinem Lancashire-Dialekt mit einem festen Händedruck.

Er nahm mich gleich in die Hauskapelle mit, wo er vor dem Tabernakel mit der heiligen Eucharistie das Knie beugte. Ich hielt mich ein wenig zurück, doch er winkte mich an den Hochaltar. Er wollte mir ein Gemälde zeigen, das im Ostflügel der Kirche hing. Es stellte die Dreifaltigkeit mit Gott dem Vater dar, wie er den Körper des toten Christus hielt, aus dem Blut auf eine Karte von England troff. Die Heiligen Thomas von Canterbury und Edmund knieten darunter mit nach oben gerichteten Blicken. Auf einem Streifen unten am Bild befand sich der Spruch: ‚*Veni mittere ignem in terram* – Ich bin gekommen, Feuer über die Erde zu bringen.'

„Das Bild ist von Durante Alberti und vierhundert Jahre alt", erklärte der Monsignore. „In den Zeiten, als die Katholiken in England verfolgt wurden, sind die Studenten immer hierhergekommen und haben ein *Te Deum* vor diesem Bild gesungen, wenn Nachrichten kamen, daß ein weiterer Märtyrer gestorben war, der dem Kolleg angehört hatte."

Er nahm mich mit nach oben und zeigte mir die Bibliothek. Eine ganze Abteilung enthielt nur das einzigartige Archiv über die Strafverfolgungen in England während der Reformation. Wieder auf dem Weg nach unten, bemerkte ich ein Porträt von Papst Johannes XXIII. und eine Büste von Johannes Paul II. Da hing außerdem noch eine eingerahmte Liste mit den Namen von Studenten, die in England, meist durch Erhängen oder Aufschlitzen des Bauches, für den römisch-katholischen Glauben gestorben waren. Königin Elisabeth I. und ihre Regierungsbeamten hatten sie als Spione und Verräter bezeichnet; hier wurden sie als Märtyrer glorifiziert. Die Atmosphäre militanten Papsttums aus dem sechzehnten Jahrhundert schien noch quicklebendig und ungebrochen hier im Herzen Roms, innerhalb der Mauern dieser durch und durch englischen Institution mit dem direkten Draht zum Papst und dem Vatikan. „Das Kolleg", sagte der Rektor spitzbübisch, „ist wahrhaft päpstlich. Ich kann nur vom Papst selbst gefeuert werden."

Beim Essen im eichengetäfelten Refektorium saß ich mit dem Kollegpersonal an einem Tisch in der Mitte, unter einer hochgewölbten Decke, auf der der Heilige Georg beim Töten des Drachens abgebildet war. Die Studenten, im ganzen etwa achtzig oder neunzig, saßen an langen Tischen entlang der Wände des Refektoriums. Eine hohe Wandkanzel stand leer. Mich umgab lautes Stimmengewirr. Die Studenten trugen gewöhnliche Straßenkleidung, doch glaubte ich an ihnen doch Ähnlichkeiten mit den Seminaristen aus meiner Jugend entdecken zu können: Zeichen von Steifheit und ein Anflug von Pingeligkeit in den Tischmanieren. Viele trugen Brille, hatten kurzgeschorene Haare und bevorzugten dunkle Farben und klerikales Grau. Mich beschlich das vage Gefühl, hier ein Eindringling zu sein.

Bei Tagliatelle und einem Glas Weißwein berichtete ich dem Rektor von meiner Unterhaltung mit Erzbischof Foley und seinen Äußerungen über das angebliche Giftkomplott gegen den Papst. Er war ganz Ohr. Dann sagte er mit einiger Entschiedenheit: „Das wäre wirklich ein wichtiges Projekt. Wenn Sie die Wahrheit über den Tod von Papst Johannes Paul I. schreiben und mit dem ganzen Unsinn von einer Mordverschwörung aufräumen wollten, werden wir helfen, soweit wir können."

Während der weiteren Unterhaltung bei Tisch begann ich zu ahnen, welchem Druck ich ausgesetzt sein könnte, falls ich den Auftrag annehmen würde. Ich zitterte innerlich bei der Vorstellung, als ‚Mann des Vatikans' angesehen zu werden, als ein Schriftsteller, den sie sich ‚eingefangen' hatten, um eine Entgegnung zu liefern. Bildete ich es mir nur ein, in der Atmosphäre des alten Englischen Kollegs kämpferischen anti-protestantischen Enthusiasmus zu spüren, für den die Frontlinien noch klar verliefen? Verstanden Personal wie Studenten England noch immer als Missionsgebiet? Ich mußte an ein altes Kirchenlied denken, das wir früher zu singen pflegten; es hatte den Refrain: „Wir *werden* treu sein bis zum *Tod*!"

Unter dem Eindruck der eifrigen klerikalen Gesichter um mich herum wurde mir klar, daß ich mich unwiderruflich von solch einem Milieu entfernt hatte. Ich empfand keinerlei Antipathie, doch würde ich die Einstellung eines militanten, kämpferisch apologetischen Katholiken nie wieder auch nur vortäuschen können.

Ich war ein Eindringling. Und es war die typische Neugier eines Eindringlings für die nachkonziliare Kirche und ihr Machtzentrum, die mich reizte und der Versuchung aussetzte, mich kopfüber in das ‚Mord'-Projekt zu stürzen. Trotz all der Jahre, die ich als Seminarist verbracht hatte, hatte ich keine Ahnung, wie der Vatikan *wirklich* war. Ich war überzeugt, daß meine journalistische Neugier den besten Schutz bot gegen Überredungskünste, egal aus welcher Ecke.

Der Rektor sagte: „Wenn Sie sich zu dem Buch über den Papstmord entschlössen, könnten Sie für die ganze Dauer Ihrer Arbeiten hier bei uns wohnen. Wir werden Ihnen helfen, wo Sie Unterstützung brauchen."

Ich hatte mich schon entschieden, die Geschichte vom Tod Johannes Paul I. anzupacken; aber ich wußte auch schon, daß es wohl kaum ein Buch werden würde, wie der Vatikan oder das Englische Kolleg es von mir erwarteten.

Daheim in England, machte ich mich daran, Quellenmaterial zusammenzutragen: Bücher, Artikel und Nachrichtenmeldungen aus dem entsprechenden Zeitraum. Ich brachte es auf über zweihundert ausführliche englischsprachige Zeitungs- und Zeitschriftenartikel, die über das Leben und Sterben von Johannes Paul I. berichteten. Ich entdeckte etwa zehn Bücher in englischer und französischer Sprache – darunter *The Making of the Popes* von Andrew Greeley, *The Year of the Three Popes* von Peter Hebblethwaite, *Der Vatikan* von Max Morgan-Witts und Gordon Thomas, zwei skurrile Schlüsselromane: *La Vraie Mort de Jean Paul Ier* von Jean-Jacques Thierry und *Die rote Soutane* von Roger Peyrefitte; und dann noch *Im Namen Gottes?* von David Yallop. Ich nahm auch die Hilfe von Nachrichtensammlern in Madrid, Paris, Bonn und Rom in Anspruch. Aus deren Büros wurde ich bergeweise mit Material aus ausländischen Zeitungen eingedeckt. Ich besorgte mir außerdem einen Ordner mit Dokumenten aus dem Pressebüro des Vatikans, der die offiziellen Bulletins und Verlautbarungen, Ausgaben des *Osservatore Romano* über den Zeitraum des Todes von Papst Johannes Paul I. und Abschriften von Sendungen aus der Redaktion der Radiozeitung des Vatikan-Senders enthielt.

Unter Verwendung all dieses Materials verfaßte ich einen kurzen Abriß über den Verschwörungsfall und seine Entwicklung seit 1978.

Doch zuerst zu den grundlegenden Fakten über das Leben und das kurze Pontifikat von Johannes Paul I.:

Albino Luciani wurde am 17. Oktober 1912 in Forno di Canale in der Diözese Belluno in Nordostitalien geboren. Sein Vater war ein Wanderarbeiter und verbrachte lange Zeit in der Schweiz. Er war ein erklärter Sozialist. Luciani besuchte die örtlichen Seminare und wurde am 7. Juli 1935 geweiht. Nach seiner Ordination studierte er an der Gregorianischen Universität in Rom, wo er seine Doktorarbeit über Rosmini vollendete, eines italienischen Philosophen und religiösen Denkers des 19. Jahrhunderts, der zeitweilig der Häresie verdächtigt wurde. Er wirkte in seiner Heimatgemeinde, übersiedelte dann an das Seminar in Belluno, wo er zehn Jahre Vorlesungen über allgemeine Kirchenlehre hielt. 1948 wurde er zum amtierenden Generalvikar seiner Diözese bestellt und mit der Katechese betraut. 1958 wurde er zum Bischof von Vittorio Veneto gewählt, wo er elf Jahre lang Dienst tat. Er übte sein Hirtenamt auf bodenständige Weise aus, seelsorgerisch und anti-intellektuell. Verwaltung, Finanzen oder Politik interessierten ihn kaum. In einer Ansprache an den Klerus seiner Diözese im Jahr 1961 erinnerte er an Döllinger, Renan und Passaglia, die theologischen ‚Dissidenten' aus dem späten 19. Jahrhundert, deren Ansichten fast ein Schisma der Kirche heraufbeschworen hatten. „Sie verirrten sich in zu viel Theologie", sagte er. „Sie waren zu sehr Theologen und zu wenig Seelenhirten ... theologische Gelehrsamkeit sollte in den Dienst des Hirtenamtes gestellt werden." 1969 wurde er auf allgemeinen Wunsch zum Patriarch von Venedig ernannt und war Gastgeber von fünf ökumenischen Konferenzen, darunter ein richtungsweisendes Treffen der Internationalen Anglikanisch-Römisch-katholischen Kommission.

Als Patriarch driftete er merklich nach rechts und verkündete bei den italienischen Wahlen 1975, daß Christentum mit Kommunismus nicht vereinbar sei. Er veröffentlichte eine Reihe kauziger Briefe an fiktive und historische Figuren, darunter Pinocchio, Walter Scott und Figaro. Über sich selbst hat er einmal gesagt: „Wäre ich nicht Bischof, wäre ich gern Journalist geworden."

In den späten sechziger Jahren beschäftigte er sich, wie viele Bischöfe, immer stärker mit der Problematik der Geburtenkontrolle und diskutierte mit Ärzten und Theologen, um sich seine eigene Meinung zu bilden. Doch im Gefolge der Bekräftigung der traditionellen kirchlichen Lehre durch Paul VI. in *Humanae Vitae* wurde er linientreu und verteidigte öffentlich die Enzyklika. Als erstes Mitglied der obersten Kirchengarde sprach er sich gegen Retortenbabys aus.

Das Konklave der Kardinäle wählte nach nur einem Abstimmungstag am 26. August 1978 im vierten Wahlgang Albino Luciani zum Nachfolger Paul VI. Es war das kürzeste Konklave dieses Jahrhunderts und wohl auch der Geschichte. Kardinal Hume nannte ihn ‚Gottes eigenen Kandidaten!' Er fügte hinzu: „Als die Entscheidung gefallen war, erschien sie grundsätzlich und vollkommen richtig. Wir alle hatten das Gefühl, er sei genau derjenige, den wir brauchten ... Wir fühlten, daß unsere Hände geführt wurden, als wir seinen Namen auf Papier schrieben!"

Doch tauchten schon in den ersten Tagen des Jubels ominöse Bedenken auf. Das einflußreiche katholische Magazin *The Tablet* kommentierte: „Wir stehen immer noch vor dem Rätsel, wie ein so beträchtlich erweitertes Wahlkollegium, internationaler als je zuvor und unter dem Einfluß des II. Vatikanischen Konzils, dazu noch schwer beschäftigt mit den Problemen der Dritten Welt, sich so schnell einig werden konnte über die Eignung eines Mannes, mit all dem richtig umzugehen; eines Mannes zudem, von dem sie kaum etwas gehört hatten. Entweder war dies ein spektakuläres Einschreiten des Heiligen Geistes oder das Ergebnis einer langen und sorgfältig vorbereiteten Kampagne ..." Eine andere, weniger ermutigende Erklärung machte die Runde: Luciani sei nur gewählt worden, um die machtvolleren Kandidaturen von fähigen und erfahrenen Italienern wie Benelli, Siri oder Pignelodi zu blockieren.

Auf seiner ersten Pressekonferenz bezauberte er die Welt mit seiner Einfachheit und seinem Humor. Beim Ansehen einer Videoaufnahme seiner ersten Predigt war ich gerührt von seinem einnehmenden Wesen. Er verschränkte die Hände vor der Brust und schien seine Zuhörer mit demütiger, bebender Stimme flehentlich zu ermahnen.

Er verkündete, daß er mit dem traditionellen Pomp der Papstkrönung und des Tragsessels aufhören werde. Er äußerte auch den Wunsch, lieber als ‚Hirte' denn als ‚Pontifex' bekannt zu werden. Er wurde überall nur noch der ‚lächelnde Papst' betitelt. Selten zuvor hatte ein Pontifikat mit solch allgemeiner Anziehungskraft begonnen.

Doch genau 33 Tage nach seiner Wahl, in der Nacht vom 28. auf den 29. September, starb Papst Johannes Paul I. oder Papa Luciani, wie ihn die Italiener nannten, unerwartet in seinen Privatgemächern. Die Todesursache war nach der Meldung des Vatikans ein ‚Myokardinfarkt', ein Herzanfall. Es war eines der kürzesten Pontifikate der Geschichte, auf jeden Fall das kürzeste seit vierhundert Jahren. Er stand einige Wochen vor seinem 66. Geburtstag und war bei guter Gesundheit. In der Vergangenheit hatte er nie etwas mit dem Herzen gehabt. Das Bulletin verlautbarte, er sei nicht im Schlaf gestorben, sondern sei sitzend während des Lesens, noch mit der Brille auf der Nase, entschlafen.

Die Welt war fassungslos. Viele Menschen behaupteten, so etwas wie ein *déjà-vu*-Erlebnis gehabt zu haben, und glaubten zunächst, daß die Bulletins sich wieder auf Paul VI. bezogen. Wie konnte ‚Gottes eigener Kandidat', der mit solch augenscheinlichem Enthusiasmus von Kardinälen unter dem himmlischen Schutz des Heiligen Geistes auserwählt worden war, schon tot sein? Der Londoner *Times*-Korrespondent für religiöse Angelegenheiten hatte keine andere Erklärung anzubieten als die, daß sich das Konklave geirrt haben müßte oder eben nicht, wie behauptet, unter göttlicher Anleitung gestanden war. *The Tablet* ließ einmal mehr seine früheren Skrupel verlauten: „Seine mit leichter Hand, dafür verständlich geschriebenen Schriften zu den verschiedensten Themenbereichen, seine Nebenbemerkungen und Gesten ließen einen einzigartigen Charakter vermuten, doch er war bis jetzt noch nicht auf den Prüfstand der Konfrontation sowohl mit den wachsenden Problemen als auch den bürokratischen Vorgängen in der Kirche gebracht worden. Das alles läßt sich nicht mit einem Lächeln oder einer generösen Handbewegung abtun." Wäre es denkbar, schien der Verfasser nahezulegen, daß ein Fehler passiert und die Vorsehung eingeschritten war? Unter den zahlreichen Ehrenbezeigungen von politischen und kirchlichen Führern befand sich folgender Kommentar von Roger Schutz, dem charismatischen Abt von Taizé, der mich stutzig machte: „Ich sagte mir: Dieser Mann hat soviel Menschlichkeit ... daß er im Falle einer Gefahr, zerrissen zu werden, alles versuchen wird, um beide Enden der Kette im Griff zu behalten." War Johannes Pauls plötzlicher Tod die vorzeitige Verwirklichung dieser ungeheuer prophetischen Bemerkung?

Es bestand kein Mangel an transzendentalen Theorien, um den unzeitigen Tod des neuen Papstes zu erklären. Sogar die Vertreter der *Prophezeiungen des Malachias* verkündeten eine weitere schaurige Erfüllung. Die Vorhersage, die mit der Herrschaft Johannes Paul I. zusammenfiel, lautete *de medietate lunae.* Kommentatoren in Italien und Frankreich wiesen darauf hin, daß es sich hier um die Verkürzung des Ausdrucks *de media aetate lunae* handelte – auf halbem Weg durch den Mondumlauf. Johannes Paul starb tatsächlich genau in der Mitte eines Zeitraums zwischen zwei Vollmonden.

Doch während die Gelehrten spekulierten und geistreich taten und die Kirchenmänner trauerten und über die Vergänglichkeit des Lebens meditierten, wurden in Rom wie anderswo bereits weniger erbauliche Erklärungen für den Tod von Johannes Paul herumgeflüstert.

ERSTER TEIL

... achtlos hatte jemand gelogen; achtlos hatte jemand Fehler gemacht; und alle Betroffenen waren entschlossen nicht zuzugeben, daß sie selbst oder irgend jemand sonst falsch gehandelt hatten. Da war ein Fehler gemacht worden; und durch Wortklauberei, durch Ausflüchte, durch Drohungen und alle nur denkbaren Täuschungsmanöver sollte dieser Fehler für immer fortgesetzt werden.

Frederick Rolfe, *Hadrian VII*

1

Der unerwartete Tod von Johannes Paul I. hätte hingenommen und in die Geschichte eingehen können als eine Tat des Heiligen Geistes oder als simpler Unglücksfall, wenn da nicht eine Reihe seltsamer Umstände gewesen wäre, die Fragen nach der Ehrlichkeit von Mitgliedern des päpstlichen Haushalts und des Staatssekretariats im Vatikan aufwarfen. Jeder dieser Punkte wäre für sich genommen harmlos gewesen, doch in der Gesamtheit und vor dem Hintergrund eines plötzlichen Todes nahmen sie sich äußerst merkwürdig aus.

In den zwei Wochen nach dem 29. September 1978 widersprachen sich die Stellungnahmen von Sprechern des Vatikans, von Angehörigen des päpstlichen Haushalts und von anderen wichtigen offiziellen wie inoffiziellen Zeugen in zehn entscheidenden Punkten, was die Umstände des Todes betraf. Diese Widersprüche, die sich bis zum heutigen Tag gehalten haben, wären nach jedem Todesfall außergewöhnlich gewesen, um so mehr bei einem Papst. Einen gravierenden Mangel an Übereinstimmung gab es bei folgenden Fragen:

1. Wer fand den Leichnam?
2. Wann wurde der Leichnam gefunden?
3. Was war offiziell die Todesursache?
4. Wann trat schätzungsweise der Tod ein?
5. Wann hatte die Einbalsamierung stattgefunden und war sie rechtmäßig gewesen?

6. Was hielt der Papst im Augenblick des Todes in Händen?
7. Wie war sein Gesundheitszustand wirklich in den Monaten vor seinem Tod?
8. Wo sind seine privaten Sachen aus dem päpstlichen Schlafzimmer verblieben?
9. Hatte die Kurie eine heimliche Autopsie angeordnet und durchgeführt oder nicht?
10. Wurden die Bestatter schon geholt, bevor offiziell der Leichnam überhaupt entdeckt wurde?

Was *steckte* hinter diesen strittigen Punkten? Gab es etwas zu verbergen? War es möglich, daß im Herzen der römisch-katholischen Kirche etwas vertuscht worden war?

Gerüchte, daß der Papst ermordet worden sei, kamen schon am Tag seines Todes in Umlauf. Verschiedene Zeitungen in Italien und selbst Bischöfe im fernen Südamerika begannen zu fragen, warum in Anbetracht eines so plötzlichen Todes keine Autopsie durchgeführt worden war. Der Papst, so behaupteten sein Arzt im Veneto und Mitglieder des päpstlichen Haushalts, befand sich in einem ausgezeichneten Gesundheitszustand, und er war mit seinen 65 Jahren auch keineswegs als Übergangspapst gewählt worden.

Civiltà Cristiana, die in Rom ansässige Organisation der Traditionalisten um Erzbischof Lefebvre, vermutete am 3. Oktober, Johannes Paul I. sei von ‚Liberalen' im Vatikan ermordet worden, weil er sich vorgenommen hatte, die Uhr wieder hinter die sechziger Jahre mit ihren kirchlichen Erneuerungen des Vatikanischen Konzils zurückzudrehen. Die Traditionalisten vermuteten vatikanische Freimaurer hinter den reformerischen Einflüssen in der Kirche: In verschiedenen rechtsgerichteten Zeitschriften waren Listen veröffentlicht worden, die freimaurerische Decknamen für römisch-katholische Prälaten anführten, darunter Erzbischof Marcinkus, den Leiter der Bank des Vatikans, Staatssekretär Kardinal Villot und Kardinal Baggio, der Präfekt der Kongregation für die Bischöfe, der 1976 die Sanktionen über Lefebvre verfügt hatte.

Die Vermutungen der Traditionalisten hingen stark von den zehn genannten Unstimmigkeiten ab. Einige dieser strittigen Punkte waren durch halboffizielle Stellen wie Radio Vatikan deutlich gemacht worden, das sogar eine falsche Information berichtigt hatte. In einem Bericht, der am 29. September um 14 Uhr 30 gesendet wurde, wurde behauptet, daß der Papst im Augenblick seines Todes *Die Nachfolge Christi*, ein volkstümliches Erbauungswerk, gelesen hatte. Dem folgte am 2. Oktober eine Berichtigung. Doch einige Beobachter des Vatikans waren der neuen ‚Wahrheit' gegenüber genauso skeptisch: nun sollte er Predigten und Abhandlungen gelesen haben. Andere Quellen behaupteten, daß er eine Ansprache, die er vor den Jesuiten halten sollte, gelesen hatte.

Weitere Widersprüche entdeckte die italienische Nachrichtenagentur ANSA, die im Vatikan über ausgezeichnete Informationsquellen verfügt und offensichtlich keinen Anlaß hat, in der Diskussion um die Traditionalisten parteiisch zu sein. ANSA berichtete beispielsweise am 5. Oktober, daß nicht der Päpstliche Sekretär, Pater John Magee, den Leichnam gefunden hatte, sondern eine Schwester Vincenza, eine Nonne im päpstlichen Haushalt. ANSA betonte auch, daß der Tote nicht um 5 Uhr 30 morgens, wie die offizielle Version im Bulletin lautete, sondern schon um 4 Uhr 30 aufgefunden worden war. Was war in dieser kritischen Stunde im päpstlichen Appartement vor sich gegangen? Der Bericht behauptete ebenso, daß der Papst eine Liste mit Neuernennungen für die Kurie in der Hand gehalten hätte.

Doch die merkwürdigste Nachrichtenmeldung – wiederum von ANSA – war in der unmittelbaren Aufregung nach dem Tod des Papstes irgendwie übersehen worden. Am 29. September um 7 Uhr 43 veröffentlichte ANSA die folgende kurze Meldung betreffend die Gebrüder Signoracci, jene Bestatter, die schon frühere Päpste, einige prominente italienische Terroropfer wie Aldo Moro und mehrere Staatsbeamte einbalsamiert hatten, die in den unruhigen siebziger Jahren ermordet worden waren.

„Zwei der Brüder Signoracci, Ernesto und Renato (die anderen beiden sind Cesare und Arnaldo), wurden im Morgengrauen geweckt, um fünf Uhr mit einem Wagen des Vatikans von zu Hause abgeholt und in die Leichenhalle des kleinen Staates gebracht, wo sie mit ihrer Arbeit begannen."

Die Meldung ließ erstaunlicherweise den Schluß zu, daß die Brüder aus ihren Betten geholt wurden, noch bevor der Leichnam offiziell entdeckt wurde. Dieser mysteriöse Bericht wurde vom Vatikan weder dementiert noch erläutert.

Die Verschwörungstheorie der Traditionalisten tauchte im Lauf der Jahre immer wieder auf, bis sie 1983 in Jean Jacques Thierrys Buch *La Vraie Mort de Jean Paul Ier* einen bizarren Höhepunkt erreichte. Darin wird über Staatssekretär Kardinal Villot berichtet, er hätte Papst Paul VI. durch ein Double ersetzt und den Mord an Johannes Paul I. geplant, nachdem der unglückliche neue Papst ein Nest von Freimaurern im Vatikan entdeckt hatte.

Im gleichen Jahr erschien das Sensationsbuch *Der Vatikan* von Max Morgan-Witts und Gordon Thomas, eine Studie über das Jahr der drei Päpste. Auch sie sprachen die Mordhypothese an, indem sie andeuteten, es handle sich dabei um ein vom KGB ausgestreutes Gerücht, um den Vatikan in Mißkredit zu bringen. Diese Theorie paßte gut zu dem Mordanschlag auf Johannes Paul II., den der Türke Agca am 13. Mai 1981 auf dem Petersplatz verübt hatte.

1983 erschien auch der kaum verhüllte Schlüsselroman *Die rote Soutane* des französischen Autors Roger Peyrefitte, der ein Komplott des KGB mit einer Verschwörung in Zusammenhang brachte, an der die Mafia, die Freimaurer und die Bank des Vatikans beteiligt waren. Peyrefittes Szenario schilderte Prälaten aus der römisch-katholischen Kirche, die in weitreichende geheime Machenschaften mit korrupten Finanziers und Mitgliedern der italienischen Geheimloge P2 (die im Buch als Q3 auftaucht) verwickelt sind.

Peyrefittes Darstellung gibt einen bedeutsamen Umschwung hinsichtlich der Tatmotive zu erkennen. Ihm zufolge war der Papst kein Reaktionär, der von Liberalen im Verein mit Freimaurern ermordet wurde, sondern ein liberaler Reformer, der die Korruption beseitigen wollte. Die von Peyrefitte behauptete Intrige war auf wohlbekannten Tatsachen aufgebaut. Die Vatikan-Bank war tatsächlich enge Verbindungen eingegangen mit Roberto Calvi – oder Salvi, wie er bei Peyrefitte heißt –, dem machthungrigen Chef der Banco Ambrosiano in Mailand; Calvi wiederum stand in Verbindung mit Michele Sindona – Bidona bei Peyrefitte –, einem machiavellistischen Anwalt und Finanzier aus Sizilien, der schon in den USA und Italien wegen Betrugs hinter Gittern gesessen hatte. Diese beiden Männer waren Freunde des Präsidenten der Vatikan-Bank, Erzbischof Paul Marcinkus – Larvenkus–, und beide waren auch eng verbunden mit Licio Gelli – Mellifluo–, dem italienischen Banker, der die Geheimloge P2 beherrschte.

Am 17. Juni, nach dem Zusammenbruch der Banco Ambrosiano, wurde Calvi erhängt unter der Londoner Blackfriars Bridge aufgefunden. Bis zum heutigen Tag ist ungeklärt, ob sein Tod Mord oder Selbstmord war. Sindona sollte am 22. März 1986 in einem italienischen Gefängnis sterben, nachdem er vergifteten Kaffee getrunken hatte. Im Herbst 1987 stand Gellis Auslieferung von Brasilien an Italien bevor, wo er sich im Zusammenhang mit der Verschwörung der P2 zu verantworten hatte, die italienische Politiker als Bedrohung für den Bestand der italienischen Demokratie ansahen.

Bei Peyrefitte bringen der Präsident der Vatikan-Bank, ‚Larvenkus', und der Staatssekretär Kardinal ‚Hulot' den Papst in der Nacht zum 29. September mit einer vergifteten Spritze um. Die Tat wird in Absprache mit ‚Salvi', ‚Bidona' und ‚Mellifluo' ausgeführt. Das unmittelbare Motiv der beiden Prälaten bestand darin, ihre bevorstehende Entlassung zu verhindern. Im Falle von ‚Larvenkus' hätte seine Entlassung die tiefere Verstrickung der Vatikan-Bank in ausgedehnte Mafia- und Freimaurermachenschaften aufgedeckt.

Peyrefittes Buch wurde in Frankreich und sogar in Italien ein Erfolg, wo es in vatikanischen Kreisen einigen Aufruhr verursachte, schließlich aber als ein bloßes *giallo*, als spannende Fiktion abgetan wurde, obwohl Peyrefitte sein Werk mit einem Zitat von Voltaire versehen hatte: „*Le vrai sous les traits de la fable*". 1984 tauchte die P2-Finanzkorruption zusammen mit der Mafia-Verschwörung erneut auf, und zwar im empfänglicheren protestantischen Klima des englischsprachigen Raums. Der grundlegende Unterschied bestand darin, daß die Geschichte nun nicht als Fiktion, sondern als Sachbuch erschien: *Im Namen Gottes?* von David Yallop. Da waren sie wieder: Sindona, Calvi, Licio Gelli und die schon vertrauten geistlichen Ganoven wie Kardinal Villot und Erzbischof Marcinkus, denen nun noch Kardinal Cody, der Erzbischof von Chicago, beigesellt war. Diese drei Männer der Kirche, so argumentierte Yallop, könnten allein oder gemeinsam mit anderen Verdächtigen den Papstmord mittels Digitalis in der Nacht zum 29. September ausgeheckt oder stillschweigend geduldet haben. Das Neue bei Yallop bestand nicht so sehr im Handlungsablauf oder in neuem Beweismaterial (der Großteil der Indizien war schon seit 1978 Allgemeingut). Er beschäftigte sich eher mit dem Motiv. Yallops Bild von Johannes Paul I. war, wie bei Peyrefitte, das eines liberalen Reformers, aber er hatte sich auch unerhörte Mühe gegeben, ihn als einen heiligen und mutigen Rebell aufzubauen. Das Heldenbild von Johannes Paul I., das Yallops Geschichte beherrscht, wirft so besonders dunkle Schatten auf die bösartigen Zerrbilder seiner klerikalen Peiniger und mutmaßlichen Mörder.

Aber begeben sich die Sachbuchautoren damit nicht vielleicht weg vom Boden der Tatsachen ins Reich der Phantasie, indem sie sich an Romanliteratur orientierten? Oder war es so, daß die Romanciers von Anfang an harte Tatsachen verschämt mit Decknamen verschleierten? Ein plötzlicher Tod war in Kreisen der P2 und der italienischen Finanzmafiosi nichts Unbekanntes. Niemand konnte Peyrefitte oder Yallop beschuldigen, ihnen wäre mit den extrem wilden Spekulationen, daß Gelli, Sindona und Calvi den Plan zu einem Papstmord geschmiedet hätten, die Phantasie durchgegangen.

Thierry und Peyrefitte hatten jedoch ihre Werke in die Welt gesetzt, ohne auch nur vorzugeben, Beweise zu liefern. So konnte der Vatikan ihre Unverschämtheit ignorieren, gemäß der alten scholastischen Maxime *Quod gratis asseritur, gratis negatur* – Was ohne Beweis behauptet wird, kann auch ohne Beweis abgestritten werden. Indem Yallop aber in einer Sachbuch-Untersuchung mit dem Finger auf den Vatikan zeigte, hatte er die Verschwörungshypothese auf eine neue Basis gestellt. Das Gravierende einer derartigen Beschuldigung lag nicht nur in dem schändlichen Verbrechen eines Papstmordes, sondern in der Vorstellung, daß Prälaten der heutigen Zeit fähig waren, an einem Tag ihren Papst umzubringen und am nächsten Tag die Messe zu zelebrieren – eine Annahme, die einen nichtreligiösen Leserkreis vielleicht nicht beeindruckt, wohl aber gläubige Katholiken, die das Buch in Europa und im Commonwealth in großer Zahl gelesen haben. Das Buch war meinem Empfinden nach in jedem Sinne skandalös.

Wie seine romanschreibenden Vorgänger schien mir Yallop stark konzentriert auf Tatmotive und die mysteriösen Begleitumstände, aber schwach im Hinblick auf handfeste Beweise, die seine Kleriker schlüssig mit dem Mord in Verbindung brachten. Doch welche Motive konnten die Verfechter einer Verschwörungstheorie, ob Romanciers oder Sachbuchautoren, diesen Gottesmännern zuschreiben, Motive, die stark genug wären, daß sie ihre Berufung verrieten und ihre Exkommunikation und ewige Verdammnis auf sich genommen hätten, ganz zu schweigen von einer Vergeltung im Diesseits? Bei Marcinkus – oder ‚Larvenkus' – brauchten sie nicht lange zu suchen. Sie bemühten sich nachzuweisen, daß der golfspielende Prälat aus Al Capones Hinterhof Cicero in Chicago bis zum Hals in krummen Machenschaften steckte. Sein Name war schon öfter in Verbindung mit Finanzskandalen genannt worden, sogar schon 1972, als er vom FBI verhört worden war im Zusammenhang mit einem milliardenschweren Betrug mit gefälschten Wertpapieren. Seine Freundschaft mit Sindona und Calvi war bekannt; diese wiederum waren angeblich mit Gelli und der P2 in Kontakt. Morgan-Witts und Thomas behaupten, daß Johannes Paul I. Marcinkus unter strenger Beobachtung hielt; Peyrefitte und Yallop behaupten, daß Johannes Paul drauf und dran war, ihn zu entlassen. Alle vier Autoren berufen sich darauf, daß der neue Papst vorhatte, die Beteiligung von Marcinkus und seinen Komplizen an großangelegten Betrügereien und gefährlichen politischen Schikanen aufzudecken.

Der Widerhall in Bankkreisen und die Folgen für die Finanzen des Vatikans wären nicht abzuschätzen gewesen. Was hätte Marcinkus nicht alles getan, um eine solche Katastrophe zu verhindern?

Peyrefitte vermutet wie Yallop auch, daß Villot – ‚Hulot' – seine Entlassung befürchtete. Aber Yallop geht noch weiter: Villots Motiv, versichert er, wenn auch mit spärlichem Beweismaterial, sei die Angst gewesen, daß Johannes Paul sich von der kirchlichen Lehrmeinung zur Geburtenkontrolle lossagen wollte. Der Gedankengang, der dieser Vermutung zugrunde liegt, würde sogar in einem Werk der puren Phantasie unwahrscheinlich klingen. Besagt er doch nichts weniger, als daß Villot dermaßen um die Unversehrtheit der kirchlichen Morallehre besorgt gewesen wäre, daß er fähig gewesen wäre, ihre Lehrautorität mit Hilfe eines Komplotts in einem schändlichen Mordanschlag zu zerstören. Anders ausgedrückt wäre Villot jemand gewesen, der seiner Großmutter den Kopf abschlägt, um sie von einem Furunkel auf der Nase zu befreien.

So spärlich die Beweise für diese Anschuldigungen auch sein mochten, Villot war eine Schlüsselfigur in allen Verschwörungstheorien, denn er war der *Camerlengo*, der Prälat, der bei den Bestattungsformalitäten für den toten Papst die Fäden in der Hand hielt und daher mit den meisten Ungereimtheiten, die weder beantwortet noch aufgelöst wurden, in Verbindung gebracht werden mußte.

Yallop ging auch insofern über die französischen Autoren hinaus, als er mit der Person von Kardinal Cody einen dritten Verdächtigen aus Kirchenkreisen hinzufügte. Der Erzbischof von Chicago war eine umstrittene Erscheinung, denn er war in seiner eigenen Diözese offen der sexuellen Heuchelei, der Unterschlagung und der Tyrannei beschuldigt worden. Yallops Beharrlichkeit, ein Motiv für Cody zu finden, macht die Geschichte farbig, doch er schafft es nicht, einen Funken wirklicher Beweislast herauszuschlagen, der den Fall plausibel machen könnte. Codys Auftauchen unter den Verschwörern bleibt eine unverständliche Finte; aber sein Tod im Jahre 1985 enthob ihn jeder Möglichkeit zu Entgegnungen und Protesten.

Bis die Bücher von Thierry, Peyrefitte, Morgan-Witts, Thomas und Yallop in den Buchregalen auftauchten, waren Villot und Calvi auch schon tot, Sindona saß im Gefängnis, und Gelli schmachtete im südamerikanischen Exil. Ein einziger von ihnen war noch am Leben und mehr oder weniger Herr seiner Geschicke: Erzbischof Marcinkus, der kurzzeitig in die Verlegenheit kam, aufgrund eines Haftbefehls in Italien mit Anschuldigung des Betrugs ein Gefangener des Vatikans zu sein. Nichtsdestoweniger war er immer noch Präsident der Vatikan-Bank.

Im Fall Marcinkus hatte Yallop jedenfalls ein echtes und dramatisches Indiz zutage gefördert. Der Feldwebel der Schweizer Garde, Hans Roggen, hatte offensichtlich in einem Interview erklärt, er hätte Marcinkus am Morgen des Todestages von Johannes Paul um 6 Uhr 45 in verdächtiger Weise vor dem Vatikan herumschleichen sehen. Für einen Banker, der für gewöhnlich spät aufstand, war dies, so Yallop, ein außerordentlicher Zeitpunkt. Marcinkus wohnte damals nicht im Vatikan, sondern mindestens zwanzig Autominuten entfernt im Amerikanischen Haus der Kirche, der Villa Stritch. Als Roggen den Erzbischof vom Tod des Papstes informierte, hatte Marcinkus, diesem entscheidenden Interview zufolge, bloß wortlos und wie von Sinnen vor sich hingestarrt.

Ganz abgesehen von diesem brisanten Beweisstück war Marcinkus zur Zentralfigur beim katastrophalen Zusammenbruch der Banco Ambrosiano im Jahr 1983 geworden. Es hatte damals Verluste von 1,3 Milliarden Dollar gegeben. Die Hauptschuldner in diesem Debakel waren, so schien es jedenfalls, zehn obskure Firmen, die offensichtlich unter der Kontrolle des Vatikans und der persönlichen Verantwortung von Marcinkus standen. Dokumentarische Beweise für die Verbindungen des Vatikans zu diesen Firmen existierten in der Form von Schutz- oder ‚Trost'-Briefen, die vom Vatikan an Gläubiger in den Monaten vor dem Zusammenbruch der Banco Ambrosiano ausgegeben wurden. In jeder Verschwörungstheorie, die den Vatikan miteinbezog, würde Marcinkus allein durch die Tatsache der Mitschuld verdächtig sein.

Es war auch an der Zeit, jener außergewöhnlichen ANSA-Meldung über die Bestatter, die Gebrüder Signoracci, gerecht zu werden, die ‚im Morgengrauen' beim Tod des Papstes telefonisch gerufen und mit einem Wagen des Vatikans um fünf Uhr herangekarrt worden waren. Sowohl *Der Vatikan* wie *Im Namen Gottes?* enthalten Schilderungen verdächtig früher Vatikan-Besuche der Bestatter, die die Theorie eines mafiamäßigen ‚Aufräumens' erhärten.

Die Signoraccis hatten 1983 noch eine weitere dramatische Enthüllung gemacht. Yallop zufolge hatten diese Spitzenfachleute führenden Experten in der Kunst der Autopsie erklärt, daß der Papst nicht um 23 Uhr am 28. September, sondern eher gegen 4 Uhr am 29. September gestorben sei. Damit zusammenhängend drangen noch andere seltsame Gerüchte aus dem Vatikan: daß die privaten Dinge von Johannes Paul I. – sein Testament, seine Pantoffeln und seine Brille – auf mysteriöse Weise verschwunden seien; daß der Leichnam zu früh einbalsamiert worden sei, nämlich ohne daß vorher das Blut abgezapft oder die inneren Organe herausgenommen worden wären; daß Villot noch in den Morgenstunden des 29. September eine Säuberungsaktion im Schlafzimmer des Papstes angeordnet hätte, bei der auch weggeschafft worden sei, was Johannes Paul vor seinem Tod tatsächlich gelesen hatte. Der ANSA-Meldung vom 5. Oktober 1978 gemäß bestand dieser Lesestoff aus nichts geringerem als einer Liste von Kardinälen und Beamten des Vatikans, die am folgenden Tag entlassen werden sollten. Schließlich wurde noch darauf hingewiesen, daß entgegen allen bisherigen Gepflogenheiten die Sterbeurkunde von Johannes Paul I. nicht veröffentlicht worden war.

Und was hatte der Vatikan diesem Beweismaterial, diesen Gerüchten entgegenzusetzen? Sehr wenig, abgesehen von einer heftig dementierenden Presseaussendung. Wieso hatte Marcinkus sich nicht vor Gericht nachdrücklich gegen diese frechen Verleumdungen gewehrt? Warum hatte er keine gesetzlichen Schritte unternommen, wie er es bei einem anderen Buch, dem 1987 veröffentlichten *In the Name of the Father*, getan hatte, in welchem er als Auftraggeber für die Ermordung Andropows dargestellt wurde? Zu den Szenarios von Peyrefitte und Yallop hat er geschwiegen.

Nach der Lektüre aller bisher erschienenen Bücher über die Verschwörung kam ich zur Überzeugung, daß die mysteriösen Begleitumstände des Todes von Johannes Paul I. gewiß viel zur Verbreitung der Vergiftungshypothese beigetragen hatten. Das vorherrschende Muster aller Verschwörungstheorien schien es zu sein, die seltsamen Umstände möglichst grell zu beleuchten und hervorzuheben. Darauf wurde eine Anklage aufgebaut, die sich auf Motive stützte, ohne auch nur im entferntesten die Möglichkeit einer Verteidigung einzuräumen. Ein Beispiel dafür war die Anwesenheit von Marcinkus im Vatikan am Morgen, an dem der Papst starb. Unabhängig von seinen Finanzgeschäften mit Calvi und anderen – solange Marcinkus nicht selbst über seine Aktivitäten an jenem schicksalhaften Morgen vernommen worden war, was ja bis jetzt niemand geschafft hatte –, mußte jede mögliche Beteiligung zum Zeitpunkt des Todes des Papstes dem Bereich der Spekulation zugeordnet werden.

Diese Nachforschung war um so wichtiger, als Marcinkus viele Feinde innerhalb wie außerhalb des Vatikans hatte, die nur zu begierig auf die Gelegenheit warteten, ihn in Mißkredit zu bringen.

Mit diesem Wissen nahm ich Anfang Dezember 1987 schließlich Erzbischof Foleys herausforderndes Angebot an; ich war zwar nicht überzeugt von den bisher veröffentlichten Theorien und Untersuchungen, aber doch angestachelt von einer Besessenheit, die mich allmählich nicht mehr zur Ruhe kommen ließ. Alles am Tod von Johannes Paul I., so sagte ich mir, war ein ungelöstes und unwiderstehlich anziehendes Rätsel. Der Fall war in meinen Augen nicht nur für die 800 Millionen Katholiken der Welt von entscheidender Bedeutung, sondern auch für alle Gläubigen oder Ungläubigen, die dem Anspruch moralischer Autorität der römisch-katholischen Kirche vertrauten. Als ich mir die unwiderlegbaren Tatsachen erneut vor Augen führte, verstärkte sich in mir der Verdacht einer Vertuschung; doch wovon? Wenn aber der Vatikan eines größeren Täuschungsmanövers schuldig war, konnte das nicht mehr als Verirrung von einzelnen abgetan werden. Es wäre für die moralische Lauterkeit der gesamten Institution maßgebend. Was auch immer in der Nacht zum 29. September 1978 geschehen war, die Tatsachen mußten endlich aufgedeckt und veröffentlicht werden.

Gewiß wollte ich dort Motive untersuchen, wo es mir einleuchtend erschien, und Personen befragen, wo ich Lebende ins Verhör nehmen konnte statt mich auf Vermutungen über Verstorbene einzulassen. Doch vor allem wollte ich mich auf jene zehn widersprüchlichen Begleitumstände konzentrieren, denn von hier aus nahm das Geheimnis der Geschichte seinen Anfang und würde aller Wahrscheinlichkeit nach auch wieder aufgelöst.

Alles hing nun davon ab, bis zu welchem Ausmaß der erfindungsreiche Erzbischof Foley mir den Vatikan „liefern" konnte. Der Kirchenstaat bewahrte ja immer noch eine Geheimniskrämerei um ihrer selbst willen und ein weltentrücktes Schweigen angesichts von Kritik, ob sie nun zutraf oder nicht. Instinktiv fühlte ich, daß ich trotz der optimistischen Auffassung und der dargebotenen Hilfestellung des Erzbischofs wohl noch viele hartnäckige Barrieren zu durchbrechen haben würde, bis die überlebenden Zeugen zu sprechen beginnen würden.

Und warum sollte ich nicht gleich beim öffentlichkeitsscheuen Erzbischof Paul Marcinkus anfangen, dem einzigen noch lebenden Verdächtigen der mutmaßlichen Verschwörung?

2

Die Tore des Englischen Kollegs in der Via di Monserrato waren verschlossen, und ich stand in der verlassenen Gasse davor und mußte läuten. Schließlich kam ein Priester von seinem Nachmittagsspaziergang zurück, der mich samt Gepäck durch eine Seitentür mitnahm in den Innenhof und von da zum hohen, langen Korridor, wo ich einige Wochen zuvor schon vom Rektor begrüßt worden war. Der priesterliche Portier erklärte mir, in Rom feiere man heute den Feiertag Mariä Empfängnis.

Er hatte ein breites irisches Gesicht von gesunder Farbe mit grauen, wäßrigen Augen hinter einer in Stahl gefaßten Brille, wie Priester sie tragen. Sein ergrauendes Haar umgab ihn wie ein Heiligenschein. Er trug meine Taschen die Treppe hinauf und auf einen Korridor im ersten Stock. In langer Reihe schmückten die Porträts englischer Kardinäle die Wände: Wiseman, Manning, Newman, Hinsley, Godfrey, Heenan ... Er erzählte mir einen Witz über das Englische Kolleg in Rom – es gäbe drei Bedingungen, um in England ein katholischer Bischof zu werden: man muß männlichen Geschlechts und getaufter Katholik sein und – am Englischen Kolleg studiert haben. „Auf die ersten zwei Bedingungen könnte notfalls verzichtet werden", sagte er, „aber niemals auf die dritte." Er hatte eine leise und sanfte Stimme. Wenn er lächelte, senkte er die Augen, wie um sich selbst zu tadeln.

Wir durchquerten einen langen, elegant möblierten Raum mit

Sofas, einigen Tischen und weiteren Porträts von Kirchenmännern. Der Priester nannte ihn den *salone*. Er trug das Gepäck auf mein Zimmer und machte mich auf den Tagesplan des Kollegs an der Innenseite der Tür aufmerksam, bevor er ging. Besucher waren angehalten, denselben Tagesplan wie die Mitglieder und die Studenten einzuhalten, ein Tagesplan, der um 7 Uhr 15 mit der Morgenandacht begann. Der Priester kannte den Grund meines Aufenthaltes. Er sagte schelmisch: „Wenn Sie Marcinkus ins Verhör nehmen, dann versuchen Sie vorher zu verstehen, wie er denkt. Finden Sie heraus, wie er Golf spielt."

Mein Zimmer vermittelte, wie wohl die meisten Zimmer im Kolleg, einen Eindruck von verblichener Größe und klösterlicher Strenge. Die hohe, holzgetäfelte Decke war mit orangefarbenen, silbernen und goldenen Sonnenblumen geschmückt. Ein enges Bett, ein Schreibtisch mit Stuhl, ein Kleiderschrank und eine Kommode, schlicht und anstaltsmäßig, standen im Raum. An der Wand hing ein Kruzifix, über der Kommode das Bild eines Engels. Auf dem Schreibtisch befanden sich ein Telefon und die Ausgabe eines ungeheuer dicken roten Buches, des *Annuario Pontifico: Città del Vaticano*. Aus einem hohen Fenster konnte ich in den stillen Innenhof und auf einen Glockenturm aus der Renaissance blicken, der sich über den Dächern des Kollegs erhob.

Ich nahm das *Annuario* in die Hand. Es war in Leinen gebunden und hatte einen roten Lesefaden aus Seide. Vorne war das goldene Papstwappen eingeprägt.

Dieses seltsame Handbuch mit mehr als 2000 Seiten war etwa so breit wie lang und voll von Informationen über die Einrichtungen der römisch-katholischen Kirche und deren Verbindungen zum Heiligen Stuhl. Hier waren alle Büros, Kommissionen, Räte, Tribunale, Abteilungen, Kongregationen, Stiftungen und akademischen Institute mit historischen Anmerkungen verzeichnet. Hier fanden sich Namen, Telefonnummern und Einzelheiten über Rang und Laufbahn aller wichtigen Würdenträger und Beamten, so daß ohne Zweifel jeder Eingeweihte zu erkennen vermochte, wer „in", wer „out" und wer auf dem Weg nach oben war. Auf einen Blick konnte ich die verschiedenen Stufen der bürokratischen Rangordnung erkennen und mir ausmalen, welche Möglichkeiten da in gedrängter Form für Selbsteinschätzung und spitzfindige Intrigen verborgen lagen. Wie zum Beispiel war ein *minutante* aus der zweiten Klasse im ersten Rang der unteren Beamten des Staatssekretariats im Vergleich mit einem *scrittore* aus der ersten Klasse der „*addetti tecnici*"-Abteilung der unteren Beamten im zweiten Rang desselben Sekretariats einzuschätzen? Es war das Kirchenhandbuch schlechthin, eine Anatomie des Vatikans und als Einführung in meine bevorstehende Arbeit von unschätzbarem Wert.

So entdeckte ich beispielsweise, daß das Seminar, von dem aus ich nun meine Nachforschungen beginnen würde, nur eines unter mehr als hundert kirchlichen Kollegien in Rom war, die alle mit ihren Telefonnummern, Adressen und anderen wichtigen Informationen verzeichnet waren. Als ich die entsprechenden Seiten durchblätterte, entdeckte ich Kollegien für die Belgier, die Deutschen, die Filippinos, die Franzosen, die Griechen, die Iren, die Litauer, die Mexikaner, nicht zu vergessen die Nordamerikaner, die Äthiopier und die Schotten ... Und für die akademischen Studien dieser riesigen Armee kirchlicher Studenten aus aller Welt standen nicht weniger als fünf Universitäten zur Verfügung, die unter der Schutzherrschaft des Papstes in Rom arbeiteten und so klingende Namen wie Pontificia Università Gregoriana, Pontifica Università Lateranense, Pontificia Università Santo Tomaso d'Aquino ... hatten.

Und all dies war nur ein Teil der vielfältigen Aktivitäten des kirchlichen Rom – von den Hunderten von Mutterhäusern der Orden mit ihren hunderttausenden Mitgliedern in aller Welt bis zu den großen vatikanischen Kongregationen, die sich mit den weitgestreuten Belangen des Klerus und der Laienschaft befaßten – mit den Beziehungen zu den Regierungen der Welt, mit der Regelung und Entwicklung theologischer Rechtgläubigkeit, der bürokratischen Amtsführung von Priestern und Bischöfen; Kommissionen für den Laienstand, für die Ökumene, für die Mission; Institute für kanonisches Recht und für Diplomatie, für Musik und Liturgie, für Archäologie, Erziehung, Wissenschaft und Medizin ... alles in letzter Instanz der obersten Kontrolle und Verantwortung des Papstes unterstellt. Mir kam der Gedanke, daß all diese Dinge doch auch eine enorme Immobilieninvestition darstellten, ganz zu schweigen von den laufenden Kosten. Und just in diesem Moment fand ich durch Zufall den folgenden Eintrag, der seltsamerweise im Handbuch weit hinten am Ende der Aufstellung in dem Teil für Akademisches vergraben lag, als ob es sich da um eine kleinere Forschungsabteilung handelte:

Istituto per le Opere di Religione – Institut für kirchliche Einrichtungen (IOR).

Mir war zufällig bekannt, daß es sich da um nichts anderes als die Vatikan-Bank handelte, ein geradezu komisch bescheidener Eintrag für eine Organisation, die in den letzten Jahren für so viel Aufregung gesorgt hatte. Unter der Verwaltung waren eingetragen: „S.E.R. Marcinkus Paul C. Arciv. tit. di Orta, Presidente“. Und darunter: „Sig. Mennini Dott. Gr. Uff. Luigi, Delegato.“ Und weiter: „Sig. de Stroebel Dott. Gr. Uff. Pellegrino, Ragioniere Capo“. Mehrmals hatte es gegen alle drei Herren in Verbindung mit dem Zusammenbruch der Banco Ambrosiano Haftbefehle gegeben. Der Haftbefehl für Marcinkus war wieder aufgehoben worden, aber es gibt zwei Justizbeamte in Mailand, die noch immer daran arbeiten, ihn vor Gericht zu bringen.

Der Eintrag zur Vatikan-Bank im *Annuario* führte den Leser auf eine historische Notiz auf Seite I, 570: „Gegründet und eingerichtet in der Vatikanstadt unter der Schirmherrschaft von Pius XII. am 27. Juni 1942. Der Aufgabenbereich des Instituts umfaßt die geschäftliche Verwaltung des Kapitals, das für die religiösen Werke bestimmt ist.“

Die Betrugsanschuldigungen, die unsaubere Komplizenschaft mit der Mafia und den Freimaurern, die Selbstmorde und die Mordgerüchte, die hinter der so unschuldig klingenden Beschreibung des IOR steckten, gingen mir im Kopf herum, bis ich in der stillen Dämmerung Roms einschlief.

3

Ich wurde von Glockentönen geweckt. Es war bereits dunkel geworden, und ich fingerte nach dem Schalter der Nachttischlampe. Es war schon 19 Uhr. Ich wanderte über die Korridore wieder nach unten und fand das halbdunkle Haus völlig verlassen. Aus der Kirche hörte ich Gesang, also ging ich langsam auf die Türen zu und öffnete sie behutsam.

Die Kirche, über und über blumengeschmückt, erstrahlte im Kerzenglanz. Die Priester und Studenten trugen weiße Gewänder und standen im Halbkreis um den Hauptaltar. Sie feierten die Messe zur Feier der Unbefleckten Empfängnis. Die Orgel erklang mit Macht, Weihrauchsäulen stiegen zum Dachgebälk hoch.

Der Zelebrant war ein kleiner, weißbärtiger Mann mit dem runden, glühenden Gesicht eines alten Cherubim. Als ich hinter einer Säule Platz nahm, begann er einen widerhallenden Sermon über die Jungfrau Maria. Während ich in der Kirche die Gesichter der jungen Seminaristen aus England betrachtete, schien mir dieser mein erster Abend in ihrer Runde meinen schleichenden Zynismus gegenüber dieser Welt, mit der ich mich einlassen sollte, zu dämpfen.

Nach der Messe begaben wir uns zum Abendessen ins Refektorium, wo das Buffet schon bereitstand.

Ich fand einen freien Platz an dem Tisch, an dem sich das Lehrpersonal des Kollegs versammelte. Zu meiner Rechten saß der bärtige Mann, der die Messe zelebriert hatte. Er stellte sich als Monsignore Jim vor und erzählte mir, er sei 85 Jahre alt und früher Rektor am Englischen Seminar in Lissabon gewesen. „Ich bin's gewohnt, Leute herumzukommandieren", sagte er barsch.

Monsignore Kennedy plauderte mir gegenüber angeregt mit einem weiteren Gast, einem kleinen, stillen und kahlköpfigen Geistlichen, dem einzigen, der in priesterliches Schwarz mit römischem Kragen gekleidet war. Er wurde mir als ein aus England zu Gast weilender Bischof vorgestellt. Dann gab es da noch zwei jüngere Priester – hochgewachsen, bebrillt und ernst, Tutoren der Philosophie und Theologie – einen Kanonikus mit silbergrauem Haar und dem Aussehen eines Filmstars, der von allen mit Harry angeredet wurde, sodann noch zwei im Kolleg wohnende Monsignori des Vatikans, mit blitzenden Brillen, die äußerst elegant und wohlhabend aussahen und sich fachmännisch unterhielten.

Ein kurzes Gespräch unter den Geistlichen handelte auch von Johannes Paul I. Ein paar Fetzen davon schienen es wert, festgehalten zu werden:

„Er war ein einfacher Mann aus dem Veneto ... Nach Rom kommen war für ihn wie ein absolutes Trauma. Es war, wie wenn sie ihn nach Afrika geschickt hätten ..."

„Er war dem nicht gewachsen. ... Er warf nur einen Blick auf die eingehende Post und schon drehte er durch ..."

Monsignore Jim, der den Grund meines Aufenthaltes erfahren hatte, entpuppte sich als ein fabelhafter Unterhalter. In einem beeindruckenden Monolog über die Beerdigungsfeier für verstorbene Päpste teilte er mir etwas sehr Interessantes mit.

„Wissen Sie, es heißt, daß bei Johannes Paul I. keine Autopsie durchgeführt wurde, weil das bei Päpsten nie gemacht wird. Das stimmt aber nicht. Bei Clemens XIV. haben sie eine Autopsie durchgeführt; er ist der Papst gewesen, der im achtzehnten Jahrhundert die Jesuiten unterdrückt hat. Er hatte schreckliche Angst, vergiftet zu werden, und es gibt da eine Geschichte von einem Kruzifix, das ihn beunruhigte. Er küßte die Füße des Christus nicht mehr, weil er befürchtete, die Jesuiten würden Gift darauftun. Als er starb, zersetzte sich sein Körper so schnell, daß im Vatikan angenommen wurde, die Jesuiten hätten es tatsächlich geschafft. Man legte eine Maske über das Gesicht der Leiche, so fürchterlich sah es aus."

Die Unterhaltung mit Monsignore Jim brachte mich auf eine Idee. Wie viele Päpste waren im Lauf der Geschichte eigentlich aufgrund einer Vergiftung gestorben? Der Monsignore nahm mich nach dem Essen in die Bibliothek mit und half mir, mich zurechtzufinden. Mit einem Stoß Bücher unter dem Arm setzte ich mich an einen Leseplatz im verlassenen Studierzimmer: es waren Pastors „*Geschichte der Päpste*", die *Katholische Enzyklopädie* und Gualinos *Storia Medica dei Romani Pontifici.* Ich entdeckte, daß ab dem 9. Jahrhundert das Vergiften von Päpsten ziemlich häufig erwähnt wurde, wenn es sich auch oft nur um ein Gerücht und keine bewiesene Tatsache handelte.

Johannes VIII., der erste Papst, der ermordet wurde, wurde 882 von Mitgliedern seiner unmittelbaren Gefolgschaft vergiftet. Der Trank wirkte so langsam, daß er zu Tode geprügelt wurde. Etwa zehn Jahre später wurde der Körper von Papst Formosus, der von einer Dissidentengruppe an seinem Hof vergiftet worden war, von seinem Nachfolger Stephan VII. exhumiert, sodann feierlich exkommuniziert, verstümmelt, durch die Straßen von Rom geschleift und schließlich in den Tiber geworfen.

Im zehnten Jahrhundert wurde Johannes X. im Gefängnis von der verrückten und tyrannischen Marozia vergiftet, der Tochter seiner Mätresse und Mutter von Johannes XI.; Benedikt VI. wie Johannes XIV. starben durch Gift. Im 11. Jahrhundert traf es Silvester II., der wegen seiner angeblichen Machenschaften mit dem Teufel der „Magier" genannt wurde, und danach Clemens II. sowie seinen Nachfolger Damasus II. (obwohl es Hinweise gibt, daß er an Malaria gestorben sein könnte).

Als die Generationen an mir vorbeizogen, kamen Angaben über die Methoden und Motive zum Vorschein. Zölestin V. könnte von seinem Nachfolger Bonifatius VIII. vergiftet worden sein, der ihn in einen Kerker werfen ließ, nachdem er seine Abdankung betrieben hatte. Benedikt XI., so hieß es, starb an zermahlenem Glas in seinen

Feigen. Paul II. schied nach dem Genuß von „zwei großen Melonen“ dahin, wobei wiederum Verdacht auf Gift bestand. 1503 starb dann Alexander VI., der berüchtigte Borgia-Papst, wahrscheinlich an einem Gift, das für einen anderen bestimmt war. Die Art, wie er starb, ließ seine Umgebung vermuten, daß weißes Arsen im Wein war: sein Fleisch verfärbte sich schwarz, aus dem Mund mit der monströs geblähten Zunge trat Schaum, Gase entfuhren zischend jeder Körperöffnung. Sein Körper war nach dem Tod so angeschwollen, daß die Bestatter auf seinen Bauch springen mußten, um den Sargdeckel schließen zu können.

Nicht allen Anschlägen war Erfolg beschieden. Ein Jahrzehnt nach dem Tod von Alexander VI. wurde Leo X. gewählt, ein Mann, der so geldgierig war, daß er Kardinalshüte versteigerte. Ein florentinischer Arzt wurde von fünf Kardinälen gedungen, um ihn mit Gift zu töten, das ihm in den Anus eingeführt werden sollte unter dem Vorwand, seine Hämorrhoiden zu behandeln. Die Verschwörung wurde entdeckt, und ihr Anführer, Kardinal Alfonso Petrucci, mit einem karmesinroten Seidenstrick stranguliert.

Hatte aber die Ermordung von Päpsten in den aufgeklärten modernen Zeiten ein Ende gefunden? Dem skurrilen Büchlein eines Nino Lo Bello mit dem Titel *Vatikan im Zwielicht* zufolge hatte es solche Morde noch bis 1939 gegeben. Im frühen Februar jenes Jahres hatte der 82jährige Pius XI. eine besondere Ansprache gegen Faschismus und Antisemitismus und das Konkordat mit Mussolini geplant. Damit hatte der Duce ein starkes Motiv, den alternden Papst zu beseitigen. Es wird erzählt, daß Pius genau 24 Stunden vor seiner geplanten Rede vor einem ausgewählten Auditorium von Bischöfen von einem gewissen Dr. Francesco Petacci eine Injektion erhielt. Abgesehen von seinen ärztlichen Pflichten im Vatikan war Petacci der Vater der Geliebten Mussolinis, des Starlets Claretta Petacci (die später mit dem Diktator zusammen gehängt werden sollte). Die Verfechter einer Verschwörungstheorie glauben, daß Petacci dem Papst Gift injizierte, denn dieser starb am nächsten Morgen, bevor er die Rede halten konnte, deren Text übrigens nie aufgefunden wurde. Die Quelle dieser Information war, nach Lo

Bello, das private Tagebuch des mächtigen französischen Kardinals jener Tage, Eugène Tisserant.

Vor diesem Hintergrund wirkte der Fall von Papst Johannes Paul I. durchaus vertraut. Ich schlug im neuen Oxford Dictionary der Päpste von J. N. D. Kelly nach und las zu Johannes Paul I. die folgende Eintragung:

„... gegen 23 Uhr am Donnerstag, dem 28. September, starb er an einem Herzanfall, während er im Bett lag und einige Papiere mit persönlichen Notizen durchsah. Das Licht war noch an, als er um 5 Uhr 30 des folgenden Tages tot aufgefunden wurde. Gerüchte um dunkle Machenschaften, die durch das Fehlen einer Autopsie angeheizt wurden, gipfelten später (1984) in der Behauptung, er sei vergiftet worden, weil er geplant hätte, die Vatikan-Bank zu säubern, wichtige Leute der Kurie zu degradieren und die Enzyklika *Humanae Vitae* zu revidieren ..."

Kelly kommentiert diesen Bericht mit dem Hinweis, das Indizienmaterial für die Verschwörungstheorie sei „ein Gewebe von Unwahrscheinlichkeiten". Doch die einzigen wesentlichen biographischen Quellen, die er zitierte, waren, wie mir auffiel, Peter Hebblethwaite und David Yallop. Selbst ein kurzer Überblick über die Geschichte der Päpste hatte mich davon überzeugt, daß sich unerquickliche Gerüchte meist hartnäckig über Jahrhunderte zu halten pflegen.

Was kurze Amtszeiten betrifft, so konnte ich in der gesamten Geschichte des Papsttums nur fünf Päpste finden, die weniger als 33 Tage regierten:

Urban VII. - 13 Tage (15.-27. 9. 1590),
Zölestin IV. - 17 Tage (25. 10. - 10. 11. 1241),
Silvester III., ein Gegenpapst, - 22 Tage (20. 1. - 10. 2. 1045),
Marcellus II. - 23 Tage (9. 4. - 1. 5. 1555) und
Damasus II. - 24 Tage (17. 7. - 9. 8. 1048).

Nur bei einem dieser Päpste, Damasus II., bestand der Verdacht einer Ermordung. Und von den kurzen Amtszeiten schien die von Marcellus II. von der Atmosphäre her der von Johannes Paul I. am nächsten zu kommen. Bei Kelly heißt es: „Wenige Wahlen haben so ehrgeizige Hoffnungen geweckt wie die von Marcellus ... Er schien der Oberhirte zu sein, nach dem die krisengeschüttelte Kirche lechzte ... Er kürzte die Ausgaben für seine Krönung auf ein Minimum, reduzierte Umfang und Kosten seines Hofstaats ... Schon nach 22 Tagen im Amt, von rastloser Tätigkeit und der Last der Verantwortung ausgezehrt, versagte seine schwache körperliche Verfassung, und er starb an einem Schlaganfall."

Er hätte noch fünf Tage bis zu seinem 54. Geburtstag gebraucht.

Die Glocken im Turm des Kollegs schlugen schon elf, als ich den ‚Kardinals'-Korridor entlang meinem Zimmer zuging. Ein wenig im Schatten bei der Personalküche hinter dem *salone* stand der bischöfliche Gast, den ich schon beim Abendessen bemerkt hatte. Obwohl es bemerkenswert warm für die Jahreszeit war, schraubte er für sein Nachtlager den Verschluß einer Wärmflasche in einer gestrickten Wollhülle auf. Sein Gesicht war fahl und mager, sein Kopf leicht zur Seite geneigt. Er schenkte mir ein kurzes, befangenes Lächeln.

„Hallo", sagte er. „Ich bin an Ihrer Arbeit sehr interessiert. Als mir jemand erzählte, der Papst sei gestorben, erwiderte ich, natürlich sei er tot, ich meinte dabei Paul VI. Es kam alles so plötzlich und so früh, wissen Sie. Und doch hätte es mich nicht überraschen dürfen, denn er war ein kranker Mann. Ich erinnere mich noch an den Tag, als Kardinal Hume mich anrief und mir sagte, wir hätten einen neuen Papst. Kardinal Hume war natürlich in Rom und ich in England. Er war einfach hingerissen von Luciani. Doch ich fragte gleich: ‚Hat er euch ein einwandfreies Gesundheitsattest vorgewiesen?" Man hatte ja gehört, daß er sich dauernd in Sanatorien aufhielt. Der Kardinal war völlig überascht. Dann kochte die typisch römische Gerüchteküche über, daß er keines natürlichen Todes gestorben sei. Man sprach nur noch darüber."

Der Bischof drückte sich die wollene Wärmflasche gegen die Brust.

„Er war ein komisches Kerlchen", fuhr er in sich hineinlächelnd fort, „... ließ auf den Audienzen immer die Kindlein zu sich kommen, um mit ihnen zu reden, und dann die ganze Sache mit Pinocchio. Wenn ich ihn im Fernsehen sah, sagte ich mir immer: Mein Gott! – Das ist doch Peter Sellers! Sie haben Peter Sellers zum Papst gemacht!"

Damit entfernte er sich, und ich hörte ihn noch im Weggehen sagen: „Jetzt lege ich mich aber besser schlafen, sonst sage ich noch etwas Indiskretes."

Nachdem er gegangen war, setzte ich mich noch eine Weile in den *salone*. Ich fragte mich, ob mir mein Sinn für Humor abhanden gekommen war. Bei den Bemerkungen des Bischofs über Johannes Paul mußte es sich doch wohl um leicht hingeworfene Scherze handeln, über die sich vielleicht gar nicht nachzudenken lohnte. Es wäre sicherlich nicht angemessen, den Bemerkungen, die ein Bischof auf dem Weg ins Bett einfach so fallengelassen hatte, eine zu große Bedeutung beizumessen. Und doch hatte mich die Bemerkung nachhaltig berührt: „Komisches Kerlchen ... die ganze Sache mit Pinocchio ... Peter Sellers!"

Wie weit wurde diese Ansicht von anderen hohen kirchlichen Würdenträgern geteilt? Mir fiel auf, daß ich noch nie, soweit ich mich erinnern konnte, von einem katholischen Geistlichen über irgendeinen Papst in so abschätziger Weise hatte reden hören. Das klang völlig anders als der Katalog von Vorwürfen, der anderen Päpsten unserer Epoche gegolten hatte: der angebliche Antisemitismus von Pius XII., die Entscheidungsunfähigkeit von Paul VI., die autokratischen Neigungen von Johannes Paul II. Die flüchtige Bemerkung des Bischofs galt Johannes Pauls Bedeutungslosigkeit – „ein komisches Kerlchen".

4

Der Glockenturm auf der anderen Hofseite ließ alle Viertelstunden sein kompliziertes Geläute ertönen. In den ersten Morgenstunden gab es einen Sturm mit Donnerschlägen und Wasserstürzen in den Dachrinnen. Ich schlief unruhig und wurde vor Tagesanbruch durch das Geräusch von Schritten geweckt, den zielstrebigen, gleichmäßigen Schritten von Geistlichen auf ihrem Gang zur Frühmesse vor der Dämmerung. Ich hatte kurz das unbehagliche Gefühl, in eine mir bekannte Vergangenheit zurückversetzt worden zu sein. Ich drehte mich nochmals um und schlief wieder ein.

Es war bereits 9 Uhr, als der Rektor seinen Kopf zur Tür hereinstreckte.

„Ich habe mit Seiner Exzellenz Paul Marcinkus geredet. Rufen Sie seine Sekretärin unter dieser Nummer an." Er reichte mir einen Zettel.

Ich konnte den Rektor noch auf den glatten Fliesen im Korridor davongehen hören, als ich schon am Telefon hing.

Eine italo-amerikanische Stimme meldete sich: „Sekretariat von Erzbischof Marcinkus."

„Guten Morgen, Schwester", sagte ich.

„Ich bin keine Schwester", sagte die Stimme leicht eingeschnappt. „Es gibt hier nicht bloß Nonnen. Also ... ich weiß über alles Bescheid. Kommen Sie morgen um Viertel nach neun zum Bronzeportal. Der Erzbischof wird Sie dann empfangen. Die Carabinieri werden Ihnen den Weg zeigen."

In der Küche hinter dem *salone* lief ich einem der aalglatten Monsignori über den Weg, denen ich am Vorabend im Refektorium begegnet war. Er stand in Straßenkleidung vor einem Kessel mit kochendem Wasser. Er stellte sich mir als Bruno vor. Er sah spießig aus, geschniegelt und gebügelt und rosig wie nach einem heißen Bad. Seine Augen blickten außerordentlich jugendlich und unschuldig hinter der Goldrandbrille hervor. Es war der erste sozusagen hauptberufliche Bürokrat des Vatikans, mit dem ich zu tun hatte, und ich verwickelte ihn mit ziemlichem Interesse in ein Gespräch.

„Ich habe mir ein paar Tage freigenommen", sagte er. „Ich bin absolut erledigt. Zur Entspannung lese ich gerade die Lebensgeschichte der Königin Victoria. Mich wundert nur, wie Sie da hineingeraten sind. Das wird eine Menge Arbeit geben, den Tod von Papst Luciani aufzuhellen. Die Bestatter mußten ihm den Rücken brechen, wissen Sie, wegen des *rigor mortis*. Sie sind sich doch darüber im klaren, daß Marcinkus die Erlaubnis von Kardinal Casaroli, dem Staatssekretär, brauchen wird, bevor er zitiert werden darf. Und er tut nichts, bevor ihm der Papst nicht grünes Licht gibt."

Monsignore Bruno plauderte mit einem bereitwilligen Lächeln. Gelegentlich stahl sich unvermutet ein geheimnisvoller Blick in seine Augen, und er kräuselte die Lippen, wenn er etwas vertraulicher wurde.

„Wie wird man im Vatikan angestellt?" fragte ich. „Bewirbt man sich einfach um eine ausgeschriebene Stelle?"

„O nein!" sagte er ziemlich heftig. „Wir werden aufgefordert. Ich studierte in diesem Kolleg und kehrte anschließend in meine Diözese nach England zurück. Und eines Tages hat mich dann der Bischof gefragt, ob ich wieder nach Rom wolle, auf diesen Posten, und seitdem bin ich hier – es sind jetzt schon beinahe zwanzig Jahre. Meine Geschichte ist typisch, außer für die ganz Ehrgeizigen, die in Rom herumhängen und versuchen, auf sich aufmerksam zu machen. Das einzige Problem mit dem Leben in Rom sind die Italiener. In diesem Land werde ich mich nie hinters Steuer setzen. Ich möchte nirgendwo südlich von Dover autofahren. Ich marschiere viermal am Tag zum Vatikan hin und zurück. Ich habe mir ausgerechnet, daß ich im Jahr etwa zweitausend Kilometer zu Fuß gehe. Es ist gar nicht so übel, im Vatikan zu arbeiten. Zumindest wird man dafür besser bezahlt als ein einfacher Gemeindepriester drüben in England. Trotzdem verdiene ich aber nicht mehr als ein Feldwebel der britischen Armee. Bischöfe kommen noch besser weg als Monsignori; die kriegen alles geliefert einschließlich Unterkunft und Verpflegung.

Hier im Kolleg müssen Sie nur in einem Punkt vorsichtig sein. Wie ich hörte, waren Sie letzte Nacht in der Bibliothek. Wissen Sie, daß es im zweiten Lesesaal einen Geist gibt? Sehen kann man ihn nicht, Sie fühlen ihn bloß, Ihnen wird kalt, Sie sind wie gelähmt und müssen unbedingt raus. Es ist ein alter Geist, wußten Sie, daß auf dem Gelände dieses Gebäudes früher einmal ein Silvanus-Tempel stand? Ein bißchen davon hat man natürlich überall in Rom, einschließlich des Vatikans – überall heidnische Schatten und Geister."

Ich beobachtete ihn genau, um eine Spur von Humor an ihm zu entdecken. Er wirkte aber todernst.

„Können Sie den Geist im Lesesaal nicht exorzieren?" fragte ich.

„Nein, das geht nicht. Viel zu mächtig. Er lacht uns aus. Einfache Priester können sowieso nicht exorzieren. Es ist sehr gefährlich. Das letzte Mal, als einer von den Studenten den Lesesaal-Geist zu spüren bekam, kam der Rektor mit dem Seelsorger des Kollegs und sie sprengten ein bißchen Weihwasser. Aber es hat nichts geholfen."

Als ich die Küche verließ, teilte ich ihm mit, daß ich zum Vatikan müßte.

„Gehen Sie zum Petersdom?" fragte er.

„Vielleicht."

„Ich war schon zwanzig Jahre nicht mehr im Petersdom", sagte er mit unbewegter Miene. „Kann ihn nicht ausstehen. Er ist einfach nur eine Steinwüste."

Ich fragte Monsignore Bruno verdutzt nach seinem Alter. Es stellte sich heraus, daß er zwanzig Jahre älter war, als ich geschätzt hatte.

Mittags begab ich mich durch den Arco delle Campane in den Vatikan, wo ich mit Marjorie Weeke, der persönlichen Assistentin Erzbischof Foleys, verabredet war. Ich hatte eine Liste mit meinen Anliegen mit, bei denen ich die Hilfe des Vatikans benötigte. Ich wollte endlich anfangen. Foleys Assistentin hatte meinen Namen den vatikanischen Carabinieri mitgeteilt, und so durfte ich gleich über die Piazza Santa Marta zur Kommission für die sozialen Kommunikationsmittel, ohne mich erst im Empfangsbüro anmelden zu müssen.

Ich wurde in die Eingangshalle mit seinem gänzlich unpassenden Bild vom Trafalgar Square gewiesen, und nach wenigen Augenblicken hörte ich eine tiefe, quengelnde Stimme hinter mir: „Hi, ich bin Marjorie Weeke." Ich drehte mich um und sah eine Frau in einem karierten Rock mit einer weißen Bluse. Ihre bleichen, dürren Handgelenke schauten aus den Ärmeln einer schwarzen Samtjacke hervor. Große, traurige Augen, die auf eine unglückliche Kindheit schließen ließen, blickten mich aus einem seltsam verhutzelten, blutleeren Gesicht an.

Sie machte sich Notizen, als ich die Punkte auf meiner Liste abhakte.

Ich erzählte ihr, daß ich Zugang zum Arzt des Papstes, Buzzonetti, haben wollte; auch die Bestatter wollte ich treffen. Da Schwester Vincenza tot war, mußte ich etwas über den Verbleib anderer Nonnen aus dem päpstlichen Haushalt in Erfahrung bringen. Der zweite Privatsekretär des Papstes, John Magee, war inzwischen Bischof in Irland. Könnte sie ihm schreiben und ein Zusammentreffen mit ihm in die Wege leiten? Und ob ich mit dem italienischen Sekretär von Johannes Paul I., Don Diego Lorenzi, bekanntgemacht werden konnte? Gab es eine Akte mit der Krankengeschichte des Papstes? Wo befand sich die Sterbeurkunde? Und das Testament des Papstes?

Mein Fragenkatalog bezog sich auf die unmittelbaren Todesumstände des Papstes. Falls es nichts zu verbergen gab, dann sollte es beim raschen Rekonstruieren der wesentlichen Fakten mit Hilfe von einigen Gesprächen und Dokumenten keine Schwierigkeiten geben.

Sie zog die Augenbrauen hoch: „Zu all diesen Dingen kann ich nichts sagen. Ich glaube, denen werden die Haare zu Berge stehen. Der Vatikan ist nicht gerade der Ort, wo die Leute frei von der Leber weg erzählen, außerdem haben sie eine gewisse Art, bestimmte Dinge in unauffindbaren Archiven zu vergraben."

Unser Gespräch wurde durch einen Anruf unterbrochen. Sie stand auf und meinte: „Es gibt Probleme mit der Mittwochs-Audienz des Papstes. Kommen Sie mit, dann können wir uns auf dem Weg weiter unterhalten."

Wir verließen den Palazzo und schritten über den Hof auf die Rückseite eines modernen Gebäudes zu, das wie ein Flugzeughangar aussah. Sie ging langsam, als wenn sie Schmerzen hätte, und hielt manchmal im Reden inne, um etwas besonders zu betonen.

Ich wollte wissen, was eine Amerikanerin im Vatikan zu tun hatte.

„O, die haben die verrückte Idee, daß die Amerikaner die Medien erfunden haben und daß sie deshalb einige von uns hier brauchen für die Öffentlichkeitsarbeit. Ich habe gehört, daß Sie schon einen Termin bei Marcinkus haben. Das hat es noch nie gegeben, wissen Sie. Er spricht eigentlich mit niemandem.

Er hat in New York gerade einen Prozeß laufen gegen ein Buch mit dem Titel *In the Name of the Father*, in dem er als Mörder von Andropow beschrieben ist. Er versucht, eine gerichtliche Verfügung zu erwirken. Der arme Kerl. Sie machen ein wahres Monster aus ihm. Sie werden ja sehen. Er ist gar nicht so. Die Leute, die ihn kennen, verehren ihn. Er ist im Grunde ein anständiger Kerl.

Den Ansatzpunkt dafür, die ganze Mordtheorie auffliegen zu lassen, bildet Papst Lucianis Gesundheitszustand. Er war sehr krank, wissen Sie, und hätte jeden Augenblick sterben können. Aber ich kann Ihnen bei all Ihren Fragepunkten direkt nicht weiterhelfen; Sie sollten sich besser an Dr. Navarro-Valls wenden, den Leiter des Pressebüros. Das fällt mehr in sein Ressort als in meines ..."

Wir hatten inzwischen durch eine Reihe von Nebentüren und nach Überprüfungen durch Sicherheitskräfte die Audienzhalle erreicht.

Es war ein Schock. Nur noch eine Tür und wir befanden uns plötzlich auf der Bühne dieses riesigen Auditoriums mit blendenden Bogenlampen und dem widerhallenden Stimmengewirr Tausender von Pilgern. Ich blickte in ein Meer von Gesichtern auf ansteigenden Terrassen. Gruppenweise wurden Kirchenlieder gesungen oder Fahnen geschwenkt, mit denen sich verschiedene Nationalitäten und Verbände zu erkennen gaben. Einige Gruppen beteten laut gemeinsam oder riefen Sprüche. Eine Blaskapelle spielte einen schmissigen italienischen Marsch. Und nur wenige Meter vor mir schritt die wohlbekannte Gestalt von Papst Johannes Paul II. ganz vorn an einer Reihe von Männern vorbei; von ihnen trennte ihn nur eine Schranke. Er schüttelte Hände, tätschelte Köpfe und bewegte sich dabei unermüdlich durch die seufzenden und weinenden Anhänger, die versuchten, sein Gewand zu fassen. Er war wie geschaffen fürs Rampenlicht und strahlte mit seiner ansehnlichen Gestalt ein außergewöhnliches Charisma und Vertrauen aus – ein natürliches Zentrum für die ihn umgebenden Menschenmengen. Auf der Bühne standen mit Blick zum Auditorium etwa fünfzig Männer mit Schärpen sowie Grüppchen von energisch dreinblickenden Sicherheitsbeamten mit dunklen Brillen. Ich zählte fünf Fernsehteams, die sich mit ihren Handkameras und Scheinwerfern um die beste Position stritten.

„Die Fernsehleute machen uns Probleme", sagte sie. „Ich muß hin und Ordnung schaffen. Möchten Sie hierbleiben oder sich davonstehlen? Verständigen Sie mich bitte, wenn Sie mit Marcinkus gesprochen haben."

Marjorie entfernte sich in Richtung des Papstes, der nun der Menge zuwinkte, die sich kaum mehr halten konnte. Zum Entsetzen der Männer mit den dunklen Brillen tauchte die stämmige Figur in Weiß dann doch tatsächlich in der Menge unter und begann durch die Reihen des Auditoriums zu schreiten, was alles in Bewegung setzte. Religiöse Gegenstände wurden ihm zum Segnen hingehalten. Manche weinten und machten verzweifelte Handbewegungen. Ganze Gruppen der Menge brachen wieder und wieder in spontanen Applaus aus. Auch seine engsten Gefolgsleute konnten nicht verhindern, daß der Papst schließlich von der Masse verschluckt wurde. Allmählich begann diese schrille Hysterie in der Halle mich anzustecken. Ich beschloß zu verschwinden.

Bevor ich durch die Bühnentür ging, drehte ich mich noch einmal um und sah Marjorie Weeke, die eine Gruppe von gestikulierenden japanischen Filmtechnikern zu lotsen versuchte, bis sie auch von der Menge verschluckt wurde. Die Ausübung des päpstlichen Amtes erforderte offensichtlich beträchtliches Durchhaltevermögen.

Es regnete, während ich zum Englischen Kolleg zurückkehrte, wo ich gerade rechtzeitig zum Mittagessen eintraf.

Ich setzte mich neben den Priester mit dem grauen Haarkranz, der meiner Schilderung von der Papstaudienz amüsiert zuhörte. „Ich gehe nicht hin. Ich kann diesen päpstlichen Triumphalzirkus nicht ausstehen“, bemerkte er dann mit leicht erregter Stimme. „Letztes Jahr bekam ich zufällig übrigens Marcinkus einmal zu Gesicht, bei der Priesterweihe im Nordamerikanischen Kolleg. Kurz nachdem er gerichtlich gesucht wurde. Ich trat ganz dicht an ihn heran, weil ich unbedingt wissen wollte, wie er aussah und wie er das alles verkraftet hatte. Er sah völlig abgespannt aus. Ich beobachtete ihn ganz genau, weil ich sehen wollte, ob er wirklich ein Mann des Gebets war. Er sah gar nicht besonders spirituell aus. Er wirkte wie am Boden zerstört.“

Später, im *salone,* der dem Personal als Aufenthaltsraum diente, begegnete ich dem zweiten der beiden Monsignori, die am gestrigen Abendessen teilgenommen hatten. Er war ein schnell sprechender, gewandter Vatikanbeamter, der in einer der vielen neuen Kommissionen tätig war, die durch das vatikanische Konzil entstanden waren. Die Art und Weise, wie er mir seine Dienste aufdrängte, wirkte ein wenig forsch und militärisch, und er hatte dieselbe bubenhafte Jugendlichkeit wie sein Kollege. Zwanzig Jahre enthaltsamen Lebens im Kollegbetrieb schienen lebenserhaltend zu wirken.

Er war ein bißchen rot um die Nase und hatte gekräuseltes, silbernes Haar. Er sprühte vor Energie und gutem Willen. Er teilte mir mit, daß er mit einem Bekannten von Don Diego, dem italienischen Sekretär des toten Papstes, befreundet sei und bot mir an, ein Zusammentreffen zu arrangieren. „Er ist genau der Mann, den Sie sprechen müssen, um einen genauen Eindruck vom Papst während seiner kurzen Amtszeit zu bekommen. Wissen Sie, es gab zwei Sekretäre, die ständig im päpstlichen Appartement wohnten, seine Mahlzeiten und seinen Arbeitstag mit ihm teilten. Don Diego kam mit Papst Luciani aus Venedig. Er ist ein ziemlich ... findig ist nicht gerade der richtige Ausdruck –, aber nicht sehr kompliziert.

Ich werde Ihnen gleich noch ein Detail verraten, das ich von einem engen Freund, der absolut zuverlässig ist, aufgeschnappt habe. Ein paar Tage vor der Anreise zum Konklave nach dem Tod von Paul VI. besuchte Luciani einen Gemeindepriester in der Heimatstadt meines Freundes und mußte sich ein Weilchen ausruhen, weil seine Füße so angeschwollen waren – ein Anzeichen für gewisse Probleme mit dem Herzen. Das ist nur ein winziges Detail, aber all diese Fetzchen könnten doch zusammen ein Bild ergeben. Ich habe auch noch gehört, daß schon gesundheitliche Probleme aufgetaucht sind, bevor er Bischof wurde. Es gab da also Zweifel. Sie werden das nur irgendwie beweisen müssen.“

Wir ließen uns weiter hinten im *salone* nieder, wo unter den düsteren Blicken portraitierter Geistlicher mehrere Sessel und ein Sofa standen. „Zur Marcinkus-Affäre“, fuhr er fort, „habe ich folgende Meinung: Er ist ein überaus netter Mensch, der übers Ohr gehauen wurde. Es gab einfach nicht genügend Kontrollen und Gegenkontrollen im Geschäftsverlauf der Bank. Das hat ein Umfeld von furchtbaren Schädigungen und Skandalen zur Folge gehabt. Selbst loyale Katholiken sind ratlos. Sie lesen in den Zeitungen alles mögliche über die Kirche und ihre Finanzen. Doch eine verläßliche Information gibt es nicht. Wir können bloß beschämt die Köpfe hängen lassen. Vor allem unsere jungen Leute tun sich damit schwer. Sie lieben die Kirche, wollen sie verteidigen, warum liefern wir ihnen also nicht die wahren Tatsachen? Wir haben einfach keine Argumente, weil es keine Informationen gibt. Wissen Sie, es ist schwer zu verstehen, wenn einer als Kompensation für den Zusammenbruch der Banco Ambrosiano 250 Millionen Dollar herausrückt und dann behauptet, es gäbe überhaupt keine moralische Schuld. Das sticht nicht. Der Vatikan macht im Jahr derzeit dreißig bis vierzig Millionen Dollar Defizit. Wenn man so tief in den roten Zahlen steckt, werden doch 250 Millionen nicht einfach so als Geste des guten Willens weggegeben. Es hat in der Sache ein Gefühl der Verantwortlichkeit gegeben. Die ganze Geschichte ist noch nicht ausgestanden.

Was nun die Mordtheorie angeht, so weiß ich, wie es im Vatikan aussieht, und ich weiß auch, was die sich gefragt haben müssen – wie kann so früh am Morgen ausgerechnet eine Frau den Leichnam des Papstes finden? Die Italiener werden sagen: „Da habt ihr's! Päpste schlafen doch immer mit Frauen. Nun, nehmen wir einmal an, das wäre der Grund gewesen, warum sie die Wahrheit verfälscht haben, dann wäre es ein schlichter Fall von Dummheit. Doch das Vertrackte ist, daß die Leute draußen uns eine solche Erklärung nicht abkaufen. Die halten uns nicht für dumm und naiv, die halten uns für hinterhältig und verschwörerisch. Was in einem gewissen Sinne auch stimmt, aber nicht im gewöhnlichen weltlichen Sinn.

Was für ein Ort! Ich will Ihnen einen Rat geben. Wenn Sie Ihre Untersuchung durchführen, müssen Sie unterscheiden lernen zwischen dem, was *ufficiale* und was *ufficioso* mitgeteilt wird: letzteres heißt nicht unbedingt ‚halbamtlich', es ist etwas für den Vatikan ganz Eigentümliches und meint eine Information, die ein besonderes Gewicht oder einen besonderen Akzent hat, und das bedeutet, daß von oben, vom Staatssekretariat, dazu eine Zustimmung erteilt wurde, aber sie werden nicht gleich ans Tageslicht kommen und ein volles Geständnis ablegen, wenn Sie verstehen, was ich meine. Sie können immer abstreiten, daß sie es wirklich gesagt haben; *ufficioso*-Informationen haben die besondere Würze dessen, was so gedacht, sogar gesagt wird, manchmal. Aber sie werden nicht zugeben, daß sie sowas sagen."

Er lachte etwas nervös und hastig über die Absurdität des Ganzen, wiewohl ich auch ein Bedauern herauszuhören meinte, daß er als Teil dieses Mechanismus angesehen werden könnte.

Abschließend meinte er: „Es wird auf jeden Fall interessant sein, welchen Beigeschmack Ihre Unterredung mit Marcinkus haben wird, wenn Sie mit ihm zusammentreffen.“

5

Der Eingang zum Pressebüro des Vatikans befindet sich unter den Arkaden auf der rechten Seite der Via della Conciliazione gegenüber vom Petersplatz. Dort gibt es ein geräumiges Vestibül aus Marmor und einen Saal für Pressekonferenzen. Die ständigen Vatikan-Korrespondenten halten sich in einem rauchigen Raum auf, wo ihnen Schreibtische, Telefone und ein paar Schreibmaschinen zur Verfügung stehen. Da steckte ich am späten Nachmittag jenes ersten Tages meinen Kopf hinein, nachdem ich mich telefonisch mit dem Direktor, Dr. Navarro-Valls, verabredet hatte. Eine Gruppe älterer Männer unterhielt sich mit einem gaunerhaft wirkenden Priester. Die Journalisten ignorierten mich, der Priester blickte scharf auf, aber ich war schon wieder verschwunden.

Auf der anderen Seite des Vestibüls lag ein Büro, wo ich Schwester Giovanna fand, eine grauäugige Nonne mit einem frischen Gesicht, die die Anteilnahme und freundliche Güte in Person war. Der Direktor erwartete mich schon, und sie führte mich zu ihm.

Ich betrat ein fensterloses Büro, in dem es intensiv nach Desinfektionsmittel roch. Der scharfe Geruch war so penetrant, daß er mich an einen Operationssaal erinnerte. Hinter dem Schreibtisch, der wie Glas glänzte, stand ein Mann in einem gutgeschnittenen braunen Anzug. Seine Goldrandbrille strahlte und glitzerte, und sein dunkles, welliges Haar glänzte vor Haarcreme. Er hatte einen breiten Mund mit dicken, weiblichen Lippen und zeigte eine imposante Reihe gesunder Zähne. Beim Händedruck fühlte sich seine Hand an, als wäre sie mit kaltem Wasser und Karbolseife geschrubbt worden.

„So!" sagte er mit ruhigem, gleichmäßigem Tonfall, aus dem ein kastilischer Einschlag herauszuhören war. „Sie werden also die Sache mit Papa Lucianis Tod ein für allemal klären. Ich werde Ihnen selbstverständlich so viel als möglich helfen. Doch lassen Sie mich zuerst einmal etwas festhalten, was in dieser Angelegenheit von Bedeutung ist. Mr. Cornwell, ich muß Ihnen etwas mitteilen, was Sie interessieren dürfte ... Ich möchte Ihnen mitteilen, daß ich nicht nur ein ... wie soll ich sagen, ein literarischer oder ... philosophischer Doktor bin. Nein! Ich bin ein RICHTIGER Doktor."

Er rollte die R nur so. „Sie verstehen, was ich Ihnen erklären will. Ich bin tatsächlich ... ein Doktor der *Medizin* sowohl von der Ausbildung wie von meiner langjährigen Erfahrung her."

Er blickte mich vom Schreibtisch aus unverwandt an und verschränkte dabei die blutleeren, makellosen Hände ganz nach Art und Weise eines Arztes während einer Konsultation. Er machte eine Pause, als wollte er mir Zeit geben, die Information zu verdauen.

„Also!" fuhr er mit leiser, verschwörerischer Stimme fort. „Es gibt einige von uns hier im Vatikan, mehrere, die ... eine ausreichende medizinische Qualifikation besitzen und die nicht daran glauben, daß Papa Luciani an dem gestorben ist, was der päpstliche Arzt verkündet hat."

Er blickte mich weiterhin unverwandt an.

Ich traute kaum meinen Ohren. Da saß ich dem Leiter des vatikanischen Pressebüros gegenüber, der ganz beiläufig ein Arzt war und mir zehn Jahre nach dem Ereignis erzählte, daß seiner Ansicht nach in der Diagnose von Lucianis bedauerlichem Dahinscheiden ein Fehler begangen worden war.

„Myokardinfarkt", fuhr er fort, „war die angebliche Todesursache; doch das scheint uns keine besonders wahrscheinliche Diagnose zu sein. Sehen Sie, der Tod trat augenblicklich und schmerzlos ein. Die Art seines Todes stimmt eigentlich mit den Vorstellungen vom myokardialen Infarkt nicht überein."

Wieder ließ er seine Worte erst einmal wirken.

„Also! Es ist bestens attestiert, daß Luciani 1975 an einer Embolie im Auge litt. Wir wissen auch, daß er stark geschwollene Knöchel hatte. Ich könnte Ihnen Fotos von seinen Knöcheln zeigen, sehr geschwollen, während er in den Gärten des Vatikans spazierenging. Er hatte Kreislaufprobleme, das ist weithin bekannt. Es ist viel wahrscheinlicher, daß er in der fraglichen Nacht eine Lungenembolie erlitt, und eine Lungenembolie führt augenblicklich zum Tod. Der Patient bekommt gar nichts mit. Kein Schmerz. Bums! Der Tod kann oft genau in der Lage eintreten, in der der Tote gefunden wird. Der Patient legt sich hin, legt die Füße hoch, das Klümpchen wandert den Körper hinauf . . . und bums! Aus und vorbei."

Er wartete, um es auf mich wirken zu lassen. „So! Sehen Sie! Das erklärt vieles. Klärt manches auf. Dieser Mann hatte gar nicht mehr die Zeit, den Alarmknopf an seinem Bett zu drücken. Er konnte im voraus nicht ahnen, was auf ihn zukam. Mir kommt es nicht so vor, als ob er einen Herzanfall erlitten hätte. Ich kann Sie mit einem gewissen Professor Rama zusammenbringen, der die Embolie 1975 behandelt hat. Er könnte Ihnen etwas von der Wahrscheinlichkeit dieser meiner Theorie vermitteln."

„Können Sie mir auch zu Dr. Buzzonetti, dem Arzt des Papstes, Zutritt verschaffen? Er sollte doch gewiß etwas zu dem Fall zu sagen haben?"

Er dachte einen Augenblick nach und schüttelte dann den Kopf. „Da bin ich mir nicht sicher. Ich kann nur mein Bestes versuchen." Er streckte die Hände in einer Geste der Hilflosigkeit aus.

„Kann ich seinen Krankenbericht einsehen?"

Er zuckte mit den Schultern und streckte wieder die Hände aus. „Der dürfte geheim sein. Es ist eine Frage seines Nachlasses. Ich weiß nicht."

„Kann ich die Sterbeurkunde sehen?"

„Ich weiß nicht."

„Und die Bestatter. Die Herren, die behaupten, sie wären in den Vatikan geholt worden, bevor der Leichnam gefunden wurde. Ich muß sie unbedingt sprechen."

„Das wäre Sache von Dr. Buzzonetti, möchte ich meinen."

„Ich kann meine Nachforschungen nicht durchführen, wenn ich Buzzonetti und die Signoraccis nicht sprechen kann."

Er zuckte mit den Schultern und lächelte. Die Sprechstunde war vorbei, und er erhob sich, um mich zur Tür zu begleiten.

„Jede uns nur mögliche Hilfe ..."

„Die Signoraccis und Buzzonetti", beharrte ich.

Er schüttelte lächelnd den Kopf.

Draußen auf der Via della Conciliazione wurde mir erst die volle Wucht dessen bewußt, was Navarro-Valls mir berichtet hatte. Wenn die Todesursache wirklich eine Embolie war, und wenn es in dem Punkt eine klare Krankengeschichte gegeben hatte, warum hatten die Ärzte des Papstes sie übersehen? War den Ärzten im Monat seines Papsttums seine Krankengeschichte nicht bekannt gewesen? War der Papst überhaupt richtig betreut worden?

Und jetzt auch noch dieser unglaubliche Versuch, die Sache zehn Jahre danach richtigzustellen, ohne Zusammenarbeit mit den ursprünglichen Ärzten oder eine Obduktion. Als ich in der Bar gleich neben der Banco Santo Spirito Platz nahm, wurde mir klar, daß ich an Navarros Absicht, mir den Arzt des Papstes, die Bestatter oder irgendeines der Dokumente zu beschaffen, nicht so recht glaubte. Ich fühlte mich getäuscht und ärgerte mich.

6

Zur Vorbereitung auf meine Begegnung mit Marcinkus hatte ich mir seine Lebensdaten zusammengestellt. Paul Casimir Marcinkus wurde 1922 in Cicero (einem Stadtviertel von Chicago) als Kind von litauischen Einwanderern geboren. Sein Vater war eine Waise, war 1914 in die Vereinigten Staaten eingereist und hatte sich erst in Pittsburgh und schließlich in Chicago niedergelassen, wo er einem Mädchen begegnete, das er schon während seiner Kindheit in Litauen gekannt hatte. Paul Casimir war der jüngste von vier Brüdern. Er hatte noch eine jüngere Schwester. Sein Vater verdiente seinen Lebensunterhalt als Fensterputzer großer Bürogebäude.

Marcinkus fühlte sich schon früh zum Priester berufen. Mit dreizehn wurde er ins Tagesseminar der Diözese Chicago aufgenommen und erhielt eine humanistische Bildung. Er zeichnete sich bei Mannschafts- und Ballspielen aus und war ein erstklassiger Schwimmer. Mit achtzehn wechselte er ans Oberseminar St. Mary of the Lake in Munderlein, Illinois, wo er drei Jahre Philosophie und vier Jahre Theologie studierte.

Er wurde 1947 als 25jähriger zum Priester geweiht und in den Südwesten von Chicago versetzt, wo er in einer Gemeinde ein Jahr lang meist unter jungen Familien arbeitete. Wie er einmal selbst bemerkte, gab es dort „sehr wenige Begräbnisse, sehr wenige Hochzeiten, aber irrsinnig viele Taufen". Es sollte in seinem Leben das einzige Jahr bleiben, das er ausschließlich im Gemeindedienst zubrachte. Im Seminar schon hatte sich seine Neigung für Kanonisches Recht gezeigt, dem internen Gesetzeswerk der römisch-katholischen Kirche. Er wurde von seiner ersten Gemeinde wieder abgezogen, um am Diözesangericht für Ehefragen zu arbeiten, wo er hauptsächlich mit Trennungen und Annullierungen beschäftigt war. Daneben half er in einer Innenstadtgemeinde aus, wo die Gläubigen zu neunzig Prozent Schwarze waren.

Ein Jahr später wurde er nach Rom geschickt, um in Kanonischem Recht zu promovieren. Ein weiterführendes Studium in Rom konnte den Weg zu einem höheren Amt bedeuten, womöglich gar zu einem Bischofsamt. Marcinkus behauptet aber, daß er keinen größeren Ehrgeiz besessen habe als ans Ehegericht in Chicago zurückzukehren. „Ich war der Meinung, wenn ich nur ein bißchen schärfer, ein bißchen schneller sein könnte und etwas mehr wissen würde, dann könnte ich den Menschen mit Eheproblemen eine größere Hilfe sein“, hat er einmal erklärt.

Während eines Forschungsaufenthalts am Britischen Museum in London erreichte ihn 1952 ein Schreiben aus dem Vatikan mit der Einladung, zwei Monate in der englischen Abteilung des Staatssekretariats zu arbeiten. Professoren an der Gregorianischen Universität hatten ihn dem Staatssekretär Montini (dem späteren Paul VI.) als vielversprechenden Verwaltungsfachmann empfohlen; dies war seine Bewährungsprobe. Er bestand die Probe und wurde auf die päpstliche Akademie für Geistliche und Adelige geschickt, wo er mehrere Monate lang Diplomatie und die Beziehungen zwischen Kirche und Staat studierte. Unterdessen setzte er seine Studien fort, indem er oft bis zwei Uhr nachts arbeitete.

Seinen ersten Diplomatenposten trat er 1955 als Mitarbeiter des päpstlichen Nuntius für Bolivien an. Es wird ihm zugeschrieben, daß dort ein ‚Leih-Pacht‘-Programm für den Klerus entwickelt wurde, das Diözesanpriester aus den Vereinigten Staaten, Großbritannien und Irland zur Arbeit in die rasch anwachsenden Städte La Paz, Cochabamba und Santa Cruz brachte. Er verfolgte das Ziel, das Ansehen des Klerus in Lateinamerika zu stärken, indem er lieber ‚nordische‘ Priester – wie er sie nannte – als Priester aus den Mittelmeerländern rekrutierte. „Von denen haben wir schon genug in

Südamerika", soll er gesagt haben. Zwei Jahre später wurde er nach Ottawa versetzt, wo er sich mit Einwanderungs- und Erziehungsproblemen befaßte, wobei er während langer Ferienaufenthalte auch in den Genuß von Gemeindearbeit im Erholungsgebiet Fitzroy Harbour kam.

1959 war er wieder im Vatikan, in der englischen Abteilung des Staatssekretariats, wo er schließlich blieb und an Übersetzungen sowie bis zur Wahl von Paul VI. – der englischen Korrespondenz des Papstes – arbeitete. Während dieser Jahre wurde man auf ihn aufmerksam. Er machte sich als geschickter Planer einen Namen, vor allem bei den zu Besuch kommenden Geistlichen und Laien aus seiner Diözese. Er war ein Inbegriff rastloser Energie, stand früh um sechs auf, um die Messe zu lesen, war überall in Rom am Steuer eines geliehenen riesigen Chevrolets zu sehen. Touristen brachte er zu den Katakomben, Bischöfe zum Golfplatz oder sein italienisches Baseball-Jugendteam zum Sportplatz.

Die Gelegenheit zum rasanten Aufstieg im Vatikan kam für Marcinkus mit der Entscheidung Pauls VI., die Welt zu bereisen. Marcinkus war mit dem neuen Papst bekannt geworden, weil er ihm Englisch beibrachte. Der Pontifex bat ihn mitzuhelfen, den Eucharistischen Kongreß 1964 in Indien zu organisieren. Das Organisationstalent von Marcinkus erwies sich als so beeindruckend, daß er für neun folgende Reisen, u. a. nach New York, Fatima, Chile, die Türkei, die Schweiz, die Philippinen und Uganda verantwortlich war. Er fungierte als Übersetzer für die wichtigeren Zusammenkünfte des Papstes mit internationalen Staatsmännern. Er nützte die Gelegenheit, um die Verwaltung rund ums päpstliche Protokoll zu verbessern. Offensichtlich führte er die Neuerung ein, daß die Treffen des Papstes systematisch protokolliert wurden. Er hatte seine Eignung für Organisation, Offenheit, Loyalität und harte Arbeit bewiesen; er war als Vertrauensmann des Papstes bekannt. Seine besondere Sorge um die körperliche Sicherheit des Papstes auf Reisen brachte ihm den Spitznamen „Gorilla" ein. Während des Vatikanischen Konzils entfachte er einen wahren Wirbel an Aktivitäten, besonders im Dienst der 300 amerikanischen Bischöfe, für die er Charterflüge, Hotel- und Büroräume sowie Kommunikationsmöglichkeiten organisierte. 1963 baute er für eine Million Dollar die Villa Stritch, einen Appartementkomplex für gastierende amerikanische Prälaten, benannt nach einem früheren Erzbischof von Chicago. Er wurde dort auch der erste Rektor.

Als Kardinal Dijorio, der Präsident der IOR, der Vatikan-Bank, achtzig Jahre alt wurde, entschied sich Paul VI. für Marcinkus als idealen Nachfolger. Er trat 1969 in die Bank ein, in eine Position mit enormer Macht und großem Einfluß, in der er das Staatssekretariat und den mächtigen und ehrgeizigen Kardinal Giovanni Benelli noch überflügelte. Von dem Zeitpunkt an unterstand Marcinkus unmittelbar dem Papst. Die Auslandsreisen des Papstes organisierte er weiterhin, was ihm Gelegenheit bot, dem Papst täglich nahe zu sein und darüber zu entscheiden, wer sich ihm im Ausland nähern durfte. Im Laufe der Zeit sollte er auch noch die Aufgaben des stellvertretenden Statthalters der Vatikanstadt übernehmen. Er kontrollierte nicht nur den Geldbeutel des Papstes, sondern beaufsichtigte auch das Personal und den gesamten Betrieb der Vatikanstadt, einschließlich der Gebäude, der Ausstattung, des Fuhrparks, der Gärten, des Supermarkts und der Apotheke im Vatikan.

Für einen Amerikaner hatte es solche Machtposition im Vatikan noch nie gegeben. Das wurde Marcinkus besonders von den Italienern übelgenommen, und seine forsche Art trug nicht gerade dazu bei, die Angst vor seiner Rücksichtslosigkeit und seinem Ehrgeiz zu besänftigen. Früh schon wurden Kritik und Unterstellungen laut. Im ersten größeren Skandal, im Jahr 1972, der als der Wertpapierfälschungs-Fall bekannt wurde, wurde er beschuldigt, in einer Mafia-Verschwörung, die sich von New York bis Zürich erstreckte, gestohlene und gefälschte Aktienzertifikate im Wert von mehreren Millionen Dollar in die Tresore des Vatikans gebracht zu haben. Im Verlauf dieser Affäre legte er sich das erste Mal mit Benelli an. Marcinkus ist durch eine Untersuchung des FBI entlastet worden, aber seine schlechte Presse stammt aus dieser Zeit und hat sich bis heute nicht verbessert.

Einzelheiten über Skandale, in die Marcinkus verwickelt war – der Zusammenbruch der Banco Ambrosiano, die Todesfälle von Sindona und Calvi, unerquickliche Behauptungen über seine private Lebensführung – werden im späteren Verlauf dieses Berichts noch auftauchen. Schon nach der Lektüre der massenhaft vorhandenen Pressenotizen aus aller Welt war klar, daß Marcinkus einen fast uneingeschränkten Ruf als weltlichere Prälat erworben hatte, dessen Karriere von Kontroversen geprägt ist. Die allgemeine Meinung über ihn war nicht schmeichelhaft: Wo Rauch ist, ist auch Feuer. Was mich jedoch an diesem Punkt meiner Nachforschungen erstaunte, war das Fehlen auch nur einer einzigen freundlichen Aussage. Gab es denn niemanden, der dem mächtigen Erzbischof ein positives Zeugnis auszustellen bereit war? Ich begann nach alten Freunden von ihm zu suchen und herumzutelefonieren.

Ich entdeckte schließlich, daß er mit einer kleinen Gruppe von Priestern während seiner Studienzeit in Rom lebenslange Freundschaft geschlossen hatte. Die Grundlage ihrer Beziehung war in erster Linie und wohl unweigerlich eine gemeinsame Freude am Golfspiel. Die drei, die ich erreichen konnte, waren inzwischen in den Achtzigern, doch sie waren rüstig, gut beisammen und kamen immer noch nach Rom, wo sie Marcinkus im Gouverneurspalast besuchten. Meine Annäherungsversuche brachten folgende Urteile:

„Es ist doch bezeichnend, daß die meisten Geschichten über ihn aus dem Inneren des Vatikans kommen. Dort gibt es jede Menge Widerlinge, die bezahlte Lästermäuler sind und unsäglichen Schmutz über ihre Brüder an die Zeitungen und so weiter verbreiten. Tatsache ist, daß die Leute, die ihn hätten verteidigen können, für ihn keinen Finger gerührt haben, eben weil er unbeliebt ist. Die Italiener können ihn nicht ausstehen. Der einzige, der ihn unterstützt hat, ist der gegenwärtige Papst Johannes Paul II.! Der Papst beschuldigte einmal einen Journalisten, er habe einen ‚brutalen' Angriff auf Marcinkus lanciert. Das ist im Italienischen ein sehr hartes Wort und zeigt, wie wütend *er* über die Angriffe der Kritiker ist. Ein prominenter Erzbischof ging zum Papst und sagte ihm: ‚Wir müssen ihn loswerden.' Der Papst sagte ihm darauf, und das habe ich von einer über jeden Zweifel erhabenen Autorität: ‚Sagen Sie mir folgendes: Wenn *Sie* heftig kritisiert werden würden und ich würde daraufhin sofortige Maßnahmen ergreifen, würde Ihnen das gefallen? Bis nicht eindeutig gegen ihn bewiesen ist, bleibt er auf seinen Posten.'

Er ist einfach nicht beliebt. Er kommt mit einfachen Leuten besser zurecht, weil er eine volkstümliche Ader hat und weiß, wie er mit ihnen reden muß. Aber er hat zu seiner Zeit einer Menge Leute geholfen, besonders Priestern und Nonnen, die Probleme mit Gebäuden hatten. Lahmen Enten hilft er immer wieder auf die Beine. Für sich selbst hat er nie etwas getan; dabei hätte er sich in seiner Position schon lange eine goldene Nase verdienen können. Er hat in der Vatikanstadt gewaltige Dinge vollbracht ... hat große unterirdische Depots gebaut und alle möglichen Programme für junge Leute entwickelt. Er hat in den vatikanischen Gärten sogar einige dieser riesigen Redwoodbäume gepflanzt, die es drüben an der Westküste Amerikas gibt, durch die ein Auto fahren kann. Er ist ein Ordnungsgenie, er ist ein sehr guter Koch. Wenn ich bei ihm wohne, essen wir immer zuhause. Wir sitzen an einem großen Fenster und spielen Cribbage. Dann natürlich Golf. Er schießt den Ball kilometerweit, hat aber auch die Feinfühligkeit eines Arztes. Er spielt aber doch geradlinig. Er überläßt alle Vorgaben uns."

„Er ist kein Pietist oder Frömmler. Verstehen Sie mich? Als Priester mag er durchaus als konservativ bezeichnet werden ... wir sagen dazu auf lateinisch *sentire cum ecclesiam;* also – er befindet sich immer in Übereinstimmung mit dem Denken und den Dogmen der Kirche. Mich beeindruckt die Art, wie er weitermacht, trotz der fortwährend negativen Berichterstattung der Medien. Sein Golfspiel ist aber nicht unbedingt das beste ... Ich denke, er muß wohl ein bißchen Schwierigkeiten mit dem Knie haben; das letzte Mal konnte er draußen auf dem Kurs den Ball öfters überhaupt nicht vom Abschlag spielen. Ich bin sicher, das hatte nichts mit der Aufmerksamkeit der Medien für ihn zu tun."

„Trinkt er?" fragte ich.

„Er trinkt schon", sagte mein Informant, „aber nicht übermäßig. Ich habe ihn nie mit Schlagseite gesehen, auch nicht andeutungsweise. Ein Mann wie er kann freilich auch ein wenig mehr vertragen als andere Menschen."

„Wie verbringt er seine Abende am liebsten? Ißt er gern?"

„Ja ... ich denke schon."

„Also, was tut er abends?"

„Wollen Sie das wirklich wissen? ... Er mag Western, Cowboy-Videos ... so Sachen wie *Plainsman*, wissen Sie, mit Gary Cooper als Wild Bill Hickock und Jean Arthur als Calamity Jane. Ich habe mal versucht, ihn auf andere Filme zu bringen, aber nein, er mag eben diese Sachen."

„Ich habe ihn schon als Jungen im Unterseminar gekannt. Er war immer sehr aktiv. Er hat sich öfter eine kleine Mannschaft mit Jungen zusammengestellt und ist mit ihnen Bäume fällen und Unkraut jäten gegangen. Ich weiß nicht, war es nervöse Energie oder was ... Er ist ein sehr sensibler Mensch, wissen Sie. Die Leute betrachten ihn als einen Neandertaler oder so was. Er hat viel gelitten. Mehr, als die meisten Leute, die ich kenne, unter denselben Umständen ausgehalten hätten. Sogar ihm nahestehende Menschen spüren überhaupt nicht, wie sehr er verletzt worden ist. Er hat eine Menge schlucken müssen.

Warum er so angegriffen wird? Ich vermute, es hängt teilweise damit zusammen, daß er Amerikaner ist. Ich habe bemerkt, daß er für gewöhnlich immer dann angegriffen wird, wenn in Italien wieder einmal irgend etwas Politisches im Gange ist. Die Gegner der Christdemokraten versuchen, sie über den Vatikan zu erwischen. Den Papst können sie nicht angreifen, also wird Marcinkus zum Sündenbock gemacht, weil er im Finanzwesen tätig ist und weil er Amerikaner ist.

Eines der größten Rätsel besteht für mich darin, wieso sie ihm überhaupt den Posten gegeben haben. Ich habe damals noch gesagt: ‚Wieso soll *er* das machen?' Für ihn sprach wirklich nichts.

Ich kann mir nur vorstellen, daß Paul VI. wissen wollte, was dort vor sich ging. Aber Erfahrung besaß Marcinkus auf diesem Gebiet überhaupt nicht."

Die Antworten der alten und treuen Freunde von Marcinkus waren gedämpft und vorsichtig formuliert. Sie enthielten keine persönlichen Anekdoten, keine Zeichen begeisterter Heldenverehrung. Das einzige auffallende Detail war der Hinweis auf die Videos mit Westernfilmen gewesen. Vom besonderen Interesse war die Ansicht, er wäre das Opfer einer Intrige geworden, obwohl sich seine Kameraden hinsichtlich der Gründe für die Intrige widersprachen. Kam sie aus der politischen Landschaft Italiens oder aus dem Vatikan selbst?

Doch warum legten sie sich so schwer fest? Ich versuchte dem Ganzen einen menschlich gütigen Aspekt abzugewinnen und fragte mich, ob ich es hier etwa mit der seltsamen, tiefstapelnden Verlegenheit zu tun hatte, die meiner Erinnerung nach zur engen Kameradschaft zwischen Priestern gehört; eine Neigung, gegen Außenseiter, noch dazu Laien, die Reihen dicht zu schließen und Sentimentalität wie klares Lob zu scheuen.

Eine andere Deutung war die, daß selbst seine besten Freunde es schwer fanden, etwas Nettes über ihn zu sagen.

7

Es war ein grauer und eiskalter Morgen, als ich die Via di Monserrato hinunterging zu dem für 9 Uhr 15 im Vatikan festgesetzten Treffen mit Erzbischof Marcinkus.

Der Petersplatz war wegen einer Papstaudienz für Mitglieder der italienischen Luftwaffe geräumt worden. Männer in blauen Uniformen schwärmten aus Militärbussen aus; entlang der Bernini-Kolonnaden waren bewaffnete Carabinieri aufgestellt. Ich mußte mich schließlich kurz mit einem von ihnen streiten, um zum Bronzeportal vorzudringen, dem offiziellen Eingang zum Apostolischen Palast, den ich passieren sollte. Der junge Mann, der ein Maschinengewehr an der Hüfte trug, stellte sich mir mürrisch in den Weg. Seine Augen waren dumpf und störrisch, er war unterm Kinn schlecht rasiert. Ich versuchte ihm zu erklären, daß ich in den Vatikan wollte. Vergeblich. Ich erwähnte die Namen Marcinkus, Marjorie Weeke, Bischof Foley. *Niente!* Schließlich sagte ich *Portone di Bronzo*, das Bronzeportal, und hatte damit die Parole gefunden. „*Ah, si, certo! Avanti!*"

An den hohen verwitterten alten Bronzetüren stand mit aufgepflanzter Hellebarde eine Wache im marineblauen Mantel in Habtachtstellung. Sie war im Hintergrund umrahmt von einem Flur aus Marmor und Granit, der sich weit längs der tiefen, flachen Stufen der *Scala Regia* hinzieht. Alles war nur schwach vom Licht der eisernen Laternen erhellt. Das ist das päpstliche Eingangstor, dazu bestimmt, dich auf deinen Platz zu verweisen, wer du auch bist! Ich wurde in ein Büro auf der rechten Seite gewiesen, wo ich einen Funktionär um den notwendigen Passierschein bat, den ich erhielt, nachdem er meinen Namen per Telefon an die Sekretärin des Erzbischofs durchgegeben hatte. Ein Schweizer Gardist an einem Tischchen vor dem Büro wies mich nach vorn auf eine breite Treppe von schaurig hallender Erhabenheit. Er behielt mich im Auge. Eine weitere Wache traf ich oben, nachdem ich eine Glastür hinter mich gelassen hatte. Sie salutierte steif und trat auf mich zu, um meinen Passierschein zu begutachten. Ich befand mich nun auf einem stillen und blitzsauberen Platz, auf drei Seiten umgeben von einem riesigen Palazzo, dessen Balkone durch Glasscheiben geschützt waren – die berühmten dreistöckigen Loggien des Apostolischen Palastes. Im oberen rechten Eck wohnte Papst Johannes Paul II. mit seinem Haushalt aus polnischen Ordensschwestern und seinem Sekretär Pater Stanislaus. An jedem Portikus und jedem Eingang auf diesem Platz befanden sich weitere Schweizer Garden in ihrer Renaissance-Verkleidung – geschniegelte, bullige Jungen mit kurzem Haarschnitt. Sie platzten geradezu vor Neugier auf alles, was sich hier bewegte. Ich wurde quer über diesen Platz, dem bekannten Cortile San Damaso, nach rechts geschickt, wo sich ein Torbogen befand, der zu einem kleineren Innenhof führte.

Als ich davonschritt, wurde ich durch die plötzliche Ankunft einer glänzend schwarzen Limousine aufgeschreckt, die durch ein Tor hinter mir hereinschoß, eine Schleife zog und quietschend auf den Pflastersteinen vor einem Eingang zum Halten kam, von dem aus ein roter Teppich direkt bis auf den Platz ausgerollt worden war. Im gleichen Moment tauchte aus dem Palasteingang hastig ein geschmeidiger und gut genährter Prälat in Soutane und langem Mantel auf. Es blitzte kurz scharlachrot, purpurn und tiefblau auf; die Schweizer Garde salutierte geschlossen. Der Chauffeur lief eilig um den Wagen herum und öffnete die Tür; der Prälat stieg geradewegs vom roten Teppich ins plüschgepolsterte Innere der Limousine, der Chauffeur salutierte, schloß den Wagen, rannte elegant zur Fahrertür, stieg ein und rauschte davon.

Wieder senkte sich tiefe Stille über die Szenerie. Hier wurden wichtige Angelegenheiten, das war eindeutig, von ungemein wichtigen Leuten wahrgenommen.

Ich befand mich nun im stillen Bezirk der Vatikan-Bank. Drei Wagen parkten draußen. Eine Messingplatte an der honigfarbenen Steinmauer verkündete: IOR – *Istituto per le Opere di Religione* – Institut für kirchliche Einrichtungen. Ein Carabiniere saß in einem Glaskäfig. Er fragte nach meinem Namen und wies mich durch Milchglas-Schwingtüren direkt ins Vestibül des Präsidentenbüros. In diesem stark nach Tabak riechenden Raum lagen dicke braune Veloursteppiche, und an den Wänden hingen zahlreiche moderne religiöse Gemälde, darunter eine Madonna mit Kind. Der Vorraum bestand aus einem breiten Gang, mit Türen auf beiden Seiten. Am hinteren Ende, mir zugewandt, saß eine kleine gepflegte Frau mit dem Rükken zu einem hohen, abgeteilten Fenster an ihrem Schreibtisch. Sie war mittleren Alters, dunkeläugig, trug kurzes braunes Haar, einen gut geschnittenen Marinerock, eine Seidenbluse und eine grüne Strickjacke. Sie erhob sich und kam mir entgegen. Ich vermutete, daß sie wohl früher eine elfengleiche Schönheit gewesen sein mochte; ihr Aussehen war immer noch anziehend, doch ihre Haut schien bleich wie nach mangelndem Schlaf, und ihre Augen waren traurig und furchtsam. Diese Frau war Vittoria Marigonda, seit siebzehn Jahren Privatsekretärin von Erzbischof Paul Casimir Marcinkus und, wie ich annahm, Mitwisserin einer Menge komplizierter und unangenehmer Geheimnisse. Bevor es noch zur Begrüßung kam, wurde meine Aufmerksamkeit auf eine Gestalt gelenkt, die an der Tür auf meiner Seite aufgetaucht war: ein großer Mann ganz in Schwarz, der dastand und mich prüfend betrachtete. Lässig am Türstock lehnend, zündete er sich eine gewundene Petersham-Pfeife mit riesigem Pfeifenkopf an. Während er am Mundstück sog, blickte er mit seinen starken, halb offenen Augen erwartungsvoll zu mir herüber, was ihm einen unbewegten, gedankenverlorenen und unterkühlten Ausdruck verlieh. Sein Kopf war seltsam groß und seitlich zugespitzt wie ein Bienenkorb. Mit seinen massigen, nicht zu sauberen Händen, die um die Daumen dunkle

Warzen zeigten, hielt er behutsam das angezündete Streichholz über die Pfeife.

„Tag", sagte er mit tiefer, rauher Stimme; dann, an seine Sekretärin gewandt: „Okay, Mavi, ich übernehm ihn."

Er gab mir ein Zeichen, ich sollte eintreten – ein geräumiges modernes Büro, das durch einen vergoldeten Wandschirm geteilt wurde, einer Art Spalier aus zueinander verdrehten Metallplättchen. Auf der einen Seite befand sich ein Sitzungsraum mit einem Tisch in Form eines Sarges und schwarzen Ledersesseln, auf der anderen sein persönlicher Arbeits- und Empfangsbereich mit Ledersofas, einem niedrigen Teetisch und Sesseln sowie einem großen, geschwungenen Schreibtisch, der mit Papier und einem überquellenden, tellergroßen Zinnaschenbecher beladen war. Marcinkus ging mit leichtem athletischen Gang zu seinem Schreibtisch. Er warf sich in einen drehbaren Chefsessel.

Wir saßen uns eine Weile einander musternd gegenüber. Hatte ich nun einen Mann vor mir, so überlegte ich, der sich tatsächlich all das hat zuschulden kommen lassen, was ihm vorgeworfen wird?

Er hatte die Hände und Schultern eines kraftvollen Athleten. Sein Gesicht war eine lederne Maske, die gebräunte und gegerbte Physiognomie eines Mannes, der viel Zeit im Freien verbringt. Er hatte eine stumpfe Nase und einen festen, strengen Mund. Er machte keine Anstalten, mein Begrüßungslächeln zu erwidern. Seine graugrünen Augen starrten mich ohne zu blinzeln aus halbgeschlossenen Lidern an, was ihm einen zynischen, ja beinahe gedopten Ausdruck verlieh.

Seine breite Stirne war von einer einzelnen tiefen Furche durchzogen. Er trug den vollen Habit eines römisch-katholischen Priesters: schwarzer Anzug (Spuren von Schuppen auf den Schultern), schwarze seidene Halsbinde und ein breiter, leicht schmuddeliger Priesterkragen; nicht die Spur von erzbischöflichem Purpur. An der Wand, unmittelbar über seinem Kopf, hing eine Collage in Metall, eine Darstellung der Auferstehung mit einem Dickicht aus emporgehobenen Händen und Armen.

Seine unmittelbare körperliche Präsenz brachte mich ein wenig aus dem Gleichgewicht. Ich war an geistliche Bürokraten gewöhnt, die in seinem Alter etwas weich und schwammig geworden waren, sogar eine Spur weiblich wirkten nach einem bequemen Leben inmitten von gepolsterten Büros und Kapellen. Er war zwar wie ein Priester gekleidet, doch wirkte er rein äußerlich so, als hätte er sein Leben mit dem Zureiten von Pferden verbracht.

Nie zuvor war ich bei einem Menschen auf einen so offensichtlichen Konflikt zwischen dem Heiligen und dem Profanen gestoßen. Oder könnte es eine problematische Aussöhnung sein?

Wie sollten wir anfangen? Ich hatte gehofft, ich könnte diese Begegnung zur Einstimmung nutzen, so daß er sich in meiner Gegenwart allmählich entspannte. Doch als ich mir gerade eine harmlose Frage zurechtlegte, überraschte er mich voll und ganz:

Erzbischof Paul Casimir Marcinkus, der Mann, der in mindestens drei Büchern als Mörder geschildert worden war, gab den Anstoß zu unserer Unterhaltung, indem er sofort mit einem von ihm gar nicht verlangten Alibi vorpreschte.

„Sehen Sie, John, als ich draußen in der Villa Stritch wohnte – dort haben die amerikanischen Geistlichen in Rom ihr Appartementhaus –, bin ich immer etwa um sieben Uhr hierhergekommen. Aus einem ganz einfachen Grund. Wenn ich nämlich eine halbe Stunde später losgefahren wäre, wäre ich im Verkehr steckengeblieben. Man fährt um halb acht, acht los und schon braucht man eine Stunde zum Reinkommen."

Seine Stimme machte einen äußerst brüchigen Eindruck. Es war die Stimme eines starken Rauchers, außerdem hatte er eine nachlässige Ausdrucksweise, die in den ehrwürdigen Bezirken des vatikanischen Allerheiligsten völlig fehl am Platz klang. Er legte seine Pfeife nieder und zündete sich eine Marlboro an.

„Also bin ich gern früh hergekommen, hab alle Zeitungen gelesen und zeitig angefangen. An dem fraglichen Morgen jedenfalls kam ich zur üblichen Zeit her, da kam Feldwebel Roggen von der Schweizer Garde zu mir rüber, als ich aus dem Wagen stieg, und sagte etwas. Ich dachte, er hätte gesagt: ‚Hey, ich hab geträumt, der Papst wär tot.'

Ich konnte ihn nicht verstehen. Also hab ich gesagt ‚Sie sollten nicht so'n Zeugs träumen.' Dann hat er gesagt: ‚Aber nein, sehen Sie doch, die Flagge ist auf halbmast.' Aber ich kapierte noch immer nichts. Dann kam ich hier rauf und sah dort drüben am San Damaso Magee und den Doktor stehen, winkte ihnen zu und ging direkt hier rein. Ich glaub, ich hab es wie jeder andere ein paar Minuten später übers Telefon erfahren.

Dann ist da all dieses Gerede, daß man mich loswerden will ..." Zu meinem Erstaunen ging er von seinem Alibi unmittelbar zu seinem Motiv über. „Es war mir überhaupt nicht bewußt, daß es Pläne gab, mich zu ersetzen. Selbst wenn es sie gegeben hätte, hätte mich das in keiner Weise geärgert. Tatsächlich war aber das Gegenteil der Fall. Ich besuchte Johannes Paul ein paar Tage vor seinem Tod, und da war er sehr gütig, sehr väterlich, dankte mir für all die Arbeit, die ich getan hatte, und sagte, ich würde hoffentlich bleiben."

Seine Stimme klang ernst; er sprach langsam. Ein Gefühl wachsender Spannung herrschte im Raum. Ich machte den Versuch, ihn mit einer bestimmten Frage zu unterbrechen. Ich wollte wissen, ob seine Unterredung mit Johannes Paul I. protokolliert worden war. Aber er ließ sich nicht beirren.

„Dann war da noch Calvi." Wieder führte er das Interview, beschäftigte sich nun mit dem Milliarden-Dollar-Zusammenbruch der Banco Ambrosiano und seiner Verbindung zu Roberto Calvi, dem Präsidenten dieser Bank. „Die Leute sagen, ich hätte Calvi gekannt. Ich bin ihm vielleicht zwei- oder dreimal begegnet. Einmal war ich mit ihm zusammen essen, einmal hab ich eines seiner Gebäude eingeweiht, aber ich war mit ihm nie näher bekannt, bin nie länger mit ihm zusammengewesen. Ich war nie bei ihm zu Hause oder sonstwas. Ich hab in meinem ganzen Leben vielleicht nicht mehr als neun Stunden mit ihm verbracht, höchstens!"

Er sprach den letzten Satz mit einer Endgültigkeit, daß ich ein Gefühl der Panik empfand. Offensichtlich hatte er für sich entschieden, er hätte mir nun alle Antworten gegeben, die von ihm überhaupt verlangt werden konnten. Wenn das so weiterging, schätzte ich, würde unser Interview in ein paar Minuten beendet sein und ich würde den stillen Platz wieder überqueren und über die hallende Treppe zurückgehen, um nichts schlauer als zuvor.

„Monsignore", sagte ich, „es ist Ihnen doch recht, wenn ich Sie Monsignore nenne? Alles, was es in den Zeitungen und den verschiedenen Büchern zu lesen gibt, dreht sich um den weltlichen, golfspielenden Prälaten. Ich möchte ein bißchen über Sie als Priester erfahren ..."

Bevor ich meinen Satz wirklich beendet hatte, war er schon wieder in Fahrt und reagierte auf meine Anregung, als handelte es sich um eine Frage, die er unverzüglich zu beantworten hätte.

„All die Jahre, die ich hier gearbeitet hab, hab ich soviel Seelsorgearbeit getan, wie meine Zeit zuließ. Ich hatte eine Gruppe italienischer Jungen hier, denen ich Baseball beibrachte ... Ich versuchte auf diese Weise ein bißchen seelsorgerlich mit ihnen zu arbeiten, ihnen die Vorstellung zu vermitteln, daß Religion nicht bloß das ist, wozu man in die Kirche geht, sondern eine Lebensweise ... über den Sport ihnen zu vermitteln, wie man nach seinen Prinzipien leben kann ... Da sind eine Menge Leute aus Chicago nach Rom zu Besuch gekommen und ich hab das übernommen; ich hab ihnen die Stadt gezeigt und den Fremdenführer gemacht. Ich hab sie in die Sixtinische Kapelle mitgenommen, in die Gärten, hab mit ihnen zu Abend gegessen, damit sie sich hier wohlfühlen ..." Er legte eine Pause ein, wie um zu fragen: „Wie komme ich an?" Seine Stimme verlor sich etwas, als er abschließend sagte: „... eine normale ... Priesterrolle. Was möchten Sie noch wissen?"

Sein Tonfall, sein Akzent, seine Sprechweise wie seine Wortwahl klangen direkt wie nach den Straßen von Chicago. Mit anderen Worten, es war breitester amerikanischer Slang. Er sagte „doin" statt „doing" und „I dunno" statt „I don't know" usw. Ich war unangenehm berührt von der Armut seines Wortschatzes. Es ließ mir die Informationen über seine Vorbildung fragwürdig erscheinen; die sieben Jahre Philosophie und Theologie, der Dr. jur. an der Gregorianischen Universität, die Diplomatenkurse an der Päpstlichen Akademie.

„Können Sie mir etwas über Ihre frühere Ausbildung berichten, Monsignore?" fragte ich.

„Ich hatte nie Schwierigkeiten mit meinem Studium, aber ich war wirklich nie, was man eine Leuchte nennt; nicht, daß ich es nicht hätte werden können, aber ich fühlte, da gab's mehr im Leben als bloß über Bücher zu hocken. Auf menschlichen Kontakt kam es an. Mein Ziel war, ein Gemeindepriester zu werden – da erfolgreich zu sein, nicht mich auf die vatikanischen Finanzen einzulassen. Die Leute erwähnen dauernd die vatikanischen Finanzen. Ich hab mich *nie* in die vatikanischen Finanzen eingemischt ... Das ist eine der Vorstellungen, die die Leute haben und die falsch ist."

Es war so, als hätte Kissinger gesagt, er hätte sich nie mit Diplomatie befaßt. Die Verwunderung muß mir ins Gesicht geschrieben gewesen sein.

Er lenkte ein bißchen ein: „Ich hab jetzt ein bißchen damit zu tun, indirekt, im Zusammenhang mit dem Gouverneursrat, weil ich die Gebäude erhalten muß, ein paar Sachen bauen und versuchen muß, die Aktivitäten im Vatikanstaat zu koordinieren. Die Bank, die wir hier haben, ist ein Dienstleistungsunternehmen der Kirche; das hat speziell mit apostolischen Werken zu tun. Jemand hat mich mal gefragt: ‚Warum das alles?' Ich hab gesagt: ‚Wenn meine Arbeiter hier die Altersgrenze erreicht haben, erwarten sie eine Rente. Es hat keinen Zweck, wenn ich ihnen sage, ich zahl euch vierhundert Ave Marias.' Das ist dann durchwegs falsch zitiert worden. Man verwendet das dauernd gegen mich, nicht wahr. Ich werde so zitiert: ‚Ich kann die Kirche nicht mit Ave Marias in Gang halten.' Es wäre ja sehr schön, wenn die Kirche existieren könnte, ohne von diesen Dingen abhängig zu sein, aber man baut eine Kirche, also muß man Steine kaufen, einen Maurer beschäftigen ... Und wenn du Leute für dich arbeiten läßt, besonders heutzutage, bist du verpflichtet, für ihre Pensionen zu sorgen und so weiter. Ich gehe mit ihren Geldern um, aber ihre Finanzen handhaben sie selber.

Meine Auffassung ist immer gewesen – und ich denke, das trifft für jeden zu –, daß es sich leicht sagen läßt, laßt uns einfach in Armut leben. Aber es gibt zwei Arten von Armut, in gewisser Weise:

auf der einen Seite die Armut im Geiste – wenn Geld und Besitz nur als Mittel gebraucht werden – und auf der anderen Seite eben die Armut mit überhaupt nichts. Das letztere ist nicht die Armut, die Christus gepredigt hat.

Ich sage meinen Leuten hier, meinen Bankangestellten: ‚Hört mal, was wir hier machen, ist kein normales Bankgeschäft. Wenn ihr das wollt, dann arbeitet lieber woanders. Wir befinden uns hier quasi an einem geschützten Ort, wo wir diesen Leuten helfen, ihre Mission überall in der Welt zu erfüllen.' Ich sage: ‚Wenn wir wirklich mit unseren Transaktionen am Jahresende Geld machen, dann soll das an die Kirche zurückfließen', was auch geschieht. Wenn ich aber draußen in der Welt eine Bank leiten würde und sie gut liefe, würden sich die Aktionäre am Jahresende einen neuen Cadillac kaufen."

Er machte eine kleine Pause, um ein paar Rauchwolken auszustoßen und mit dem Pfeifenzubehör zu hantieren. „Das ist meine Auffassung und die Geschichte gibt mir recht. Sobald Menschen zu sehr an Gelddingen interessiert und beteiligt sind – Sie verstehen schon: Laßt uns eine wunderschöne Kirche bauen und all das – nicht NOTWENDIG! – dann verstricken sie sich in die materielle Seite und nicht in die geistige ..."

Ich überlegte, ob er nicht ein bißchen zu viel protestierte, was Material und Geist betraf. Sein Interesse an Geld an sich. Ich wollte ihn noch mehr darüber befragen, wie das Geld verdient wurde und wem er als bloßes „Dienstleistungsunternehmen" Rechenschaft schuldig war, wenn er Geld *verlor.*

„Nichts liegt mir ferner als das Interesse am Geld an und für sich", sagte er gerade.

„Wer wollte das je bezweifeln, Monsignore?" fragte ich.

„Ich hab das schon den Italienern gesagt, aber das interessiert sie nicht. Weil es das, was sie über mich sagen, Lügen straft."

Er erhob sich von seinem Sessel und blickte sich einen Moment um. „Wissen Sie, ich hab was aus einer New Yorker Zeitschrift ausgeschnitten, eine Karikatur über einen Mann ..." Als er sich nicht klar werden konnte, wo es lag, setzte er sich wieder. Er lächelte vor sich hin, schmerzlich in sich verschlossen. „Wissen Sie, ich sage immer, wenn du dich am Morgen rasierst, mußt du dieses Gesicht im Spiegel immer wiedererkennen. Dieses Gesicht kannst du nicht falsch verstellen. Sie verstehen, was ich meine. Du kannst alle anderen falsch sehen, aber nicht dich selber. Und wenn ich Priester werde mit dem besonderen Ziel, meinen Brüdern und Schwestern zu helfen, der Botschaft Christi zu folgen und sie auf ihr eigenes Leben anzuwenden, dann muß ich einer der ersten sein, der es selbst so macht."

Er ließ sich tiefer in seinen Sessel sinken und steckte sich eine neue Marlboro an.

„Ja, ich habe ein bequemes Leben. Vielleicht ist es zu bequem, aber mich kümmert das nicht im geringsten. Manche Sachen hab ich sehr gern, Golfspielen. Früher hab ich auch Tennis gespielt. Ich brauche einfach körperliche Betätigung, Bäume fällen – einfach um das Schlechte in mir loszuwerden. Aber wo werden hier schon Bäume gefällt?"

Ich hatte kurz das gotteslästerliche Bild von Marcinkus vor Augen, wie er sich in der erlesenen Eleganz der vatikanischen Gärten mit einer Axt seinen Weg durch eine Reihe von Zypressen schlug. Dann dachte ich an die Bemerkung eines seiner Freunde über die riesigen Redwoodbäume. Ich begann zu lächeln. Der Erzbischof aber war völlig ernst.

„Körperliche Arbeit hat mir schon immer gefallen", wiederholte er, „weil sie das Schlechte in mir austrieb. Ich fühlte mich dann einfach besser. Den ganzen Tag lang hinterm Schreibtisch zu sitzen, macht einen kaputt. Sehen Sie, die Kardinäle hier gehen jeden Tag eine Stunde in den Gärten spazieren. Aber das finde ich langweilig, diese Art von Spazierengehen. Bloß weil ich mit einem Golfschläger in der Hand herumlaufe, ist das etwas anderes. Nicht wahr? Für bestimmte Leute jedenfalls, oder?"

Der Erzbischof war ein wenig verärgert. Er zog heftig an seiner Zigarette. Wer waren diese „bestimmten Leute", fragte ich mich. Befanden sie sich innerhalb oder außerhalb der Mauern des Vatikans?

„Wenn ich ganz für mich allein Tennis spiele, gegen eine Wand“, fuhr er in seinem Groll fort, „ist nichts dabei. Aber wenn ich wo aufkreuze und mit jemand anderem Tennis spiele, heißt es gleich: ‚Sieh einer an!‘ Das ist also was anderes. Aber die Leute, die einen kritisieren, sind genau diejenigen, die es selbst tun.“

Er blickte mich eine Weile an; noch immer umspielte ein gereiztes Lächeln seine Lippen.

„Wenn ich sowas sage“, knurrte er, „dann behaupten die Leute, ich würde mich selbst beweihräuchern ... ich mich selbst, klar.“

Das Bild vom Weihrauch, so kam mir in den Sinn, war unerhört treffend. Er bezog sich natürlich auf die Segnung mit heiligem Weihrauch in der katholischen Liturgie. Es war eine groteske Spöttelei – und besonders passend in diesem vatikanischen Rahmen. Seine schärfsten Kritiker waren offenbar seine Priesterkollegen.

„Aber wie ich immer meinen Kindern sage, solange ich selbst nicht das tue, was ich predige, ist das Predigen nichts wert. Also sage ich ihnen: ‚Kaut das erst mal durch, verdaut es und lebt danach. Wenn ihr es nicht von selbst macht ... kann ich euch auch nicht dazu zwingen.‘“

Er sprach nun aus dem Stegreif in einem Predigerton, als würde er sich an eine unsichtbare Gemeinde in der hinteren Ecke des Raumes wenden.

Seine Art, plötzlich meine Anwesenheit zu vergessen und seinem früheren Baseballteam oder seiner einstmaligen Gemeinde in Chicago zu predigen, kam mir seltsam vor. Hatte es, so fragte ich mich, in den langen Monaten seiner „Gefangenschaft“ im Vatikan schlaflose Nächte gegeben, in denen er die Stunden nach Mitternacht damit verbrachte, sich einige jener moralischen Diskurse auszudenken, die er während seines Lebens als Banker nie hatte vortragen können?

„Ist es möglich“, fragte ich, „daß Papst Johannes Paul ermordet wurde?“

Er sah mich eine Weile amüsiert, mit glasigen Augen an. Dann begann er, mit pfeifendem Atem in sich hineinzuglucksen und dabei gleichzeitig leicht zu husten. „Was mir am allerwenigsten in den

Sinn käme ... wäre ...", sagte er atemlos, „daß überhaupt jemand daran denken könnte, einen Papst loszuwerden." Er keuchte noch ein wenig. „... Ich habe oft genug gesagt, ich könnte einen Kerl erwürgen, oder ähnliche Dinge, aber das sagt man, wenn man mit jemandem die Geduld verliert oder sonstwas; eine Redewendung ist das ... Und doch, wenn man den Papst sah ... bei dem Heiligen Vater, der gestorben ist, muß eine grundsätzliche Sache beachtet werden. Paul VI. ist etwa dreißig Jahre in der Kurie gewesen, er kannte die Kurie in- und auswendig, ging acht Jahre nach Mailand und kam wieder zurück. Er wußte, wie das Staatssekretariat arbeitete, er kannte sich mit dem *Annuario Pontifico* aus. Er wußte, wo all die Büros waren und so Zeugs. Aber er hat trotzdem sechs Monate gebraucht, um den richtigen Dreh zu finden.

Dieser arme Mann, Papst Johannes Paul I., kommt aus Venedig, das ist eine kleine überalterte Diözese, neunzigtausend Menschen in der Stadt, alte Priester. Auf einmal verschlägt es ihn dann hierher, und er weiß nicht einmal, wo die Büros *sind*. Er weiß überhaupt nicht, was das Staatssekretariat *macht*."

Er machte eine kleine Pause.

„Sie nannten ihn den *lächelnden* Papst." Wieder eine Pause. „Aber lassen Sie mich eines sagen ... das war ein sehr *nervöses* Lächeln."

Er grinste mich schief an. Ich grinste zurück, aber die Bemerkung hinterließ bei mir ein ungutes Gefühl.

„Er übernimmt also das Ganze", fuhr er fort. „Er setzt sich hin, der Staatssekretär bringt ihm einen Stoß Papiere und sagt: ‚Gehen Sie das durch!' Er weiß nicht einmal, wo er anfangen soll. Und dazu ist er jemand, der nicht bei bester Gesundheit war. Droben in Venedig konnte er nachmittags seine kleine Siesta halten. Wenn er beschloß, daußen auf dem Platz eine kleine Runde zu drehen, ist er einfach aufgestanden und losspaziert. Hat eine kleine Fahrt aufs Land gemacht ... Dann kommt er hierher, ist eingesperrt, und jeder ruft nach ihm – ‚Sie müssen dies erledigen, das erledigen ... und was ist mit dem ...' und er *muß* das alles durcharbeiten. Der Druck wird immer größer; mit seiner Gesundheit ist es nicht weit her. Ich kann verstehen, wie so etwas passieren konnte. Göttliche Vorsehung? Göttliche Vorsehung ... Er erfüllte eine sehr wichtige Rolle. Papst Johannes erfüllte die Rolle, das Pontifikat von Pius XII. zu brechen. Dieser Johannes Paul I. hatte eine sehr wichtige Rolle in der Kirche.

Sie brauchen sich nur täglich die Zeitungen anzusehen, da finden Sie junge Leute, die haben einen guten Job bekommen und nach kurzer Zeit sterben sie. Hat sie jemand umgebracht? Und der hier, bloß weil sie keine Autopsie durchgeführt haben ... Sie machen *nie* eine Autopsie."

Monsignore Jim am Englischen Kolleg wußte es besser, überlegte ich. Aber ich ließ es ihm durchgehen.

Seine Schultern begannen zu zucken, und er begann gepreßt und keuchend zu lachen. „Ich hatte da früher immer ein Bild vor mir, wissen Sie: ein toter Papst und ein Kerl mußte ihm mit einem silbernen Hammer auf den Kopf hauen, um zu sehen, ob er wirklich tot war ... Also, falls er *nicht* tot war, dann hat dieser Kerl dafür gesorgt! Er hat es wirklich geschafft! In diesem Sinn, wissen Sie, in der schlimmen alten Zeit ..." Einige Augenblicke verschlug es dem Erzbischof vor lauter Lachen die Sprache und er schwang in der massigen rechten Hand einen imaginären Hammer. „He da!" schrie der Erzbischof, immer noch lachend, „aufwachen! Bumm!" Er ließ seine riesige Faust mit einem Schlag aus der Luft herabsausen.

Er seufzte, immer noch lächelnd. „Aber sowas machen sie jetzt nicht mehr. Und ich kann mich auch nicht erinnern, daß sie den Fischerring brechen, wissen Sie, den alten Siegelring, den Päpste immer getragen haben. Das ganze Versiegeln wird vom Staatssekretär und so Leuten erledigt: also trägt der Papst heutzutage keinen Fischerring mehr; das alles hat aufgehört."

Wir saßen uns einige Augenblicke lächelnd gegenüber. Der Erzbischof hatte die Geschichte vom Hammer genossen. Er schien mir genügend entspannt, um ihm eine zweite persönliche Frage zu stellen. „Wie werden Sie denn damit fertig, Monsignore, daß Millionen Leute draußen Sie für einen Mörder halten?"

Er zuckte augenblicklich zusammen, sah zum Fenster hinüber –

der Blick auf die Bernini-Kolonnaden war durch einen Nylonvorhang verhängt. Er fummelte an seinen Rauchsachen herum.

„Hören Sie, erst einmal sind all diese Leute nicht ganz dicht!" sagte er langsam. „Wenn die Leute so eine Anschuldigung glauben wollen, was kann ich da machen? Ich muß hier weiterleben und versuchen, dem treu zu bleiben, woran ich glaube. Was sollte ich denn machen? Mich von einem Felsen stürzen?"

Er blickte düster durchs Zimmer, als würde er sich an einen tiefen Schmerz erinnern. „Und doch ist es bemerkenswert; ich gehe aus, ich bin auch regelmäßig in eine Kirche gegangen, und ich besuche die Kirche keineswegs mit all meinen Insignien, ich bin da nur als Priester reingegangen, und keiner hat mich erkannt." Er schien eine Weile ins Träumen zu verfallen, als würde er sich an frühere bessere Tage erinnern, bevor er seine traurige Berühmtheit erlangt hatte.

„Und dann", redete er weiter, „gehe ich manchmal mit Freunden in ein Restaurant, und die Leute zeigen auf mich und sagen: ‚Schau! Das ist er!'" Er sah mich durch eine über dem Schreibtisch hängende Rauchwolke herausfordernd an. „Ich möchte sie manchmal fragen: ‚Was wollt ihr? Mein Autogramm? Das ist das Schlimmste, das muß ich zugeben ... ich bin beschuldigt worden, einen Papst umgebracht zu haben und dann in die Ambrosiano-Geschichte verwickelt zu werden ... Beides ist völlig unbegründet. Wenn ich irgendeine innere Kraft besitze, wenn ich an mich selbst glaube, sage ich mir, dies ist vielleicht Gottes Weg, um zu gewährleisten, daß ich wenigstens meine Zehe in die Tür zum Paradies stellen kann. Wenn ich die Zehe zwischen die Tür kriege, kann er die Tür nicht mehr zuknallen. Das ist der Preis, den ich für meine Priesterschaft zu zahlen habe, wissen Sie. Heutzutage werden Sie in allen unseren Kirchen Mühe haben, ein Kruzifix zu finden. Und doch sollen wir Christus, den Gekreuzigten, predigen."

Er sprach leise, einfach, ohne eine Spur von Selbstmitleid oder falschem Bedauern in der Stimme. Ich fragte mich, ob ich den wunden Punkt berührt hatte, von dem seine Priesterfreunde gesprochen hatten. „Die Presse stellt Sie gern als brutalen Kerl hin", bemerkte ich. „Was meinen *Sie*, warum sie das tut?“ Er verzog kaum merklich das Gesicht zu einem Lächeln und öffnete die Hände. „Sie haben diese Bücher über mich gelesen und den Eindruck bekommen, ich wäre von Al Capone im Gangsterviertel erzogen worden. Weil ich halt aus Cicero komme, nicht?“

„Wie sah es denn in Cicero in Ihrer Kindheit wirklich aus? War es voller Gangsterbanden ... Schnapsbrennereien ...?“

Er lachte stumm.

„Es war eine Vorstadt von Chicago mit Litauern, Polen, Iren, Tschechen ... Es war eine *ruhige* Wohngegend, und fast jeder hat unten an der Straße für Western Electric gearbeitet. Es gab da ein altes Hotel, von dem die Leute behaupteten, daß Al Capone dort sein Hauptquartier hätte, aber ich weiß nicht, ob das wahr war. Seine Mutter wohnte gleich neben der Kirche in der 16. Straße, doch was Al Capones Anwesenheit anging, so kümmerte das keinen von uns; seine beste Zeit hatte er sowieso in den zwanziger Jahren.“

„Wie war also Ihre Kindheit wirklich?“

„Ich hatte eine ganz normale Kindheit. Ich war immer draußen vorm Haus beim Ballspielen mit den Jungs. Wir waren arm.

Ich erinnere mich, daß ich ein neues Paar Turnschuhe auf dem Kies vom Spielfeld gleich durchgelaufen hab und daß meine Mutter sie mir um die Ohren geschlagen hat. Es war die Zeit der Depression. Ich bekam 25 Cents am Tag für Essen und die Fahrt zur Schule, und ich hab mir immer was ausgedacht um es zu strecken, so daß ich mir ein Ballspiel leisten oder noch ins Kino gehen konnte ... Wir hatten's lustig. Ich erinnere mich auch, daß wir auf den alten Trittbrettern eines Autos mitgefahren sind – sechs Typen im Wageninnern, sechs Typen, die außen dranhingen und mit denen mitfuhren und sie anfeuerten ... Eine völlig *normale* Kindheit.

Cicero ... Als ich in Bolivien stationiert war, gingen wir einen Film anschauen, wissen Sie, in so einem Schuppen, wo ein altes Tuch aufgehängt wird ... In diesem Film geht ein Kerl ins Hotel, kapiert, und trägt seinen Namen ins Gästebuch ein – Joe Baggio di Lupo/Cicero, und alle Zuhörer machen plötzlich ‚ratta-ta-ta-ta-tat ...‘“

Der Erzbischof, die Zigarette zwischen den Lippen, hielt eine unsichtbare Maschinenpistole in den Händen und feuerte voller Begeisterung durch den Raum und war völlig atemlos vor Lachen. Als er aufgehört hatte, schüttelte er den Kopf und lächelte in sich hinein.

„Naja, Straßengangster! Ich war ja ab dreizehn im Juniorseminar! Schwer für die meisten, sich vorzustellen, was das heißt ... Ich war noch sehr jung, als ich mich fürs Priesteramt entschied, aber ich nehm an, das lief wie bei anderen Jungs, die sagen, sie wollen Baseballspieler werden. Es ging dort sehr streng und ordentlich zu. Einige von uns, die unbedingt ausgehen und sich mit Mädchen treffen wollten, wurden aufgefordert, sich zu entscheiden oder so. Man spielt nicht mit dem Feuer, wenn man sich die Pfoten nicht verbrennen will."

„Haben *Sie* sich je mit Mädchen getroffen?" fragte ich ihn.

„Vielleicht hab ich mich gelegentlich mit einem Mädchen verabredet, hab es ausgeführt, oder wir hatten die ganze Clique der Umgebung mit den Mädchen zusammen im Haus. Ich hatte vor denen keine höllische Angst oder sonstwas ..."

Er saß eine Weile nachdenklich da und schaute auf die Vorhänge.

„Sie wollten als Bub Gemeindepriester werden", sagte ich, „aber schließlich sind Sie Banker geworden."

„Ich hab das nicht vorgehabt", sagte er abrupt. „Ich kam nach Rom zum Studieren und bin hier dann hängengeblieben ... Ich war ziemlich unglücklich darüber, daß ich nicht mehr in die Staaten zurückkonnte, doch ich hab mir gesagt, wenn mein Boss, der Kardinal drüben in Chicago, mich an den Heiligen Vater verleihen will – dann ist das Priesterarbeit. Es war nicht das Leben, das ich mir vorgestellt hatte, doch ich hab in all den Jahren, die ich im Vatikan war, nie um einen Job gebeten und auch nie einen ausgeschlagen, wenn sie darauf bestanden."

Bei diesem letzten Satz sank seine Stimme im tiefen Baß zu einem fast unhörbaren Flüstern herab.

„Ich glaub nicht, daß ich das Recht habe, etwas zurückzuweisen.

Ich hab das Recht, meine Vorgesetzten wissen zu lassen, daß es mir vielleicht nicht so gefällt oder daß ich dafür vielleicht nicht kompetent genug bin. So wie ich es bei diesem Job hier gemacht habe. Viermal hab ich gesagt: ‚Sie sind wohl nicht ganz bei Trost'. Ich hab gesagt: ‚Wieso holen Sie sich nicht einen anderen, ich habe keine Erfahrung im Bankgeschäft!' Und sie sagten: ‚Sie müssen die Dinge eigentlich nur überwachen.' Ich hab gesagt: ‚Ich bin dafür nicht geeignet.' So laufen hier die Dinge! Die kommen nicht einfach her und fragen: ‚Wollen Sie diesen Job haben?' Nein, Sie kommen her und fragen: ‚Was würden Sie denn davon halten ... und so weiter und so fort ...' *Ich* hatte weder die Ausbildung noch eine Beziehung zum Bankgeschäft. Ich konnte nicht mal Kurse besuchen, weil ich keine Zeit hatte. Es heißt, ich hätte eine Wirtschaftsausbildung, aber das stimmt nicht. Und die Leute, sehen Sie, verstehen das auch überhaupt nicht. Ich führe ja die Transaktionen nicht durch, ich bestimme nur die grundlegende Strategie. Als ich zu diesem Job kam, ging ich gleich nach New York. Ich ging für ein oder zwei Tage zur Chase Manhattan, ich ging hin, wo ich sehen konnte, wie Aktiengeschäfte und so Zeugs durchgeführt werden. Ich ging nach Chicago, wo mich Freunde den Leuten der Continental Bank vorstellten; dort hab ich einen dreitägigen Kurs mitgemacht, wo alles behandelt wurde. Ich hab einen weiteren Tag bei einer Treuhandgesellschaft verbracht. Dann war ich einen ganzen Tag in einer kleinen Bank, um mir den Betrieb anzusehen. Das war's dann. Aber was für eine Ausbildung braucht man schon? Vom Organisatorischen her war ich schon immer sehr systematisch. Das mag hier im Büro jetzt nicht so aussehen, aber ich bin's."

Er schaute sich düster um. Auf seinem Schreibtisch stapelten sich Stöße von Akten, in einem Regal dahinter setzte eine Ansammlung von Schachteln und Kleinkram Staub an, eine ausgefallene Uhr zeigte die Weltzeit an.

„Ich hab mich schon immer gern mit Systemen und Zahlen beschäftigt. Sogar als Junge im Seminar war ich bekannt dafür ..."

Der Erzbischof lehnte sich zurück und schien sich im Widerschein einer glücklichen Erinnerung zu sonnen.

„Ich arbeite gern Systeme aus", fuhr er fort. „Ich hab schon immer Organisationstalent besessen, was sich hier einigermaßen zeigte, als ich mit den Papstreisen zu tun bekam. Ich bin sehr methodisch und, wissen Sie, ich hab auch ein gutes Gedächtnis. Und deswegen hat der Papst wohl gedacht, ich wäre der richtige Mann für diesen Job, einer, der den Laden hier mal richtig durchorganisiert. Zur Finanzerfahrung ..." Er grinste mich ironisch an. „Nun ... sagen wir, ich hab die Sonntagskollekte gezählt und mich dabei nie geirrt!" Er lachte heiser in sich hinein. Er war gut gelaunt, mitteilsam. Er zündete sich eine Marlboro an.

„Sie werden der ‚Gorilla' des Papstes genannt ... Stört Sie das?" Er zog die Mundwinkel herunter, als ob er jede Betroffenheit abstreiten wollte.

„Nach einer der ersten Reisen verpaßten mir die Italiener diesen Namen und er blieb hängen. Zuhause in den Staaten ist ein Gorilla wie ein ... ein Gauner. Aber hier in Italien bedeutet Gorilla Leibwächter. Natürlich war ich *nicht* der Leibwächter des Papstes, weil wir ja immer vier oder fünf vatikanische Sicherheitsbeamte mitnehmen. Aber wenn es wirklich einmal eng wurde um den Heiligen Vater, dann wurde ich vielleicht etwas ... spontaner, nehm ich an, und wegen meiner Größe und so weiter konnte ich ihm den Weg frei machen. Aber meine eigentliche Funktion war, alles vorzubereiten und dafür zu sorgen, daß es durchgeführt wurde."

Er kniff die Augen zusammen und zog heftig an seiner Zigarette. Ich betrachtete seine starken Gelenke und Schultern: Man konnte sich unschwer vorstellen, daß er großen Schaden anrichten konnte, wenn er „spontan" wurde.

„Schauen Sie, auf diesen Reisen", sprach er weiter. „... Ich kritisiere nicht gerne jemanden hier, aber ich erinnere mich daran, als wir zu den Vereinten Nationen in New York reisten und der Papst im Yankee-Stadion die Messe las ... Einige unserer Leute aus dem Vatikan waren aufgebracht, weil die Polizisten dem Papst den Rücken zudrehten – ganz wie *ich* es wollte. Sie beobachteten doch die Menge, paßten auf, daß niemand aus der Reihe tanzte, klar? Einige von unseren Leuten fanden das respektlos.

Wenn Sie aber eine Menschenmenge beobachten, all diese Apparate dort, sehen Sie Kameras jeder Art – da wissen Sie nicht, ob sich eine Waffe in der Menge befindet oder nicht. Beobachten Sie aber die Gesichter, schauen Sie ihnen in die Augen, und Sie können sofort erkennen, ob da jemand eine Schraube locker hat ..."

„Monsignore", unterbrach ich ihn, „vielleicht halten einige Leute Sie ein bißchen für einen Gorilla, weil Sie hart mit ihnen umgehen. Sie dulden keinen Widerspruch ..."

Er schüttelte heftig den Kopf.

„Ich will mir nicht selbst auf die Schulter klopfen, aber ganz ehrlich, ich denk nicht, ich hab irgendwen runtergeputzt, wenn ich für sie ein unangenehmes Hindernis geworden bin. Vielleicht ist das mein Charakter; aber ich hab keine Angst davor, NEIN zu sagen! Als ich diesen Job bei der Bank bekam, fragte ich einen befreundeten Kardinal, ob er der Meinung sei, ich könnte es schaffen. Er sagte: ‚Ich weiß nicht, wie gut du deine Arbeit machen wirst, aber du bist der einzige, den ich kenne, der einem Kardinal etwas ablehnen kann.'"

Er machte eine kleine Pause und streckte trotzig seinen Kiefer vor. „Und er war der erste, dem ich etwas abgelehnt hab", fügte er hinzu. „Auf diesen Reisen hab ich mir sicher den einen oder anderen unserer eigenen Leute zum Feind gemacht. Schließlich geht es um eine Reise des Papstes, und wir sind da, um *ihm* zu dienen, und nicht, um bedient zu werden. Da gibt es Streitereien darüber, wer ihm am nächsten sitzen darf. Ich sag, es sollten die Bischöfe und die Leute aus dem Gastgeberland sein, weil wir Vatikanleute ihn ja die ganze Zeit um uns haben. Warum nicht mal jemand anderem eine Chance geben! Aber einige mögen das gar nicht."

„Sie sind wirklich ganz ein Mann des Papstes, nicht wahr?" sagte ich. „Den Ruf haben Sie jedenfalls. Aber sind Sie das auch für Johannes Paul I. gewesen? Es gibt Gerüchte hier in Rom, daß er Sie nicht mochte. Er wollte Sie loswerden. – Da gibt es auch ein Gerücht, daß Sie nach Ihrer einzigen Audienz bei Johannes Paul I. in die Bank zurückkehrten und sagten, Sie würden hier nicht mehr lange bleiben."

„Nee, ... ich sag's frei heraus: das ist ganz große Sch ..." Meine Audienz bei ihm dauerte etwa eine Stunde. Ich kam zurück und sprach mit meinen Leuten hier. Ich hab ihnen gesagt: ‚Kinder, sieht der müde aus!' Ich hab ihnen erzählt, es wäre eine wunderbare Audienz gewesen, eine großartige Audienz – daß es sein Wunsch war, daß ich bliebe, daß er auf mich zurückkommen wollte ... Ich hab nie was in der Art erzählt, daß er mich rausschmeißen wollte ... NIEMALS! Als ich dann später diese Sachen las, daß er mich hätte feuern wollen, hab ich gesagt: Das ist die komischste Art, jemanden loszuwerden, die mir je begegnet ist. Er hätte gar nicht netter zu mir sein können."

„Was ist mit Kardinal Benelli? Ich habe läuten hören, Sie hätten ihm ein- oder zweimal etwas abgelehnt."

„Ich war in gewissen Dingen nicht der gleichen Meinung wie Benelli", erwiderte er langsam. „So wie er in gewissen Dingen nicht *meiner* Meinung war. Ich könnte Ihnen ein gutes Beispiel nennen ... Wir waren in Kolumbien und das war eine seiner ersten Reisen. Alles, was ich arrangiert hatte, war von ihm im voraus gebilligt worden. Sehen Sie, er war der stellvertretende Staatssekretär. Ich war bereits drüben, als er eintraf. Er steigt aus dem Flugzeug, und schon fängt er an, wir müssen dies ändern, das ändern. Ich sag ihm: ‚Eure Exzellenz, Sie *können* es nicht ändern! Die Sache ist durchorganisiert.' Ich meinte damit, daß alle Sicherheitsvorkehrungen, und dazu gehörten schließlich Polizei- und Armeekräfte und so fort, für jede Straße und jedes Dach festgelegt worden waren. Da schreit er mich an: ‚Das habe ich nicht gewußt!" Also gab ich ihm zurück: ‚Sie haben alles unterschrieben.' Darauf er zu mir: ‚Aber davon habe ich gar nichts gewußt ...' Und ich sag ihm: ‚Ja, wenn Sie's nicht lesen, dann unterschreiben Sie nicht! Klar? Also Sie *haben* unterschrieben, also ist es o. k. und dabei bleibt es.' Da wurde er wirklich wütend. Wir trafen uns jeden Tag im Wagen, und er konnte mir kaum mehr ‚Guten Tag' sagen – Sie verstehen, *Caritas urget nos.* Benelli war ein sehr starker Charakter. Bei ihm wußte jeder sofort, wie er dran war. Ob er ein rachsüchtiger Typ war? Ich glaub nicht. Die Leute haben Benellis Namen im Zusammenhang mit dieser

Mordtheorie herumposaunt ... also, ich kann es einfach nicht *glauben!*“

Er verstummte für eine Weile und rieb sich grübelnd das Kinn. Schließlich meinte er: „Ich komme aus den Staaten. Hier läuft alles ein bißchen anders. Ich nenn das Kind beim Namen. Aber mit den Italienern hier muß man da vorsichtig sein. Es ist irgendwie wie im Orient ... Ein Italiener wird es dich mit netten Worten wissen lassen, daß er vielleicht nicht deiner Meinung ist; aber wenn du das hörst, bist du dir nicht so sicher, ob du wirklich verstanden hast, was er meint. Er könnte einen also auch getäuscht haben.“

„In den vatikanischen Berichten darüber, was der Papst gelesen hat, als er starb, sind die Leute bestimmt getäuscht worden“, warf ich ein.

„Ich kenne die Mentalität der Leute hier – Sie konnten den Papst einfach nicht mit einer leichten oder weltlichen Lektüre finden lassen; es mußte die Bibel oder *Die Nachfolge Christi* sein. Ich selbst halte das für dumm. Ich lese manchmal Western. Ich lese nicht immer was Schweres. Man muß sich doch mal entspannen können.“

Eine Weile saß er sinnend da. „Wissen Sie“, fuhr er fort, „als Johannes Paul I. starb, hielten sich nur drei Leute im päpstlichen Appartement auf: Magee, Lorenzi und die Schwester. Sie werden doch wohl dem, was irgendwer sonst behauptet, keine allzu große Bedeutung beimessen.“

Er hielt inne, wie um mir Zeit zu geben, darüber einmal nachzudenken. Dann schaute er auf die Uhr. Er begann unruhig zu werden.

„Was ist mit Kardinal Villot?“ fragte ich. „Er war auch anwesend. Was für ein Mensch war er?“

„Villot hatte vor seinem eigenen Schatten Angst. Unvorstellbar, daß er sich auf irgendwas eingelassen hätte ...“

„Kannten Sie ihn?“

„Als er Staatssekretär wurde, lernte ich ihn ein bißchen kennen, weil er zum Direktorium der Bank gehörte. Er war ein sehr ungeduldiger Mensch, wollte alles sofort loswerden, alles mußte gleich vom Tisch ... Mochte keine Reisen. Einmal nahm er mich auf den Arm, weil ich nach Hause auf Urlaub wollte ... Ich sagte ihm: *Ich* habe keine Angst, in meine Diözese zurückzukehren. Erst kapierte er es nicht. Dann lachte er laut los. Er sagte: ‚*No, no ... sono qui* ... das hier ist meine Diözese. Ich bleibe hier.' Ich kann eigentlich nicht darüber urteilen, ob er ein guter Priester war; aber nach dem, was ich so sah, war er's sicherlich. Ich hab ihn draußen immer nur den Rosenkranz beten gesehen ... beim Spaziergang, verstehen Sie. Wissen Sie, ich hab nur eine einzige Grobheit, wenn Sie's so nennen wollen, an Villot bemerken können – er ließ es einen sofort spüren, wenn man nicht seiner Meinung war. Aber ich glaub nicht, daß er böse Gedanken hatte. Ich will Ihnen ein Beispiel erzählen. Der Sekretär John Magee rief mich an, als Paul VI. oben in Castelgandolfo starb, und ich wollte gerade Spaghetti essen gehen. Ich beschloß, am nächsten Morgen raufzufahren. Gegen 18 Uhr bin ich aus dem Haus. Und da stand Kardinal Villot am Torbogen der Hofeinfahrt und rauchte eine Zigarette. Er sah mich ... er blinzelte mir zu. Aber wenn er ein grober Mensch gewesen wäre, hätte er gesagt: ‚Wo wollen Sie denn hin? Sie haben kein Recht, hier zu sein.' Ich ging gleich rauf ins Schlafzimmer des Papstes, kniete und sprach am Bett des Heiligen Vaters einige Gebete. Ich kenne allerdings jemand anderen, und wenn der dort gewesen wäre, der hätte mich nicht hineingelassen."

„Und wer sollte das sein?" fragte ich leise.

Der Erzbischof schüttelte nur den Kopf und machte eine Bewegung, als wollte er aufbrechen.

„Wissen Sie", meinte er, und erhob sich aus dem Sessel, „Villot ging der Abschied von Johannes Paul I. genauso nah wie jedem anderen. Er war darüber ganz verzweifelt, wie alle anderen. Da gab es nichts Hartes an ihm. Doch Franzosen sind eben ein bißchen zurückhaltend. Wenn er mit einer Schar Bischöfe zu mir in die Wohnung kam, fühlte er sich nicht so wohl wie ein Amerikaner. Franzosen sind sich in gewisser Weise ihrer Stellung sehr bewußt."

Er ging zur Tür und wandte sich um, um auf mich zu warten. Als ich folgte, streckte er mir seine große Hand entgegen. Als ich sie ergriff, sagte er: „Übrigens, ich halte es für völlig ausgeschlossen, daß Johannes Paul I. das mit der Geburtenkontrolle abschaffen wollte. Doch selbst wenn er es getan hätte, Villot wäre der erste gewesen, der zugestimmt hätte, wie alle Franzosen . . ."

Draußen auf dem Korridor wartete ein Monsignore, der sofort hereinschoß, um den Erzbischof zu sprechen. Die Tür schlug hinter ihm zu. Ich begab mich zu Vittoria Marigondas Schreibtisch und setzte mich zu ihr. Sie rauchte eine Zigarette, während sie einen Ordner durchsah.

Sie sah mich mit ihren traurigen Augen prüfend an.

„Wann kann ich ihn wiedersehen?" fragte ich.

Sie blickte zweifelnd drein. „Er ist ein vielbeschäftigter Mann. Im Moment hat er viel um die Ohren. Ich weiß nicht . . . vielleicht könnten wir es an einem Sonntag einschieben."

„Er arbeitet sonntags?"

„Er arbeitet jeden Tag, und er wohnt gleich nebenan. Er hat keinen weiten Weg. Ich werde Sie im Englischen Kolleg anrufen." Sie sah mich erneut prüfend an. „Worum geht es Ihnen eigentlich wirklich?"

„Wie meinen Sie das?"

„Ihm ist schon übel genug mitgespielt worden. Er kann keine hinterhältig zusammengeschriebenen Artikel mehr gebrauchen.

Ich war nicht sicher, wie ich ihre Frage beantworten sollte."

„Wie lange arbeiten Sie schon für ihn?" fragte ich. „Seit siebzehn Jahren." Ihr Gesicht hellte sich etwas auf.

„Und davor?" „Arbeitete ich für einen Wertpapierhändler."

Da kam mir plötzlich die Idee, daß Vittoria Marigonda einen ziemlich genauen Einblick in jede Phase des Zusammenbruchs der Banco Ambrosiano haben müßte.

„Ich wäre Ihnen dankbar für jede Hilfe, die Sie mir bieten können", sagte ich. „Ich würde meinen, Sie kennen sich hier doch in allem wirklich aus . . ."

„Nun, ich werde sehen, was ich tun kann . . . Ich habe alles gesehen . . ." Sie warf mir einen wissenden Blick zu.

Als ich die langen, widerhallenden Marmorstufen bis zum Bronzeportal hinunterstieg, kam mir vor, daß Vittoria Marigonda meine beste Verbündete und in den kommenden Tagen der Schlüssel zu wichtigen Informationen werden könnte.

8

Einer meiner katholischen Gewährsleute in London hatte mir den Namen eines gewissen Monsignore genannt, eines langjährigen Beamten im Vatikan, der bereitwillig und ohne Vorbehalte mit mir reden würde. Der Monsignore sagte mir am Telefon: „Ich treffe mich mit Ihnen zum Mittag- oder Abendessen und werde reden, sofern Sie nicht meinen Namen erwähnen oder meine Dienststelle bekanntgeben."

Wir trafen uns im *Grappolo d'Oro* gleich beim Campo dei Fiori, wo ich ihn schon beim emsigen Studium der Speisekarte antraf. Er hatte ein seidig weiches, leicht rötlich blühendes Gesicht. Sein Haar im Chorknabenschnitt mit einer vorwitzigen Stirnlocke wurde schon silbrig. Er trug Klerikeruniform mit einem schneeweißen Leinenkragen, und als er mir seine milchige Hand entgegenstreckte, kam eine rein weiße Manschette mit schweren goldenen Knöpfen zum Vorschein.

„Mir ist Rotwein lieber als Weißwein", bemerkte er, „doch dem offenen Wein des Hauses würde ich nicht so recht trauen. Vielleicht den *Villa Antinori.* Ich nehme ein wenig *antipasti,* dann die *fettuccine,* die hier ganz göttlich sind und mit doppelt soviel Ei gemacht werden ... anschließend vielleicht das Jungschwein mit ein paar *patate arrosto* und ein bißchen Spinat."

Seine Stimme war hoch, nasal und monoton. Er starrte mich aus hellblauen Augen ausdruckslos an.

„Sie haben also unseren Freund Marcinkus gesprochen; den

Chink, wie wir ihn nennen. Selbst sein Wappen zeigt einen Krummstab, das von einem Schwert gekreuzt wird! Es hat deshalb Krach gegeben – es ist, strenggenommen, nicht erlaubt –, aber er soll gesagt haben: ‚Das kümmert mich einen verdammten Dreck!' In Mailand haben zwei Justizbeamte ein bißchen was Schriftliches über ihn zusammengetragen, wahrscheinlich auch nur unbedeutende Details, aber mit den Unterlagen, die sie haben, wollen sie es anscheinend riskieren. Sie wollen ihn auf die Anklagebank bringen. Der Chink hat keinerlei Aufzeichnungen oder dergleichen, und Kernfrage wird wohl die sein, ob er nun schuldhaft dumm und unfähig oder einfach nur dumm und unfähig ist. Wer weiß, was er womöglich alles unterschrieben hat, ohne aufzupassen? Warum versuchen Sie nicht, mit diesen Beamten Kontakt aufzunehmen, oder mit jemandem, der sie kennen könnte?"

Beim Sprechen zog er die Lippen nach unten und entblößte die untere Reihe kleiner gleichmäßiger Kinderzähne. Er hob leicht die Augen, wobei sich das bläuliche Weiß unter den Pupillen zeigte, und legte zwei Finger an die Lippen, als wolle er um Vertraulichkeit bitten, obwohl das Restaurant noch leer war.

„Diese 250 Millionen Dollar, die die Vatikan-Bank den Gläubigern der Ambrosiano gezahlt hat, sollten das neue Konkordat mit Italien sichern; meiner Ansicht nach war das der Preis. Der Chink wollte keinen Pfennig zahlen. Doch diese Zahlung war der Preis für etwas anderes, was mit der Banco Ambrosiano gar nichts zu tun hatte. Ich würde ihm selbst gern einige Fragen stellen. Warum fragen Sie ihn nicht, ob er das Geschäft mit dem Grundstück des Holiday Inn hier in Rom gedreht hat? Davon wissen Sie nichts? Es hatte mit dem Vatikan nichts zu tun, wissen Sie. Und fragen Sie ihn nach einer gewissen Gesellschaft für Pilgerreisen, an der er mit einem Freund namens Stefano Falez beteiligt ist. Kurzum, fragen Sie ihn, ob er für sich privat Geschäfte macht, ganz unabhängig davon, daß er auch Priester und Präsident der Vatikan-Bank ist. Es gibt eine Menge Leute im Vatikan, die wären nur froh, ihn nur noch von hinten zu sehen. Es gab mal eine Zeit, so Mitte der siebziger Jahre, da hatten er und Monsignore Macchi – das war der Erste Privatsekretär von Paul VI. – hier alles in der Hand. Macchi hatte das Ohr des Papstes und Marcinkus seinen Geldbeutel, und ohne ihre Zustimmung passierte überhaupt nichts. Macchi war ein gerissener Manipulator. Er war kunstbesessen. Paul VI. glaubte, Macchi hätte ein ‚gutes Auge', und erlaubte ihm, alle Wappen und Medaillons neu zu gestalten – grauenhaft. Es ist Macchi gewesen, der Calvi hinzuzog.

Als sie den Chink in der Villa Stritch verhaften gingen, war er schon gewarnt worden. Der wird gut beschützt, wissen Sie. Er blieb über Nacht im Nordamerikanischen Kolleg und entkam in den Vatikan. Er wohnt im Gouvernorat, diesem riesigen, weiträumigen Palast, ganz allein. Will nicht einmal ein Dienstmädchen. Ich ging eines Abends mit Freunden zum Essen hin. Wir waren alle in vollem Ornat, und er empfing uns an der Tür mit einem bis zur Taille offenen Hemd, die Brust war dicht behaart. Du meine Güte! ‚Hallo Jungs!' sagte er. Einige meiner Confratres fielen fast in Ohnmacht. Er sagte: ‚Dieses Haus hier hat mehr Türen als ein Puff.' Er hatte ein riesiges Bärenfell auf dem Boden liegen, und irgendein dämlicher Italiener kratzte sich an den Klauen den Knöchel auf."

Die ganze Geschichte wurde leicht anzüglich in gespieltem Ernst mit häufigem Augenaufschlagen vorgetragen.

„So sieht's aus. Der Vatikan ist ein Hof, ein Palast mit klatschsüchtigen Eunuchen. Hier wabert geradezu alles in brillant bösem Tratsch. Um hier voranzukommen, braucht man einen Förderer; man muß sich bei wem einschmeicheln. In den Siebzigern drehte sich letztlich alles um Macchi und Marcinkus. Marcinkus ist nur aus dem einen Grund weiter gehalten worden, weil er bestimmte Leute deckt. Solange er im Amt ist, wird er seinen Mund halten. Er weiß zuviel. Paul VI. war leichtgläubig und hat eine Menge großer Fehler gemacht. Marcinkus schützt ihn heute noch. Und er schützt auch den jetzigen Papst. Wer weiß, welche Gelder Wojtyla für die ‚Solidarität' und alle möglichen apokalyptischen Programme im Osten abgezweigt hat. Außerdem kann Marcinkus nirgendwo hin. Sogar Cody hat ihn vor einigen Jahren abgelehnt. Der Papst wollte ihn als Pro-Nuntius nach England schicken, aber Kardinal Hume hat das unterbunden – ‚UNTER KEINEN UMSTÄNDEN'!"

Als die Vorspeisen kamen, musterte er mich eine Weile und meinte dann: „Sie werden einen Förderer brauchen, wenn Sie mit der Sache überhaupt zu Rande kommen wollen. Ich würde mich an Marcinkus halten, aber hüten Sie sich vor den Leuten vom Pressebüro. Navarro-Valls gehört zum Opus Dei. Sie müssen beim Staatssekretär Casaroli irgendwie Gehör finden. Der gesamte Medienbereich im Vatikan ist voller Zwietracht, aber nur deshalb, damit Casaroli teilen und herrschen und somit alles in der Hand haben kann. Das Informationsbüro wird vom Staatssekretariat getragen."

Er war wählerisch, aß jedoch sichtlich mit Genuß und unterbrach oft, um mit Fingern und Handgelenken lebhaft zu gestikulieren.

„Erzbischof Foleys Kommission für soziale Kommunikationsmittel", fuhr er fort, „ist direkt dem Rat für die öffentlichen Angelegenheiten der Kirche unterstellt, wie das Pressebüro auch. Zwischen den beiden gibt es eine Menge Überschneidungen, und sie bekämpfen sich bis aufs Messer. Navarro-Valls hat früher einmal, denken Sie nur, bei Stierkämpfen mitgemacht. Aus dem werden Sie nicht viel herausbekommen, es sei denn, es nützt ihm selbst. Dann gibt's den *Osservatore Romano*, der von der Azione Cattolica infiltriert ist und Radio Vatikan wird von den Jesuiten geleitet, die wiederum dem Rat für öffentliche Angelegenheiten unterstellt sind. Ihr Freund Foley wird es hier nicht weit bringen, er ist nicht klug genug und viel zu nett."

Ich unterbrach ihn und erwähnte, daß Foley mir seinen Segen erteilt hatte, als ich damals im Oktober sein Büro verließ.

„Ich weiß", fuhr der Monsignore fort, „er ist ja so ein frommer Mann. Er hat die Sache nicht im Griff. Wenn Sie dem Tod von Papst Luciani auf den Grund gehen wollen, müssen Sie erst einmal den Vatikan verstehen. Kardinal Zanusi hat Verhandlungsgespräche mit der Angestelltengewerkschaft hier immer mit einem Ave Maria eröffnet."

Während des Hauptgerichts und bei der zweiten Flasche *Villa Antinori* ging mein Monsignore, den ich im Geiste den Namen ‚Monsignore Sottovoce' gegeben hatte, zu einem entspannteren Diskurs über die Anthropologie der vatikanischen Beamten über. „Sie müssen ihren Lebensstil verstehen. Sie fangen jung an. Die Italiener sind die schlimmsten. Sie kommen an eines der großen italienischen Kollegien in Rom, ans Capranica oder Lombard und sind bereits verrückt vor Ehrgeiz. Sogar am ‚Greg' tun sie sich mit niemandem zusammen, der ihrer Karriere nicht förderlich ist. Sie sind vorsichtig. Sie kommen in die Päpstliche Akademie, um Diplomatie zu studieren, und erklimmen die ersten Stufen zum Erfolg, indem sie sich an einen bestimmten Kardinal hängen und sich bei ihm anbiedern. Sie haben keine sonstigen Interessen. Dann verkriechen sie sich wieder irgendwo in einer fürchterlichen Dachkammer in Rom, und wenn sie sich in einer kleinen Trattoria mit ihren Kumpeln treffen, sind sie nur von einem besessen: ihrer Stellung, wen sie heruntergeputzt haben und wie sie in dieser oder jener kleinen bürokratischen Auseinandersetzung triumphiert haben. Ihr anderes leidenschaftliches Interesse gilt ihren Wohnverhältnissen. Jahrelang antichambrieren sie, um ein Appartement zu bekommen, das ein bißchen besser ist als das, in dem sie gerade wohnen; dann geht's ihnen um die Möbel. Die bieten ihnen endlosen Gesprächsstoff. Ihr Ziel ist es, irgendwo zu landen, wo sie ein bißchen angeben und hie und da Gäste bewirten können. Dafür leben sie. Sie werden jede Menge dieser armen Kreaturen in Schwarz bedrückt in Rom herumschleichen sehen. Die Kinder schütten von den oberen Stockwerken Mehl oder Wasser auf sie herunter und schreien: ‚Bäh! Mistkäfer!' Was für ein Schicksal! Und schauen Sie sich die Stadt an, sie wimmelt von Geld und schönen Mädchen, nicht zu vergessen die schönen jungen Männer und den ganzen Glamour. Kein Wunder, daß sie mit Vierzig schon ganz durchgedreht sind von all dem *dolce vita,* das an ihnen vorübergeht. Ich würde sie alle irgendwo in eine Gemeindepfarrei schicken! Wo es besonders übel ist, wie in Turin oder Mailand.

Natürlich, der Haupttreffer wäre, ein Kirchenfürst zu werden. Dann kriegen sie eine große Wohnung und können sich von einem ‚Cousin' oder einer ‚Tante' bedienen lassen. Das ist nur eine kleine Minderheit. Es gibt vier Menschentypen im Vatikan. Da gibt es die ‚Blender', die interessieren sich nur für die Show, die Kleidung, die

Eitelkeit. Dann gibt es die ‚faulen Nichtsnutze', völlig demoralisiert, machen nur das unbedingt Notwendige und hängen herum. Dann gibt es einige Führerpersönlichkeiten, wirklich gute Männer, die auch tatkräftige und gute Priester sind. Schließlich gibt es noch Männer in führenden Positionen, die verkümmert und verdreht sind von einem Leben, mit dem sie nicht zurechtkommen. Die ersten beiden Arten sind ein Triumph des Teufels, sage ich immer. Ich muß immer an Kardinal Newmans Bemerkung denken: In Rom ist der Blick oben von den Hügeln aus klar, unten aber ist alles sumpfig und voller Malaria.

Bei unserer Bezahlung ist es wichtig, daß wir Nebeneinkünfte haben. Einige von uns werden Lehrer oder Journalisten oder sind als Berater von Regierungen und allen möglichen zweifelhaften Organisationen tätig. Bei ein oder zwei Klöstern wird man als Kaplan angestellt und wird auf die Art mit gutem Essen und Wein und so weiter verwöhnt und kriegt auch ein bißchen Geld, wenn man Glück hat. Einige lassen sich mit dem Touristengeschäft ein – ‚Pilgerfahrten' – und fungieren als Fremdenführer oder Kontaktpersonen. Dann gibt es noch die Meßstipendien. Sie werden feststellen, daß die Gläubigen für ihre Bitt- oder Totenmessen nur wenig ausgeben. Diese kleinen Summen aber gelangen in die Ewige Stadt, um dort unter den bedürftigen Geistlichen verteilt zu werden."

Er richtete den Blick nach oben, zog den Mund nach unten und schaute scheel zur Decke. „Über ihr Freizeitverhalten sage ich besser so wenig wie möglich. Unter den Reichen finden Sie Golf- und Tennisspieler und Segelfanatiker – allzuviele gibt's davon nicht. Die Italiener halten nicht viel von körperlicher Bewegung. Einige verlegen sich auf die Liturgie, verstehen Sie, putzen sich zurecht wie Sakristeitunten, scharwenzeln um den Altar herum ... eine Prozession auf zwei Beinen nennen wir die."

In der Pause vor dem Nachtisch, in der er ein bißchen Riccota-Käse kostete, fragte er mich, ob ich die Absicht hätte, Kardinal Deskur zu sprechen. Als ich gestand, diesen Prälaten nicht zu kennen, sagte er: „O ja, Deskur! Also, der ist eine Schlüsselfigur. Er wußte alles und war in verantwortlicher Stellung als Luciani starb. Er ist der engste Vertraute Johannes Pauls II: Jetzt wohnt er in einem Appartement über der Kommission für soziale Kommunikationsmittel. Er war Foleys Vorgänger, aber an dem Tag, als Wojtyla gewählt wurde, erlitt er einen Schlaganfall. Er machte weiter, dieser schreckliche Alte, und versuchte sogar noch, seine Fäden zu spinnen, als er selbst sein Amt nicht mehr ausüben konnte. Sie setzten Agnellus Andrews aus England ein, aber alle Aktivitäten von Agnellus wurden von ihm unterminiert. Die treuen kleinen Helfer von Deskur liefen weiter die Hintertreppen rauf und runter, klatschten und tratschten, weil sie wußten, Deskur hatte das Gehör des Papstes. Wojtyla schickte eines Tages nach Agnellus: ‚Ich weiß, was Sie durchmachen', sagte er, ‚aber ich möchte, daß Sie es um meinetwillen durchstehen.' Agnellus weinte oft vor Frustration. Schließlich fiel er tot um, der Arme.

Was immer Sie machen, halten Sie sich von Kardinal Oddi fern. Er hat dem *Sabato* gerade ein Interview zur Mordtheorie gegeben. Er ist wieder auf die ursprüngliche idiotische Geschichte verfallen, wonach der irische Sekretär Pater Magee den Leichnam des Papstes gefunden hat, nachdem schon alle darin übereinstimmten, daß es die Nonne war, diese Schwester Vincenza oder wie immer sie heißt. Er behauptet, er hätte eine offizielle Untersuchung der Angelegenheit durchgeführt. Ach, das ist ein reaktionärer, unaufgeklärter Mann. Sehen Sie, er hat keinen richtigen Job, also steckt er seine Nase in alles. Was er sagt, hat überhaupt keine offizielle Bedeutung, ist völlig *inofficioso*. Einmal hat er einen Katechismus geschrieben und ihn raufschicken lassen, aber der Papst ..." – der Monsignore machte mit Daumen und Zeigefinger eine Geste verächtlicher Zurückweisung – „hat es bloß beiseite gelegt. Oddi ist auch ein schrecklicher Autofahrer. Ich hab gesehen, wie ihn die Polizei direkt vorm Petersplatz angehalten hat; da saß er da, die Hände zum Gebet gefaltet – Sie kennen ja die Italiener. Aber sie haben ihn sich richtig vorgenommen!"

Der Monsignore schlug vor, sich zu einer Schokoladencremetorte einen kleinen Prosecco Champagner zu genehmigen, „um den Kopf frei zu machen".

„Die Italiener sind tierisch. Schauen Sie sich doch an, wie sie sich benehmen. Sie sind wie bei Toscanini – das eine Mal glänzend, das andere Mal eine Katastrophe! Die Norditaliener nennen die im Süden Araber, und die Südländer nennen die im Norden *tedeschi* – Deutsche. Sie können überhaupt nichts organisieren. Das ist hier das Problem. Sie hassen diesen polnischen Papst. Sie können es gar nicht erwarten, ihn loszuwerden. Nie werde ich den Tag vergessen, an dem er gewählt wurde. Ich war mit einer Menge italienischer Monsignori zusammen. Als sein Name verkündet wurde, war ich so geistesgegenwärtig, mich mal nach allen Seiten umzusehen, wie sie es aufnehmen würden. Ihre Gesichter gefroren vor schierem Entsetzen: ein *Ausländer!* Dann aber setzte sich der alte *bella figura*-Komplex durch und sie setzten alle dieses dümmliche maskenhafte Grinsen auf und applaudierten!"

Während ich die Rechnung beglich, sagte Monsignore ‚Sottovoce': „Das Problem bei Papst Luciani war, daß er einfach nicht zu Rande kam. Das wußte hier jeder. Das hatten fast alle längst durchschaut, als der Herr ihn zu sich nahm. Hoffnungslos. Ich denke, daß der Heilige Geist uns da einen guten Dienst erwiesen hat, indem er uns von ihm befreite, bevor Luciani zu großen Schaden anrichtete. Sie waren entschlossen, im Konklave einen Italiener zu wählen, aber der Heilige Geist war genauso hartnäckig, daß sie keinen bekommen sollten. Während seiner kurzen Amtszeit sagten alle Eingeweihten, sie seien mit ihrer Weisheit am Ende. Ich erzähle Ihnen das aus *verläßlichster* Quelle. Er kam einfach nicht zurecht. All das Gerede, er sei ein zähes, gescheites Kerlchen gewesen. Der reinste Schwachsinn. Ich erinnere mich noch, ich war bei der Sonntagsansprache nach dem Angelusläuten anwesend und hörte ihn mit seiner komischen Piepsstimme sagen: ‚Unser allmächtiger Vater ist mehr Mama als Papa.' Wirklich nett! Doch drüben bei der Kongregation für die Glaubenslehre haben sie beinahe Kinder gekriegt.

Und dann noch das dumme Gewäsch, das er in den sogenannten *Illustrissimi*-Briefen verzapft hat! Er wollte den päpstlichen Tragsessel nicht benützen; das war ein großer Fehler. Er war plump und unbeholfen. Er watschelte plattfüßig wie eine Ente. Und Sie hätten mal seinen italienischen Sekretär Don Diego Lorenzi sehen sollen.

Einmal habe ich ihn bei einer der Audienzen neben dem Papst sitzen sehen, zappelig war er und schaute drein wie ein kleiner Junge, der auf die Toilette muß. Und der Papst hatte einen Knirps gleich neben sich und quasselte in einer Tour von Mama und Pinocchio. Ich habe gedacht: DIESE MANNSCHAFT WIRD'S NICHT PAKKEN.

Es ist ein Jammer, daß Benelli nicht mehr lebt. Der hätte Ihnen was erzählen können. Der war in Ordnung, wenn Sie Diktatoren mögen. Man berichtete, daß ihm sogar das Toilettenpapier zur Kontrolle vorgelegt werden mußte. Dann ging er nach Florenz und wurde ein sanfter Hirte." Der Monsignore verzog leicht verächtlich die Lippen. „Hat der sich anfangs mit Marcinkus angelegt ... aber man muß früh auf den Beinen sein, wenn man Marcinkus ausstechen will.

Übrigens, Kardinal Oddi hat versucht, Marcinkus zu ärgern. Er beschwerte sich auf irgendeiner Versammlung, daß die Sicherheitsbestimmungen unten am Sant' Anna-Tor lax durchgeführt würden. Da hat Marcinkus der Schweizer Garde gesagt, sie sollten Oddi beim nächsten Mal zeigen, was Wache ist ..." Den Monsignore schüttelte es vor Vergnügen. „Dieser alte Scheißkerl – aus dem Wagen haben sie ihn gezogen, alle Taschen durchsucht, seinen Aktenkoffer gefilzt. Da ist er gleich zum Chink gelaufen und hat Zeter und Mordio geschrien. ‚Tun nur ihren Dienst, Exzellenz!' hat ihm Marcinkus lächelnd versichert.

Der Mann, der über jede Einzelheit am Morgen des Todestages Bescheid wußte, war Virgilio Noé, der frühere Zeremonienmeister – die Schweizer Garde nennt ihn ‚Virginella', mit Verlaub. Ja, Noé mit seinen zimperlichen kleinen Rosenknospenlippen ... die Augen zum Himmel erhoben: Seht mich an! Ich bin ja so heilig!

Villot, der arme alte Kerl, starb kurz darauf. Das ist wirklich eine Ironie. Er brach außerhalb des Vatikans zusammen und wurde in die Gemelli-Klinik gebracht. Die Vatikaner liefen hin und schnappten sich die Leiche ... nein, ich nehme Sie nicht auf den Arm. Sie gaben vor, er sei noch am Leben, nahmen ihn mit in den Vatikan und verkündeten dann, er sei ganz fromm im Bett gestorben! Fragen Sie mich um Himmels willen nicht, warum, und sagen Sie ja nicht, ich hätte Ihnen das erzählt.

Das Allerkomischste an dieser ganzen Idee von einer Verschwörung zum Mord ist aber die Vorstellung, daß der Vatikan sich überhaupt so weit organisieren könnte, um so ein Husarenstück durchzuziehen. Warten Sie, bis Sie Magee begegnet sind, dem Iren, der Lucianis Zweiter Privatsekretär war. Magee ist ein interessanter Mensch. War Sekretär dreier Päpste, jetzt ein Bischof in Irland. Der Papst verschaffte ihm den Sitz unten in Cloyne, obwohl er aus Ulster kommt. Magee, der großgewachsene Ire, hat eine dünne Stimme, und auf Auslandsreisen des Papstes ging er immer verloren und blieb zurück. Man mußte extra zwei Männer dafür abstellen, auf ihn aufzupassen. Er brachte immer alles durcheinander. Er brauchte immer jemand, der sich um ihn kümmerte. Tja, wie hat Magee denn überhaupt die Stelle als Sekretär von Paul VI. bekommen? Er war Missionar der Katigan-Mönche oder wie die sich nennen, drüben in Nigeria. Kardinal Pignelodi hat ihn auf einer Afrikareise entdeckt. Pignelodi, wissen Sie, war damals bei der Kongregation Propaganda Fide, er bringt also Magee mit nach Rom, und als Paul VI. neue Leute sucht, wird ihm Magee vorgeschlagen. Unglücklicherweise fiel Pignelodi – wir nannten ihn bloß ‚Pig' – tot um. Starb an Enttäuschung, als er nicht zum Papst gewählt worden war. Er hatte eine Abmagerungskur gemacht, damit er eine *bella figura* in der päpstlichen Soutane abgeben könnte. Hat wohl des Guten zuviel getan, der alte Narr."

Beim Verlassen des Restaurants wandte sich Monsignore ‚Sottovoce' mir noch einmal zu und meinte: „Na ja, Sie sollten auch Magee nicht zu ernst nehmen. Alles *cum grano salis*. Er ist ein Liturgiker . . . verstehen Sie, was ich meine? Ganz versessen auf die liturgischen Anweisungen: Verneigen, Verbeugen, Kniefall. Darin war er immer gut. Wissen Sie, am Altar gibt es vier verschiedene Arten, den Kopf zu neigen, vier verschiedene Arten, sich zu verbeugen . . . Magee hat verschiedene Verbeugungen fachmännisch beherrscht. Darin war er stets perfekt. Der Pole hatte die Nase voll von ihm. Er setzte ihn vor die Tür und machte ihn zum Zeremonienmeister, bis er alle verrückt gemacht hat mit seiner Altarchoreographie. Er war ein merkwürdiger Kerl. Sie nannten ihn den Einsiedler der päpstlichen Gemächer. Jahrelang kam er nicht von dort heraus, man sah ihn nie, außer an der Seite des Papstes. Ich frage mich, wie er als Bischof zurechtkommt. Er hat keinem Außenstehenden je etwas über den Tod des Papstes erzählt, aber man sagt, daß er zwei Stunden braucht, um zu beschreiben, wie er Luciani eine Tasse Kaffee geholt hat."

Wir verabschiedeten uns, und ich sah ihm nach, als er über den Campo dei Fiori verschwand und hier und da einem alten, verdorbenen Apfel aus dem Weg ging, ohne die lärmige Geschäftigkeit der Blumen- und Obststände auch nur eines Blickes zu würdigen.

Auf dem Weg zum Englischen Kolleg überlegte ich, daß ich ganz vergessen hatte, wie sarkastisch und zynisch katholische Geistliche sein konnten, wenn sie entspannt und ‚außer Dienst' waren und wie sie andauernd mit den Sünden gegen die Nächstenliebe zu kämpfen hatten. Rückblickend brachte ich das mit dem Druck des Zölibats in Verbindung.

Doch länger noch verweilte ich bei der Erkenntnis, daß das allgemein bekannte Bild von Johannes Paul I. in keiner Beziehung zu seinem Ruf bei den römischen Geistlichen stand, für die er eine linkische und inkompetente Witzfigur gewesen war. Was der Monsignore als in der Geistlichkeit weitverbreitetes Urteil zusammenfaßte, schien mir keineswegs ein unnützes Geschwätz zu sein. Und dann: ‚Der Heilige Geist hat uns da einen guten Dienst geleistet.' Was sollte das heißen? War das ein Witz gewesen? Mir kam es gar nicht witzig vor. In Anbetracht der Todesumstände des Papstes überkam mich beim Gedanken an die Bemerkung eher ein Frösteln.

An einer Wand nahe beim Kollegeingang bemerkte ich zum ersten Mal einen in roter Farbe hingesprühten Spruch: CLORO AL CLERO – GIFT DEN GEISTLICHEN.

9

Am Samstagnachmittag fuhr ich nach Mailand, um mich mit Don Diego Lorenzi zu treffen, dem italienischen Sekretär von Johannes Paul I. Ich nahm den Zug, um nicht in einen der wilden Streiks zu geraten, die den römischen Flughafen Fiumicino heimsuchten, und stieg in einem Hotel nahe des Mailänder Hauptbahnhofs ab.

Am nächsten Morgen nahm ich ein Taxi zur Piazza Tripoli in einem westlichen Vorort der Stadt. Auf der Fahrt durch die langen geraden Straßen, die an diesem Sonntagvormittag abstoßend grau und häßlich aussahen, machte ich mir Gedanken über meine Begegnung mit Don Diego. Er war ein ganz entscheidender Zeuge, da er zwei Jahre lang gemeinsam mit Johannes Paul in Venedig gearbeitet hatte und auch mit ihm seine Mahlzeiten geteilt hatte, bevor er als der ranghöhere der beiden päpstlichen Sekretäre nach Rom kam und bis zum Todestag des Papstes bei ihm blieb. In seinem letzten Lebensabschnitt hatte der Verstorbene offensichtlich tiefstes Vertrauen in diesen Priester gesetzt. Wenn ich mir von einem einzelnen Zeugen etwas versprach, dann von ihm.

Schließlich hielten wir vor San Benedetto, wo Don Diego tätig war. Eine riesige moderne Kirche aus Backstein und Beton war umgeben vom Gebäudekomplex der Anstalt Piccolo Corttolengo, einem Heim für Alte und Gebrechliche, das von den Söhnen und Töchtern Don Orionis betreut wurde.

An der Portiersloge erwartete mich eine Nachricht: „Sehr geehrter Mr. Cornwell, ich muß um 11 Uhr 30 die Messe lesen; bitte warten Sie hier auf mich. Diego Lorenzi."

Ich beschloß, in der lagerhausähnlichen Betonkirche an der Messe teilzunehmen. Die Kirche war voll, und ich schob mich vorsichtig durch die vorstädtischen Kirchenbesucher in ihrem Sonntagsstaat hindurch bis zu den vordersten Bänken, von wo ich Don Diego gut erkennen konnte, der inmitten einer Schar unruhiger Ministranten und Ministrantinnen auf einem Altarstuhl saß. Für seine 49 Jahre wirkte er verblüffend jung, trug kurzgeschnittenes Haar und eine Hornbrille. Im Vatikan hatte er den Spitznamen *raggazzino*, das Bürschchen, verpaßt bekommen. Unter seinem Meßgewand für den Advent lugten braune Wildlederschuhe hervor. Seine Haltung strahlte etwas Hausbackenes und Unverdorbenes aus: nicht die geringste Geziertheit, jeder Zoll ein einfacher Landpfarrer.

Kurz nachdem ich Platz genommen hatte, erhob er sich zur Predigt, die von einem Kindergeplärr begleitet wurde, das von den Dachbalken widerhallte. Don Diego verlas unbeirrt seine Ansprache über die Demut und den Gehorsam der Jungfrau Maria im Augenblick der Verkündigung. Er sprach laut und eindringlich, eine Spur fanatisch. Er sah nicht so aus, als würde er seine Gemeinde mitreißen. Ein Seufzer der Erleichterung ging wie ein Luftzug durch die Kirche, als er etwa zwanzig Minuten später zum Schluß kam und sich wieder der Meßfeier zuwandte.

Er tauchte schließlich fast im Laufschritt aus der Kirche auf. Er trug eine anthrazitgraue Hose und einen schwarzgrau gemusterten Sweater. Als er mich begrüßte, hörte ich zu meiner Überraschung in seinem Englisch einen Akzent, in dem sich ein italienischer und Liverpooler Klang mischten. Er führte mich durchs Erdgeschoß der Anstalt, wo sich an Korridorwänden schon Weihnachtspakete türmten, zum Refektorium.

Etwa zwanzig Männer saßen in ihren Soutanen um einen U-förmigen Tisch. In einer Ecke stand eine Krippe umgeben von Weinkisten und Motta-Kuchen. Die meisten Mitglieder dieser Gemeinschaft waren schon fortgeschrittenen Alters und hatten sich die Servietten wie Babylätzchen groß über die Brust gebreitet. Wir bedienten uns am Buffet selbst mit Ravioli und Stücken von Hähnchen und nahmen außer Hörweite der alten Männer Platz. Don Diego kam gleich zur Sache: „Ich spreche gut Englisch, weil ich zwischen 1963 und 1967 vier Jahre lang in England studiert habe. Na ja, und nun bin ich hier mit meinen 49 Jahren und immer noch der unterste Kaplan in einer Gemeinde mit 18.000 Leuten und diesem riesigen Altenpflegeheim. Aber so geht's in der Kirche. Ich war Erster Sekretär des Papstes, ranghöher als der andere, Magee, der jetzt Bischof ist. Doch von dem Zeitpunkt an, da Papa Luciani starb, war ich nur noch die ‚Witwe des Papstes' – so nennen sie mich. Für mich allein zähle ich nicht. Am Tag, als der Papst starb, wurden wir einfach aus dem Vatikan hinausgeworfen. Ich wußte nicht einmal, wo ich am gleichen Abend essen konnte. Nichts! Aus!

Aber ich kam ja auch aus dem Nichts. Ich arbeitete für meinen Orden, die Don-Orione-Bruderschaft, im Veneto, und Luciani wußte von mir, als er Patriarch von Venedig wurde. Eines Tages ließ er mich rufen und sagte: ‚Ich möchte, daß Sie mein Sekretär werden. Darauf ich: ‚Schön, da müssen Sie mit meinem Vorgesetzten sprechen.' Und er sagte: ‚Das habe ich schon getan.'

Dann meinte er: ‚Es wird Sie langweilen. Ich möchte keinen Sekretär, der wie Senigaglia für mich die Diözese leitet.' Senigaglia war mein Vorgänger. ‚Ich möchte jemanden, der ans Telefon geht und die Türe aufmacht, der für mich tippt und Almosen an die Armen verteilt.' Schauen Sie, Senigaglia behauptet heutzutage, er sei weggegangen, weil er die Nase voll hatte, doch Luciani spürte, daß sein früherer Sekretär zwischen ihm und der Diözese stand.

Da war noch etwas anderes. Senigaglia war gewohnt, sich mit dem früheren Patriarchen Abend für Abend zusammenzusetzen und die Weltlage und alle wichtigen Dinge bis spät in die Nacht hinein bei einem Fläschchen Wein zu diskutieren. Luciani hatte weder an wichtigen Ereignissen noch an einem Fläschchen Interesse. Er war gerne um halb neun, neun, im Bett. Mit der Langeweile hat er wirklich recht behalten. Das Leben in Venedig war todlangweilig, aber es war dort auch sehr laut direkt am Markusplatz mit dem Fischgeruch und dem allem. Es war nicht gerade eine Vorstufe zum Papsttum.

Also, ich möchte Ihnen versichern, daß alles, was ich Ihnen erzähle, die volle Wahrheit ist. Ich habe keinen Grund zu lügen, und uns ist nie vorgeschrieben worden, was wir aussagen sollten, nachdem der Papst tot war. Uns hat niemand aufgesucht und angewiesen: ‚Um Gottes willen, sag dies, aber ja nicht das!' Ich bin also immer ganz offen und ehrlich gewesen und hab mit allen darüber gesprochen. Magee hat über Papa Luciani nichts verlauten lassen. Er hatte Angst, wahrscheinlich, weil ihm schon der Bischofsstab winkte. Als er zum Bischof gewählt war, brauchte er sich um seine Karriere keine Sorgen mehr zu machen. Verstehen Sie? Für ihn gibt es also keinerlei Probleme mehr, die Wahrheit zu sagen, weil wir ja nie von jemandem Anweisungen bekommen haben. Ich reg mich darüber nicht auf. So sind die Dinge eben gelaufen."

Zum Schluß unseres kurzen Mittagessens sprach Don Diego sein Dankgebet und führte mich schließlich aus dem Refektorium durch ein Gewirr verlassener Gänge in ein kühles Büro mit Blick auf einen leeren Parkplatz. Wir saßen uns an einem Schreibtisch gegenüber. Er entfaltete eine alte Ausgabe des *Osservatore Romano*, der vatikanischen Tageszeitung.

„Wir sollten", begann er, „bei der Verlautbarung anfangen, die vom Vatikan am Morgen des Todes von Papa Luciani verbreitet wurde und die die Wahrheit enthält. Man hat nur einige Einzelheiten ausgelassen. Hier steht sie gedruckt.

In der Zeitung hieß es: ‚Am Morgen des 29. September 1978 gegen 5 Uhr 30 ging der Privatsekretär John Magee ins Schlafzimmer des Papstes, weil er ihn nicht, wie gewöhnlich um diese Zeit, in der Kapelle angetroffen hatte, und fand ihn in lesender Haltung tot in seinem Bett. Das Licht im Schlafzimmer brannte.' Also, passen Sie auf, da heißt es nicht, es sei die Lampe über dem Bett, an der Decke oder sonstwo gewesen; darüber wird gar nichts gesagt. ‚Der Arzt wurde augenblicklich gerufen und stellte fest, daß der Papst gegen 23 Uhr gestorben und die Todesursache ein Myokardinfarkt war', und so weiter und so weiter...

Schauen Sie", fuhr Don Diego fort, „das ist die offizielle Verlautbarung. Darin steht nicht, was der Heilige Vater gelesen hat, und es wird erwähnt, daß Pater Magee den Leichnam gefunden hat. Wir sollten bei dieser lakonischen Feststellung beginnen. Es werden keine Details bekanntgegeben ... aber es wird *etwas* gesagt – und das entspricht der Wahrheit.

Die Journalisten haben später erwähnt, was er las. Der ANSA Nachrichtendienst berichtete, es sei eine Namensliste mit Ernennungen gewesen ... Unsinn! ... blanke Lüge! Entschuldigen Sie den Ausdruck: Quatsch ... Verstehen Sie? Und in der offiziellen Verlautbarung wurde das auch nicht erwähnt ... und irgendwer hat behauptet, der Papst hätte *Die Nachfolge Christi* gelesen. Unsinn! Die offizielle Verlautbarung gibt nicht bekannt, *was* er gelesen hat.

Er hat etwa in dieser Position gelesen." Don Diego ahmte eine typische Lesehaltung nach. Er rückte seine Brille auf der Nase ein wenig nach unten.

Ich fragte: „Haben Sie ihn persönlich gesehen?"

„Selbstverständlich. Er hatte zwei oder drei Kissen im Rücken. Das Licht am Bett war an. Man hätte gar nicht gemerkt, daß er tot ist. Und die Blätter hielt er noch senkrecht. Sie waren ihm nicht aus der Hand geglitten und zu Boden gefallen. Ich selbst hab ihm die Blätter aus der Hand genommen. *Ich* hab's getan. Als ich sie ihm aus der Hand nahm, merkte ich, daß sie aus den speziellen Broschüren stammten, in denen Bischöfe ihre Predigten veröffentlichen. Das tun die Bischöfe in der ganzen Welt. Ich nehme an, er suchte nach einer Idee für die kleine Ansprache, die er am folgenden Sonntag vor den Leuten halten wollte, die sich am Petersplatz zu versammeln pflegten."

„Was geschah mit diesen Seiten?" fragte ich.

„Das weiß ich nicht. Ich weiß auch nicht, was mit seiner Brille oder seinen Pantoffeln passiert ist, die nicht mehr gefunden worden sind. Ich weiß nur, daß ich die Blätter auf das Nachtkästchen legte.

Über die fehlenden Gegenstände ist alles mögliche veröffentlicht worden. Man hat auch behauptet, er wäre in meinem Hemd beerdigt worden, was völliger Unsinn ist! Von all diesen Leuten, die so was behauptet haben, konnte ja keiner was wissen; nur ich und Magee wußten Bescheid. Also, was ich Ihnen erzähle, ist die Wahrheit, denn ich glaube nicht, daß ich lügen darf. Ich halte nichts vom Lügen. Ich bin ein Christ, ich bin Priester. Ich habe mit der Wahrheit nichts zu verlieren. Welches Motiv sollte ich haben, der niederste Kaplan in einer Großstadtgemeinde?"

Er starrte mich unablässig an. Mir wurde das peinlich. Er trägt das eine Spur zu dick auf, dachte ich.

„Könnten wir bitte damit beginnen, wer nun tatsächlich den Leichnam gefunden hat?" bat ich.

Don Diego schloß die Augen und lehnte sich zurück. Er atmete tiefbewegt. Er schwieg fast eine halbe Minute lang.

„Meiner Erinnerung nach", sagte er, „war es Schwester Vincenza ... Wohlgemerkt, die Leute sollten über diese Schwester Vincenza Genaueres in Erfahrung bringen." Er hielt einen Moment inne. Die Erklärung war offensichtlich dazu gedacht, meinen Verdacht zu erregen. „Erstens war sie nicht sehr gesund", fuhr er fort. „Sie hatte Probleme mit dem Herzen, seit Ende 1977 und das ganze Jahr 1978 über. Die Schwestern, bei denen sie in Venedig wohnte, befinden sich immer noch in Venedig beim Patriarchen und sind fast alle über achtzig. Die werden sich erinnern, daß Schwester Vincenza immer ruhig sitzen sollte. Sie durfte selbst nichts tun, sie gab irgendwie nur Anweisungen. Aber das war natürlich nicht möglich, weil Frauen den ganzen Tag über in der Küche zu tun haben. Als wir nach Rom gingen, sollte sie nur für drei Wochen herüberkommen, weil schon andere – drei Nonnen – herübergeschickt worden waren, um den Haushalt zu führen.

Sie hatte in gewissem Sinne den Papst nie verlassen wollen. In Venedig sagte sie vor jedem Abendessen: ‚Bitte! Nehmen Sie Ihre Medizin.' Sie war sehr um seine Gesundheit besorgt. Obwohl, bitte, Luciani alles in allem nicht bei schlechter Gesundheit war.

Also, sie war eine alte Frau und ließ sich nicht davon abbringen, morgens halb sechs oder zehn Minuten später – so genau weiß ich es nicht – Kaffee zu machen und ihn auf einem Rollwagen vor die Schlafzimmertür zu stellen. Das war wohl ihre Aufgabe im Vatikan, wie ich annehme. An jenem Morgen des 29. – ich war nicht dabei – stellte sie diesen Wagen vor die Schlafzimmertür. Und weil er nach einigen Minuten nicht herauskam, um sich den Kaffee zu holen, hat sie wahrscheinlich versucht, ins Zimmer zu gehen. Wir konnten durch die Tür im Flur ins Schlafzimmer oder durch eine andere Tür über sein privates Studierzimmer, das einen Durchgang zum Arbeitszimmer der Sekretäre besaß.

Schwester Vincenza ging also, wie ich annehme, durch die Tür am Ende des Flurs. Sein Schlafzimmer, das sehr groß war, wurde durch einen schweren Vorhang geteilt, und in der Ecke der vorderen Hälfte des Schlafzimmers, und das ist recht interessant, weil kaum jemand davon wußte, befand sich ein niedriges Bett, das Papst Paul VI. benutzte, als er gegen Ende seines Lebens nicht mehr in das hohe Bett auf der anderen Seite des Vorhangs steigen konnte. Das andere Bett war sehr breit. Auf ihm sind Johannes XXIII., wahrscheinlich Pius XI. und vielleicht schon Pius X. gestorben.

Schwester Vincenza, vermute ich, zog also die Vorhänge zurück. Wahrscheinlich hat sie ihn angesprochen, ‚Eure Heiligkeit‘ ... ich kann es nicht genau sagen, ‚Eure Eminenz‘. Sie hat ihn wahrscheinlich leicht geschüttelt und gemerkt, daß er tot war; so gegen halb oder viertel vor sechs. Ich hab keine Ahnung.

Pater Magees Schlafzimmer lag einen Stock höher. Ich schlief im selben Stock wie der Papst auf der anderen Seite seines Badezimmers. Pater Magee hielt sich wahrscheinlich noch in der Kapelle auf, die sich vom Hauptflur entfernt gegenüber der Tür vom Arbeitszimmer der Sekretäre befindet. Da ist sie gekommen und hat an der Tür geklopft, und es war etwa fünf vor sechs. Ich kriegte einen Schrecken. Ich dachte: entweder habe ich mich zur Messe verspätet – wir haben die Messe um sieben Uhr stets zusammen gelesen – oder dem Heiligen Vater ist etwas passiert. Die beiden Gedanken sind mir sofort durch den Kopf gegangen. Ich hab mir Socken angezogen, bin schnell in meine Soutane geschlüpft und aus dem Schlafzimmer geschossen. Ich weiß also nicht, ob Schwester Vincenza, nachdem sie festgestellt hatte, daß der Papst tot war, sofort Pater Magee gerufen hat oder sonstwas. Ich weiß nur, daß ich sofort ins Schlafzimmer ging und sah, daß der Papst gestorben war. Ich bemerkte diese Blätter, die ich erwähnt habe, und was er da gelesen hatte. Fünf Minuten vor sechs rief ich dann die Nichte des Papstes, Pia, an. Und ich hab ihr gesagt: ‚Hör zu, Pia, du brauchst jetzt einen starken Glauben. Ich habe ihn heute morgen, vor etwa zehn Minuten gefunden.‘ Sie wußte sofort, wovon ich sprach.

Dann rief ich Dr. Da Ros an, seinen Arzt in Venedig. Das war fünf Minuten nach sechs. Ich informierte ihn. Er konnte nicht glauben, was ich ihm sagte. Er hatte den Papst am Sonntagnachmittag davor besucht und ihn bei bester Gesundheit angetroffen. Und ich habe mir gedacht: der Arzt kann die Wahrheit einfach nicht akzeptieren. Er empfand diesen plötzlichen Tod irgendwie als Niederlage. Natürlich konnte er ihn nicht akzeptieren. Ich weiß, daß er für einen Flug Venedig – Rom einen Platz zu buchen versuchte, es ist ihm aber nicht gelungen. Also fuhr er die ganze Strecke vom Veneto nach Rom mit dem Wagen und traf gegen drei im Vatikan ein. Deshalb ist es einfach albern, wenn manche Leute behaupten, der Papst hätte in der Nacht davor seinen Arzt angerufen. Inzwischen war Pater Magee durch die Türen des Arbeitszimmers der Sekretäre und des Papstes aus der entgegengesetzten Richtung wie Schwester Vincenza ins Schlafzimmer gekommen und hatte unabhängig von ihr den Leichnam entdeckt. Als nun die Leute daherkamen und wissen wollten, ob der Tote nun von Schwester Vincenza oder Pater Magee gefunden worden war, konnten sie keine rechte Antwort geben. Und wenn ich ‚sie‘ sage, dann weiß ich nicht, welche Leute ich damit meine. Weil es den Vatikan nicht gibt ... “ seine Stimme wurde zu einem Flüstern, „... es gibt ihn nicht. Die Leute behaupten, der Vatikan macht dies und der Vatikan macht das ... aber sie wissen gar nicht, wen sie damit meinen, wenn sie von ‚dem Vatikan‘ sprechen. Am Morgen, als der Papst starb, war Villot der Vatikan. Er konnte aber nicht alle Geschehnisse und Probleme begreifen. Wie sollte er auch? Was nun jene offizielle Verlautbarung betrifft, so ist das einfach folgendermaßen:

Ich habe erst kürzlich in einem Fernsehinterview etwas gesagt, was bisher noch nicht gesagt worden war. Ich kam auf die Symptome eines Herzanfalls zu sprechen, die beim Papst am 28. September 1978 aufgetreten waren. Um Viertel vor acht, oder auch zehn vor acht abends, kam er an die Tür zum Arbeitszimmer und sagte, er hätte fürchterliche Schmerzen gehabt, die aber wieder vorbei seien. Ich meinte, wir sollten einen Arzt rufen, aber er hat mir das strikt verboten. Und ich habe gehorcht, weil man dem Papst gehorchen sollte. Aus diesem Grund habe ich, bevor er zu Bett ging, ihm immer gesagt: ‚Also, wenn Sie irgendwelche Probleme haben, dann drükken Sie hier auf diesen Alarmknopf und ich werde sofort kommen.‘

Ich kann mich an diese Symptome erinnern, aber ich habe sie nicht als Vorboten eines nahenden Herzinfarkts gedeutet, weil ich mich mit solchen Dingen nie befaßt habe. Bis zum November habe ich zwischen diesen ersten Symptomen mit seinem Tod keinen Zusammenhang gesehen, der Gedanke kam mir erst 33 Tage nach seinem Tod. In Padua hatte ich einen Freund, einen Arzt, der mit Herzproblemen zu tun hat. Anfang November habe ich mit ihm zu Abend gegessen. Da fragte er mich: ‚Hast du in der Nacht vor seinem Tod nicht irgend etwas bemerkt? Hat er nichts von Depression, von irgendwelchen Beschwerden oder Schmerzen in der Brust erwähnt?‘ Ich verstand die Bedeutung seiner Frage – und da habe ich den Zusammenhang mit den Symptomen erkannt, von denen ich jetzt spreche.

Im Januar 1979 mußte ich nach Neapel – und auf dem Rückweg rief ich Pater Magee an, der inzwischen der Sekretär des neuen Papstes war, und sagte: ‚Hören Sie, John, können Sie sich erinnern, daß der Papst uns zehn vor acht erzählte, er hätte Schmerzen gehabt?‘ Und er sagte: ‚Doch, ich kann mich erinnern.‘ Darauf sagte ich: ‚Meinen Sie, wir hätten vielleicht nicht genug unternommen, um ihm das Leben zu retten?‘

‚Ach‘, sagte er, ‚vergessen Sie das Ganze.‘ Seine Antwort gefiel mir gar nicht. Aber er hatte es jedenfalls nicht vergessen. Das Problem lag ja darin, daß der Papst uns nicht erlaubt hatte, jemand zu rufen. Er behauptete unentwegt, daß er sich wieder wohl fühlte.

Nachdem ich im Oktober dieses Jahres öffentlich die Schmerzen des Papstes in der Nacht vor seinem Tod erwähnt hatte, rief mich ein Journalist aus Rom an und fragte: ‚Warum haben Sie das nicht drei oder vier Jahre früher gesagt? Wenn Sie es nämlich früher gesagt hätten, wäre nie der Verdacht aufgekommen, daß der Papst ermordet worden sein könnte ...‘ Aber da bin ich mir nicht so sicher. Schauen Sie, diese Journalisten sehen die Dinge aus einem anderen Blickwinkel. Die kommen wegen all ihrer Fragen und Recherchen auf die falschen Ideen. Sie kümmern sich nicht um die Heiligkeit des Papstes, sie sehen nur Geld und Leute, die mit Geld zu tun haben. Luciani war wohl der allerletzte, der sich um Geld und finanzielle Dinge gekümmert hätte. Der Heilige Geist sucht sich keinen Rockefeller aus.“

Die ganze Zeit über hatte Don Diego händeringend in seinem Bürosessel hin und her geschaukelt und in dieser bemerkenswerten Mischung von italienischem Englisch mit Liverpooler Akzent auf mich eingeredet. Er machte lange Pausen, in denen er von seinen Gefühlen überwältigt und den Tränen nahe schien.

Ich fragte ihn, ob es noch irgend etwas gäbe, was er mir über den Abend vor dem Tod des Papstes mitteilen möchte.

„Um etwa Viertel vor neun rief er den Erzbischof von Mailand, Kardinal Colombo, an. Über andere habe ich erfahren, was er ihm gesagt hat. Wahr ist nur folgendes: Der Papst machte sich Sorgen um seine Nachfolge in Venedig, denn seit er den Sitz verlassen hatte, war bereits mehr als ein Monat verstrichen, und er versuchte, einen Salesianer zu ernennen, den Provinzial dieses Ordens. Aber dieser Mann hatte sich geweigert, die Berufung anzunehmen, und meines Erachtens hat Luciani versucht, über den Mailänder Kardinal mit diesem Mann noch einmal Kontakt aufzunehmen, um ihn zur Zustimmung zu bewegen. Ich bekam den Kardinal in meinem Schlafzimmer an die Leitung und schaltete durch zu Lucianis Schlafzimmer. Nach dem Anruf begaben Pater Magee und ich uns in sein Schlafzimmer und sagten: ‚Also bitte, wenn in dieser Nacht irgend etwas passieren sollte, wenn Sie einen von uns brauchen, drücken Sie einfach nur den Knopf, wir werden Sie dann läuten hören und werden schnell bei Ihnen sein.' Wir hatten die Symptome nicht vergessen, von denen er uns an dem Abend berichtet hatte. Aber er rief uns nicht."

„Haben Sie nicht im nachhinein das Gefühl, Sie hätten den Arzt benachrichtigen müssen?"

„Doch."

„Haben Sie sich je ernsthaft gefragt, warum Sie es nicht getan haben?"

„Weil er angeordnet hat, ich solle unter keinen Umständen einen Arzt rufen."

„Wann hat er das gesagt?"

„An jenem Abend um zehn vor acht, an der Tür zwischen seinem und unserem Arbeitszimmer. Und er hat erklärt, mit ihm sei alles in Ordnung."

„Sah er krank aus?"

„Nein. Er hatte sich sofort wieder erholt."

„War er überarbeitet, bevor er zum Konklave kam?"

„Er hatte im Juli nicht viele Verpflichtungen gehabt. Und in der letzten Juliwoche und der ersten Augustwoche hatte er sich bei einem Schwesternorden am Lido von Venedig vollständig ausgeruht. Kardinal Oddi hat kürzlich ein Interview gegeben, in dem er sagte, Luciani sei überarbeitet gewesen, bevor er Papst geworden ist. Das stimmt nicht ... Und vom 10. August, als Papst Paul VI. starb, bis zum 26. August hatte er keine offiziellen Verpflichtungen. Und ich bedauere es auch, daß Kardinal Oddi erklärt hat, er habe Pater Magee, mich und Schwester Vincenza nach dem Tod des Papstes zu sich zitiert, weil er das nie getan hat. Er hat überhaupt niemand zu sich zitiert."

Wir saßen lange Zeit stumm da. Don Diego war das Kinn auf die Brust gesunken, tränenüberströmt sein Gesicht. Er wirkte niedergeschlagen.

Schließlich fragte ich: „Was ist denn, Pater?"

„Ich denke nach ... Der arme Mann hat nicht einmal die Krankenölung empfangen. Natürlich sind später sehr viele Gebete für ihn gesprochen worden. Doch als ich ihn fand, waren Teile seines Körpers, sein Rücken und seine Füße, noch warm. Ich hätte ihm bedingte Absolution erteilen können oder so etwas, aber irgendwie hat keiner von uns daran gedacht. Von Priestern, Bischöfen und Kardinälen umgeben, und keiner hat das für ihn getan ... Und jetzt fällt mir etwas ein. Im August 1978 starb an einem Samstag ein Priester in Venedig, und Luciani sagte zu mir: ‚Stellen Sie sich das vor, ein Priester, der ohne die Sterbesakramente stirbt.' Er war sehr besorgt um Priester, die so starben, und er ist selbst so gestorben. Ich hätte mir nie vorstellen können, daß ein Papst stirbt, ohne die Sterbesakramente zu empfangen ... Aber er hat ja mit Gott gelebt. Ich glaube, er ist direkt in den Himmel gekommen."

„Wie stehen Sie jetzt mit Pater Magee?" fragte ich ihn, vor allem um ihn von seiner melancholischen Stimmung der Reue abzulenken.

„Pater Magee hielt gegenüber allen dicht. Kirchenstruktur."

„Sind Sie überrascht, daß Sie nicht Bischof geworden sind?"

Don Diego saß eine Weile stumm vor Erstaunen da, dann brach er in ein hohes, beinahe hysterisches Gelächter aus.

Schließlich sagte er: „Sprechen wir von was anderem ... Das Leben hat mich viele, viele, viele Dinge gelehrt ... und ich bin mit meiner Situation zufrieden. Ich versuche, nicht an diese Dinge zu denken und nicht darüber zu sprechen. Ich habe nur das Problem, daß die Leute, die herkommen, um mit mir zu sprechen, zu viele Lügen gehört haben. Und wenn ich versuche, die Wahrheit zu sagen, dann versuchen Sie dauernd, mir Fallen zu stellen."

„Wobei denken Sie dabei im besonderen?"

„An so vieles. Nehmen wir nur ein Beispiel. Allein der Gedanke, daß jemand in die päpstlichen Gemächer gelangen könnte, um eine Arznei mit Gift zu versetzen oder überhaupt etwas anzustellen. Es gibt nur zwei Eingänge in die Gemächer, und die werden Tag und Nacht bewacht. Ich meine, diese Dinge müssen doch offen gesagt werden. Es gibt noch einen Zugang über einen winzigen Aufzug, einen Lift, aber auch der ist Tag und Nacht bewacht. Dann gibt es den Eingang durch die dritte Loggia, wiederum Tag und Nacht bewacht. Ohne Erlaubnis kommt also niemand hinein."

Er blickte mich eine Weile an. Dann begann er zu kichern. „Es sei denn, freilich, jemand könnte vom Petersplatz direkt ins Schlafzimmer springen."

„Wer hat die päpstlichen Gemächer am Todestag besucht?"

„Niemand. Der einzige Mensch, der ins päpstliche Appartement eintreten durfte, und auch er mußte vorher bestellt werden, war Kardinal Villot, Staatssekretär Villot und Casaroli, der dreimal kam, immer auf Bestellung. Villot wurde immer bestellt. Er konnte nicht einfach so sagen: ‚Darf ich reinkommen?' In seinem Privatgemach hätte der Papst nackt arbeiten können, wenn er gewollt hätte, und niemand hätte hereinkommen und ausrufen können: ‚Sieh dir das an!' Privataudienzen hielt er morgens im zweiten Stock. Nachmittags hat er fast immer gebetet. Diese Tageszeit verbrachte er deshalb in seinem privaten Arbeitszimmer oder auf dem Dachgarten. Er ging tagtäglich für fast eine Stunde hinauf, ging spazieren, las, studierte und betete, weil er frische Luft brauchte. Drinnen ist es wie in einem Käfig."

„Wie haben *Sie* sich gefühlt, als Sie im Vatikan arbeiteten?"

„In gewisser Weise war ich der einzige Freund, den der Papst hatte, und wir haben uns immer respektiert. Wir hatten vieles gemeinsam. Wir kamen ja beide aus Bergdörfern. Wir verstanden uns, ohne viel unnütz reden zu müssen. Und er mochte und liebte mich, weil ich die paar Dinge genauso erledigt hatte, wie er es mir bei unserem ersten Zusammentreffen aufgetragen hatte."

„Aber wie haben Sie sich gefühlt, als Sie dort beim Papst wohnten?"

„Ich habe meine Lebensweise nicht geändert. Ich ließ auch nicht zu, daß *seine* Lebensart geändert wurde. Das habe ich denen ganz klar gesagt, als wir hinkamen. Ich sagte: ‚Passen Sie auf, dieser Mann geht früh zu Bett und steht ziemlich früh auf, und Besucher empfängt er von neun bis zwölf. Bringen Sie ihm also bitte nicht seinen Zeitplan durcheinander. Machen Sie es möglich, daß er um halb eins zu Mittag essen kann, und zwingen Sie ihn nicht, Leute vor zwei Uhr nachmittags zu empfangen, weil er das nicht gewöhnt ist. Der Mann würde zusammenbrechen.' Sie hätten ihn gerne geändert. Nur ein Beispiel. Er besaß eine alte aufziehbare Armbanduhr und sein Kreuz aus Venedig. Eines Tages kam Monsignore Macchi daher und sagte: ‚Sie sollten eine bessere Uhr und ein schöneres Kreuz haben', und statt ihm zu antworten, ‚Scheren Sie sich zum Teufel!' hat Luciani einfach nachgegeben und die Sachen angenommen.

Ich versuchte, ihm seine Lebensweise soweit als möglich so zu erhalten, wie sie in Venedig gewesen war. Ich selbst bin um sechs Uhr aufgestanden, doch er ist immer schon um halb fünf aus dem Bett. Wir haben zusammen um sieben die Messe gelesen und – sagen wir mal – um sieben Uhr vierzig zusammen gefrühstückt."

„War er als Papst überlastet?"

„Wie soll *ich* das wissen? Ich nehme an, Kardinal Villot hat ihn sich sofort geschnappt und ihm viele wichtige kirchliche Probleme vorgesetzt, denen der verstorbene Papst sich aufgrund seines hohen Alters entzogen hatte. Villot ging davon aus, er hätte nun jemand, der noch ziemlich jung war. Durch die verschiedenen Synoden hatte Luciani viele Probleme der Weltkirche mitbekommen, und obwohl er immer erklärt hat, mit solchen Problemen hätte er unmittelbar nichts zu tun, hat er nach seiner Wahl gesagt: ‚Jetzt liegt es an mir, etwas zu unternehmen, diese Probleme zu diskutieren und einen Ausweg zu finden.' Und vom Staatssekretär kommt zweimal täglich ein Koffer voller Papiere herüber und auf jedem Blatt steht ein Problem, mit dem der Papst sich befassen muß, für das er einfach eine Lösung zu finden hat. Es ist eine unerträgliche Aufgabe. Villot hat viele Stunden mit ihm zusammen verbracht – ist in den vatikanischen Gärten und unten im zweiten Stock mit ihm herumgegangen, um kirchliche Angelegenheiten mit ihm zu besprechen. So sind sie auch am Abend seines Todes zusammen gewesen.

Ich will Ihnen sagen, wie ich die Sache sehe. Ich glaube, dieser Mann ist durch Gottes Willen erwählt worden, weil Gott seine Demut belohnen wollte. Aber in gewissem Sinn hatte Luciani Ende 1977, Anfang 1978 genug von dieser Welt. Er wollte nur eines: sterben und die Gegenwart und Güte Gottes genießen. Einmal sagte er mir,wir waren von einem seelsorgerischen Besuch zurückgekehrt und saßen bei Tisch: ‚Manchmal bitte ich unseren gütigen Herrn, zu kommen und mich zu sich zu holen.‘ Und nun meine Deutung: Gott wollte sein Gebet erhören, doch bevor er ihn zu sich in den Himmel rief, sagte er: ‚Ich möchte, daß alle Menschenkinder guten Grund haben, sich des Lebens zu freuen, eine kleine Weile guter Dinge zu sein, zu lächeln, alle Probleme zu vergessen.‘ Und deshalb hat Gott ihm gesagt: ‚Ich möchte, daß du für kurze Zeit Papst wirst und ich gebe dir Zeit, ein Beispiel zu geben für Glaubenszuversicht, Hoffnung, Liebe und Sanftmut, weil die Welt dieser Tugenden sehr bedarf.‘ Und nachdem Luciani der Welt hier ein Beispiel gegeben hatte, sagte der gütige Herr: ‚Jetzt komm, du hast es sie gelehrt.‘

Und ich glaube, daß er sein Gebet – ‚Gott nimm mich bitte zu dir‘ – während seines Papstmonats tausendmal gesprochen hat. Obwohl er, wohlgemerkt, uns oft gesagt hat: ‚Ich genieße einen tiefen seelischen Frieden. Ich bin leicht wie eine Feder. Ich bin nicht überlastet. Ich bin nicht unglücklich.‘ Und ich denke, dieser Mann ist nach seinem Tod so tief betrauert worden, weil die gesamte Menschheit ihn geliebt hat, weil er vor allem in seiner Sanftmut Christus nachgefolgt ist.“

„Haben Sie irgendwelche Anzeichen bemerkt, daß Marcinkus in Verdacht geriet und gefeuert werden sollte?“

„Ich erinnere mich, daß vor vielen Jahren die Banca Cattolica mit der örtlichen Priesterherrschaft im Norden verbunden war. Die Gewinne der Bank wurden unter den Bischöfen aufgeteilt. Es ist aufschlußreich, die Verknüpfung dieser Bank mit all den anderen Banken der Calvi-Gruppe zu beobachten. Ich weiß lediglich, daß Luciani vor Jahren bei der Bank den Begriff ‚Katholisch‘ gestrichen wissen wollte.“

„Nahm Luciani an finanziellen Angelegenheiten Anteil?“

„Nee! Er nahm Einladungen zu Besprechungen dieser Dinge nur äußerst selten an. Er fand an solchen Problemen überhaupt keinen Gefallen. Ein heiliger Mensch sorgt sich um heilige Dinge.“

„Wie ist die Geschichte aufgekommen, daß er bei seinem Tod *Die Nachfolge Christi* gelesen haben soll?"

„In der Woche davor hatte er eine Ansprache für die Mittwochaudienz vorbereitet. Und er wollte etwas aus der *Nachfolge Christi* zitieren und versuchte das Buch zu finden, fand's aber nicht. In seiner Bibliothek im zweiten Stock waren seine Bücher noch nicht ausgepackt worden. Ich ging also und lieh mir von meinen Confratres, die im vatikanischen Postamt arbeiten, ein Exemplar. Der Papst saß bereits am Mittagstisch und bat mich, ein ganz bestimmtes Zitat für ihn zu finden. Ich ließ die Suppe stehen, las das Buch einmal durch und fand die Stelle. Da nahm er das Buch mit in sein Büro, schrieb sich das Zitat heraus und gab mir das Buch zurück. Das ist die Geschichte von der *Nachfolge Christi*. Die Annahme, daß er darin gelesen hat, als er starb, war eine Erfindung. Sie hätten auch sagen können, er hätte den *Daily Telegraph* oder James Joyces *Ulysses* oder ein Magazin mit nackten Frauen gelesen ... verstehen Sie? Oder mit Homosexuellen. Die einzigen, die Bescheid wußten, waren Pater Magee, ich und die Schwestern. Da hat es noch eine andere Geschichte gegeben, daß er eine Ansprache gelesen hätte, die er vor den Jesuiten halten sollte. Unsinn!"

„Wo kam die her?"

„Das weiß ich nicht."

„Können Sie bestätigen, zu welcher Zeit der Papst die Messe gelesen hat?"

„Immer um sieben Uhr. Wir haben sie zusammen gelesen."

„Erzählen Sie mir etwas über den Arzt, der am Morgen des Todes gekommen ist."

„Dr. Buzzonetti. Er kam bald, nachdem ich aufgestanden war. Als er heraufkam, hätte er als guter Arzt – ich will ihn nicht kritisieren – sich eigentlich erkundigen müssen: ‚Nun, meine Herren, ist Ihnen während der letzten Nacht irgend etwas aufgefallen?' Er hätte für alle Möglichkeiten offen sein sollen. Er ist doch kein einfältiger Mensch. Man müßte doch annehmen, daß ein Arzt im Vatikan Erkundigungen eingeholt hätte, nicht wahr? Warum hat er das nicht getan? Er hat's jedenfalls nicht getan, und aus diesem Grund macht man mich ... verrückt. Er hätte doch fragen können. Er hätte uns fragen können: ‚Ist Ihnen nichts aufgefallen?' Wir beide waren doch da."

„Belastet Sie der Tod des Papstes noch immer?"

„Nach all dem, was gesagt und geschrieben worden ist", erwiderte er, „meine ich, daß der offizielle Totenschein zu schnell ausgestellt worden ist."

„Was ist mit den Bestattern, den Gebrüdern Signoracci? Kann es sein, daß sie im Morgengrauen gerufen und um fünf Uhr in den Vatikan gebracht worden sind?"

„Nein. Sie sind an jenem Morgen überhaupt nicht in die Zimmer gekommen. Als erster kam Villot. Als er eintrat, schlug er die Hände über dem Kopf zusammen und weinte laut. Er war zutiefst erschüttert und entsetzt. Dann kam der Doktor. Der Doktor, Magee und ich bahrten den Leichnam auf. Wir brauchten ihn nicht zu waschen, und er war nicht inkontinent. Auch der *rigor mortis* war nicht so schlimm, außer in den Händen. Er war in seiner Pyjamahose gestorben und hatte vom Tage zuvor noch sein Oberhemd an. Ich kann mich erinnern, daß sein Rücken und seine Füße sich warm anfühlten. Wir zogen ihm seine weiße Soutane an. Buzzonetti band eine seidene Schleife um seinen Kopf, damit der Kiefer geschlossen blieb. Dann standen Villot und der Arzt beieinander und schrieben das erste Bulletin. Buzzonetti hielt den Stift. Zuerst erwähnten wir Schwester Vincenza im Bulletin, aber Buzzonetti meinte, das wäre zu ausführlich und unnötig. Also wurde ihr Name gestrichen.

Die Gebrüder Signoracci trafen, soweit ich weiß, nicht vor dem Abend ein. Während der Aufbahrung kamen sie jeden Tag mit weiteren Spezialisten, stellten Wandschirme auf und sperrten die Türen zu. Am ersten Tag entfernten sie Teile des Körpers, möglicherweise die Gedärme und so. Aber nach zwei oder drei Tagen war er nicht mehr zu erkennen. Daß sie ihn bereits am ersten Abend einbalsamierten, geschah deshalb, weil Paul VI. allzubald anschwoll und unangenehm zu riechen begonnen hatte. Das wollten sie verhindern."

Don Diego sah auf die Uhr und sprang auf. „Mein Gott, ich müßte längst wo anders sein."

Er stürmte aus dem Zimmer und auf den Gang. Ich folgte ihm und packte meine Notizbücher und mein Tonbandgerät während des Gehens in meine Tasche.

Draußen auf dem Parkplatz bei der Einfahrt stand einsam und allein ein Fiat 500. „Steigen Sie ein", befahl er, „ich bringe Sie zum Bahnhof." Der Wagen preschte mit quietschenden Reifen in den Sonntagnachmittagsverkehr auf der Piazza Tripoli. Don Diego fuhr übers Lenkrad gebeugt und spähte nach vorn, als wüßte er überhaupt nicht, was vor ihm lag.

Als wir durch die Vororte von Mailand fuhren, sagte er: „Wissen Sie, Kardinal Villot hat mir erzählt, er glaube, er hätte Papa Luciani umgebracht. Es ist merkwürdig, daß Villot selbst gerade sechs Monate später auf mysteriöse Weise starb. Ich glaube, er ist an gebrochenem Herzen gestorben, weil er dachte, er hätte Johannes Paul I. vernichtet."

„Aber auf welche Weise glaubte er ihn denn umgebracht zu haben?" fragte ich.

Don Diego schüttelte traurig den Kopf. „Vermutlich meinte er, er hätte ihn überlastet. Schauen Sie, Villot war selbst ein alter Mann. Er hatte genug und wollte aufhören. Also meinte er, er müßte alles vom Schreibtisch räumen. Er erdrückte den armen Luciani. Es war völlig unnötig. All diese Berge von Papierkram. Das hätte nicht sein müssen. Warum sollte ein Papst seine ganze Zeit damit verbringen? Papa Luciani war ein Mann des Gebets. Sie hätten ihn in Ruhe lassen sollen, dann hätte er mehr bewirken können."

Wir fuhren etwa zwanzig Minuten, und es kam mir so vor, als führen wir im Kreise.

„O Gott!" rief Don Diego. „Ich weiß überhaupt nicht mehr, wo zum Teufel ich bin. Ich kenne den verdammten Weg zum Bahnhof gar nicht."

Plötzlich hielt er an. Wir befanden uns auf einer fünfspurigen Kreuzung. „Also! Sie müssen aussteigen. Los, raus!" Und damit öffnete er die Tür und stieß mich auf die Straße hinaus, wo einige

Autos mich nur knapp verfehlten. Bevor ich noch protestieren konnte, war er im Verkehrsgewühl verschwunden.

Auf der langen Eisenbahnfahrt zurück nach Rom dachte ich über meine Begegnung mit Don Diego nach. Ich war tief gerührt von seinen Bemerkungen über das Fehlen der Sterbesakramente und spürte etwas wahrhaft Tragisches in Johannes Pauls offenbarer Demut, seinem heiligen Wesen und nichtsdestoweniger seiner mangelnden Eignung, die Rolle des geistigen Führers der katholischen Kirche zu spielen.

Don Diego hatte sich bieder und treuherzig gegeben, doch ich wurde den Verdacht nicht los, daß er ein cleverer, höchst gefühlsbetonter Mensch war, der unter Streß stand. Er hatte sich zu Beginn unserer Unterredung alle Mühe gegeben, um die ersten Bulletins mit kasuistischen Kniffen zu rechtfertigen. Sie wären ‚lakonisch' gewesen, hatte er gesagt; sie sagten ‚wenig', aber was sie enthalten hatten, wäre die ‚Wahrheit'. Es war ein klassisches Beispiel eines ‚sparsamen' Umgangs mit der Wahrheit, wie sie für scholastische Haarspalterei kennzeichnend ist. Ich spürte, daß ich meine Erinnerung an jene seltsamen geistigen Spinnennetze auffrischen mußte, die in meiner Jugendzeit klerikales Denken umwoben hatten und die trotz der Besen des vatikanischen Konzils hängengeblieben waren.

Seine Aussagen hatten jedoch einige faszinierende Details zutage gefördert. Er hatte Luciani als jemand geschildert, der den ‚untragbaren' Aufgaben eines Papstes nicht gewachsen war, und angedeutet, daß Villot ein Tyrann gewesen war, der Johannes Paul I. überlastet hatte, weil er seinen Schreibtisch freimachen wollte.

Aus Don Diegos Bemerkungen wurde deutlich, daß im päpstlichen Haushalt nicht alles harmonisch verlaufen war: seine Bemerkungen über Magee klangen nach Rivalität und Feindschaft, und mit Schwester Vincenza war er offensichtlich nicht ausgekommen.

Was mich aber am meisten entsetzte, war zu erfahren, welche bedeutende Rolle der venezianische Arzt des Papstes, Da Ros, noch so lange nach dem Amtsantritt in Rom gespielt hatte. Don Diego zufolge hatte Da Ros noch bis zum Sonntag vor dem Todestag beim Papst seine Visiten gemacht. Und es war Da Ros, den Don Diego gleich anrief, als er vom Tod des Papstes erfahren hatte, und nicht einer der päpstlichen Ärzte im eigenen Gesundheitsdienst des Vatikans nur knapp hundert Meter von den päpstlichen Gemächern entfernt. Da Ros, so hatte ich mir notiert, brauchte neun Stunden, um am 29. September den Vatikan zu erreichen.

10

Bei meiner Rückkehr aus Mailand begegnete ich im *salone* Monsignore Paul, dem militärisch anmutenden Vatikanbeamten, und er erkundigte sich nach dem Fortgang meiner Arbeit. Wir saßen eine Weile bei einem Glas Whisky zusammen und ich erzählte ihm von meinem Besuch bei Don Diego.

„Am erstaunlichsten", sagte ich, „erscheint mir die offensichtliche Untauglichkeit von Johannes Paul I. für die Aufgaben eines Papstes."

Monsignore Paul schüttelte den Kopf. „Es ist ein *unmöglicher* Job ..."

„Sehen Sie, ich weiß eigentlich gar nicht, was ein Papst in Wirklichkeit tut", fuhr ich fort. „Es ist allgemein bekannt, daß er schwer beschäftigt ist, hart arbeitet und mit Verpflichtungen eingedeckt ist. Aber als 1978 Johannes Paul I. am Morgen aufwachte und sich seinen Tagesplan anschaute – was waren da seine dienstlichen Aufgaben?"

Monsignore Paul dachte einen Augenblick nach. Er atmete einmal tief durch. Er bog seinen Zeigefinger zurück wie ein Angler, bevor er seine Angelrute auswirft. „Also gut ... zuerst einmal müssen Sie sich bewußt machen, daß der Papst in sehr direkter Form mit allen klerikalen Führungsspitzen in annähernd einhundertzehn Ländern der Welt in Verbindung steht – jedes mit seinen eigenen Krisen und Problemen. Der Informationsfluß, der ihm konkret zur Kenntnis gebracht wird, ist einfach gigantisch und unerbittlich. Und außerdem kommen noch die Bischöfe aus allen Ecken der Welt nach Rom zu ihren *ad limina* Besuchen, dreitausend, die einmal in fünf Jahren ihre persönliche Audienz beim Papst haben.

Wohin Sie in der Weltkirche – dieser Gemeinde mit beinahe einer Milliarde Menschen – auch schauen, überall gibt es eine größere Krise und die letzte Verantwortung liegt beim Papst ... In Lateinamerika sind die gewaltigen Kräfte am Werk, die unter dem Einfluß modernen politischen und ökonomischen Denkens inmitten von Armut, Krieg, Ungerechtigkeit und Überbevölkerung die traditionelle Lehre herausfordern ... In Afrika und Asien gibt es starke kulturelle Kräfte, die die traditionellen katholischen Glaubens- und Gottesdienstformen aufzulösen drohen ... In Nordamerika stößt man auf die Krise der Autorität und des Gewissens. Wohin Sie in der Welt auch schauen, wird die katholische Kirche, und damit der Papst persönlich, vor eine Entscheidung gestellt, in die oder die Richtung gezerrt. In Europa gibt es mit Lefebvre die Krise der Reaktionäre, die Suche nach der Einheit der Christen, die Probleme der verfolgten Kirche in Osteuropa, das Flehen der Laien nach größerer Beteiligung, Krisen mit Priestern, mit Nonnen, mit dem Zölibat, Fragen zu den anglikanischen Orden, orthodoxen Orden, die Krisen der kirchlichen Lehre zu Sexualität und Ehe, zu Annullierungen, zur Geburtenkontrolle, zur Abtreibung ... All das läuft über den Schreibtisch des Papstes.

Paul VI. war ein Workaholic, der einen 18-Stunden-Tag durchhielt und sich Nacht für Nacht bis in die frühen Morgenstunden mit Papieren abplagen konnte. Und doch heißt es, er sei *entscheidungsunfähig* gewesen. Ist Ihnen bekannt, daß während der Zeit, als Tausende von Priestern sich laisieren lassen wollten, Paul VI. jeden einzelnen Fall persönlich entschieden hat? Das war das Erbe, das Johannes Paul I. antrat. Der Papst muß also die gesamte Belastung echt und auf sehr persönliche Weise aushalten, während er gleichzeitig noch mit der Bürokratie hier in Rom zu schaffen hat, mit der Situation vor Ort, die an sich schon immens schwerfällig und problematisch genug ist. Die Kongregationen, Gerichtshöfe, Kommissionen, Sekretariate, die größeren Ämter für die christliche Lehre, die Liturgie, die Disziplin der Geistlichkeit, Erziehung und so weiter..."

Monsignore Paul atmete noch einmal tief ein und nippte an seinem Whisky.

„Also!" Und noch einmal schnellte der Finger hoch. „Das ist die Rolle des Papstes als reagierender Manager. Dann müssen Sie noch den eigenen positiven Beitrag bedenken, der im Sinne seiner eigenen besonderen Gaben, seiner eigenen Inspiration im jeweiligen Schnittpunkt der Kirchengeschichte von ihm verlangt wird. Woche für Woche muß er eine unglaubliche Menge von Schreiben produzieren: Ansprachen, Enzykliken, Predigten, Homilien ... Denken Sie nur einmal daran, wie viele Ansprachen er auf einer Auslandsreise zu halten hat. Und inmitten all dieser Dinge muß er der Welt und seinen Geistlichen hier in Rom das vorbildlichste Leben in Gebet und Andacht vorführen ... er muß viele Stunden im Gebet verbringen, für sich, für die Kirche ...

Und darüberhinaus muß er Zeit finden, gegenüber Weltpolitikern und wichtigen Besuchern die Rolle des Staatsoberhauptes zu spielen, sich gastfreundlich zeigen, den ganzen lohnenden Aktivitäten und Initiativen Interesse bekunden, die in der säkularen Welt vor sich gehen ... Es ist ein UNMÖGLICHER Job!"

„Was war also das vorherrschende Gefühl im Vatikan nach den ersten ein oder zwei Wochen der Amtszeit von Johannes Paul I.?" fragte ich.

„Der allgemeine Eindruck ging dahin, daß er absolut *überwältigt* war. Und wissen Sie, obwohl seine Wahl ein großes Gefühl der Freude ausgelöst hat, hat es viele Menschen gegeben, die gleich am ersten Tag spürten, daß er in seiner Laufbahn nichts geleistet hatte, was ihn zur Leitung der Kirche qualifiziert hätte. Er hat sich ein wenig mit Katechese befaßt, mit solchen Sachen – aber er war ein ziemlich einfacher, frommer Pfarrer, ein guter Mensch, aber ein kleiner und einfacher Mann."

„Ist es also ein Fehler gewesen?" fragte ich.

„Nun ja ... der Heilige Geist muß innerhalb der Gesetze der *conditio humana* arbeiten. Wenn Sie im Flugzeug die Tür offen lassen, können Sie nicht erwarten, daß Sie vor einem Unglück bewahrt werden ..."

„Aber wie, um alles in der Welt, ist er bei dieser Wahl durchgekommen?"

„Der Grund war meines Erachtens der, daß die fähigen Leute abgeblockt wurden, ganz besonders von den ausländischen Kardinälen. Benelli wollten sie nicht, weil sie befürchteten, er würde zu diktatorisch regieren. Und Siri wollten sie nicht, weil sie meinten, er würde zu starr werden. Pignelodi wollten sie nicht, weil sie glaubten, der sei schon drüber hinaus. Also sagten sie sich: ‚Nun gut, wählen wir eben einen Italiener, der ein *pastoraler* Papst sein wird.' Sie sahen sich Luciani an und dachten: ‚Venedig, ah, wie Johannes XXIII.'; und sie dachten, er sähe wie ein *heiliger* Mann aus. Daraufhin haben sie ihn gewählt. Das erste Mal lehnte er ab. Doch sie wählten ihn wieder – und er mußte annehmen. Armer Kerl!"

11

Am Tag nach meiner Rückkehr aus Mailand erzählte ich beim Mittagessen dem Rektor, daß Johannes Paul I, nicht die Letzte Ölung empfangen hatte.

Er sah mich verwirrt an. „So etwas gibt es gar nicht mehr; das hat mit dem Konzil aufgehört."

Kanonikus Harry, der Kollegtutor für Pastoraltheologie, erklärte: „Es gibt besondere Gebete für die Toten, die hat Don Diego gemeint. Ich bin überrascht, daß die unterlassen worden sind. Man hätte sie doch zumindest für einen Papst beten können." Innerhalb von wenigen Augenblicken nahmen alle Anwesenden am Gespräch teil.

Pater Pat, der viele Jahre lang in einer großen Stadtgemeinde gearbeitet hatte, bemerkte: „Es gibt immer noch Menschen, die so etwas wie den alten Ritus der Letzten Ölung erwarten, besonders die altmodischen. Es ist ja nichts dabei, ein paar Tropfen Öl auf einen Toten zu träufeln, um die Verwandten ein bißchen zu trösten."

„Aber sie hätten dem Papst die bedingte Absolution erteilen sollen, besonders da sie nicht sicher waren, wann er starb", sagte Kanonikus Harry.

Ein anderer Priester fragte: „Was würden wir tun, wenn der Rektor abkratzen würde?"

Als sich das Gelächter gelegt hatte, fuhr er fort: „Wir würden mit Sicherheit den besonderen Totenritus an seiner Leiche vollziehen; aber Sie wissen ja, daß wir alle als Gemeindepriester gearbeitet haben. Der Vatikan ist dagegen nur ein Amt voller Bürokraten."

Als ich nach dem Essen im Aufenthaltsraum der Studenten meinen Kaffee trank, wurde ich ans Telefon gerufen. Es war Marjorie Weeke.

„Könnten Sie in den Vatikan rüberkommen? Sie sind zum Tee bei Kardinal Deskur eingeladen, dem besten Freund des Papstes. Es wird nichts schaden, wenn Sie einen guten Eindruck machen würden."

Die Gelegenheit, Deskur zu begegnen, schien mir ein großer Glücksfall. Kardinal André Deskur, ein Pole, hatte am Todestag Johannes Paul I. eine außergewöhnliche Machtposition auf dem Gebiet der vatikanischen Informationspolitik innegehabt. Er war Präsident der Kommission für soziale Kommunikationsmittel gewesen. Jetzt war er im Ruhestand, nachdem er einen Schlaganfall erlitten hatte, genau an dem Tag, an dem Wojtyla gewählt worden war. Nichtsdestoweniger war er der einflußreichste Mann im Vatikan geblieben. Er traf sich wöchentlich mehrmals mit dem Papst, und es hieß, sie sprächen über vertrauliche Dinge. Der Papst pflegte zu sagen: „Deskur trägt mein Leiden für mich."

Ein Treffen mit Deskur könnte mir vielleicht den Weg zu einer Zusammenkunft mit dem Papst ebnen, und ich könnte zumindest einen kleinen Hinweis über die Haltung des Papstes zu Marcinkus bekommen.

Als ich beim Büro der Kommission für soziale Kommunikationsmittel eintraf, kam mir im Vorraum Marjorie Weeke entgegen. Sie schien äußerst nervös.

„Alles klar?" fragte sie. „Der Kardinal wohnt hier im dritten Stock. Wir nehmen den Aufzug."

Als wir hinauffuhren, sagte sie: „Ich warne Sie, er wirkt ein bißchen kraftlos, aber er ist ein ganz schön aufgewecktes Kerlchen. Er hat drei Doktortitel und spricht sechs Sprachen."

Eine Nonne in Weiß öffnete die Tür des Appartements. Sie war eine echte Nonne, von Kopf bis Fuß verhüllt, nur das Gesicht war zu sehen. Im Hintergrund hielten sich weitere Nonnen auf, die die Köpfe aus den Türen steckten und zurückhaltend lächelten. Die polierten Böden und Möbel glänzten und glitzerten. Auf jedem verfügbaren freien Platz standen Blumenvasen.

Der Kardinal saß in seinem Arbeitszimmer neben einer Batterie von Schaltern und Telefonen. Er bat, daß ich mich ganz nah zu ihm setzen sollte. Seine Hände und sein Gesicht waren weich und haarlos. Seine Nase war platt und glänzte. Er hatte dichtes, pelziges Haar.

Er trug einen teuren Anzug, an dem vorn einige angetrocknete Essensreste klebten. Wie ein Fisch sah er mich durch seine schulbubenhafte Hornbrille an. Die Nonnen kamen und gingen, verneigten und verbeugten sich eilends, während er rasche Anweisungen gab.

Der Teewagen wurde hereingefahren. Es folgte eine geradezu feierliche Zeremonie mit Teekannen, Porzellantassen, Zitronen und silbernen Milchkännchen. Auf einer Kuchenplatte türmten sich Tortenstücke mit Nüssen, Früchten, Buttercreme und Marmeladenglasur. Er begann mit einer silbernen Kelle meinen Teller zu füllen.

„Ich versuche, die widersprüchlichen Geschichten um den Tod von Papa Luciani aufzuklären", begann ich ein wenig verschüchtert.

„Jawohl!" sagte er. „Essen Sie! Sie sind Engländer? Ja? Gibt es in Ihrer Adelshierarchie so etwas wie einen Count?"

„Grafen? ... Counts gibt es bei uns nicht, glaube ich", sagte ich.

„Wir in Polen hatten Grafen ... die Franzosen haben ihren *monsieur le comte*, und die Italiener haben *il conto*."

„Wir haben in England keine Counts."

„Jawohl! Aber warum gibt es Countesses? Die Countess gibt es doch, oder?"

„Ich bin mir nicht sicher."

„Und es gibt Grafschaften, wie die Grafschaft Kent. Essen Sie! Möchten Sie etwas polnisches Brot? Der Papst und ich haben denselben Bäcker und Konditor, einen polnischen Bäcker ... Er lebt in einem goldenen Käfig." Den letzten Satz sprach er mit einem kleinen Seufzer aus.

Ich sah ihn neugierig an.

„Der Papst, ja, der Papst ... in einem goldenen Käfig."

„Eure Eminenz, erinnern Sie sich", fragte ich, „an den Tag, als der letzte Papst starb?"

„Jawohl! Das hier ist Earl-Grey-Tee. Wie viele Tassen Tee trinken Sie am Tag?"

„Das weiß ich nicht genau."

„Ich habe einen Freund, einen Engländer im Englischen Kolleg in Rom, der trinkt siebzehn Tassen am Tag ... Ein Pole schafft siebzehn Tassen pro Stunde." Er schaufelte Tortenstücke auf meinen Teller. „Ich muß mich für meinen starken irischen Akzent entschuldigen."

Ich muß wohl leicht verwirrt dreingeschaut haben.

„Mein Englischlehrer war Ire", klärte er mich auf. „Gefallen Ihnen meine Manschettenknöpfe?"

Er trug demonstrativ hübsche Manschettenknöpfe in Form von Malteserkreuzen an den schneeweiß gestärkten Manschetten.

„Sie sind wunderschön."

„Jawohl! Sehr schlicht. Edelsteine mag ich nicht, die sind nicht schlicht genug. Ich bin Kaplan der Malteserritter."

Ich goß mir aus einem Kännchen Milch in den Tee. Er beobachete mich fasziniert. „Ein Engländer!" sagte er und griff nach einer Scheibe Zitrone.

„Als der Heilige Vater und Kardinal Casaroli in Polen waren", fuhr er fort, „trank der Kardinal nur Kaffee und Wein. Das hat mich sehr überrascht."

„John Cornwell hat sich schon länger mit Erzbischof Marcinkus unterhalten", warf Marjorie ein, um mir zu helfen.

„Bittä?"

„Erzbischof Marcinkus."

„Bittä?"

„Der Chink", sagte ich, den englischen Spitznamen von Marcinkus verwendend.

Das war ein Fehler. Ich bemerkte, wie Marjorie das Gesicht verzog und zur Decke blickte.

„Der Chink?“

„Ich glaube, so nennen ihn seine Freunde“, warf ich ein.

„Meines Wissens heißt er Paul“, sagte er scharf.

Ein Weilchen saßen wir schweigend da.

„Nehmen Sie doch noch ein Stück Kuchen!“ sagte er dann. „Dieser Kuchen kommt ursprünglich aus einem Waldgebiet in Polen. Nüsse und Datteln ...“

Die Zeit verstrich. Ich versuchte auf die eine oder andere Weise eine Aussage über Johannes Paul I., Erzbischof Marcinkus, Giftkomplotte und die Einstellung des Papstes zu Marcinkus aus ihm herauszulocken, doch all meine Fragen und Köder schluckte er mit den kleinen, butterreichen, zuckrigen Kuchen- und Tortenstücken hinunter, die er sich gabelweise in den Mund schob, bis nichts mehr übrigblieb. Und die ganze Zeit über ließen mich die großen, leidenden Augen hinter der Schulbubenbrille nicht einen Moment aus dem Blick.

Als eine Stunde verstrichen war und eine Nonne hereinkam und den Teewagen aus dem Zimmer schob, dämmerte es mir endlich, daß der Zweck dieses Teekränzchens darin bestand, dem Kardinal eine Möglichkeit zu geben, mich zu beobachten. Und er hatte das geschafft, ohne mir auch nur den geringsten Anhaltspunkt über seinen Eindruck von meiner Person zu verraten.

Als ich völlig übersättigt mit leichtem Übelgefühl im Lift nach unten fuhr, fragte ich mich, was er wohl Seiner Heiligkeit dem Papst über mich berichten würde.

12

Hatte Erzbischof Marcinkus ein Mordmotiv, weil Johannes Paul I. drauf und dran gewesen war, die Verquickung der Vatikan-Bank im Skandal um die Banco Ambrosiano aufzudecken? In welchem Ausmaß hatte sich Marcinkus in seinen Geschäftspraktiken eines Vergehens schuldig gemacht?

Bis zu meiner Ankunft in Italien hatte ich ein beträchtliches Dossier an Veröffentlichungen und Papieren über die Verwicklung der Banco Ambrosiano mit der Vatikan-Bank zusammengetragen. Vieles davon war Allgemeingut und Finanzjournalisten bestens vertraut. Als Laie in solchen Dingen ließ mir schon der Anblick des dicken Ordners, der all das enthielt, den Kopf schwirren, doch ich tröstete mich bei dem Gedanken, daß die Wirtschaftsprüfer Touche Ross, die Liquidatoren der Banco Ambrosiano in London, für die Entwirrung des ganzen Schlamassels beim Zusammenbruch der Bank mehr als fünfzig Firmen mit Rechtsberatern aus der ganzen Welt eingestellt und über eine Million Dokumente „eingegeben" hatten.

Was konnte ein einzelner Journalist, der noch dazu kein Fachmann in Finanzfragen war, zu den Bergen des bereits vorhandenen Informationsmaterials an Neuem beitragen? Ich liebäugelte aber trotzdem ein paar Stunden lang mit der Idee, ein bißchen Spurensuche auf eigene Faust zu betreiben.

Am Tag nach meinem ersten Interview mit Marcinkus hatte ich Fürst Carlo Caracciolo angerufen, den ich 1976 bei einem Mittagessen in London kennengelernt hatte. Caracciolo war der Eigentümer von *La Repubblica*, der größten überregionalen Tageszeitung in Italien, wie auch des *Espresso*, einem einflußreichen wöchentlichen Nachrichtenmagazin. Als Journalist und Verleger genoß er ein einzigartiges Ansehen, und er verfügte auf allen Ebenen der italienischen Gesellschaft über außergewöhnlich gute Kontakte.

Ich wurde in sein seltsam kleines Büro unter den schrägen Dekken einer Mansarde des *Espresso*-Gebäudes an der Via Po nahe der Villa Borghese geführt. Er erhob sich, leutselig lächelnd, mit einer Zigarette in der Hand. Er war schlank und gut aussehend, hatte dichtes, welliges, graues Haar und trug einen gutgeschnittenen, eleganten grauen Anzug.

Ich fragte ein wenig verlegen, ob er mir eine Kontaktperson nennen könne, die mich bei den italienischen Justizbeamten in Mailand einführen konnte, welche Marcinkus vor Gericht zu bringen versuchten. Mir wäre schon geholfen, sagte ich, wenn ich nur einen ersten Eindruck von dem bekäme, was bei ihnen gegen ihn vorläge.

„Der Mann, den Sie brauchen“, sagte der Fürst in reinem Oxford-Englisch, „ist der Rechtsanwalt Salvatore Gatti. Dieser Mann hat ausgezeichnete Verbindungen zum Vatikan und allen, die mit der ganzen Angelegenheit der Banco Ambrosiano zu tun haben.“ Er zwinkerte mir mit einem wissenden römischen Blick zu. „Der wird eine Menge an Insider-Kenntnissen über diesen Erzbischof Marcinkus haben. Sein Sohn arbeitet für mich. Er ist unser Wirtschaftsredakteur, heißt Roberto Gatti, er sitzt hier im Haus in einem unteren Stockwerk. Ich bin sicher, er wird sich gern mit Ihnen unterhalten, und wer könnte Sie besser bei Avvocato Gatti einführen als sein eigener Sohn? Vielleicht lädt er Sie auf einen Drink zu sich nach Hause ein, und Sie können Ihr Anliegen dann ganz beiläufig vortragen. Sie wissen doch, wie das so geht.“ Sein Gesicht strahlte in einem wohlwollenden Lächeln.

Mit dieser Empfehlung begab ich mich drei Stockwerke tiefer, um Signore Gatti junior meine Aufwartung zu machen.

Er saß hinter seinem Schreibtisch und nippte an einer Tasse Kaffee. Ein fein angezogener junger Mann mit ernster Miene. Er bat mich, Platz zu nehmen.

„Und warum möchten Sie mit meinem Vater sprechen?“ fragte er, ohne zu lächeln.

„Ich hatte gehofft“, erwiderte ich, „daß er mich mit den mailändischen Justizbeamten bekanntmachen würde, die Marcinkus hinter Gitter zu bringen versuchen.“

„Und warum sollte mein Vater das tun?“

Seine offensichtliche Verstocktheit verschlug mir fast die Sprache. „Gut, um offen zu sein, ich hatte gehofft, bei Marcinkus ein bißchen Dreck am Stecken zu finden.“

Schweigen. Er blickte mich an, als wäre ich völlig verrückt. Dann: „Und warum sollte mein Vater Ihnen helfen, bei Seiner Exzellenz Erzbischof Marcinkus ein bißchen Dreck am Stecken zu finden, wie Sie sich auszudrücken belieben?“

„Warum eigentlich nicht?“ fragte ich schwach.

„Weil“, begann er mit eisiger Empörung, „... weil mein Vater zufällig der persönliche Anwalt von Erzbischof Marcinkus ist.“

Während ich nervös und ganz baff über den genialen Streich, mit dem Caracciolo mich veräppelt hatte, die Treppen des *Espresso*-Büros hinuntertaumelte, beschloß ich, mich künftig an leichter zugängliche Quellen zu halten.

In den zwei Tagen bis zu meinem zweiten Interview mit Marcinkus machte ich mich daran, eine Gedächtnishilfe auszuarbeiten, indem ich die wichtigsten Fakten über den Ambrosiano-Skandal zusammenstellte, soweit sie mir zu jenem Zeitpunkt vorlagen. Mein Dossier enthielt Notizen über Gespräche mit Lorana Sullivan vom Londoner *Business Observer*, eine maßgebliche Reportagenserie von Charles Raw und Tania de Zuluetta in der *Sunday Times*, eine beeindruckende Untersuchung aus dem *Wall Street Journal* von Laura Colby vom April 1987, und eine größere Titelgeschichte von Shawn Tully aus der Dezemberausgabe 1987 der Zeitschrift *Fortune*. Daneben gab es eine Fülle von Material aus italienischen Zeitungen und Zeitschriften.

Ich hatte mich bei einer Reihe von Institutionen um Auskunft bemüht, beispielsweise bei den Liquidatoren der Banco Ambrosiano in London, Touche Ross, und von einem Vertreter der Banco d'Italia in Rom hatte ich zwei höchst maßgebliche Memoranden bekommen, welche die Ergebnisse der unabhängigen Untersuchung zusammenfaßten, die diese Bank selbst über die Affäre durchgeführt hatte. Zusätzlich gab es noch drei Bücher: *God's Banker* von Rupert Cornwell, *The Calvi Affair* von Larry Gurwin und *Eine Messe für den Paten* von Richard Hammer.

Mein Aufriß sah folgendermaßen aus:

Das IOR oder die Vatikan-Bank befindet sich offiziell im persönlichen Eigentum des Papstes, also nicht des Vatikans oder des Heiligen Stuhls – und aus diesem Grund hat sie unter einem Mantel der Verschwiegenheit arbeiten können. Sie ist in einem früheren Verlies im Cortile di Sisto Quinto unmittelbar unter dem Papstpalast untergebracht. Ihr Eingang liegt neben einem Lastenaufzug, der direkt in die päpstlichen Gemächer führt. Die Belegschaft zählt nur ein Dutzend Angestellte unter der Leitung von Paul Marcinkus.

Es ist wichtig, von Anfang an zu begreifen, daß die Vatikan-Bank nichts mit den beträchtlichen Finanzen der großen krichlichen Orden zu tun hat – also der Jesuiten, der Franziskaner, der größeren Missionsgesellschaften –, die finanziell unabhängig vom Vatikan operieren, und auch nichts mit der APSA, der Verwaltung des Kirchenguts des Heiligen Stuhls.

APSA ist das vatikanische Schatzamt und zugleich ein Investmentunternehmen, in dem 26 Laien, darunter vier Wertpapierhändler, unter der Geschäftsleitung von Benedetto Argentiere arbeiten, der früher in der Banque Européenne d'Investissement in Brüssel tätig war. Die Kunstschätze ausgenommen, gibt der Vatikan als sein Investitionsvolumen rund 500 Millionen Dollar an. Das ist im Vergleich zu einigen der größeren amerikanischen Wohltätigkeitsstiftungen eine relativ bescheidene Summe. Die APSA hält über 100 Millionen Dollar an Staats- und Industrieobligationen, während ein Wert von 50 Millionen Dollar auf einen Effektenbestand von mehr als 100 Aktien verteilt ist, darunter so sichere Anlagen wie Fiat und die Generale Assicurazione-Versicherungsgesellschaft.

Die Zeiten risikofreudiger Investitionen sind vorbei, nachdem die APSA durch ihre Beteiligung am Bautrust Immobiliare, an dem sie angeblich einen Mehrheitsanteil hielt, Verluste hinnehmen mußte. Heutzutage ist die Strategie konservativ und konzentriert sich auf Gold und Wertpapiere.

Das IOR dagegen, die Vatikan-Bank, ist im Grunde eine reine Spar- und Kreditanstalt. Bei ihr haben vor allem Angestellte des Vatikans und kirchliche Orden ihre Konten, die nur bescheidene Zinsen erhalten. Verliehen wird Geld zu kärglichen Zinssätzen an Missionsprojekte, Diözesen und religiöse Gesellschaften in aller Welt. Verdienen tut das IOR, indem es Einkünfte in Staatsobligationen und Wertpapieren und auf Konten bei anderen Banken anlegt. Es wurde nicht geschaffen, um ins risikoreiche Investmentgeschäft einzusteigen. Das war zumindest die erklärte Politik, bis in den frühen 70ern das IOR Anteile an der Banco Ambrosiano gekauft und hochverzinsliche Kapitalanlagen gebildet hatte.

Bis der Skandal ans Licht kam, galt auch die Banco Ambrosiano als konservativ geführte achtbare Bank. Sie war das ganze Jahrhundert hindurch eng mit der katholischen Kirche und besonders der Diözese Mailand verbunden, in der zwei vorhergehende Päpste Erzbischöfe gewesen waren. Vor dem Zweiten Weltkrieg mußten Menschen, die dort ein Konto eröffnen wollten, ihren Taufschein vorweisen.

Im Jahr 1971, als Marcinkus schon die Leitung der Vatikan-Bank übernommen hatte, wurde Roberto Calvi der Geschäftsführer der Ambrosiano. Calvi, Jahrgang 1920, hatte seit 1947 bei der Ambrosiano gearbeitet, und war von zwei ehrgeizigen Zielen besessen: die Geschäfte der Bank international auszuweiten, und am Ende persönlich einen beherrschenden Anteil zu gewinnen. Die Methoden, die er dazu einsetzte, waren alles andere als konservativ, sie umfaßten die Gründung von Scheinfirmen, das sogenannte Geldwaschen, und eine unlautere Einflußnahme auf die Mailänder Börse. Zu seinen engen Vertrauten gehörten der gerichtlich verurteilte Wirtschaftsverbrecher Michele Sindona (früher ein Finanzberater des

Vatikans) und der Großmeister der inoffiziellen italienischen Freimaurerloge P2, Licio Gelli.

Auch der Vatikan spielte in Calvis Plänen eine große Rolle. Über die beträchtlichen Investitionen und Einlagen bei der Ambrosiano hinaus, erwarb die Vatikan-Bank einen Anteil an der Banco Ambrosiano in Übersee, in Nassau, und Marcinkus trat in die Geschäftsleitung ein. Es gab Geschichten über enge Beziehungen zwischen Marcinkus und Calvi, der Familie Calvi, in denen selbst von exotischen Eskapaden auf den Bahamas die Rede war. Es gab Gerüchte über größere finanzielle Erkenntlichkeiten von seiten Calvis.

Calvis kriminelle Handlungen sollten nicht ans Licht der Öffentlichkeit kommen, bis er im Jahre 1981 eines Devisenvergehens überführt wurde, als er mit einer Strafe von zehn Millionen Dollar belegt wurde und vier Monate einer vierjährigen Haftstrafe im Gefängnis verbrachte. Marcinkus machte nach der Verurteilung weiterhin Geschäfte mit Calvi.

Der Kern des Skandals um die Ambrosiano und die Mittäterschaft des Vatikans betraf die Gründung von zehn Briefkastenfirmen in Panama durch die luxemburgische Tochtergesellschaft der Bank, die als Dachgesellschaft selbst eine Scheinfirma war. Es schien, daß nominell die Vatikan-Bank diese Firmen kontrollierte. Marcinkus besteht darauf, daß sie Nebenbürgschaften für Darlehen an die Banco Amrosiano waren. Ihre Leitung lag zu unterschiedlichen Zeiten bei Calvi wie Marcinkus, doch die Frage nach ihrem rechtlichen und verantwortlichen Eigentümer ist bis heute ein Rätsel geblieben.

Calvi lieh den Scheinfirmen 1,3 Milliarden Dollar – davon waren 600 Millionen Dollar von 120 fremden Banken geborgt – und, wie es scheint, diente dieses Geld dazu, die Aktien der Banco Ambrosiano während einer Periode rascher Expansion zu manipulieren und ihren Preis in die Höhe zu treiben, als nämlich Calvi größere Anteile an andere Firmen verkaufte. Als der Aktienkurs der Banco Ambrosiano schließlich stürzte, kam ein Loch von 1,3 Milliarden Dollar zum Vorschein, die zum größten Teil auf dem Schuldenkonto der zehn Scheinfirmen bestanden.

Marcinkus behauptet, daß die Vatikan-Bank von der Gründung dieser zehn Scheinfirmen sowie von ihrer Zielsetzung nichts wußte. Doch ein Jahr vor dem Zusammenbruch hatte er „Trost“ – oder „Schutzbriefe“ ausgegeben, in denen er zu erkennen gab, daß der Vatikan die zehn Firmen „direkt oder indirekt“ beherrschte. Als Gegenleistung schrieb Calvi einen Brief, in dem er erklärte, daß die Schulden bei der Banco Ambrosiano und nicht bei der Vatikan-Bank bestanden.

Calvi war allerdings nicht mehr zu retten. Im Juni 1982, als sein Imperium um ihn herum zusammenstürzte, floh er aus dem Land. Am 18. Juni wurde er an einem Baugerüst unter der Blackfriars-Brücke in London erhängt aufgefunden. Nach zwei Untersuchungen durch Scotland Yard ist noch immer unklar, ob er Selbstmord begangen hatte oder ermordet wurde. In seine Hosentasche war ein halber Ziegelstein gestopft worden. Es wurde darauf hingewiesen, daß der Name „Blackfriars“ (die schwarzen Mönche) im Italienischen ein Spitzname für die Freimaurer ist – *fratelli negri*, und daß man sich im Freimaurereid dazu bekennt, daß ein Verräter des Geheimbundes in unmittelbarer Nähe zur steigenden Flut gehängt werden solle. Der Backstein könnte als ein Zeichen der „Freimaurerei“ gedeutet werden. Es ist denkbar, daß Calvi einem rituellen „Selbstmord“ zustimmte aus Angst vor etwas Schlimmerem: möglicherweise Drohungen gegen seine Frau und seine Kinder. War diese schauerliche Charade nun aber wirklich ein Vergeltungsakt der Freimaurer oder deckte sie einen noch unergründlicheren Vollstrecker des Todes? Wenn es kein Selbstmord war, dann bleibt Calvis Tod einer der rätselhaftesten Morde unserer Zeit.

Calvis Bank brach am 30. Juni zusammen, und ihre Gläubiger begannen nach Entschädigung und einem Sündenbock zu suchen. Die internationalen Banken schlossen sich zusammen und unternahmen Schritte, um wegen ihrer 600 Millionen Dollar ihre Einbeziehung unter die Gläubiger der Banco Ambrosiano sicherzustellen. Im Mittelpunkt der Debatte über die Verwicklung und Haftbarkeit der Vatikan-Bank standen Definition und Gültigkeit der „Trostbriefe“. Die Vatikan-Bank behauptete, sie wäre lediglich Treuhänderin der panamesischen Firmen und daher nicht für ihre Schulden haftbar.

Was Italien betraf, so wurde die Frage der Haftbarkeit im Mai 1984 offiziell durch eine Sonderkommission zur Untersuchung des Falles abgeschlossen, die sich „international" nannte, sich aber ausschließlich aus Vertretern des Heiligen Stuhls und der italienischen Regierung zusammensetzte. Die Vatikan-Bank gestattete der Kommission eine Prüfung ihrer Unterlagen. In einer sorgfältig formulierten Verlautbarung der Banco d'Italia vom Oktober 1984 hieß es, daß „obwohl die Kommission keine einstimmigen Schlußfolgerungen erzielte, sie die objektive Verwicklung des IOR nachgewiesen und somit die Voraussetzung dafür geschaffen hat, über einen Beitrag von IOR zu verhandeln". Die Leistung des IOR, der Vatikan-Bank, an die Gläubiger betrug 250 Millionen Dollar. Die Entscheidung wurde von einer höheren Instanz als Marcinkus getroffen, offiziell vom Staatssekretär Casaroli. Das Geld wurde unter der Voraussetzung gezahlt, daß damit alle eventuellen künftigen Ansprüche voll und endgültig beglichen seien und daß damit in keiner Weise das Geständnis einer Schuld angedeutet sei.

Der Beitrag des Vatikans schien die Angelegenheit abzuschließen. Marcinkus blieb weiterhin Präsident der Bank, ein unerfreuliches Kapitel schien sein Ende gefunden zu haben. Bis zum Sommer 1986 hatten die Liquidatoren Touche Ross die meisten der bei der Banco Ambrosiano fehlenden Posten wiedergefunden, eine Arbeit, die die Wirtschaftsprüfer bis zu jenem Zeitpunkt rund 25 Millionen Dollar gekostet und ein Team von 40 Leuten aus ihrer Luxemburger Niederlassung sowie eine Gruppe von zehn Anwälten beschäftigt hatte. Mit den vom IOR gezahlten 250 Millionen Dollar, die in Bankkreisen als der Betrag geschätzt wurde, den das IOR der Banco Ambrosiano zum Zeitpunkt des Zusammenbruchs geschuldet hatte, machten die Rückführungen der Liquidatoren genau 40 Millionen Dollar weniger aus als die Verluste. Es wird allgemein angenommen, daß eben diese Summe von Calvi persönlich veruntreut worden war.

Über eine Komplizenschaft der Vatikan-Bank in Calvis trüben

Geschäften wird nach wie vor gesprochen und die Zahlung der 250 Millionen Dollar hat bei Kritikern wie bei Freunden Spekulationen über die Schuld des IOR aufkommen lassen. Mailändische Justizbeamte versuchen noch immer Straftatmomente der Ambrosiano-Geschichte zu lokalisieren, was im April 1987 dazu führte, daß für Marcinkus und seine beiden leitenden Bankmanager Haftbefehle erlassen wurden. Die Haftbefehle wurden später aus technischen und politischen Erwägungen wieder aufgehoben.

Mittlerweile reiten die Medien weiterhin auf den Schutzbriefen und anderen Hinweisen herum. Rupert Cornwell und Larry Gurwin machten großes Aufheben von einer Erklärung Clara Calvis, der Witwe. 1981 hatte Calvi ihr im Gefängnis verraten, daß Marcinkus Informationen besäße, die ihn aus dem Gefängnis bringen würden, da sie die Verwicklung des IOR in die Sache offenlegten – die illegalen Devisentransfers, die ihn hinter Gitter gebracht hatten, so behauptete Calvi, seien im Interesse der Vatikan-Bank getätigt worden. Einem vielzitierten Bericht zufolge waren Clara und ihre Tochter Anna beim Verlassen des Gefängnisses in Lodi, nachdem sie von einer Unterhaltung mit Calvi Aufzeichnungen gemacht hatten, von Alessandro Mennini erwartet worden, dem Angestellten der Banco Ambrosiano und Sohn vom Mennini der Vatikan-Bank. Er versuchte, Anna die Aufzeichnungen aus der Hand zu reißen, was sie jedoch vereitelte. Er soll ihnen dann beim Wegfahren noch nachgeschrien haben: „Sie dürfen auf keinen Fall das IOR erwähnen, nicht einmal im Beichtstuhl."

In Laura Colbys Artikel im *Wall Street Journal* unter dem Titel „Vatikan-Bank spielte zentrale Rolle beim Zusammenbruch der Ambrosiano" (siehe Anhang), wird ein weiteres belastendes Moment behauptet. Am 16. Oktober 1979 wurden im IOR zwei zeitlich befristete Einlagen angenommen, eine über 65 Millionen Dollar und die andere über 101 Millionen Schweizer Franken, von der Banco Andino in Peru. Das IOR lieh daraufhin Summen in gleicher Höhe an die United Trading, seiner panamesischen Tochtergesellschaft. Als 1982 die Frist ablief, verlangte die Banco Andino ihr Geld zurück, doch das IOR lehnte die Rückzahlung mit dem Hinweis ab, das Geld gehöre jetzt United Trading und sei dem Zugriff des IOR entzogen. Da das IOR das gesamte Aktienkapital von United Trading besaß, war das schlichtweg falsch, wie Colby folgerte.

Mein Abriß ließ viele Spekulationen über ein größeres Verbindungsnetz weg, das Licio Gelli, Michele Sindona und Marcinkus einschloß, und auch so unterschiedliche Angelegenheiten wie die Finanzierung von Exocet-Raketen in Argentinien und den Zusammenbruch von Sindonas eigener Bank. Ich beschloß im übrigen, eine genaue Prüfung der Behauptungen, denen zufolge Marcinkus im Jahre 1972 an einem Milliarden-Dollar-Schwindel mit gefälschten Wertpapieren beteiligt gewesen war, auf später zu verschieben.

Mir ging es vor allem darum, über die Kernfragen, die seit Jahren Scharen von kompetenten Experten und Hunderte von Journalisten beschäftigt hatten, eine ergiebige Diskussion mit Marcinkus zu führen. Ich glaubte, genügend Informationen beisammen zu haben, um im Gespräch diesen Kernfragen in aller Ruhe auf den Grund zu gehen, so daß ich Stil wie Gehalt seiner Antworten abwägen konnte.

Wie immer Marcinkus aber auch in die komplizierte Angelegenheiten der Banco Ambrosiano verwickelt war oder auch nicht, ich machte mir eins wieder klar: das Hauptanliegen meiner Nachforschungen bestand in einer Klärung darüber, wie weit Johannes Paul I. im September 1978 bei einer Amtszeit von gerade 33 Tagen von diesen trüben Beziehungen und Machenschaften und ihrem wahrscheinlichen Ausgang in Kenntnis gesetzt worden war. Und welche Hinweise gab es außerdem dafür, daß der Papst aufgrund seines Informationsstandes bis zur Nacht zum 29. September 1978, seiner Todesnacht, Marcinkus zu feuern beabsichtigte?

13

Ich betrat den dunklen Hof des Cortile di Sisto Quinto und lief den Kreuzgang entlang zum Eingang der Vatikan-Bank. Als ich durch die Milchglastüren trat, gingen zwei Geistliche mit großen schwarzen Aktentaschen an mir vorbei. Ich fand den Erzbischof im teppichbelegten Flur. Er beugte sich leicht vor, um einer Vitrine an der Wand eine Packung Marlboro zu entnehmen.

„Hallo“, rief er forsch, „kommen Sie herein!“

Er kam mir an diesem Nachmittag entspannter vor. Er lehnte sich in seinem Chefsessel zurück und gab sich damit ab, den für ihn üblichen lebhaften Qualm in Gang zu bringen.

„Hören Sie“, meinte er leutselig zwischen zwei langen, röchelnden Zügen am Pfeifenmundstück, „wenn Sie hier Informationen suchen, dann müssen Sie erst mal wissen, wie man richtig vorgeht. Die Kerle gehen vor wie in einem Kreuzverhör ... bumm! Bumm! Bumm! Bumm! Die alte Inquisition. Bei der Art wird Ihnen niemand helfen.“

Ich mußte an die beiden so beschäftigt dreinblickenden Geistlichen denken, die mir an der Schwingtür begegnet waren.

„Mich interessiert wirklich“, fragte ich, „wie kann ein Mensch Priester sein, ein Gottesmann, und zugleich ein guter Bankier? Ist das nicht irgendwie widersprüchlich?“

Bei der abrupten Frage verdüsterte sich sein Gesicht. Er schwieg, während er sich zu überlegen schien, ob er sich daran stoßen sollte oder nicht.

„Ich bin genau genommen gar kein Bankier ...“, sagte er schließlich. Er sprach vorsichtig, ein wenig indigniert. „Für die Bankgeschäfte haben wir Fachleute. ...“ Er schwieg wieder. „Ich arbeite die Grundlinien aus. Und meine Strategie ist immer die gewesen, daß Geld ein Werkzeug im Dienst der Kirche ist, Geld ist kein Selbstzweck. Und wir sollten nichts tun, was illegal oder Spekulation wäre ...

Ich brauche mich wirklich für nichts zu schämen, was ich getan habe.“ Seine Stimme war sicherer geworden. „Ich muß mich für nichts entschuldigen, weil wir nichts angestellt haben. In einem Punkt sollte ich mich schämen, wenn Sie's so nennen wollen, daß ich Calvi vielleicht zu sehr vertraut habe. Aber das war gar nicht schwer, weil er in Bankkreisen ein enormes Ansehen hatte. Durch ihn wurde diese Bank, die Ambrosiano, von einer ganz gewöhnlichen Bank zu einer wichtigen Bank. Und als Mensch in meiner begrenzten Beziehung zu ihm, habe ich ihn möglicherweise als anständigen Kerl empfunden. Aber meine Beziehung zu ihm bestand auf rein geschäftlicher Ebene. Ganz allgemein, es ging nie um konkrete, spezielle Geschäfte.“

Seine Stimme verlangsamte sich zu einem gemessenen Trauermarsch. Er wählte seine Worte mit Bedacht.

„Ich habe nicht *ein* einziges Geschäft mit Calvi gemacht.“ Er hielt inne, als wollte er mir Gelegenheit geben, die seltsam syllogistische Vorgangsweise seines Argumentierens zu verdauen. „Aber mein Büro hat's gemacht“, fügte er hinzu. „Einlagen bei seiner Bank, Darlehen an seine Bank. Und da waren wir vielleicht zu vertrauensselig. Aber in diese Richtung hat eben jeder Fingerzeig geführt. Wir bekamen ausgezeichnete Empfehlungen aus Mailand, von Leuten hier.“ Er führte eine ausladende Geste, als wollte er den ganzen Vatikan miteinbeziehen.

„Er verstand sich ausgezeichnet mit Regierungsvertretern. Vielleicht hätte ich den Mann persönlich kennen sollen. Ich möchte annehmen, daß viele Leute ausgezeichnete Beziehungen auf geschäftlicher Ebene mit Menschen haben, von denen sie persönlich gar nichts wissen, weil das Geschäftliche ihr einziger

Bezugspunkt ist. Aber es gab für uns keinen Anlaß, seine Ehrlichkeit, seine Integrität anzuzweifeln."

Ich fühlte mich verwirrt. Hatte Calvi nicht vorübergehend wegen Betrugs im Gefängnis gesessen? Und hatte die Vatikan-Bank ihre Geschäfte mit Calvi etwa nicht danach noch etwa ein Jahr lang fortgesetzt?

„Wir haben mit der Bank so zusammengearbeitet, wie es bei allen Banken üblich ist", fuhr er fort. „Wenn ich bei der Bank eine Summe einzahle, dann sagt der Banker vielleicht: ‚Wissen Sie, wir haben hier ein besonderes Projekt, wenn Sie uns das Geld geben, werde ich es für dieses Projekt vormerken, und wir können Ihnen einen höheren Zinssatz verschaffen.' Und ich sage, also, das ist *Ihre* Angelegenheit, ich will gar nicht wissen, was Sie machen."

Er legte erneut eine Pause ein, als müßte er überlegen, ob er nicht schon zuviel gesagt hätte. Und mir ging es durch den Kopf – und wenn das Geld nun in die Empfängnisverhütungsmittel oder militärische Rüstung gesteckt werden würde?

„Über folgendes sollten die Leute nachdenken", sagte er. „Da gibt es all diese Firmen, die mit Calvi Geschäfte gemacht haben, Banken und so weiter. Sie haben Calvi Geld geliehen. Waren das nun Darlehen für uns oder für die Ambrosiano? Wenn sie es Calvi für uns geben, dann müssen sie ein Papier haben, wo draufsteht, daß er mein Repräsentant ist. Wo ist dieses Stück Papier?" Er sah mich aus glasig verschleierten Augen an. Schließlich schüttelte er den Kopf. „So ein Stück Papier gibt es nicht."

Er brach ab und starrte mich beinahe eine Minute lang ununterbrochen an. Dann sagte er ernst: „Also, bei Ihnen bin ich in die gleiche Falle getappt."

Einen Augenblick lang stockte mir das Blut. In seiner Stimme klang eine Drohung mit.

„Pater Foley, Bischof Hume", fuhr er jetzt in diesem überaus makabren Ton fort, „haben mir geschrieben und mit mir gesprochen, Pater Jack Kennedy hat mit mir gesprochen. Sie stellen sich vor. Wenn ich nun auf all diese Leute hören sollte, hätte ich mir unter normalen Umständen ein ganzes Dossier über Sie besorgen müssen und so weiter und so fort.“

Er schwieg. Ich kicherte, zum Teil aus Erleichterung, hauptsächlich aber deshalb, weil er alle erwähnten Persönlichkeiten in ihrem Rang unbewußt degradiert hatte. Er blickte mich erstaunt an.

„Stimmt's etwa nicht?“ knurrte er streng. Ich riß mich zusammen.

„Kann ein Mensch sich ein ganzes Leben auf solche Weise verhalten?“ fuhr er fort. „Jedesmal, wenn du jemand triffst, brauchst du unbedingt ein Dossier? Also Calvis Wort ist seine Bürgschaft – wenn sie ihm das Geld für die Vatikan-Bank geben, dann müssen sie's von ihm zurückholen, nicht von mir.“

Er machte zum ersten Mal eine Pause, die viel länger war als seine Rede, als ob er seiner Fähigkeit, seine Zunge im Zaum zu halten, nicht länger vertraute.

„Nehmen wir Sindona“, sagte er, um das Thema von einer anderen Seite anzugehen. „Ich hab ihn ungefähr zwölfmal getroffen, manchmal für eine Minute, manchmal bei einer Taufe, ein- oder zweimal bei einem offiziellen Mittagessen, auf einem Empfang, aus einem feierlichen Anlaß ... ein- oder zweimal hat er hier vorbeigeschaut. Alle zwölf Mal zusammen machen vielleicht sechs Stunden aus. Hab mit ihm nie geschäftlich verhandelt. Geschäftlich hatte einmal die APSA mit ihm zu tun. Sie hat ihm die Anteile der Immobiliare verkauft. Also hieß es, Immobiliare ist vom Vatikan an Sindona verkauft worden. Also hat sofort jeder gesagt, ich wär's gewesen. Ich hatte nichts damit zu tun. Sindona selbst hat erklärt, er habe mit mir nie Geschäfte gemacht. Ich erinnere mich noch, was ich Sindona sagte, bevor er in die Vereinigten Staaten ging. Ich sagte: ‚He, wenn Sie drüben so vorgehen wie hier in Italien, landen Sie im Kittchen!‘ Kapiert? Andere Gesetze. andere Maßstäbe. Ich kann es mir nur so vorstellen, daß Sindona und Calvi sich vom Gefühl ihrer eigenen Wichtigkeit überwältigen lassen haben. Was auch immer – als dann Sindona fortging, wandte man sich ganz natürlich als erstes an Calvi und die Banco Ambrosiano. Aber diese Geschäfte, diese Firmen und all das Zeugs, ich hab nicht mal davon gehört. Die eine oder die andere Firma ist uns vielleicht als Bürgschaft für ein Darlehen übertragen worden, irgendsowas. Das ist aber auch alles. Ich sage das in aller Aufrichtigkeit."

Er legte sich die Hand theatralisch auf die Brusttasche.

„Ich wußte nicht einmal, wo Calvi wohnte." Seine Stimme wurde lebhafter. „Falls ich ihn je gefragt habe, etwa nach seinem Haus oder ähnliches, dann hat er gesagt: ‚Da gehe ich nur am Wochenende zum Ausspannen hin.' Und damit hat sich's gehabt. Mehr habe ich nicht gewußt. Ich habe ihn nie besucht. Seiner Frau und seinen Kindern bin ich bei der einen oder anderen Gelegenheit begegnet. Ich meine, es war 1974 auf den Bahamas. Ihr bin ich nochmal begegnet, ich mußte wegen einer Besprechung zurück und hab sie dann nie wiedergesehen. Ich könnte mich wirklich beklagen über die Dinge, die sie behauptet hat, und so weiter und so fort."

Sein Gesicht nahm einen düsteren, verletzten Ausdruck an, als ob er über eine ganze Reihe von Untaten nachdächte, die er erlitten hatte.

„Wie hat sie mich nur beschimpft und mir eine Menge vorgeworfen. Dafür hat sie sich zu verantworten, nicht ich. Ich hatte sie für eine normale Hausfrau gehalten. Sie hat sich für viele Dinge überhaupt nicht interessiert, zumindest hatte ich von ihr nicht den Eindruck einer solchen ..." Seine Stimme wurde unhörbar.

„Es ist doch seltsam, daß ich jetzt der einzige bin, der in Italien Sindona je gekannt hat. Das ist ganz wie gleich nach dem Krieg – ‚Es gibt keine Faschisten in Italien'. Wo sind sie nur auf einmal alle hin?" Seine Augen lächelten glasig. „Ich hab das Gebäude der Banco Ambrosiano nicht einmal betreten. Auf den Bahamas war ich, glaube ich, bei zwei Anlässen. Wenn wir Gesellschafterversammlungen hatten, so fanden sie in einem Bürogebäude in Zürich statt."

Ich hob die Hand. Ich sagte: „Ich bin immer noch völlig verwirrt, Monsignore, wegen der Firmen, die der Banco Ambrosiano das Geld schuldeten, das den Zusammenbruch verursacht hat. Haben Sie nicht bezüglich dieser Firmen Trostbriefe verschickt und damit für sie ein gewisses Maß an Verantwortlichkeit zu erkennen gegeben?"

„Nein, überhaupt nicht!“ brüllte er. Er sah mich an, als wäre er über meinen langsamen Fortschritt enttäuscht. Er stocherte in seiner Pfeife, fummelte unter den Papieren auf seinem Schreibtisch. „Schauen Sie! Da kommt Calvi 1981 frisch aus dem Kittchen, und er sagt: ‚Ich hab Schwierigkeiten, und ich muß das alles geregelt kriegen, und ich kann nicht überall hin, könnten Sie diese Dinge nicht gewissermaßen im Auge behalten, sich darum kümmern?‘ Er hat nicht gesagt, daß diese Dinge uns gehörten. In dem Brief, den ich ihn für uns zu schreiben bat – ein Brief über Geschäftskonditionen, in dem er erklärte, sie gehören nicht Ihnen und haben Ihnen auch nie gehört. Und ich habe insistiert, daß alles unternommen werden müßte, um die Verschuldung zu verringern, und daß innerhalb von eineinhalb Jahren alles geregelt sein müßte, und die Sache ist für uns abgeschlossen. Wie ein Treuhänder. Ich hab ihm keine Garantien gegeben oder irgendwas in der Art. Wir wußten, wie hoch ihre Verschuldung war, das ist alles.“

„Wissen Sie, wo das Geld hinfloß?“ fragte ich. Marcinkus zuckte die Schultern und verzog sein Gesicht. „Die Berichte, die wir von der Firma erhielten – die hatten mehr Aktiva als Passiva ... ich meine, wohin ein Großteil des Geldes verschwand, und ich meine, auch ihnen ist das bekannt, ich hoffe es wenigstens ... Er hat versucht, Geld zu kriegen, um hohe Zinsen zu zahlen. Überlegen Sie doch. Er befand sich damals in einer Expansionsphase. Wenn man Kapital borgt, für das man zwanzig Prozent Zinsen zahlt, und es dann nicht anlegen kann, dann gibt's eine harte Nuß zu knacken. Alle Darlehen, die mir bekannt waren, waren gemäß der Rechnungsprüfung ausreichend abgesichert. Ich hab mich immer wieder erkundigt, ich habe die Leute gefragt – Sie geben doch niemandem ein Darlehen, möchte ich annehmen, der nicht über ausreichende Sicherheiten verfügt. Und der Bankverwalter hat mir immer versichert, daß sie dies oder jenes als Bürgschaft bekommen hätten. Und immer sind wir es gewesen, die nachgefragt haben, was sie getan haben. Sie haben uns nicht um Zustimmung gebeten.

Also, als er uns bat, die Dinge zu übernehmen und unter den erwähnten Bedingungen die Aufsicht auszuüben – an dem Punkt war ich möglicherweise etwas zu vertrauensselig." Er war wieder in seine schleppende Redeweise verfallen. „Aber von unserer Seite bestand keinerlei Schuld oder Verpflichtung, es gab unsererseits kein Engagement, gar nichts. Wenn er uns gegenüber Wort gehalten hätte, so hätten sie nichts anderes tun müssen, als ihre Schulden zu verringern. Aber von dem, was er tatsächlich getan hat, hab ich keine Ahnung gehabt."

„Aber Monsignore", warf ich ein, „wir sprechen von 1,3 Milliarden Dollar."

„Nun, im Verlauf der Liquidation kommt alles heraus. Soweit ich weiß, hat er einiges von dem Geld für die Expansion verwendet. Sie besaßen über 50 Prozent der Anteile an der Gotthard-Bank, die die Liquidatoren verkauft haben, und so haben sie an die 250 Millionen Dollar zurückbekommen. Das verringert das Ganze schon mal, trotzdem. Die berichten mir, ich weiß es nicht ... die Dachgesellschaft in Luxemburg soll etwa 600 Millionen Dollar wiederbeschafft haben. Und da gibt's noch mehr so Zeug – sie besaßen Centrale, Versicherungsgesellschaften, die sie irgendwie verkauft haben. Die waren eine Menge wert. Ich nehm an, das Geld war in all diese Dinge gesteckt worden. Anderes, so nehm ich an, hat er in die eigenen Taschen gesteckt ..."

„Was ist an den Gerüchten dran, daß das Geld in die P2 floß oder in die argentinischen Kriegsanstrengungen?"

„Falls das so war, so ist es mir nie bekanntgeworden ... Wie ich Ihnen doch schon gesagt habe, wäre es wirklich ein trauriger Zustand, nicht wahr, wenn man jedesmal, wenn man jemand trifft, ein Dossier über ihn anlegen müßte. Über Leute, die man mag, Leute, die, wenn sie sich vorstellen ... Menschen, die einen guten Ruf haben."

„Aber Monsignore", sagte ich einigermaßen verzweifelt, „Calvi kam ins Gefängnis, und sie haben weiterhin Geschäfte mit ihm gemacht. Sie brauchten doch wohl kein Dossier, um zu begreifen, daß er ein Gauner war."

Er lächelte mich milde an, als ob er sagen wollte: „Wer von uns beiden ist jetzt eigentlich der Naive?"

„Als Calvi im Kittchen war", sagte er, „da *habe* ich wen gefragt – ‚He, was geht da vor?' und der Kerl sagt mir – Nee, wenn Sie nicht mal geschnappt werden, dann taugen Sie überhaupt nichts."

Wir saßen eine Weile still da, während diese Erklärung in die tiefen Veloursteppiche und die schweren Ledermöbel einsank.

„Lassen wir mal die einzelnen Persönlichkeiten und die Frage ihrer Vertrauenswürdigkeit außer acht", fuhr ich fort. „Kann der Vatikan eine völlig neutrale Haltung demgegenüber einnehmen, was andere mit seinem Geld anstellen?"

„Schauen Sie: Ich bin einmal beschuldigt worden, einen großen Anteil der Firma Cyntex zu besitzen – Empfängnisverhütungsmittel, Arzneimittel. Und ich hab das überprüft. Ja, wir hatten EINE Aktie, die hatte uns irgendwer in seinem Testament vermacht. Seit ich hier bin ... zunächst einmal haben wir gar nicht viele Investitionen ... und ich habe Anweisungen gegeben – keinerlei Investitionen in die pharmazeutische Industrie, die Rüstungsindustrie, in Luxusimmobilien gleich welcher Art ..."

„Was ist mit dem Watergate-Gebäudekomplex?"

„Watergate war nicht ... da haben wir's schon wieder!" knurrte er grimmig. „*Das* war eine Sache der Firma Immobiliare. An der war der Vatikan offensichtlich gleich nach dem Krieg in größerem Ausmaß beteiligt. Aus dem einfachen Grund, weil niemand Geld hatte. Also hat der Vatikan in erster Linie APSA investiert. Als ich 1969 herkam, hielt APSA – das ist nicht diese Bank, Sie erinnern sich doch, das ist eine andere Abteilung im Vatikan, für die ich nicht zuständig bin – siebzehn Prozent der Anteile von Immobiliare. Mit siebzehn Prozent haben Sie keinen Einfluß auf die Firma. Aber als die Immobiliare Watergate baute, wurde unser damaliger Nuntius in den Staaten gebeten, ein gutes Wort für sie einzulegen – folglich hat jeder gedacht, die Immobiliare, das wär der Vatikan. Ich erinnere mich, ich habe mit dem Leiter von Immobiliare gesprochen. Ich hab ihm gesagt, ‚hören Sie mal, ich bekomme auf Schritt und Tritt zu hören, daß Immobiliare dem Vatikan gehört.' Ich hab ihm gesagt, ‚Ich wünschte, sie würde uns gehören.'

Wir waren an einer Bank in der Schweiz beteiligt, und irgendwer vom Weltkirchenrat hat verlauten lassen, wir, also *unsere* Bank, wären an der Finanzierung von Dingen in Südafrika beteiligt. Die Bank hat darauf reagiert und erklärt: ‚Das ist nicht wahr. Die Bank als solche ist nicht in Südafrika aufgetreten, aber einige unserer Klienten schon.‘ Ich denke, wenn Sie ein Abkommen mit der Bank haben und ihr mitteilen, ich möchte, daß sie 500 Aktien von einer großen Firma in Südafrika für mich erwirbt, dann gehören die Ihnen und nicht der Bank. Die Bank hat ihre Verlautbarung ganz offiziell allen Zeitungen zugestellt, aber die haben sie nicht aufgegriffen. Die wollen sie nicht aufgreifen.“ Wieder einmal wirkte Marcinkus verletzt.

„Diese Leute schießen einfach drauf los und klagen an. Ich hab schon immer gesagt – die Unschuld läßt sich schwerer beweisen als die Schuld.“ Er rutschte in seinem Sessel hin und her, griff nach meinem Fragenkatalog. Es sah ganz so aus, als wollte er zu weniger verfänglichen Themen übergehen.

„Sie können sich unser ganzes Zeugs anschauen“, sagte er achselzuckend. „Ich denke, wir haben uns ziemlich ehrlich und sauber verhalten. All die Anschuldigungen, die erhoben wurden, entbehren jeder Grundlage. All die Firmen, die in Panama gegründet wurden – wer hat sie denn gegründet? In wessen Namen wurden sie gegründet? Gewiß nicht in unserem Namen. Wer hat ihnen Anweisungen gegeben, sie zu gründen?“

Die letzte, rhetorische Frage war scharf einer unsichtbaren Zuhörerschaft in der Ecke des hinteren Raumes zugeworfen.

„Also, Sie wollen in meinem Namen etwas aufziehen“, fuhr er etwas ruhiger fort. „Sie wollen in meinem Namen einen Wagen kaufen. Dazu müssen Sie doch eine Vollmacht haben. Oder nicht?“

„Unbedingt.“

„Wenn nun aber jemand ohne unser Wissen in unserem Namen etwas aufzieht, dann ist *er* dafür verantwortlich – und nicht wir. Wenn Sie sich nun weiter vorstellen, daß alles, was Calvi behauptet, zutrifft – daß alles mir gehört, womit er in meinem Namen gehandelt hat –, warum mußte Calvi dann Selbstmord begehen? Er hätte ja nur mit einem Papier kommen und sagen brauchen, das alles gehört dir. Ich will mein Geld."

Der Erzbischof saß eine Weile mit zusammengebissenen Lippen da und starrte aus halbverschlossenen Augen über meinen Kopf hinweg in die Luft. War es möglich, daß wir beide das gleiche dachten: Was wäre, wenn Calvi nicht durch eigene Hand ums Leben gekommen wäre – sondern durch Mord?

Ich brach das Schweigen. „Stimmt das, Monsignore, was Calvi behauptet hat, daß er der Solidarnosc in Polen fünfzig Millionen Dollar im Auftrag des jetzigen Papstes überwiesen hat?"

Marcinkus schüttelte heftig den Kopf. „Ich hatte keine Ahnung. Er hat mit mir nie über die Solidarnosc gesprochen. Unsere Gespräche gingen in der Regel um allgemeine Dinge. Wie ich Ihnen schon gesagt habe, hab ich mich nie mit ihm zusammengesetzt, um in irgendeiner Weise Details zu besprechen. Er hat Solidarnosc mir gegenüber überhaupt nie erwähnt. Wenn er Solidarnosc etwas gegeben hat – o. k., aber davon hab ich nichts gewußt."

Er begann heiser zu lachen und hob seine Hände in einer ganz italienischen Geste der Unschuld. „Irgendwer hat gesagt, er hätte auch mir sechs Millionen Dollar gegeben", fuhr er fort. „Ich hab sie nie gesehen. Ich hab von ihm persönlich nie eine Lira erhalten. Für die Geschäftsleitungssitzungen, an denen ich teilnahm, habe ich jedesmal eine gewisse Aufwandsentschädigung erhalten. Wie's üblich ist. Das kriegt jeder. Selbst zu Weihnachten hab ich nie eine Lira bekommen. Ich hätte nie etwas bekommen wollen, aber ich hab auch nichts bekommen."

Ich hielt den Zeitpunkt für gekommen, um die Implikationen jener „Geste des guten Willens" anzugehen, die der Vatikan für seinen Teil beim Zusammenbruch der Banco Ambrosiano geleistet hatte.

„Der Vatikan hat als Kompensation für seine Verwicklung in das Debakel der Ambrosiano eine Zahlung von 250 Millionen Dollar geboten. Warum hat der Vatikan diese 250 Millionen Dollar gezahlt, wenn, wie Sie behaupten, Sie doch gar nichts getan haben?"

„Da sprechen Sie mit dem Falschen", rief er mit zur Decke

gerichtetem Blick. „O, Sie sprechen mit dem falschen Mann. Ich hab ihnen von Anfang an gesagt – ihr spinnt wohl! Fangt ein Gespräch darüber gar nicht erst an, hab ich gesagt. Wenn wir nicht schuldig sind, zahlen wir auch nichts. Und wir sind nicht schuldig. – Aber diese Kerle waren gerissen genug, um den Vatikan mit der Androhung gerichtlicher Schritte unter Druck zu setzen. Kapiert? Ich hab gesagt – ‚Hier geht's um Business! Habt doch keine Angst vor einem Prozeß.' Ich hab gesagt: ‚Wenn Ihr die Wahrheit predigt, dann müßt Ihr für sie kämpfen.' Und jetzt haben sie zwei Probleme. Ich hab gesagt: ‚Wie soll das angehen, daß Ihr allen erzählt, Ihr hättet ein Defizit und kein Geld, und dann zahlt Ihr Summen aus, die Ihr gar nicht schuldet?' Ich hab gesagt: ‚Wir schuften hier wie die Blöden, um eigenes Kapital aufzubauen.' Ich hab gesagt ‚Ich habe nur ein Ziel gehabt: Euch Jungs zu helfen, das ganze Zeugs aufzubauen, damit wir Euch bei all Euren Problemen helfen können. Und wenn ein scharfer Wind weht, schmeißt Ihr es einfach aus dem Fenster.' Und die Art, wie sie damit herausgerückt sind! ‚Aus moralischen Erwägungen', haben sie gesagt. Ich hab gesagt: ‚Was meint Ihr mit *moralischen* Erwägungen? Wenn es dafür moralische Gründe gibt, dann müssen wir schuldig sein.' Dann haben sie diese sogenannten ‚Weisen' hinzugezogen. Aber die lösen überhaupt keine Probleme. Die schaffen nur ein neues Problem. Denn mit dieser Zahlung haben wir uns ein Stigma verpaßt.

Wenn sie gesagt hätten ... wenn sie gesagt hätten ..." Der Erzbischof hatte sich so ereifert, daß es ihm die Sprache verschlug. Schließlich stieß er hervor: „Sie hätten da rauskommen können! Kapiert? Man hätte die Sache kämpferisch angehen und begleichen können, die Anwaltskosten und so weiter – man könnte genausogut einen Vergleich schließen und dabei aufs gleiche hinauskommen ... Aber so hätte man es auch erklären müssen. Man spricht doch nicht von moralischen Erwägungen. Damit zerstört man nur alles, was man gerade aufgebaut hat. Und es ist ein riesiger Batzen Geld. Das können Sie mir glauben. Da geben wir uns alle Mühe und versuchen, daß uns die Menschen Groschen und Pfennige schenken, damit wir eine Kirche bauen können und mit einem Mal – BUMM! Alles in die Luft gejagt ...“

Er blieb eine Weile nachdenklich, stützte das Kinn auf seine großen Fäuste. „Aber bitte, das Geld kam nicht von den Gläubigen. Es kam nicht vom Peterspfennig oder irgendsowas. Das war Kapital, daß wir uns hier durch gute Investitionen und Besitz und andere Dinge, aus denen wir zur richtigen Zeit Vorteile gezogen haben, erarbeitet haben. Wir haben keinen Pfennig vom Vatikan bekommen, der Vatikan hat von uns mehr bekommen, als er uns je gegeben hat. Übrigens betrug die Summe 241 Millionen Dollar und nicht 250 Millionen. Ich habe einen Rabatt herausgehandelt. Wir haben also neun Millionen Dollar verdient. Wenn ich daran denke, daß einige dieser Kerle im Hintergrund damit rechneten, daß, wenn ich's nicht zahlen könnte, sie dafür aufkommen müßten und mich dann loswerden könnten! Kapiert? Dann hat sie's umgehauen, als sie erkennen mußten, daß ich niemand brauche, um das Geld zu kriegen. Wir sind dadurch nicht vollständig blank geworden, wir mußten sozusagen unsere Kapitaldecke senken. Aber es bringt mich um wegen der Probleme von morgen. Ich denke nicht an die Abdekkung des Defizits. Das ist sekundär. Es geht um morgen, um die Renten und solche Sachen. Und wenn man erst einmal soweit ist, alles aus den laufenden Einnahmen zu bestreiten, dann ist man geliefert. Wenn Ihre Firma jahrelang das Geld für den Pensionsfonds verbuttert hätte, würden Sie Pleite gehen. Man muß den Rentenfonds auf die hohe Kante legen ...“

Ich sah ihn ausdruckslos an, obwohl mir wegen der Absurdität des Ganzen eher danach war, nervös zu lachen.

„Welcher Art“, fragte ich, „waren Ihre finanziellen Kontakte zu Johannes Paul I., bevor er Papst wurde? Es heißt, Sie hätten sich in seiner Zeit als Patriarch von Venedig wegen der Finanzpolitik in seiner Diözese mit ihm angelegt?“

„Es gab in Venedig eine Bank, die Banco San Marco, und die hatte eine Menge Probleme“, erwiderte prompt der Erzbischof. „Wir besaßen damals die Mehrheitsanteile an der Banca Cattolica. Und die Banker dort sagten mir: ‚Warum kaufen *Sie* nicht die San

Marco?' Kapiert? Ich habe gesagt: ,Das wäre für uns kein Geschäft.' Und ich hab gesagt: ,Soweit ich informiert bin, befindet sich die Bank in miserablem Zustand, und es hat keinen Zweck, sich auf so etwas einzulassen.' Ich hab gesagt, ich weiß nicht, wie wichtig das den Bischöfen in jener Gegend ist, aber ich hab gesagt, es wäre ein schlechter Kauf. Ich hab das oder etwas ähnliches aber nie Luciani persönlich mitgeteilt. Und ich werfe nie jemand hier aus dem Büro. Selbst wenn ich's gern täte. Und dann einen Kardinal ... Dem liest man nicht die Leviten ... Später hat er mir dann gedankt ... *Sie* alle haben mir gedankt. Sagten, es wäre nur gut gewesen, daß wir uns darauf nicht eingelassen haben. Weil die San Marco nämlich von der Banca Cattolica übernommen wurde. Verstanden? Indirekt haben diese Männer zugegeben – ,Du hast recht gehabt.'

Aber als ich dem Papst Luciani begegnete, nachdem er Papst geworden war ... Ich bin zu diesem Treffen zu ihm raufgegangen. Wenn ich mich also persönlich mit ihm angelegt hätte, würde er mich doch in schlechter Erinnerung behalten haben müssen, ist doch klar. Als er ins Zimmer trat, stand ich auf, und er musterte mich von oben bis unten mit einem richtigen Lächeln auf den Lippen, denken Sie, und er sagte: ,Sind alle Amerikaner so groß wie Sie?' Und ich hab gesagt: ,Eure Heiligkeit, ich bin nur die zweite Garnitur, Sie sollten mal die erste sehen.' Er hat gelacht! Und es war das denkbar herzlichste Zusammentreffen. Er bedankte sich dafür, daß ich ihn über alles informiert hätte. Er sagte: ,Ich werde Sie bald wiedersehen' und so'n Zeugs, kapiert, etwa fünfundvierzig Minuten bis eine Stunde hat es gedauert. Er war überaus reizend ...

Nun, einer der Gründe, warum ich Luciani aufgesucht habe, war der: Es gab da bestimmte Fonds, Stiftungsgelder verschiedener Art, und ich hab zu erklären versucht, was ihm davon zur freien Verfügung stand. Aber das interessierte ihn nicht im geringsten! ,*Grazie, grazie, grazie ... va bene, va bene, va bene ...*' Er wollte nichts davon wissen. Und er sprach lange von den Berichten des Staatssekretariats, die man ihm brachte, und was für eine Belastung das für ihn wäre. Und ich erinnerte ihn daran, daß Paul VI. 35 Jahre lang der Kurie angehört hatte, und trotzdem hat er sechs Monate gebraucht, um sich einzuarbeiten. Ich hab ihm auch gesagt, es wäre gar nicht notwendig, das alles durchzuackern. Sie brauchen sich ja von allen Problemen nur ein Resumée geben lassen, hab ich ihm geraten ... Es hätte gar nicht herzlicher sein können. Und im Hinblick auf die Finanzen zeigte er überhaupt kein Interesse. Paul VI. war sehr herzlich und freundlich, aber er hatte nicht diese ... diese *ländliche* Art Lucianis. Luciani war wie ein Landpfarrer."

„Haben Sie je daran gedacht, jene Autoren gerichtlich zu verfolgen, die Sie als einen Mörder hinstellen?" fragte ich unvermittelt.

„Habe ich", sagte er mit Nachdruck. „Ich hab jemand beauftragt, das mal zu überprüfen. Der Mann hat sich in London bei einer großen Firma erkundigt und berichtete mir: ‚Sie haben eine Chance, eine gute Chance. Aber so wie die Verleumdungsparagraphen und so weiter nun mal lauten, hätten Sie die Beweislast ... also, nicht er müßte beweisen, daß er recht hätte. Also müßten Sie ihm sämtliche Archive öffnen. Nichts, was Ihnen gehört, wäre mehr heilig.' Und er sagte: ‚Sie müssen zwei oder drei Millionen Mäuse lockermachen, und es wird Sie zwei oder drei Jahre kosten, und selbst dann wäre noch nichts absolut sicher.'

Dann geht das Gerede, daß ich den Deal für das Holiday Inn in Rom gefixt hätte! Ich hatte damit überhaupt nichts zu tun. Die Leute vom Holiday Inn in Chicago haben sich umgesehen und wollten eins in Rom bauen, und haben Leute gefragt: ‚Kennen Sie jemand in Rom?' Da wurde ihnen der Name von Dr. Soundso genannt, den diese Leute kannten. Und wir hatten Schwierigkeiten mit dem Bau des Hauses für die amerikanischen Geistlichen in Rom, die Villa Stritch. Wir hatten die Villa Stritch gerade fertiggestellt, und dieser Mensch war der Baumeister. Als dann der – wie heißt er gleich? – der Chef vom Holiday Inn kam, hab ich ihm gesagt: ‚Ich weiß nicht, was ihr da bauen wollt, ich weiß nicht, wie das architektonisch aussehen soll, aber warum schaut ihr euch nicht einmal unser Gebäude an, die Villa Stritch? Gibt euch vielleicht ein paar Ideen zur Gestaltung für euren Bau. Und so viel hat es gekostet.' Jedenfalls haben sie sich unseren Bau angesehen und sich erkundigt, wer der Architekt war. Dann hat der Mensch, der unseren Bau entworfen hat, nach ihren Vorstellungen ihren Bau entworfen. Ich hatte überhaupt nichts damit zu tun. Rein gar nichts."

Eine Weile dachte ich über die Art und Weise seines Antwortens nach. Es könnte durchaus sein, daß an all den Anschuldigungen, die ihm so massiv entgegengehalten wurden, nichts dran war, daß er unschuldig wäre, doch seine Gassensprache, seine wirre Aphasie, seine verwirrenden Erzählungen erweckten auf alle Fälle den Eindruck, daß er auszuweichen versuchte. Es schoß mir durch den Sinn, daß er in einem Verleumdungsprozeß nicht gut abgeschnitten hätte.

„Sind Sie je selbst eigenverantwortlicher Geschäftsmann gewesen, Monsignore? Abgesehen von Ihrer Leitung der Bank? Ich meine, haben Sie für sich persönlich Geldgeschäfte gemacht?"

„Hier kommen dauernd Leute rein und bitten mich um alles mögliche. Aber ich sag ihnen, daß wir in so Zeugs nicht einsteigen. Sie kommen rein und sagen, sie hätten wahnsinnig Angst und wollen ihr Geld in Sicherheit bringen, und ich sage: ‚Tut mir leid, da seid ihr an der falschen Stelle!' Dann kommen manche und sagen: ‚Daran soll so viel für karitative Zwecke sein.' Also, das macht mich wütend, ich hab dann eine richtige Wut im Bauch, weil das eine Ausrede ist."

„Manche Leute behaupten, Monsignore, Sie hätten eine Reisegesellschaft gegründet, so eine Art von Pilgerreisengeschäft auf eigene Rechnung."

„Nein, hab ich überhaupt nicht. Während des Vatikanischen Konzils wollte ich nicht, daß unsere Kardinäle und Bischöfe von all diesen Fluggesellschaften gerupft werden würden, also hab ich mir diesen Freund geschnappt, der Pilgerreisen organisierte, und ich hab ihm gesagt: ‚Wie können wir für diese Kerle einen Charterflug arrangieren?' Sie können sich vorstellen, wieviel Geld wir da gespart haben. Für Hin- und Rückflug hatten wir jeweils zwei Charterflüge. Ich hab davon gar nichts profitiert. Wenn da überhaupt Geld verdient wurde, dann kam es wieder der Bischofskonferenz zugute. Aber ich bin auf die Charteridee gekommen, weil ich mir gesagt habe, wenn die Kirche für sämtliche Leute die vollen Kosten zahlen muß ... Sehen Sie, die Fluglinien waren gegen die Idee. Aber ich hab alle notwendigen Voraussetzungen erfüllt, ich hab gesagt, diese Bischöfe bilden doch einen richtigen Verein, nicht wahr, und sie waren schon ein regelrechter Verband, bevor das Konzil überhaupt einberufen wurde, eine hausinterne Gruppe, kapiert? Die *Propaganda Fide* zahlte eine Menge Rechnungen für diese Kerle, es gab also Charterflüge aus dem Fernen Osten, aus Afrika, aus Südamerika ... Ich hab nie ein Reisebüro geführt. Ich war auch nie beteiligt an einem Reisebüro. Ich bediente mich der Leute, die an sowas beteiligt waren ... Ich brauchte jemand, der wußte, wie das logistisch zu handhaben war, die Flugtickets, das Gepäck. Wir haben keinen einzigen Koffer verloren. Bei den Papstreisen genauso.

Sie können natürlich fragen: Wieso gibt's all diese Geschichten eigentlich nur über Marcinkus und sonst niemand? Dazu kann ich nur sagen, vielleicht liegt's daran, daß ich Amerikaner bin und bestimmte Dinge erfolgreich erledigt habe, und vielleicht hab ich mir Leute zunutze gemacht, denen ich vertraue und die in ganz unterschiedliche Dinge verwickelt gewesen sind, und deswegen werde ich über den gleichen Kamm geschoren wie sie. Ich hab den amerikanischen Bischöfen eine Menge Serviceleistungen geboten, hab vielen einen Gefallen getan, hab hier in der Stadt eine Menge Leute kennengelernt. Wenn ich nichts täte, hätte ich mit diesen Leuten nichts zu tun."

„Wieso sind Sie", fragte ich, „beim letzten Mal nicht zum Kardinal ernannt worden? Manche Leute meinen, dies sei ein Zeichen dafür, daß Sie in gewisser Weise bestraft worden seien."

„Erstens! Niemand hat ein Recht darauf, Kardinal zu werden", sagte er trotzig. „Als sie mich zum Bischof machten, hab ich ihnen gesagt: ‚Ihr müßt den Verstand verloren haben'. Weil dir damit Autorität verliehen wird ohne eine entsprechende Verantwortung. Du wirst Bischof, na ja, und sofort macht vor dir jeder einen Buckel und einen Kratzfuß und so Zeugs, und hier natürlich ganz besonders. An meiner Arbeit hat sich damit nichts verändert. Ich klettere immer noch die Leitern rauf, krabble auf dem Dach rum, all diese Dinge – ich bin ja für die Gebäude verantwortlich. Wenn ich Kardinal würde, täte ich immer noch dasselbe, was denen aber nicht gefallen würde."

„Spüren Sie nie einen verrückten Drang nach Bewegungsfreiheit, so eingesperrt im Vatikan ... in einer so kleinen, geschlossenen Gesellschaft?"

„Ich gehe aus!" sagte er empört. „Vor diesen Schwierigkeiten gab's über mich die Mär, daß ich überall herumliefe ... ein reines Märchen! Ich hab den Ruf, daß ich an all diesen Salons teilnehme. Ich weiß nicht, wie die Leute dazu kommen. Ich geh nie auf Empfänge. Ich hasse Empfänge! Das Gegenteil stimmt. Wenn ich jemand besuchen würde, hieße es gleich: ‚Wie kommt denn der her? *Warum* ist der hier?'

Ich hab keine Angst davor, den Vatikan zu verlassen. Mir persönlich macht es nichts aus, ob die Polizei mich schnappt. Aber denen möchte ich solche Genugtuung nicht geben. Sie verstehen schon, wenn mir Handschellen angelegt würden oder sonst was – den Zeitungen. Und ich hab ja wohl auch eine gewisse Verantwortung. Ich wohne jetzt im Palast des Gouverneurs. Meine Wahl. Sechshundert Meter von diesem Büro entfernt, vierzig Meter vom anderen."

Er saß eine Weile ganz in seine Gedanken vertieft da und zog an seiner Pfeife. Dann sagte er wie aus heiterem Himmel: „Wissen Sie, Christus ist eine so bewundernswerte Figur, selbst wenn du nicht an ihn glaubst, und kommst mit ihm in Berührung, bist du von ihm beeindruckt. Und stell dir vor, was erst geschehen kann, wenn du an ihn glaubst. Ich hab allmählich kapiert, materielle Dinge ergreifen von dir Besitz, du bist nicht mehr frei. Wenn du schöne Sachen in deinem Haus hast, versteckst du sie."

Es war ein wenig unter der Gürtellinie, aber ich konnte der Versuchung nicht widerstehen. „Was halten Sie dann", unterbrach ich ihn, „von den großen Schätzen des Vatikans? Wäre es nicht Zeit, sie loszuwerden? Sie für einen guten Zweck zu verkaufen?"

„Okay, darauf kann ich nur eine Antwort geben. Verkaufen wir sie. Sagen wir, die Pietà wird verkauft, wir kriegen dafür 150 Millionen, und wir geben jedem einen Pfennig, aber dann haben wir ihre

Probleme nicht gelöst, und unsere Probleme haben wir auch nicht gelöst. Das Problem ist immer noch das gleiche."

Angesichts des Anspruchs seiner vorausgegangenen Aussage schien mir das eine billige Antwort, aber es war schon ein wenig spät, um diese spezielle Polemik fortzusetzen, selbst wenn es mir nützlich vorgekommen wäre, ihm in dem Punkt weiter zuzusetzen. Plötzlich hatte er einen neuen seelsorgerischen Exkurs zur Frage der Nächstenliebe begonnen, über die Nächstenliebe in dem Sinne, daß man Gutes redet über seinen Nächsten. Berührte er damit aufs neue die Haltung, die seine Priesterkollegen im Vatikan ihm gegenüber einnahmen?

Als er seinen Monolog einmal unterbrach, warf ich ein: „Hier wird viel geschwätzt, nicht wahr, Monsignore?"

„Wenn hier im Vatikan keine Nächstenliebe zu finden ist, wo soll sie dann zu finden sein?" sagte er leise. „Das hier sollte eigentlich ein Ort sein, wo man Freude erlebt. Man hat drei oder vier Priester versammelt, und schon kritisieren sie andere Leute. Sie werden mir entgegnen: *Wie*, bitte! Ich dachte, das hier wäre ein Ort der Liebe. *Das* ist der Grund, warum ich mich an vielen Stellen hier überhaupt nicht zeige, jemand erzählt *dir* eine Geschichte, du mußt *ihm* eine Geschichte erzählen. Ich will nicht für J. Edgar Hoover arbeiten, Dreck sammeln und weiterreichen. Ich nehm an, das klingt so, als ob ich mich zu entschuldigen versuche, aber so liegen die Dinge wirklich. Ausgerechnet hier ... In dieser aufgeblähten Bürokratie, wo alle schlechten Eigenschaften des menschlichen Lebens ans Licht kommen können, kann man sich ganz schön verlieren."

Er erhob sich und ging hinüber zur Tür. Er schien nach den Schlüsseln zu suchen. Er gab mir deutlich zu erkennen, daß unser Gespräch beendet war.

„So läuft das hier", fuhr er fort, „und darin liegt auch das ganze Problem der Nachforschungen, die Sie anstellen. Sie erfahren hier ein bißchen, dort ein bißchen: genau das schafft Verwirrung. Das hier ist ein Dorf, entschuldigen Sie, wenn ich es so sage, ein Dorf von Waschweibern. Verstehen Sie, sie begeben sich zum Fluß, waschen Kleidung, klopfen sie, tanzen darauf herum, quetschen den ganzen alten Dreck raus. Im normalen Leben kommen die Menschen fort, sie haben noch andere Interessen, aber hier – worüber kann man denn sonst noch reden? Ich hatte am Gericht in Chicago eine großartige Sekretärin, die sah wie diese Phyllis Diller aus, sie war nicht gerade die schnellste, nicht wie Mavi, aber was soll's, um fünf Uhr jedenfalls war's für sie mit der Büroarbeit vorbei. Sie malte sich die Lippen an, nahm ihr Täschchen, ging nach Hause und vergaß das Büro. Aber wenn man in einem so geschlossenen Ort lebt wie hier, gibt es nichts anderes, kann man nirgends hingehen, über nichts anderes reden ..."

Er stand in der offenen Tür und komplimentierte mich hinaus. Er schloß sie hinter sich zu. Er zog einen schwarzen Regenmantel an und setzte sich eine flache braune Kordmütze auf, die am Kleiderständer im Flur gehangen hatten. Mit der Pfeife im Mund drehte er sich mir zu und meinte: „Ich will Ihnen was sagen. Sie fragen mich nach meinem Ehrgeiz. Vielleicht war ich nicht annähernd ehrgeizig genug. Wär ich's gewesen, säße ich womöglich nicht in dem Schlamassel, in dem ich jetzt stecke."

Auf dem Hof folgte ich ihm zu einem alternden silbernen Peugeot. „Steigen Sie ein", sagte er, „ich nehm Sie ein Stück mit."

Wir fuhren rückwärts, wendeten, und er sauste durch den Torbogen und in den Cortile San Damaso, von allen Seiten salutierten Schweizer Gardisten. Er erwiderte ihren Gruß knapp nach der Art von John Wayne.

„Haben Sie gesehen", sagte er, „da gibt's Leute hier, die steigen auf und wundern sich, warum sie von diesen Leuten nicht höflich behandelt werden. Diese Kerle salutieren, und die ignorieren es. Denen sag ich: ‚Es kostet nichts, den Gruß zu erwidern, und es zahlt sich aus, kapiert?'"

Es ging in halsbrecherischem Tempo durch Tunnels und Torbögen. Die Vatikanstadt lag verlassen und kaum beleuchtet da. Das Pflaster glänzte im Sprühregen.

„Heute", sagte er, „bekam der vatikanische Fuhrpark ein neues Auto, einen Peugeot, und ich sollte die erste Probefahrt machen. Der hier ist dreizehn Jahre alt. Alle meinen, ich brauchte einen neuen, klar. Aber der hier ist in Ordnung. Auf jeden Fall bin ich mit dem neuen Modell im Vatikan herumkutschiert, hab es ausprobiert. Da kommt ein Kerl daher, steckt seinen Kopf rein: ‚Gratuliere zum neuen Wagen, Exzellenz!' Sehen Sie? Also heißt's schon am Nachmittag überall im Vatikan, Marcinkus hat sich ein neues Auto spendiert! Gleich darauf nehm ich wieder meinen alten Wagen, fahr raus. Der Kerl ist völlig durcheinander, ist einer Fehlinformation aufgesessen. ‚Was geht hier vor?' fragt er. Sehen Sie?" Der Erzbischof gluckste fröhlich mit der Pfeife im Mund.

Er sauste nun in verkehrter Richtung durch eine Einbahnstraße und kam durchs Glockentor auf den Petersplatz, wo er eine Schleife zog und beim Brunnen auf der linken Seite anhielt. Wir saßen eine Weile stumm im Auto und beobachteten den Verkehr, der an der äußeren Begrenzung des Platzes vorbeiströmte. Er paffte, blickte geradeaus und hatte ein Lächeln in den Augen. Er befand sich noch auf vatikanischem Territorium.

„Gibt es sowas wie Freimaurerei im Vatikan, Monsignore?"

Er sah mich scharf an.

„Da hat es eine Liste mit Namen gegeben und ich stand drauf", sagte er prompt. „Ich soll seit 1963 oder um den Dreh Freimaurer gewesen sein und einen ganz besonderen Codenamen gehabt haben. Wie würden Sie einen Freimaurer identifizieren? Wenn er ein Freimaurer-Abzeichen oder sowas trüge, könnten Sie's vielleicht, aber wie identifizieren Sie einen Freimaurer?"

Ich meinte: „Genau da scheint das Problem zu liegen. Es ist ein Geheimnis, und man weiß davon nur innerhalb der Loge."

„Ja-ha", sagte er, „aber ich gehör keiner Loge an. Ich weiß nicht mal, wie eine Loge aussieht. Ich war neulich auf dem Golfplatz, da fragte mich wer: ‚Monsignore, kann bei den neuen Regeln ein Freimaurer zur Kommunion gehen?' Und ich hab gesagt: ‚Nein, der Freimaurer lebt noch immer in Todsünde.' Und ich bin Kirchenrechtler. Verstanden? Ich hab ihm sehr offen geantwortet."

Er wandte sich mir von der Seite zu.

„Ich wage zu behaupten und sage das auch mit vollster Überzeugung, daß es im Vatikan so etwas wie Freimaurerei nicht gibt.

Ich schwör's. Ich hab da nicht den leisesten Zweifel. Die Leute haben behauptet, Baggio war einer, Villot war einer, Benelli war einer, Casaroli war einer, aber ich könnte schwören ..." Er hob die rechte Hand wie auf der Anklagebank. „Ich lege einen EID ab, daß all die eben erwähnten Leute keine Freimaurer sind!"

Er beugte sich herüber und öffnete mir die Tür, die Pfeife steckte ihm immer noch zwischen den Zähnen.

„Passen Sie auf sich auf!" sagte er.

Mit quietschenden Reifen düste er los. Er machte auf dem Petersplatz einen weiten Bogen und verschwand in der Richtung, aus der wir gekommen waren.

14

Nach dem Abendessen im Englischen Kolleg saß ich im Aufenthaltsraum beim Kaffee in einem Kreis von Dozenten und Studenten. Neben mir saß ein ernst aussehender junger Priester, der sich, wie er mir sagte, auf Moraltheologie spezialisiert hatte.

Nach einer gewissen Zeit steuerte ich unser Gespräch auf die Lehre der römisch-katholischen Kirche über die Lüge. Ich erinnerte mich an die hitzige Debatte im 19. Jahrhundert zwischen Kardinal John Henry Newman und Charles Kingsley, dem anglikanischen Autor und Geistlichen, der behauptete, daß der römische Klerus ein ‚systematisches' Lügen fördere. Es war mir in den Sinn gekommen, daß einige der Geistlichen, die ich befragt hatte, durchaus glauben mochten, es wäre moralisch vertretbar zu lügen, um einen Skandal zu vermeiden. Falls aber so etwas als legitimes Verhalten betrachtet wurde, wo wäre eine Grenze zu ziehen? Konnte ich den Aussagen meiner geistlichen Informanten überhaupt vertrauen, die sich von dem Motiv leiten lassen könnten, bloß nicht die Gläubigen vor den Kopf zu stoßen?

„Gibt es irgendwelche Umstände", fragte ich den jungen Moraltheologen, „unter denen ein Mensch lügen darf?"

„Aha!" hob er mit einem Augenzwinkern an. „Nun, da könnten Sie in der älteren Generation so manchen finden, der nach den alten Moralhandbüchern erzogen wurde und Ihnen auf Ihre Frage ganz schön vertrackt antworten würde." Er rieb sich die Hände und beugte sich vor. „Aber selbst nach den Maßstäben der alten Lehrbücher wird eine Lüge *immer* als etwas in sich Böses gehalten und kann unter keinen Umständen gerechtfertigt werden."

„Aber kann es so etwas wie eine Unterteilung der Lüge geben?" fragte ich, während ich in meinem Gedächtnis nach einigen der mir entfallenen Formeln aus meiner Seminarausbildung suchte.

„Durchaus. Lügen können *eigennützig* sein, wie es heißt, oder *schädlich,* je nachdem, ob sie dem Lügner nützen, ohne dem anderen zu schaden, oder ob sie Schaden verursachen. Ein Moraltheologe der alten Schule würde es so formulieren, daß es sich im ersten Fall – bei Prahlerei und so weiter – um läßliche Sünden handelt, und im zweiten Fall um schwere Sünden. Zu den läßlichen Sünden zählen Lügen, die bloßer Spaß sind, gewisse Formen der Unaufrichtigkeit oder eine Art von Heuchelei – wenn Sie zum Beispiel vorgeben, tugendsam oder heilig zu sein, es aber überhaupt nicht sind." Er lächelte mich unsicher an. „Aber all das ist falsch, weil eine Lüge eine willentliche Äußerung gegen die eigene geistige Überzeugung ist."

„Was ist aber mit einer Notlüge; oder damit, was wir, wenn ich mich recht erinnere, als ‚sparsam mit der Wahrheit umgehen' bezeichnet haben; oder mit der guten alten jesuitischen Doppelmoral?"

„Aha! Dabei handelt es sich genaugenommen nicht um Lügen. Wissen Sie, derlei fällt unter die Rubrik geistiger Vorbehalt und unter das Prinzip der Amphibolie."

„Amphibolie?"

„Genau. Eine Aussage mit mehreren Bedeutungen. Wenn ich etwa ausspreche: ‚Peter *ist* heute abend zuhause', kann ich entweder meinen, daß er zum Essen nach Hause kommt und dort ißt oder daß er zu eben diesem Zeitpunkt im buchstäblichen Sinn des Wortes physisch in seinem Haus weilt. Solch ein breiterer geistiger Vorbehalt in Fällen, wenn ein umsichtiger Gesprächspartner den eigentlich beabsichtigten Sinn aus den Begleitumständen zu erkennen vermag, ist sehr wohl erlaubt. Aber ein geistiger Vorbehalt im engeren Sinne, in der erklärten Absicht, jemand irrezuführen, ist nicht erlaubt, denn dabei handelt es sich um eine abscheuliche Lüge. Ich will sagen, daß sogar Christus sich gelegentlich der Amphibolie bedient hat ..."

„Nehmen wir als Beispiel den Fall, daß der Vatikan der Welt verkündet, Magee habe den Leichnam des Papstes entdeckt, obwohl ihn in Wahrheit die Nonne entdeckt hat. Man hat das, wie es heißt, deshalb getan, um einen Skandal zu vermeiden."

„Aha! Hier könnte das Prinzip der zweifachen Wirkung relevant sein. Wenn nämlich eine Handlung zwei Ergebnisse hat, eines mag gut sein und das andere schlecht sein, etwa wenn eine Abtreibung das Leben der Mutter retten würde, und aus diesem Grund wird sie erlaubt, trotz der übrigen Konsequenzen. Aber auf Ihren Fall trifft dies Prinzip meines Erachtens doch nicht zu. Es gibt verschiedene Arten von Skandalen: da gibt's aktiven Skandal, passiven Skandal, formalen oder diabolischen Skandal. Doch in diesem Zusammenhang interessiert der *passive* Skandal. Ein passiver Skandal entsteht nicht aus einer bösen Tat, sondern aus einer guten Tat, die von einem anderen Menschen aus Unwissenheit oder Böswilligkeit als Anlaß zur Sünde genommen wird. Das träfe zu für eine Meldung, die die Leute zur Annahme kommen läßt, der Papst habe mit der Nonne geschlafen, falls man bekanntgibt, daß diese Nonne ihn am Morgen mit dem Kaffee geweckt hat. Es gibt keinerlei moralische Verpflichtung, einen Skandal zu vermeiden, der durch pure Böswilligkeit aufkommt, obwohl man ihn nach Möglichkeit vermeiden sollte, falls er nämlich auf Grund der Schwäche oder der natürlichen Neigungen der Menschen entsteht. Aber Sie sollten auf keinen Fall lügen, um ihn zu vermeiden."

„Okay", sagte ich. „Eine andere Frage. Sagen wir mal, die Kirche wäre in betrügerische oder kriminelle Finanzgeschäfte verwickelt worden, was womöglich unter Katholiken wie Nicht-Katholiken einen schlimmen Skandal auslösen würde. Ich nehme an, es ist gerade noch erlaubt, darüber Schweigen zu bewahren. Wäre es aber dem Vatikan erlaubt, mit Vorsatz zu lügen oder durch Amphibolie – oder wie immer Sie das nennen mögen – absichtlich irrezuführen, damit die Leute annehmen, der Vatikan wäre in keinem Sinne schuldig?"

„Darauf gibt es nur eine Antwort", sagte der Moraltheologe, „und die lautet: *nein!*"

15

Don Diego Lorenzi hatte meine Aufmerksamkeit auf ein vierteljährlich erscheinendes Nachrichtenblatt über das Leben von Johannes Paul I. gelenkt, das ein Konvent in Giustina, Belluno, herausgab. Es hieß einfach *Papa Luciani – Humilitas* und hatte offenbar den Zweck, den Heiligsprechungsprozeß für Johannes Paul I. in Gang zu setzen. Ich erhielt mit meiner Post im Englischen Kolleg die Ausgabe vom Mai für das zweite Vierteljahr 1986. Es war eine billig produzierte kleinauflagige Flugschrift der Art, wie sie hinten in Kirchen zu finden sind. Das Titelblatt kündigte an, die Ausgabe enthalte „Aussagen der Schwester Vincenza, gesammelt von einer Vertrauten", aus dem Jahr vor Vincenzas Tod am 28. Juni 1983. Die Vertraute war eine gewisse Schwester Irma Dametto von den Heiligen Schwestern von Bordeaux, der Schwester Vincenza dieser Publikation zufolge das einzig je gegebene Interview gewährt hatte, und Schwester Vincenza war über zwölf Jahre die ständige Haushälterin von Albino Luciani, dem späteren Johannes Paul I., in Venedig und Rom gewesen. Das „Interview" hatte folgenden Text:

„Papa Luciani war ein Heiliger! Er hat uns ein Vorbild an großer menschlicher und evangelischer Tugend hinterlassen. Er war von großer Frömmigkeit, Gläubigkeit und Gottergebenheit. Er war voller Nächstenliebe, vor allem gegenüber den Bedürftigen, den Armen, den Mittellosen. Er war das Vorbild eines echten Christen,

Priesters und Bischofs. Er war auch ein vorbildlicher geistlicher Vater.

Ich kann von einigen Geschichten berichten, die seine Eigenschaften verdeutlichen. Er betete oft und lange. Er stand früh um fünf Uhr auf. Um halb sechs kam er auf eine Tasse Kaffee in die Küche, dann verbrachte er lange Zeit mit dem Herrn, um ‚Licht und Kraft' zu erhalten, wie er zu sagen pflegte. Sooft es seine Pflichten erlaubten, kam er in die Kleiderkammer, um mit uns Schwestern den Rosenkranz zu beten.

Er war sehr gütig und väterlich zu uns Schwestern. Er wünschte, daß wir uns gut ausruhten, und wenn eine von uns krank wurde, kam er uns in Begleitung besuchen, um nach uns zu sehen, uns zu ermutigen und seinen Segen zu erteilen. Er war immer sehr zurückhaltend. Ich kann mich nicht erinnern, daß er je zornig war. Als er noch Patriarch war, hat er uns einmal alle auf eine Pilgerfahrt geschickt. Als wir am Abend zurückkamen, fanden wir ein warmes Essen vor, das er ganz allein für uns zubereitet hatte.

Er pflegte immer zu sagen: ‚Jeder hat ein toket', was im venezianischen Dialekt Talent heißt. ‚Im richtigen Moment müssen wir es entfalten.'

Er sprach gewöhnlich Dialekt, sogar in Rom. Zwei Worte gebrauchte er unentwegt: ‚*Suora*' und ‚*Grazie*' – ‚Schwester' und ‚Danke'. Er ermahnte immer wieder: ‚Denken Sie daran, Sie gehören zur Familie.'

Wir kümmerten uns um seine Garderobe und seine Schuhe, an denen nie Schnallen sein durften. Wir mußten uns um alles kümmern. Er war nicht schwierig, aber er war sehr gepflegt. Ja, sehr.

Einmal im Sommer habe ich ein paar Tröpfchen *Eau de Cologne* aufgeträufelt. Er hat es augenblicklich gemerkt und mich mit ausgesuchter Höflichkeit gebeten, es nicht wieder zu tun.

Auch mit dem Essen machte er keine Schwierigkeiten, obwohl er eine sehr zarte Gesundheit hatte. Er fand alles gut. Ich kann mich nicht erinnern, daß er während der ganzen zwölf Monate auch nur ein einziges Mal eine Mahlzeit zurückgeschickt oder sich beschwert hat. Nur einmal bemerkte er: ‚Die Suppe ist heute abend etwas salzig.' Doch wenn Gäste kamen, ganz gleich wer, da wollte er nur das Beste, auf dem besten Geschirr serviert.

Abends ging er früh zu Bett, um neun Uhr. Er sah sich die Fernsehnachrichten an, und das war's dann. Eine Ausnahme machte er nur, wenn Komödien von Goldoni gezeigt wurden.

Einmal mußte er einen Gemeindebesuch in der Nähe von Mestre machen. Es war während der Ölkrise, das Autofahren war nur beschränkt erlaubt. Als Patriarch hätte er eine Sondererlaubnis bekommen können, aber die wollte er nicht in Anspruch nehmen. Er fuhr mit dem Zug von Venedig nach Mestre, lieh sich dann ein Fahrrad und radelte in seiner scharlachroten Robe zur Gemeinde zur Freude seiner Gläubigen. Bei anderer Gelegenheit, so fällt mir ein, parkte sein kleines Auto völlig staubbedeckt am Straßenrand, und irgendwer schrieb mit dem Finger: ‚Das ist Armut'.

Immer wenn er in der Stadt umherging, zog er sich als einfacher Priester an, nicht wie ein Kardinal. Er steckte sein rotes Käppchen in die eine Tasche und sein Kreuz mit der Kette in die andere, und ging unter die Leute. Jeder kannte ihn und grüßte ihn ehrerbietig und liebevoll. Er war ein Freund der *Gondolieri* und aller, die Trost und Hilfe brauchten, nicht nur geistliche und moralische. Zu jeder Tages- und Nachtzeit klopften Menschen wegen aller möglichen Sachen an die Tür des Patriarchats, und er gab Anweisung, daß immer aufgemacht werden sollte.

Die Straße vor dem Haus glich einer ständigen Prozession. Und niemand ging mit leeren Händen davon. Er ging oft aus und hatte die Taschen voller Geld in Umschlägen, die er persönlich an Menschen verteilte, denen er half. Und von denen gab es eine große Menge.

Er wurde der ‚lächelnde Papst' genannt. Er war sehr leutselig, gutmütig, aber er hat auch gelitten, sowohl in Venedig wie in Rom. Er sagte uns Schwestern oft: ‚Denkt daran, daß euer Weg beschwerlich ist. Ihr werdet Tigern, Löwen und Panthern begegnen, die euch in Stücke reißen möchten. Und selbst in den angenehmsten Zeiten kommen Fliegen und Stechmücken und beißen und attackieren euch ... so viele, so viele ...'

Im Vatikan hatte ich es mir angewöhnt, sein Zimmer um etwa

acht Uhr reinzumachen, wenn ich glaubte, daß niemand dort war. Eines Morgens trat ich wie gewöhnlich ein; zu spät erkannte ich, daß sich Papa Luciani im hinteren Teil des Zimmers aufhielt. Er stand da in einer depressiven und gramgebeugten Haltung, und der Sekretär beugte sich über ihn.

Ich entschuldigte mich und zog mich eiligst zurück, aber es ließ sich nicht vermeiden, daß ich hörte, wie der Sekretär zu ihm sagte: ‚Heiliger Vater, seien Sie der heilige Petrus! Sie haben die Autorität! Lassen Sie sich von denen nicht drangsalieren und einschüchtern!‘ Er sagte das mit großem Nachdruck immer wieder.

Er sprach oft mit großer Bewunderung und Zuneigung von Paul VI. ‚Er war ein großer Papst‘, pflegte er zu sagen. ‚Er mußte viel leiden und wurde mißverstanden ...‘ Er sagte immer: ‚Hüte dich vor der Menge, die dir Beifall klatscht; was wird sie morgen tun!‘

Er sagte auch: ‚Schaut, am Anfang schreit die Menge *Hosianna*, doch es dauert nicht lang, dann ruft sie *Kreuzigt ihn!* Vertraut nur auf Gott und setzt euren Glauben in *ihn*.‘

Wenn es im Vatikan um etwa zehn Uhr morgens ruhig war, habe ich ihm immer ein Täßchen Kaffee hereingebracht. Er hat mir viele Male gesagt: ‚Schauen Sie, Schwester, ich sollte nicht hier auf diesem Platz sitzen. Der ausländische Papst wird meinen Platz einnehmen. Ich habe unseren Herrn darum *gebeten!*‘

Und unser Herrgott hat ihn erhört.“

Einige wesentliche Charakterzüge der Persönlichkeit von Johannes Paul I. schienen durch die nonnenhafte Frömmigkeit hindurch und ließen die beunruhigenden Implizierungen der letzten Absätze um so schärfer hervortreten. Das Detail über den Sekretär, der ihm ins Gewissen redete, bekräftigte die durchgängigen Hinweise, daß die Männer in seiner Umgebung ihn für einen schwachen Papst hielten und daß er seiner Aufgabe nicht gewachsen war. Ich war jedoch enttäuscht, hier nicht mehr Informationen über jenen Morgen zu entdecken, an dem der Papst tot aufgefunden wurde. Ich beschloß, Schritte zu unternehmen, um Schwester Irma, die ‚Confidante‘, ausfindig zu machen.

16

Zwei Tage vor meiner fälligen Rückkehr nach London sprach ich bei Dr. Navarro-Valls im Pressebüro vor, um mich zu erkundigen, wie weit er gekommen war, mir Verabredungen mit Dr. Buzzonetti, dem Arzt des Papstes, und den Leichenbestattern zu verschaffen.

Schwester Giovanna wirkte unsicher. Sie sagte: „Ich will sehen, ob er mit Ihnen sprechen kann." Und damit verschwand sie für fünf Minuten.

Als sie zurückkam, biß sie sich auf die Unterlippe. „Dr. Navarro-Valls ist momentan sehr beschäftigt. Er kann nicht mit Ihnen sprechen und läßt sich entschuldigen. Er sagt, Dr. Buzzonetti sei nicht in der Lage, sich mit Ihnen zu unterhalten, weil er den Patienten nach eigener Aussage nur kurze Zeit gekannt hat und sich deshalb außerstande sieht, überhaupt etwas auszusagen. Außerdem sei alles geheim."

Der Patient! Ich stieß innerlich einen Fluch aus. „Kann ich bitte einen Zettel haben?" bat ich.

Ich setzte mich im Sekretariatszimmer hin und schrieb eine Notiz:

An Dr. Navarro-Valls
von John Cornwell

Es ist mir unmöglich, die Wahrheit über die verschiedentlich publizierten Behauptungen sowohl über Dr. Buzzonettis Handlungen und Erklärungen sowie die der Gebrüder Signoracci festzustellen, wenn ich nicht mit ihnen reden kann. In Anbetracht ihrer Unerreichbarkeit beabsichtige ich, das Vorhaben aufzugeben und nach England zurückzukehren.

Schwester Giovanna brachte ihm die Notiz. Sie kam innerhalb einer halben Minute wieder zurück.

„Der Direktor erwartet Sie.“

Sie führte mich zu ihm.

Er stand in seinem Zimmer mit dem vertrauten Desinfektionsgeruch. Er hatte die Hände gespreizt und ein entschuldigendes Grinsen aufgesetzt.

„Es tut mir leid. Ich habe heute morgen mit Dr. Buzzonetti gesprochen“, sagte er. „Er bleibt bei seiner Absage. Er sagt, die Information sei geheim.“

„Aber ich will doch gar keine Geheiminformationen. Ich will nur wissen, wann er die Gebrüder Signoracci angewiesen hat, den Leichnam einzubalsamieren. Wieso sollte das ein Geheimnis sein?“

„Ich weiß nicht.“

„Kann ich mit den Gebrüdern Signoracci sprechen?“

„Ich weiß nicht.“

„Es ist zwecklos, weiterzuarbeiten, wenn ich keinen der lebenden Schlüsselzeugen sprechen kann. Sie sind für die Presse zuständig. Sind Sie sich darüber im klaren, daß ANSA berichtet hat, die Gebrüder Signoracci seien zum Vatikan aufgebrochen, bevor der Leichnam gefunden wurde? Meinen Sie nicht, daß wir dem im Sinne der historischen Wahrheit nachgehen sollten? Das ist eine Grundsatzfrage!“

Navarro-Valls zuckte mit den Schultern und zeigte mir beim Lächeln seine prächtigen Zähne. „Mir sind die Hände gebunden. Ich leite dieses Pressebüro. Ich kann dem Arzt des Papstes nicht befehlen, was er tun soll.“

„Es ist Ihnen also egal, ob ich mein Vorhaben aufgebe?“

Wieder zuckte er mit den Schultern. „Was kann ich denn machen?“

Ich drehte mich auf dem Absatz um und verließ das Büro. Ich war wütend. In der Vorhalle des Pressebüros wurde eine Krippe aufgebaut. Ich empfand in diesem Augenblick einen beträchtlichen Unwillen gegenüber den Vertretern der christlichen Botschaft.

Ich trat in die neblige Dämmerung auf der Via della Conciliazione hinaus und gleich in die Bar Santo Spirito, um Marjorie Weeke anzurufen.

„Ist es Navarro-Valls oder Buzzonetti?" wollte sie wissen.

„Was meinen Sie damit?"

„Ich meine folgendes: Haben Sie heraushören können, ob Navarro-Valls von höherer Stelle Anweisung hatte, nicht mitzuspielen und Ihnen nicht weiterzuhelfen? Wenn nämlich das der Fall wäre, sind Sie erledigt."

„Wie sollte ich denn so etwas mitkriegen?"

„Ich weiß es nicht. Nur ein Gefühl, Instinkt. Normalerweise finden die einen Weg, Sie so etwas wissen zu lassen."

„Wenn es eine Frage des Instinkts ist", erwiderte ich, „so denke ich, daß Buzzonetti mich hinhält ... Können Sie irgend etwas für mich tun?"

„Nichts", sagte sie.

„Dann ist der Dampf raus."

„Könnte sein." Ihre Stimme klang wenigstens mitfühlend.

Ich legte den Hörer auf und war überrascht, daß meine Hand vor Zorn zitterte.

Ich schaute in meinem Adreßbuch nach und rief in der Vatikan-Bank an.

Vittoria Marigonda nahm ab.

„Ach, Sie sind's!" sagte sie. „Ich hab versucht, mit Ihnen Verbindung aufzunehmen. Ich kann jetzt nicht reden. Können Sie später herkommen, wenn die Bank geschlossen hat? Ich möchte Sie sehen. Ich erwarte Sie um halb sieben."

17

Der Cortile di Sisto Quinto lag praktisch im Dunkeln, als ich zu meiner Verabredung mit Vittoria Marigonda, der Sekretärin von Marcinkus, eintraf. Die Bank lag still und verlassen. Der Erzbischof hatte sich in seine abgelegenen Gemächer im Gouvernoratspalast zurückgezogen. Sie saß bei einer Tasse Kaffee an ihrem Schreibtisch.

„Kommen Sie. Setzen Sie sich", sagte sie.

Ich zog mir einen Stuhl an den Schreibtisch.

„Ich hoffe, Sie sind offen und ehrlich ... Ich möchte Ihnen helfen ... solange Sie offen und ehrlich sind. Er ist schon zu sehr verletzt worden."

Ihr Akzent und Tonfall waren amerikanisch, nur ein Hauch italienisch. Sie trug ein elegantes, gutsitzendes Kostüm.

„Machen Sie sich keine Sorgen", meinte ich, „ich werde mein Vorhaben aufgeben, wenn ich nicht mit Buzzonetti reden kann. Wissen Sie, er hat sich geweigert, mich zu sprechen."

„Marjorie hat's mir erzählt. Neuigkeiten machen hier rasch die Runde. Lassen Sie mich nachdenken, ob wir etwas tun können ... Ich will mal sehen, ob der Erzbischof das regeln kann. Aber es ist eine harte Nuß. Buzzonetti ist nur dem Staatssekretär und dem Papst verantwortlich, und wenn er sich mit Ihnen nicht treffen will, wird er's auch nicht, es sei denn, er bekommt Anweisung vom Heiligen Vater. Aber ich möchte Ihnen nur etwas zeigen. Hören Sie, nennen Sie mich Mavi, so nennen mich alle ... Hier, dieser Brief wurde vom Feldwebel der Schweizer Garde geschrieben, der in Yallops Buch mit belastenden Aussagen den Erzbischof erwähnt hat. Wissen Sie, Sie sollten sich mit Roggen treffen.“

Sie übergab mir den Brief.

An den Hochwürdigsten Paul Marcinkus
Pro Presidente dello Stato della Città del Vaticano
Stato della Città del Vaticano

22. Juni 1984

Eure Exzellenz,

letzte Woche kam in den Abendnachrichten der Bericht des Rom-Korrespondenten über ein neues Buch, das nahelegt, der Tod von Johannes Paul I. sei durch äußere Einwirkung herbeigeführt worden. In diesem Buch *(Im Namen Gottes?)* wurde ich zitiert mit der Beschreibung der Ereignisse des darauffolgenden Morgens nach einem Zusammentreffen mit Ihnen, als Sie sich zur gewohnten Stunde in Ihrem Büro einfanden.

Ich erinnere mich, daß ich mich in aller Unschuld mit einigen wenigen Freunden über die Angelegenheit unterhielt und wie schockierend und unerwartet es kam und wie Sie von der Plötzlichkeit und Unvorhersehbarkeit des Ganzen völlig überrascht waren. Ich habe nie in irgendeiner Weise die Absicht gehabt, ein Interview zu geben oder eine maßgebliche Aussage zu machen.

Ich bin sehr erbost und bestürzt über dieses Buch und über den Mißbrauch, den der Verfasser mit meinem Namen treibt. Ich kann mich nicht einmal erinnern, diese Person je getroffen zu haben. Ich bin besonders besorgt über die Unannehmlichkeiten, die es Ihnen verursachen mag. Ich möchte mich entschuldigen und meine Bestürzung über die Veröffentlichung solchen Schunds ausdrücken. Ich möchte außerdem ausdrücklich bestreiten, daß ich mit der Veröffentlichung dieses Buches irgend etwas zu tun gehabt habe.

Ich möchte die Gelegenheit wahrnehmen, um Ihnen meine Wertschätzung Ihrer Freundschaft und Güte über all die Jahre auszusprechen, und ich versichere Sie meiner weiteren Unterstützung und Loyalität Ihnen und unserem Heiligen Vater gegenüber.

Mit den besten Wünschen verbleibe ich

Ihr ergebener Diener in Christo
Hans Roggen

Unten am Briefende stand hingekritzelt: ‚Nur eine kurze Bestätigung – ihm versichern, daß ich Vertrauen zu ihm habe. Ich möchte ihn sehen, wenn er nach Rom zurückkehrt! PCM. 1. 7. 84.‘

Es war ein interessantes Dokument, schien es doch zu behaupten, daß Hans Roggen nur mit ‚Freunden‘ gesprochen hatte. Ich war davon keineswegs überzeugt. Und Mavi verfolgte außerdem ganz offenkundig die Absicht, daß ich die milde und freundliche Reaktion des Erzbischofs zur Kenntnis nahm. Ein Zusammentreffen mit Feldwebel Roggen schien mir lohnenswert.

Ich blickte sie an.

„Wissen Sie“, sagte sie, „der Erzbischof hat so viel gelitten, weil seit Beginn dieser ganzen Schwierigkeiten sogar einige seiner besten Freunde ihn schlecht behandelt haben, und ... na ja, die Amtsstellen hier haben nie einen Finger zu seiner Entlastung gerührt. Er ist wirklich arg getroffen worden ... Leute, die er gut kannte, Leute, denen er geholfen hat. Sie haben ihn geschnitten, als ob es ihn überhaupt nicht gäbe.“

„Mavi, darf ich Ihnen ein paar Fragen stellen?“

Sie steckte sich eine Mentholzigarette an. „Freilich, schießen Sie los.“

„Erzählen Sie mir von dem Morgen, als der Papst gestorben war! Um welche Zeit sind Sie aufgestanden?“

„Ich zog mich gerade an, etwa um halb acht, da klopfte ein Nachbar an die Tür und hat es mir berichtet. Also bin ich gleich her und traf gegen acht Uhr ein. Im Vatikan ging sowieso alles drunter und drüber, weil sie vom Konsistorium alles entfernt hatten, und nun mußten sie daran denken, alles wieder anzubringen. Der Erzbischof war da; er ist ja immer früh hereingekommen. Immer. Er ist ein

Frühaufsteher. Er hat seine Messe immer bei Tagesanbruch gelesen, kam anschließend her und studierte die Zeitungen."

Sie wagte ein schmerzliches Lächeln. „Ich versuche mich zu erinnern. Nachdem der Erzbischof seine einzige Audienz beim Papst Luciani gehabt hatte, kam er herunter und sagte: ‚Er wirkt so klein und müde!' Und ich erinnere mich, daß ich den Erzbischof anschaute und dachte: ‚Und Sie wirken so groß und stark!'"

„Wie stehen Sie zu ihm?" fragte ich. Sie blitzte mich an, und ich kapierte sofort, daß ich eine unverschämte Frage gestellt hatte. Ich fügte hinzu: „Sie sind ihm sehr ergeben, ja?"

„Ich arbeite seit siebzehn Jahren für ihn. Ich bin ihm ergeben, weil er ein guter Mensch ist. Er hat ein goldenes Herz. Wirklich. Es hat alle möglichen dummen Gerüchte gegeben ... das ist mir egal. Schauen Sie, ich war die erste weibliche Bürokraft in der Geschichte des Vatikans. Als er zur Bank kam, hat er erklärt, er wolle nicht irgendeinen kleinen Priester, sondern eine gut ausgebildete Sekretärin aus der Geschäftswelt. Zu Beginn haben sich die Leute hier mir gegenüber entsetzlich benommen. Sie haben nicht mit mir gesprochen, nicht mal am Telefon. Es hat Priester und Monsignori gegeben, die kamen, blieben an der Türe stehen und starrten mich bloß stumm an. Sogar das Laienpersonal war abweisend. Gleich nach dem ersten Tag verbannten sie mich aus der Kantine. Später haben sie dann ihre Meinung geändert und gemeint, ich sei herzlich willkommen. Toll, was? Ich habe meinen Fuß da nie wieder reingesetzt. Es ist alles so schwierig: Man geht mittags mit einem Mann schnell auf eine Tasse Kaffee aus und schon wird im ganzen Vatikan darüber getuschelt."

„Pflegen Sie gesellschaftlichen Verkehr mit dem Erzbischof? Ich meine, treffen Sie sich mit ihm auch außerhalb der Bürozeit?"

Sie lachte. „Das kann nicht Ihr Ernst ein! Das hier ist wie ein Aquarium. Ich könnte nicht einmal eine Runde Tennis mit ihm spielen, ohne einen Skandal auszulösen. Geselligen Umgang? Nein. Ich habe ihm bei Gesellschaften im Gouverneurspalast ausgeholfen. Schon darüber wurde die Nase gerümpft! Er will keine Nonnen um sich haben, obwohl er das Anrecht auf die Hilfe von einigen

Nonnen hätte. Er ist im Grunde äußerst anspruchslos und haßt Geldverschwendung. Ich muß ihn anflehen, daß er sich einen Anzug kauft. Er trägt einen Anzug so lange, bis Ellbogen und Knie durchgescheuert sind und er ihm in Fetzen vom Leib fällt. Ich sage Ihnen, das einzige, was er sich gönnt, ist eine Partie Golf. Basta! Jedenfalls hat er mich ein- oder zweimal darum gebeten, ihm beim Kochen und Servieren zu helfen, wenn er im Governeurspalast Gäste bewirtete. Aber darüber habe ich mich wirklich geärgert. Ich ging hin und servierte und diese Priester tasteten mich von oben bis unten mit ihren Blicken ab. Sie waren erstaunt, mich dort zu sehen. Und ich mochte das überhaupt nicht. Es war ungehörig. Ich meine, ich bin in einer leitenden Stellung; es war erniedrigend. Schließlich habe ich ihm gesagt, ich würde ein Buffet vorbereiten und beim Abräumen und beim Abwasch müßten sie helfen. Aber er fand das ganz in Ordnung. Er führt ein einsames Leben. Ich weiß über alles Bescheid. Da gibt's keine finsteren Geheimnisse. Ich kenne alle seine Freunde ... meist Priester. Er nimmt sein Priestertum ernst. Er hat mir immer wieder erklärt, das Allerwichtigste sei der *Gehorsam*. Er wird immer das tun, was der Papst von ihm verlangt. Wissen Sie, daß er dem Papst zweimal das Leben gerettet hat? Er ist ins Ausland mitgereist, weil diese Reisen gefährlich waren, und er war fest entschlossen, dem Papst den bestmöglichen Schutz zu sichern. Davon hatte ja keiner eine Ahnung. Keiner von den anderen stand mit den Beinen auf der Erde. Als Paul VI. mit dem Herumreisen anfing, wußte nur der Erzbischof, was das hieß. Wäre er nicht gewesen, hätte es Paul erwischt und den jetzigen Papst auch. Er hätte Papst Luciani in Ehren gehalten, wenn der länger gelebt hätte. Er ist ein Papsttreuer, bei jedem Papst! Ihn eines Papstmordes zu verdächtigen ..." Mavi hielt kurz inne. „Aber er weiß und hat's schon immer gewußt, daß er nicht beliebt ist und daß die Leute hier ihn gern los hätten."

„Ist er leicht reizbar? Kann er grob werden?"

„O, er kann ganz schön rumbrüllen, aber nach fünf Minuten ist alles vorbei. Böswilligen Klatsch und Tratsch kann er nicht ausstehen. Gerede. Das macht ihn verrückt; dann stürmt er heraus und knallt die Türen zu ... so Sachen eben. Ich rate ihm: ‚Nehmen Sie's auf die leichte Schulter. Das geht zum einen Ohr rein und zum anderen wieder raus. Wechseln Sie einfach das Thema.' Aber er kann's einfach nicht ertragen. Das ist ein weiterer Grund, warum man ihn hier nicht mag. Wissen Sie, die erzählen einem was, nur damit man ihnen auch was erzählt. Das kann er nicht ausstehen."

„Wo haben Sie vorher gearbeitet?" wollte ich wissen.

„Ich habe für eine Investmentfirma gearbeitet. Im selben Gebäude wie Sindona, so daß ich alles von der anderen Seite aus mitbekam."

„Begreifen Sie diese ganze Sache mit der Banco Ambrosiano?"

„Wollen Sie mich auf den Arm nehmen? Ich war doch von Anfang bis Ende mit dabei."

„Sagen Sie mir ganz ehrlich", bat ich, „ob es etwas gibt, dessen er sich schämen müßte."

Sie blieb eine Weile stumm. Sie sah mich eindringlich an und zog an ihrer Zigarette. Dann schüttelte sie den Kopf.

„Er wußte nur über die kirchliche Grundstrategie Bescheid. Er hat die Bank im technischen Sinn absolut nie geleitet. Die Bank ist seit beinahe vierzig Jahren von Mennini geleitet worden. Der Erzbischof hat nur immer am Ende des Tages für alles die Verantwortung übernommen, ist zu ihm und allen anderen gestanden. Da gibt es nichts aufzudecken ... außer vielleicht Naivität, und dafür war der Erzbischof nicht verantwortlich."

„Hat er persönlich Geld?"

Sie lachte. „Ich kenne jeden Pfennig, den dieser Mann besitzt", sagte sie. „Er wird in ernsthafte Schwierigkeiten geraten, wenn er in Pension geht, weil er absolut nichts hat. Das bißchen, was er je gekriegt hat, hat er verschenkt. Es kommen immer Leute zu ihm, die Hilfe brauchen, und er würde seinen letzten Heller hergeben. Die denken sich wahrscheinlich, das Geld käme von der Bank, aber es kommt direkt aus seiner eigenen Tasche. Die denken selten daran, es ihm zurückzuzahlen. Er hat der Bank nie etwas entnommen. Er kann's gar nicht. Alle Messestipendien, Gelder für Firmungen und Priesterweihen und so weiter für sich lehnt er ab."

„Jetzt mal langsam", sagte ich. „So wie Sie von ihm sprechen, wirkt er ja wie ein wandelnder Heiliger. Ist das realistisch?"

„Ein Heiliger ist er nicht. Aber er ist ein großartiger Kerl. Warum hätte ich bei dem Gehalt und dem ganzen Heckmeck sonst siebzehn Jahre hier gearbeitet? Ich sag Ihnen frei heraus, für einen üblen Kerl oder einen Gauner würde ich's nicht tun. Wer täte das schon? Na ja, ich weiß schon, was Sie jetzt denken ... Sie müssen schon für sich selbst entscheiden, wie er zu beurteilen ist."

Ich erhob mich zum Gehen.

„Ich möchte Buzzonetti unbedingt sprechen, Mavi", sagte ich. „Wenn ich in dem Punkt nicht weiterkomme, laß ich die ganze Sache fallen."

Sie begleitete mich zur Milchglastür. „Jetzt vergessen Sie Buzzonetti mal für die nächsten vierundzwanzig Stunden, ja? Denken Sie einfach nicht an ihn. Ich werde gleich am Morgen mit dem Erzbischof reden."

Ich verabschiedete mich und lief über den Hof. Der Carabiniere, der in seinem Unterstand kauerte, grinste und salutierte.

Mein Gesicht wurde ihnen allmählich vertraut. Als ich die kalt widerhallende Grandezza der Stiege hinunterging, fragte ich mich, wie ich den persönlichen Charakter von Marcinkus angemessen erfassen könnte. Zwei Verse von Browning kamen mir in den Sinn, während ich die Stufen hinuntertrottete:

> What needs a bishop to be fool or knave,
> When there are a thousand diamond
> weights between?

Welch eine Ironie, daß bei meinen vatikanischen Nachforschungen ausgerechnet das Büro von Erzbischof Marcinkus mein stärkster Verbündeter geworden war.

18

Am darauffolgenden Tag wartete ich im Englischen Kolleg auf einen Anruf von Vittoria Marigonda.

Sie rief abends um sechs an. „Wir haben's geschafft!" sagte sie. „Es war eine verdammt harte Nuß, die es da zu knacken gab, aber die Sache wird in Ordnung gehen. Werden Sie dort am späteren Abend zu erreichen sein?"

„Ja."

„Sie werden einen Anruf bekommen. Ich kann Ihnen jetzt nichts sagen, aber alles wird bestens geregelt werden. Kommen Sie mich morgen früh besuchen."

„Um welche Uhrzeit? Ich reise morgen nach England zurück."

„Sie werden sowieso im Vatikan sein. Ich kann es Ihnen jetzt nicht erklären. Vertrauen Sie mir nur." Und sie hängte ein.

Ich aß im Kolleg zu Abend und setzte mich mit Monsignore Paul zu einem Glas Whisky in den *salone*. Mavis Anruf hatte mich wahnsinnig neugierig gemacht, und ich horchte den ganzen Abend über unablässig nach dem Telefon, bis ich zu vorgerückter Stunde die Hoffnung aufgab.

Um halb elf erschien der Rektor im *salone*.

„Aus dem Vatikan ist ein Anruf gekommen", teilte er mir mit. „Sie werden dort morgen früh erwartet. Viertel nach sechs. Am Bronzeportal!" Sein Gesicht strahlte vor Freude.

„Was soll das heißen?" sagte ich und stand auf.

„Der Sekretär des Papstes, Pater Stanislaus, hat eben angerufen. Sie sollen morgen früh an der privaten Messe des Papstes teilnehmen und ihn gleich anschließend sprechen."

„Ihn? Wen? Den Sekretär?"

„Nein ... Heute abend sind Sie aber ein bißchen schwer von Begriff. Den Herrn persönlich! Den PAPST!"

„Zur Messe? Aber ich gehe nicht zur Kommunion."

„Machen Sie sich mal darüber keine Sorgen. Seien Sie einfach dort. Sie können ihm nur auf diese Weise begegnen. Und einen Schlips sollten Sie tragen. Und *pünktlich* sein!"

Es wurde eine lange Nacht. Ich hörte das Schlagen jeder Viertelstunde vom Glockenturm, bis ich um halb fünf aufstand und mir einen dunklen Nadelstreifenanzug anzog und eine schlichte Krawatte umband.

Es war noch finster, und der Mond leuchtete hell aus seinem frostigen Strahlenkranz, als ich aus dem Seitentor in die Via di Monserrato hinaustrat und die engen Gassen der Altstadt zum Vatikan schritt. Auf halbem Wege, am Corso Vittorio, trank ich in einer Bar unter schweigenden Früharbeitern rasch einen Kaffee.

Der Petersplatz lag um 5 Uhr 30 düster und nebelig da. Das Bronzeportal war fest verschlossen, einige Leute liefen in der Nähe auf und ab. Unter ihnen befanden sich ein hochgewachsener Monsignore in Soutane und fuchsroter Schärpe, drei Nonnen, drei fromme Damen in Schwarz mit Mantillas und klobigen Schuhen, die große Gebetbücher in der Hand trugen. Keiner von uns entfernte sich allzuweit von den Toren.

Ich blickte zu den päpstlichen Gemächern empor: alle Fenster waren erleuchtet. Ich war ganz erregt vor Erwartung, der sich bei der bloßen Vorstellung des Papsttums ein Gefühl von Ehrfurcht beimischte. Seit meiner Kindheit war mir der Papst jeder normalen Erfahrung entrückt und doch allmächtig erschienen – wie ein römischer Kaiser. Ich war mit seltsamen Geschichten über Pius XII. aufgewachsen. Fotos von diesem ausgezehrten Halbgott mit den großen Augen hatten während meiner Jugendzeit in allen Fluren gehangen. Er aß stets für sich allein, so war uns erzählt worden. Wenn Angehörige des Vatikans einen Anruf von ihm erhielten, fielen sie augenblicklich auf die Knie. Er hatte Christus-Visionen gehabt, bunte kreisende Sonnen gesehen und war am Schluckauf gestorben. Das alles hatte irgendwie mit der *Idee* zu tun, was ein Papst war.

Um 6 Uhr 30 wurden die Tore geöffnet, dahinter enthüllte sich die dämmrige Weite der Scala Regia. Ein Kammerdiener trat vor, um an der Tür unsere Namen zu überprüfen. Ich nannte meinen, der auf dem Blatt an seinem Klemmbrett abgehakt wurde.

Wir wurden die breite Marmortreppe zum Cortile San Damaso hinaufbegleitet. Die Glaseinsätze der Loggien waren erleuchtet. Überall um uns herum Schweizer Gardisten, deren Atem in der Luft rauchte, die salutierten und „*Buon giorno!*" riefen.

Wir fuhren mit dem Aufzug zur dritten Loggia mit ihren leuchtenden Raffael-Fresken, den großartigen Türbögen und Querbalken. Bis zur päpstlichen Haustür waren es keine dreißig Schritte mehr.

In einem Vorraum standen zwei Kammerdiener in schwarzen Anzügen, blütenweißen Hemden mit schwarzen Krawatten. Noch einmal wurden unsere Namen einer nach dem anderen abgehakt, dann betraten wir einen Empfangsraum, der von gleißenden Kristallkandelabern erleuchtet war. An den Wänden hingen moderne Gemälde: die Himmelfahrt der Jungfrau Maria, Maria Himmelskönigin, Christus bei der Blindenheilung, eine Bronzetafel mit der Heiligen Geburt ...

Darauf folgte ein größerer Raum mit Bücherschränken und in der Mitte einem langen modernen Eichentisch mit Stühlen, wie aus einem Konferenzzimmer. Mit seinem polierten weißen Marmor wirkte der Raum irgendwie so modern wie moderne Geschäftsräume. In einer Ecke stand ein geschmückter Weihnachtsbaum. Der Raum wurde von Leuchtern in zeitgenössischem Design und durch eine dezente Beleuchtung oberhalb der Leisten der üppigen Goldvorhänge erhellt.

Wir wurden in einen letzten Flur weitergeleitet, der frühmorgendliche Schauplatz der Aktivitäten im Zusammenhang mit dem Tod von Johannes Paul I. Am hinteren Ende die Tür zum Schlafzimmer des Papstes. Zu meiner Rechten das Arbeitszimmer der päpstlichen Sekretäre. Die Tür stand offen, ich konnte ihre Schreibtische und Ordner erkennen.

Zu meiner Linken die Tür der kleinen Privatkapelle – und dort kniete, ganz allein, die vertraute Gestalt Papst Johannes Pauls II. Mir kam der Raum besonders häßlich vor; modern im Design, eine Häufung künstlerisch unbedeutender Bronzen mit der Darstellung der Evangelisten, Mosaiken mit frühchristlichen Symbolen, eine Reproduktion der Schwarzen Madonna von Tschenstochau rechts vom Altar, und angestrahlte Tafelbilder mit Szenen aus dem Evangelium. Er wirkte irgendwie überladen.

Ein Priester, den ich von Fotografien her als Pater Stanislaus kannte, wies uns mit ehrerbietigen Gesten unsere Plätze in der Kapelle zu. Er schien jeden von uns genau zu beobachten und mich ganz besonders, dachte ich. Ich war dem Papst so nahe, daß ich ihn mit ausgestreckter Hand hätte berühren können. Mir fielen seine breiten Schultern auf. Seine Soutane war nicht, wie ich erwartet hatte, von schneeigem Weiß, sondern ein seltsam vergilbtes Schmutzweiß, wie ganz alte Tennissachen. Er hielt den Kopf in tiefer Versenkung geneigt und schaute gelegentlich hoch zum Bronzekruzifix über dem Altar. Wir hatten uns eben niedergelassen, da kam Unruhe auf, als eine schwarze Nonne mit einem seltsamen viktorianischen Kopfputz verspätet hereinhinkte. Sie murmelte vor sich hin und war ganz aufgeregt, aber der Papst ließ sich nicht aus der Ruhe bringen. Als ich mich umdrehte, sah ich die Nonnen aus dem päpstlichen Haushalt draußen im Flur knien mit dem Blick in die Kapelle. Sie waren schwarz gekleidet, mit herzförmigen Stickereien auf der Brust. Wie Deskurs Nonnen waren auch sie von Kopf bis Fuß verhüllt und lugten aus gestärkten Schleiern.

Als die Glocken von St. Peter sieben schlugen, erhob sich Johannes Paul II. und drehte sich um. Sein Gesicht wirkte müde und erschöpft, die Augen schienen halb geschlossen. Er brachte mit seitlich geneigtem Kopf ein schwaches väterliches Lächeln zustande. ‚*Buon giorno!*‘ sprach er mit tiefer, vibrierender Stimme. Dann schritt er zum Altar und begann sich für die Messe einzukleiden. Jede Geste war langsam und überlegt, doch als er, um sein Brustkreuz abzunehmen, die lange Kette über den Kopf heben mußte, bemerkte ich eine rasche, fast gereizte Bewegung.

Daraufhin begann die Messe.

Nach der Messe führte uns Pater Stanislaus in das große Zimmer hinaus. Er gruppierte die frommen Damen und die Nonnen. Ich stand für mich allein.

Der Papst erschien. Wir klatschten höflich. Ich bemerkte, daß seine Soutane ein bißchen zu kurz war; ein beträchtliches Stück vom weißbestrumpften Fußgelenk war deutlich sichtbar. Er trug ziemlich spitze braune Straßenschuhe. Mein Blick blieb an ihnen hängen, weil sie mir völlig unpassend erschienen. Ich hatte erwartet, er würde die traditionellen roten Pantoffeln tragen, die bescheiden unter seiner bis zu den Zehen herabreichenden Soutane herausgeschaut hätten. Diese modischen, auf Hochglanz polierten Lederschuhe waren eine Überraschung.

Er unterhielt sich ein Weilchen mit den frommen Damen. Wie sehr alte Menschen stand er mit den Füßen weit auseinander da, als müßte er so sein Gleichgewicht bewahren. Er war tief gebeugt. Er hatte eine auffallende Art, rasch die Augen zu schließen und den Kopf tief zu neigen ... dann konnte er einen mit einem plötzlich aufschnellenden, durchdringenden Blick festnageln, gewitzt, wie ein Bauer.

Er verweilte kurze Zeit bei den Nonnen. Eine kleine Nonne schnappte er sich beim Kopf, in einer Bewegung, die mich an ein Fußballspiel erinnerte – das ist *mein* Ball! Dann kam er auf mich zu, im leichten Trippelschritt, er zog die Füße etwas nach ...

Pater Stanislaus flüsterte ihm etwas ins Ohr und er nickte. Dann stand er neben mir. Er war von kleiner Statur. Sein Gesicht wirkte ausgezehrt, erschöpft, die Haut ein wenig schlaff, fast feminin. Er musterte mich aus zusammengekniffenen Augen, als wäre er mißtrauisch, als suche er etwas Böses in mir herauszu*spüren*. Ich war überrascht von dem Gefühl der Enttäuschung, das ich empfand. Er, der aus der Ferne als eine der charismatischsten Gestalten auf Erden wirkte, schien in nächster Nähe geschrumpft.

Er stand seitlich zu mir und schien ein Ohr zu neigen und mich zum Sprechen einzuladen. Er streckte die Hand aus, und als ich sie ergriff und überlegte, ob ich seinen Ring küssen sollte, brachte er es fertig, meine Hand gleichzeitig zu packen und wegzustoßen, so daß meine gespitzten Lippen mitten in der Luft hingen. Nun hielt er mich mit starker, fester Hand am Arm fest. Sein großer eckiger Kopf senkte sich, bis sein Kinn in der Brust vergraben war. Dann öffnete sich ein Auge, ein blaßblaues, wissendes Auge, das mich prüfend betrachtete. Zwischen uns lag Schweigen. Er wartete, bis ich etwas sagte.

„Ich schreibe ein Buch über Johannes Paul I., Heiliger Vater", sagte ich langsam. „Ich hoffe, die Wahrheit darüber herauszufinden, wie er gestorben ist."

„Jawohl!" sagte er bedächtig und betont. „Ich weiß. Ich habe von Ihren Initiativen gehört." Dann folgte in der bekannten, langsameren polnischen Sprechweise: „ICH ... MÖCHTE ... DASS ... SIE ... WISSEN ... DASS ... SIE ... MEINE ... UNTERSTÜTZUNG ... UND ... MEINEN ... SEGEN ... FÜR ... IHRE ... ARBEIT ... HABEN!"

Er neigte den Kopf und schien sein großes, blutleeres, slawisches Ohr zu spitzen, als wolle er mich zu einer weiteren Bemerkung ermuntern. In dem Augenblick hätte ich alles mögliche sagen oder erbitten können. Ich hatte das erste und einzige Mal in meinem Leben im wörtlichsten Sinne das Ohr des Papstes. Ich hatte es wirklich direkt vor meinen Augen und stand plötzlich unter dem schrecklichen Eindruck des Sturzflusses von Reden, die sich Stunde um Stunde, Tag um Tag, in dieses Ohr ergießt ... die ganzen Auseinandersetzungen, Bitten, Forderungen, Ehrfurchtsbekundungen, die Schmeicheleien von Schmarotzern. Ich spürte nicht das geringste Verlangen, diese Fluten auch nur um ein Tröpfchen zu vergrößern.

Er drehte sich um und schaute mir voll ins Gesicht. Er schien belustigt, ein Lächeln spielte um seine Lippen. Es schien ihn zu erleichtern, daß ich geschwiegen hatte. Er zeigte mit dem Finger auf mich, hob den Finger ein wenig.

„Sie sind Engländer!" sagte er, und er zwinkerte mit den Augen. Ich überlegte kurz, ob er Engländer komisch fand. Dann erinnerte ich mich an den Teenachmittag bei Kardinal Deskur und glaubte, ein bißchen von dem Stil dieses besonderen polnischen Papsttums verstanden zu haben.

„Ja, Heiliger Vater", antwortete ich, „Engländer!" Ich versuchte, stolz dreinzuschauen.

„Engländer", wiederholte er mit einem starken Nicken. Er lächelte noch immer in sich hinein, als er sich langsam, beinahe widerstrebend, wie es mir vorkam, von mir löste.

Er näherte sich dem hochgewachsenen Monsignore, der an diesem Morgen zu unserer Gesellschaft gehörte, dann stand Pater Stanislaus neben mir. Der Priester faßte mich am Arm und schüttelte mir die Hand. Er sagte leise: „Wir haben alles über das Buch erfahren, das Sie schreiben. Ich möchte Ihnen viel Glück wünschen. Jetzt wird alles in Ordnung gehen."

Wir wurden aus dem großen Empfangszimmer und aus dem Vestibül zur Loggia geleitet. Die ältere Nonne, die zu spät gekommen war, ergriff meinen Arm. Sie schien etwas benommen. „Darf ich mich bei Ihnen einhängen", sagte sie mit einem erschreckend amerikanischen Akzent, „ich habe eine arthritische Hüfte."

Man bot uns nicht an, den Lift zu benutzen. Wir wurden zu einer Treppe geführt. Als wir die langen Treppenfluchten zum Cortile San Damaso hinabstiegen, erzählte mir die Nonne, sie hieße Schwester Assumpta und arbeite als Büroangestellte im Governatorato. Ihr Chef sei Erzbischof Marcinkus.

„Ich habe 37 Jahre lang auf diese Audienz gewartet", sagte sie.

Sie hatte ihren zerbeulten Wagen im Cortile di Sisto Quinto gleich bei der Bank geparkt, und ich geleitete sie hin. Erzbischof Marcinkus stand pfeifenrauchend im Torbogen in der Nähe des Eingangs zu seiner Bank und trug eine graue Wolljacke. Er winkte mir fröhlich zu. Zum Abschied packte mich Schwester Assumpta an den Armen und küßte mich direkt auf den Mund.

„Hey!" brüllte Marcinkus. „Ich krieg das nicht!"

Der Erzbischof begleitete mich durch die bereits vertrauten Schwingtüren mit ihrem Milchglas. Mavi schenkte sich an ihrem Schreibtisch Kaffee ein.

„Möchten Sie ein Rosinenbrötchen?" fragte sie mich. Dann wandte sie sich Marcinkus zu und meinte mit einem Nicken in meine Richtung: „Schauen Sie den an, er schwebt im siebten Himmel."

„Kommen Sie einen Augenblick herein", sagte Marcinkus. „Ich fliege heute morgen nach Chicago."

Ich setzte mich ihm gegenüber.

„Sie wissen gar nicht, was ich für Probleme hatte, um Buzzonetti zu kriegen", erklärte er kopfschüttelnd. „Ich mußte gleich bis zur höchsten Instanz vordringen. Ich bin zum Staatssekretär gegangen, dann zu Pater Stanislaus und dem Heiligen Vater.

Ich hab gesagt: ‚Hören Sie endlich auf damit, den Herrn zu blokkieren. Er versucht, seine Arbeit zu tun.' Und jetzt steht Ihnen nichts mehr im Weg. Der Heilige Vater unterschreibt heute eine Anweisung. Aber heute morgen wollte er einen Blick auf Sie werfen. Sie werden es schaffen. So wird hier eben gearbeitet. Kapiert?"

Während unseres Gesprächs kam mir die außergewöhnliche Erscheinung von Mennini, dem geschäftsführenden Direktor der Bank, in den Blick. Er kam und ging gleitenden Schritts und drückte sich einen Ordner an die Brust. Er wirkte niedergeschlagen und uralt in seinem altmodischen, ausgetragenen Anzug. Er versuchte, den Blick des Erzbischofs auf sich zu lenken.

„Ich muß gehen", sagte Marcinkus im Aufstehen. „Setzen Sie sich sofort mit Buzzonetti in Verbindung und machen Sie einen Termin nach Weihnachten mit ihm aus."

Mit diesen Worten packte er meine Hand und lotste mich aus dem Büro. Mennini eilte hinein.

19

Bei meinen Bemühungen, der Rolle von Marcinkus im „Wertpapierfälschungs"-Fall von 1972 auf den Grund zu kommen, war ich auf den Namen des FBI-Agenten gestoßen, der den Fall in Italien bearbeitet hatte: Tom Biamonte. Ich entdeckte, daß er das FBI verlassen hatte und im Staat New Jersey das Amt zur Untersuchung von Verbraucherbetrug leitete. Als ich am Telefon Biamonte sagte, daß er mich zu vielen Aspekten über Marcinkus und den Vatikan ins Bild setzen könne, erwiderte er: „Ich hab über den Mann eine ganze Akte angelegt." Mir blieb gar nichts anderes übrig, als in die Vereinigten Staaten zu reisen.

Biamontes Büro befand sich in Newark. Dort traf ich an einem späten, trüben Winternachmittag kurz nach Weihnachten mit einem Zug aus New York ein. Das staatliche Amt für Verbraucherangelegenheiten befand sich im vierten Stock eines grauen Gebäudeblocks, ca. 400 Meter vom Bahnhof entfernt. Als ich hineinging, strömten die Angestellten auf die dunkle und windige Straße hinaus.

Ich fand Tom Biamonte, den früheren Sonderagenten des FBI in Rom, in einem leeren Büro am Kopfende eines Konferenztisches sitzend. Ich schätzte ihn Anfang Sechzig. Er war klein und lebhaft, hatte eine ausgeprägte Adlernase, tiefe Ringe unter den grauen Augen und schütteres graues Haar. Er trug einen braunen Tweedanzug und ein gelbes Oberhemd mit verdeckter Knopfleiste.

Er schüttelte mir mit einem kräftigen Griff kurz die Hand, lehnte sich zurück und sagte: „Hören Sie ... ich weiß eigentlich nicht, was ich Ihnen erzählen darf. Was gibt's da für Regeln? Jeder, der ein Buch schreibt, erscheint mir verdächtig."

„Wie meinen Sie das?"

„Ich hätte es lieber, wenn Sie mich nicht namentlich zitieren würden."

„In diesem Fall", erwiderte ich, „möchte ich das Gespräch lieber abbrechen."

„Wo liegt das Problem?" fragte er scharf. Er sprach mit dem starken Akzent der Leute aus der New Yorker Bronx.

„Mir liegt nichts daran, daß Sie mir Dinge erzählen, bei denen ich Sie nicht als Quelle angeben kann", bemerkte ich.

Biamonte rieb sich das Kinn und zeigte dabei einen klobigen Siegelring. Er schaute mich nachdenklich an. „Ich vermute, der Erzbischof braucht eine Atempause ..."

„Was meinen Sie damit?"

„Ich glaube, dem ist drüben bös mitgespielt worden. Die Sache sollte richtiggestellt werden. Ich bin von der Unschuld von Marcinkus überzeugt."

Er steckte sich eine Zigarette an und machte es sich in seinem Stuhl bequem.

„Nach neun Dienstjahren", so begann er, „schickte mich das FBI Anfang September 1962 nach Italien. Ich hatte damals auch Vorgänge in Zypern, Griechenland, Israel und im Libanon zu beobachten. Offiziell war ich Rechtsattaché an der Botschaft in Rom, aber in Wirklichkeit war ich FBI-Agent und als solcher der Polizei und den Verbindungsmännern des Geheimdienstes in ganz Italien bekannt. Ich habe eine Menge über die kirchliche Bürokratie, eine Menge über Italien und die politische Landschaft dort erfahren. Erzbischof Marcinkus habe ich 1963 kennengelernt, da war er noch ein Monsignore. Wenn die Botschaft im Vatikan jemand brauchte, der weiterhalf – irgendwer wünschte eine Audienz beim Papst –, dann war Marcinkus der Richtige, um die Eintrittskarten zu beschaffen. Er half Menschen irgendwie gern aus der Patsche ... Ich habe ihn also schon von dieser Zeit her gekannt. Man konnte ihn nicht übersehen. Und unter den Amerikanern, die in Rom lebten, hatte er einen guten Namen als Golfspieler; er war ein fanatischer Sportler.

Nun, worauf ich im Hinblick Marcinkus hinaus will, ist eine Reihe von Ereignissen, die als der ‚Wertpapierfälschungs'-Fall bekannt ist. Ich habe den Fall in Italien persönlich bearbeitet. Ich war dafür verantwortlich. Es ist schon lange her, aber ich kann mich noch an alle Mitspieler erinnern. Aber beginnen wir mal mit dem Anfang ..." Biamonte hielt inne und rieb sich das Kinn.

Er begann von neuem: „Schauen Sie, angefangen haben die Schwierigkeiten von Marcinkus meiner Meinung nach deshalb, weil er einen gewissen Kontakt zu Michele Sindona hatte. Es war keine Geschäftsverbindung, es war eine Verbindung, die beruhte auf der Freundschaft von Marcinkus mit einem anderen Burschen namens Antinucci, Mark Antinucci. Sindona und Antinucci waren Unternehmer, sehr intelligente und aggressive Unternehmer. Sindona war Sizilianer, und in Italien sind alle Sizilianer verdächtig, denn falls sie überhaupt über Geld und Macht verfügen –, müssen sie folglich mit der Mafia verbunden sein. Sindona hat zwischen 1971 und 1972 etwas Einmaliges gemacht. Er wollte die Kontrolle über eine große italienische Firma, die Ital Cimenti, gewinnen, die einem Menschen namens Carlo Pesenti gehörte. In den Vereinigten Staaten finden tagtäglich Fusionen und Übernahmen statt, ob friedlich oder nicht, spielt keine Rolle. Als Sindona aber seinen Schachzug machte, war so eine Übernahme im italienischen Geschäftsleben unbekannt – etwas Unerhörtes. Die Leute waren entsetzt, daß ein einzelner Mann die Aktien einer anderen Firma erwarb und die Firma übernahm. Bei seinem Versuch, sich einzukaufen, sind die Kurse natürlich gestiegen, und Pesenti, der übrigens in der Democrazia Christiana sehr einflußreich war, mußte seine Aktien zu einem stark überhöhten Preis zurückkaufen. Mittlerweile verkaufte Sindona, aber es hat Pesenti eine Menge Geld gekostet, und von da her, von diesem feindseligen Takeover-Bid, rührten dann Sindonas Schwierigkeiten in Italien. Wenn Sie damals ein ständiger Beobachter der politischen Landschaft in Italien gewesen wären, hätten Sie nach und nach Zeitungsberichte auftauchen gesehen, die sich mit

Sindona beschäftigten. Ist er in Drogengeschäfte verwickelt? Steckt er mit der sizilianischen Mafia unter einer Decke? Ich erinnere mich, eines Abends gab es im Fernsehen eine Dokumentation über Sindona, und da wurden die schwach beleuchteten Gassen des alten sizilianischen Ortes Patti gezeigt, aus dem er stammte, und die Schlußfolgerungen waren offensichtlich ...

Pesenti stand dem Vatikan sehr, sehr nahe, er war bestens bekannt mit einem Kardinal, der inzwischen verstorben ist. Ich meine den Kardinal Benelli vom Staatssekretariat, der war enorm ehrgeizig und autokratisch und konnte Marcinkus nicht ausstehen. Marcinkus, sehen Sie, war als Leiter der Vatikan-Bank in vielem unabhängig und hatte direkten Zugang zum Papst. Kardinal Benelli war bösartig, er war ein harter Bursche, er war ehrgeizig; er wollte Papst werden, er wollte die Herrschaft über den Vatikan. Er war wie der Vorstandsvorsitzende, der an allen Hebeln sitzt, doch dieser Eindringling Marcinkus, der nicht einmal Kardinal war, hatte einen direkten Draht zum Papst, war unmittelbar dem Papst verantwortlich. Ich überspringe jetzt ein paar Jahre, weil dies für Dinge, die ich Ihnen später erzählen werde, relevant sein wird, und ich präsentiere Ihnen die Summe meiner Kenntnisse über eine Situation im Vatikan, die ich einer Menge von Quellen verdanke. Von Marcinkus selbst stammen sie nicht, der hat die Kirche oder ihre Bürokratie in meiner Anwesenheit nie verunglimpft. Jedenfalls müssen Sie verstehen, daß Benelli Marcinkus *nicht* mochte. Nach meinem Dafürhalten hat er ihn gehaßt.

Aber warum erzähle ich Ihnen das alles? Eines Tages kommt in mein Büro in Rom eine Person namens Mario Foligni, der die Schlüsselrolle spielt: Er ist derjenige, der alles ins Rollen gebracht hat.

Er sagte, er hätte amerikanische Wertpapiere im Wert von 15 Millionen Dollar – Aktienzertifikate von Coca Cola, Occidental Petroleum und so fort – die er von gewissen Leuten erhalten hätte; und er hat mir die Namen genannt. Er berichtete, er wäre in der Schweiz zur Handelsbank gegangen, um auf diese Wertpapiere für diese Leute ein Darlehen aufzunehmen. Aber dann passierte folgendes: Er überreichte der Bank die Zertifikate, begab sich an jenem Abend in sein Hotel und beglückwünschte sich, weil er ein phantastisches Geschäft gemacht hat, kehrt am nächsten Tag zurück zur Bank, und die Angestellten hatten inzwischen die Zertifikate geprüft und entdeckt, daß sie nicht echt waren. Sie haben sofort einen Haftbefehl gegen Foligni erwirkt. Er flieht aus der Schweiz und kommt zu mir gelaufen, weil er den Leuten, in deren Auftrag er das Geschäft eingefädelt hatte, 15.000 Dollar als Handgeld gezahlt hatte und die hatten sie als Vertrauensbeweis verlangt, da sie ihm schließlich die Wertpapiere anvertrauten. Ihm fehlten also die 15.000 Dollar, die hatte er verloren.

Er berichtete mir das alles, und ich habe mir seine Aussagen notiert. Als nächstes habe ich ihn persönlich zur italienischen Polizei begleitet, zum Vertreter der Interpol, und er gibt eine eidesstattliche Erklärung gegen X, Y und Z ab: es waren zwei Italiener und ein Österreicher. Dann erzählt er mir, er glaube, daß es da außerdem einen Draht zum Vatikan und insbesondere zu Marcinkus gäbe. Er kommt übrigens zu mir, weil es sich um amerikanische Wertpapiere handelte, weil er dem FBI vertraut und weil er denkt, daß er bei uns mit raschen Resultaten rechnen könnte. Typisch italienisch.

Also, und was passiert dann? In New York wurde schließlich ein Fall aus diesen gefälschten Zertifikaten. Es schien da eine ganze Kette von Personen involviert, die nahm in New York ihren Anfang und führte bis zu Foligni im letzten Glied, der die Papiere in der Schweiz zu plazieren versuchte.

Innerhalb eines Zeitraums von etwa sieben Monaten hat das FBI hier in den USA in dieser Geschichte einen Zusammenhang mit dem Vatikan etabliert, unter Berufung auf eine belastende Erklärung auf vatikanischem Briefpapier, die von einem Monsignore unterschrieben war. Ich habe dieses sogenannte Indiz geprüft und entdeckt: der Briefkopf ist nicht echt und der Monsignore ein ehemaliger Priester und ein Betrüger. Also habe ich zum Schluß in einem einzigen, alles zusammenfassenden, telegrafischen Bericht die in Washington gewarnt, sie sollen sich von diesem Quatsch über eine Mittäterschaft des Vatikans nicht beeindrucken lassen, weil sich das nicht erhärten ließe.

In Washington amtierte ein stellvertretender Generalstaatsanwalt namens Lynch, und es gab da einen Anwalt namens Arronwald, der das FBI vertrat, und diese beiden kündigten an, sie wollten gemeinsam mit dem Agenten Tommaro nach Italien reisen und Marcinkus ins Kreuzverhör nehmen. Ich war entsetzt.

Als sie eintrafen, habe ich denen erst mal die Köpfe gewaschen. Ich habe ihnen ein wenig Geographieunterricht erteilt, verstehen Sie – sie dachten nämlich, der Vatikan sei ein Teil von Italien. Ich war wütend. Auf jeden Fall habe ich aber mit Marcinkus direkt Kontakt aufgenommen und ihn gefragt, ob er sich einem Kreuzverhör durch uns unterziehen würde – wozu er in keiner Weise verpflichtet war. Wir hatten ohne ausdrückliche Einladung ja überhaupt nicht das Recht, den Vatikan zu betreten. Aus Höflichkeit uns Botschaftsangehörigen gegenüber willigte er jedoch ein, sich zu den Fragen zu äußern, die diese drei ihm stellen wollten.

Wir begaben uns zu Marcinkus in sein Büro. Marcinkus ist der Typ eines harten Burschen. Er macht überhaupt nicht den Eindruck eines Erzbischofs, aber er hat im Kanonischen Recht promoviert und ist sehr gebildet, doch wenn er nicht seinen schwarzen Kittel trägt, oder wie man das nennt, könnte man schwören, er sei ein toller Lastwagenfahrer aus Chicago.

Er gibt sich also nicht wie ein geschmeidiger italienischer Monsignore; er zeigt sich umwerfend direkt und offen, in allem. Die Unterredung dauerte über eineinhalb Stunden. Sie haben ihn mit Fragen gelöchert. Was ist mit dem los, was mit jenem? Er hat alle Fragen, die wir ihm an den Kopf warfen, mehr als zufriedenstellend beantwortet. Zum Schluß wollten wir wissen: ‚Haben Sie die Original-Zertifikate im vatikanischen Tresor?' Und darauf erwiderte Marcinkus: ‚Hören Sie, ich *muß* Ihnen keine Auskunft geben! Aber ich werde es tun, weil ich mit dem FBI zusammenarbeiten will, und Sie werden innerhalb der nächsten Stunde eine Aufstellung über die Wertpapiere im Vatikan in der Hand haben.' Diese Aufstellung wurde uns tatsächlich überreicht, bevor wir uns verabschiedeten.

Das ist der Kern der Geschichte, wie der Vatikan da hineingezogen wurde. Doch eben damit hat der Absturz von Marcinkus begonnen. Was ist nämlich passiert? Mit den Jahren hat die Presse Wind davon bekommen, und die Italiener greifen liebend gern die Kirche an. Und wenn die italienischen Justizbeamten, vor allem kommunistische, eine Gelegenheit haben, die Kirche anzugreifen, dann lassen sie nichts unversucht."

Biamonte steckte sich eine neue Zigarette an und machte es sich wieder bequem.

„Ich will Ihnen noch etwas erzählen, weil es sich da um eine häßliche Beschuldigung handelt, die unweigerlich gegen Marcinkus erhoben wird, und ich habe mir die Mühe gemacht, sie zu überprüfen. Aus dem einfachen Grund, weil ich davon ausgehe, daß das Leben eines Menschen aus einem Guß ist, und bei einem Mann, der als Priester auftritt, als Gottesmann, und daraus für sich so etwas wie eine besondere Immunität ableitet, erschien mir das angebracht. Ich bin ein äußerst mißtrauischer Mensch und wollte einfach wissen, in welchem Maße ich seinem besonderen Stande trauen durfte. Lassen Sie's mich erklären.

Für die Italiener hat jeder Erzbischof, jeder Priester eine *Frau*. Und das traf für die kleinen Dörfer vor vielen Jahren auch sicherlich zu. Die Priester mußten ihre sexuellen Bedürfnisse irgendwie befriedigen, und eine Haushälterin war in der Pfarre immer, und das war allgemein bekannt. Was ist denn schlimm dran, wenn ein Priester Geschlechtsverkehr hat? Doch in den Vereinigten Staaten war eine solche Denkweise unerhört. Soll ich mal ganz offen sein?"

Er schwieg und rieb sich den Unterkiefer. Schaute zur Decke. „Passen Sie aber auf, daß Sie mich richtig zitieren, klar? Da gab es einen Mann namens Steve Barclay. Ein amerikanischer Filmschauspieler, der in den frühen 50ern ziemliche Erfolge hatte. Als sein Erfolg nachließ, zog er nach Italien und heiratete diese bildhübsche Frau, Lisa, eine frühere Miss Frankreich. Sie hatten ein Kind. Steve Barclay ist ein wunderbarer, warmherziger Mensch, er hatte nie einen richtigen Job gehabt, nachdem er beim Film gearbeitet hatte. Ich kannte ihn, weil er im selben Wohnblock wohnte wie ich. Ich spreche jetzt von der Zeit ab 1962 bis in die siebziger Jahre. Die Barclays waren römisch-katholisch und gut mit Marcinkus befreundet. Marcinkus war vielleicht zweimal wöchentlich zum Abendessen bei ihnen und Antinucci war immer dabei. Steve war ein sehr angenehmer, geselliger, netter Kerl. Hatte eine nette Frau und ein Töchterchen, und er hatte gern Leute bei sich. Ich weiß nicht, wie die Freundschaft angefangen hat, aber die Freundschaft bestand, Marcinkus war ein enger Freund dieser Familie, er war mit beiden Barclays befreundet. Aber für Lisa wurde er eine Art Vertrauter, und es war eine Freundschaft, die durch Steves Ehe vor irgendwelchen Gerüchten über Unziemlichkeiten geschützt war. Steve war immer zugegen. Und Sie müssen bedenken, für Marcinkus bedeutete es ein bißchen Familienleben, und er liebte das Kind. Als Bischof oder Priester regelmäßig privat zu einem anständigen Essen eingeladen zu sein, das ist keine schlechte Sache. Viele Priester kennen eine Familie, bei der sie sich zu Hause fühlen können. In den Vereinigten Staaten würde ein Priester immer wieder bei Muttern zu Hause unterkriechen. Für Marcinkus, der in seiner Umgebung ein Heimatloser war, bedeutete es also eine ganze Menge.

Freilich, im Vatikan mit all seinem rachsüchtigen Klatsch, wurde diese Geschichte dann in ein ganz anderes Licht gerückt. Die Frau war Französin, ungemein schön, eine Miss France. Verstanden? All den Leuten im Vatikan, die Marcinkus haßten, bot das eine irrsinnige Gelegenheit, sich über ihn den Mund fusselig zu reden. Ich habe die Beziehung zwischen Marcinkus und Lisa auf verschiedene Weise durch Leute überprüft, die ihn gut kannten. Zwischen ihnen hat es über die reine Freundschaft hinaus nie etwas gegeben. Ich habe Marcinkus und Lisa nie allein gesehen, und meines Wissens hat die beiden nie jemand allein gesehen. Aber ich habe gehört, daß die Gerüchte und Andeutungen Marcinkus den Kardinalshut gekostet haben. Er hätte um 1974 Kardinal werden sollen. Papst Paul mochte ihn, schätzte ihn, aber da kursierten eben die Gerüchte über diese sogenannte Liaison ... Ich will es Ihnen gegenüber offen zugeben, Mr. Cornwell. Ich habe Marcinkus über eine Reihe von Jahren observiert, und in meinen Augen war er ein Priester der strengen, altmodischen Art. Was die Leute bei seinem Anblick irritierte, war einfach das: wegen seiner Größe, seinem athletischen Körperbau, den riesigen Schultern, den riesigen Händen sah er nicht nach einem Priester aus ... Sie sollten ihn mal sehen, wenn er auf dem Golfplatz einen Ball schlägt. Bis zum heutigen Tag träume ich davon, einen Ball so weit schlagen zu können. Er rauchte Zigarren! Hatte eine enge Freundschaft mit einer Ex-Miss Frankreich. Begreifen Sie? Und er nannte die Dinge beim Namen! Stieß die Leute dort im Vatikan vor den Kopf. Italiener, verstehen Sie, sind sehr diplomatisch. Sie haben eine Art, scheinbar ‚ja' zu sagen, während sie die ganze Zeit ‚nein' zu Ihnen sagen ... sie lügen! Ich kann Ihnen sagen, was es da im Vatikan an Bürokratie gibt; dort wird mehr Politik getrieben, da werden mehr Geschäfte gemacht ... Das können Sie sich gar nicht vorstellen. Und das ist immer noch so. Doch zu deren Unglück hat Marcinkus in der Vatikanstadt die Funktion des Bürgermeisters und er leitet die Bank. Das bedeutet viel Macht. Diese Priester dort sind genauso wie andere Beamte oder Politiker. Sie wollen ein richtiges Büro, sie wollen ihre Autos, und folglich hat Marcinkus einen schweren Stand, und er ist kein Italiener. Er muß ihnen Dinge abschlagen, *‚nein'* sagen.

Also. Die sogenannte Mordverschwörung gegen Johannes Paul I., den Papst der 33 Tage. Ich habe von 1962 an siebzehn Jahre in Rom gearbeitet. Ich habe die Dinge im Vatikan aus nächster Nähe beobachtet. Ich persönlich bin der Überzeugung: Wenn es eine Verschwörung gegeben hätte, an der Priester im Vatikan beteiligt gewesen wären, die Sache wäre auf der ganzen Front durchgesickert. Es ist für mich unvorstellbar, daß unter den Tausenden von Priestern, die im Vatikan arbeiten, nicht ein einziger gesagt haben sollte: Holla, ich mach bei dieser Vertuschung nicht mit. Und bis heute ist so ein Priester nicht aufgetaucht. Nein, die Sache ist reines Blech. Als diese Bücher erschienen, hat Marcinkus hier in New York mit Anwälten Kontakt aufgenommen. Ich weiß es. Er war wütend. Aber sie haben ihm denselben Rat gegeben, den ich ihm gegeben hätte – tu der Sache die Ehre nicht an, werte sie nicht auf. Als dieses Buch auf den Markt kam, haben FBI-Agenten bei mir angerufen und gesagt: ‚He, Tom! Junge, hast du das Buch gelesen? Mein Gott, du warst doch drüben, was ist an der Geschichte dran?‘ Ich hab ihnen gesagt, ‚das darf doch nicht wahr sein, ihr als erwachsene, intelligente Männer ...‘

Ich möchte eins klarstellen. Ich bin so gestrickt. Ich würde meine Mutter ins Kittchen bringen, wenn belastendes Material gegen sie vorläge. Ich habe die Getty-Entführung in Italien bearbeitet, habe persönlich via Telefon die Verhandlung mit den Entführern geführt, ich habe im Rahmen der Warren-Untersuchung über Präsident Kennedy die italienischen Spuren verfolgt. Ich bin als skrupellos ehrlicher Mensch bekannt. Jeder Bulle in Italien hat mich gekannt und gewußt, welcher Typ Mensch ich war, wer ich bin. Sehen Sie doch, welche Arbeit man mir hier anvertraut hat. Leiter der Abteilung für Verbraucherbetrug im Staat New Jersey. Ich bin ein durch und durch mißtrauischer Mensch. Glauben Sie mir. Und als ich 1978 Rom verließ, gab es in den Akten des FBI nichts, was auch nur ein Körnchen von Indizien hergab, daß Erzbischof Marcinkus irgendwie mit einer Straftat in Verbindung gebracht werden könnte.“

„Aber entschuldigen Sie, Mr. Biamonte“, unterbrach ich ihn. „*Wenn* er in irgendeine Straftat verwickelt gewesen wäre, hätten Sie davon unbedingt Kenntnis bekommen? Ich meine, ist er unter strenger Beobachtung gestanden?“

„Hören Sie!“ Seine Stimme wurde zu einem makabren Flüstern. „Ich habe aber auch *jede* Anschuldigung, die gegen ihn erhoben wurde, nach Washington gemeldet. Aber wir achten stets auf die Quelle, und wenn die Quelle faul ist, was sie in seinem Fall immer war, braucht man unabhängiges Beweismaterial. Das ist nie zum Vorschein gekommen. Wissen Sie, was ich allen Ernstes glaube? Ich habe in den letzten Jahren den festen Eindruck gewonnen, daß es eine Menge Leute gibt, die es auf Marcinkus abgesehen haben; und wenn sie nämlich den in Verruf bringen können, dann können sie diesen Papst in Verruf bringen. Das ist traurig, aber diesen Eindruck habe ich zuguter Letzt von der Sache gewonnen.“

Biamonte sah mich eine Weile gedankenverloren an. „Kommen

Sie", sagte er, „irgendwann muß ich mal nach Hause." Er begann, Dokumente in seine Aktentasche zu stopfen.

Er saß wie auf dem Sprung. „Was wollte ich Ihnen noch erzählen?" sagte er. „Über Italien könnte ich endlos weiterreden. Sie müßten in Italien zwischen sechs Monaten und einem Jahr nur zu dem Zweck leben, in einem bestimmten Thema herumzuspionieren, Nachforschungen anzustellen, Erkundigungen einzuholen, und Sie würden nicht mehr an Informationen zusammentragen, als ich an einem einzigen Morgen schaffen könnte, nur weil ich schließlich Teil der Gesellschaft dort wurde."

„Okay", unterbrach ich ihn. „Lassen Sie mich eine Frage stellen. Hatten Sie irgendwelche Beweisstücke, daß es im Vatikan Freimaurer gab?"

„Nein", sagte er barsch. „Nie. Ich kannte einige der Mitspieler in der Organisation P2, die im Zuchthaus landeten. Wenn der P2 Leute aus dem Vatikan angehörten, so waren sie mir nicht bekannt."

Er stand auf und ging seinen Mantel anziehen.

Ich fragte ihn, was er vom Zusammenbruch der Banco Ambrosiano wußte.

„Ich hatte Italien bereits verlassen, als die Sache passierte. Aber ich habe sie genau studiert und diskret meine eigenen Nachforschungen angestellt. Für mich sieht's so aus: Das einzige, was sie gegen Marcinkus in der Hand hatten, waren diese sogenannten Trostbriefe. Sie waren in der Absicht geschrieben worden, daß Calvi die Angelegenheit in Ordnung brächte, aber in den Köpfen der Leute haben sie zu der Folgerung geführt, daß in Wirklichkeit Marcinkus hinter der ganzen Sache steckte. Ich weiß nicht, ob Marcinkus der Geschichte zugestimmt hat; seine Unterschrift war nicht einmal auf den Dokumenten. Soweit ich erfahren habe, sah die Vatikan-Bank aufgrund des Skandals am Ende keine andere Möglichkeit, als zu zahlen. Ich halte es für einen einfachen, dummen Fehler. Dann brachte sich dieser Mensch in London unter der Blackfriars-Brücke um, Verbindung zur P2, und schon gehen die unlogischen Schlußfolgerungen wieder los ..."

„Wer hat Ihrer Meinung Calvi umgebracht?“ fragte ich ihn.

„Ich glaube nicht, daß es Mord war; ich denke, es war ein Selbstmord. Aber mir liegt diese Art zu denken eben überhaupt nicht ...“ Zum Schluß sagte er: „Scotland Yard hat nach zwei Untersuchungen auch nicht das kleinste Indiz dafür geliefert, daß es Mord gewesen wäre.“

Er führte mich über die langen, verlassenen Flure zurück zur Eingangshalle. Auf der Straße standen wir bei eisigem Wind und Schneeschauern noch einen Augenblick zusammen, um uns zu verabschieden.

Als ich auf dem vereisten Gehsteig vorsichtig zurück zum Bahnhof ging, überlegte ich, daß ich endlich ein starkes Plädoyer zu Marcinkus' Verteidigung gehört hatte. Es kam mir jedoch ironisch vor, daß es nicht einer kirchlichen Quelle entstammte, die darauf gebrannt hätte, einen der führenden Prälaten zu entlasten. Es war auch nicht aus dem Innern des Vatikans gekommen, auch nicht aus dem Kreis von Priestern, die Marcinkus außerhalb des Vatikans kannte. Es war aus den grauen Akten von J. Edgar Hoovers internationaler Inquisition gekommen. Aber sollte ich dem Glauben schenken? Da er nicht gerichtlich verurteilt worden war, schien Marcinkus im „Wertpapierfälschungs-Fall“ unschuldig. Und doch, Verschwörungen haben so viele Köpfe wie eine Hydra ... Vielleicht hat das FBI Marcinkus aus anderen, tieferen Gründen geschützt? Was hatte meine Unterhaltung mit Biamonte bewiesen? Was blieb, war eine Zeugenaussage, der Klang einer menschlichen Stimme, ein Teilchen vom großen Puzzle ...

TEIL 2

Wenn es etwas gibt, das in höchstem Maße bei den Engländern Vorurteile gegen die katholische Kirche schafft, dann ist es die von deren führenden Persönlichkeiten verkündete Lehre zur Doppeldeutigkeit. Ich für meinen Teil kann mir vorstellen, daran zu denken, daß es mir im äußersten Fall gestattet wäre, zu lügen, nie jedoch, doppelzüngig zu reden. Ich halte eine Ausflucht ... für durchaus statthaft; ich weiß auch wirklich nicht, wer sie unter bestimmten Umständen nicht gebraucht; aber ihr Gebrauch ist auch mit einem Gutteil moralischer Gefährdung verbunden; doch je klüger ein Mann ist, desto wahrscheinlicher wird es, daß er vom Pfad christlicher Pflichterfüllung abweicht.

John Henry Newman, *Apologia pro vita sua*

20

An einem klaren, stürmischen Januarmorgen fuhr ich in den Norden Londons, um David Yallop zu treffen, den Autor des Buches *Im Namen Gottes?* Als ich mich telefonisch mit ihm verabredet hatte, hatte er mir lachend zu verstehen gegeben, unser Gespräch würde ausgerechnet am Tag der Erscheinung des Herrn stattfinden.

Der Hauptanlaß meines Besuchs bestand darin, daß ich die Stichhaltigkeit verschiedener wichtiger Belastungspunkte prüfen wollte, die nur in seinem Buch vorkamen, und ich wollte mich insbesondere über ein Interview mit Schwester Vincenza vergewissern, das er mit einer maßgeblichen Wirkung zitiert hatte. Schwester Vincenza war am 20. Juni 1983 gestorben.

Yallop wirkte fit, ein rotbackiger Mann mit grauen Augen. Er trug eine cremefarbene Hose und eine stahlblaue Wolljacke. Er hatte dichtes eisengraues Haar, das er zur einen Seite lang wachsen ließ und sich über den Kopf kämmte. Sein Gesicht mit den starken irischen Zügen zeigte ein onkelhaftes, bereitwilliges Lächeln, aber es kam des öfteren vor, daß er seinen Mund plötzlich streng zusammenkniff.

Er lud mich in sein Arbeitszimmer in einem ruhigen Teil des Hauses ein, wo er sich an einen großen Schreibtisch setzte, auf dem wir unsere beiden Aufnahmegeräte nebeneinander aufstellten.

„Eines Ihrer vernichtendsten Beweisstücke", begann ich, „betrifft die Gebrüder Signoracci und die Tatsache, daß sie offensichtlich herbestellt wurden, bevor der Leichnam offiziell gefunden worden war ..."

„Ich hielt das für sehr wichtig", sagte er, „und ich habe meinen Rechercheur Philip Willan noch zwei weitere Male zu ihnen geschickt, um immer wieder zu versuchen, ganz genau die Zeit herauszukristallisieren, wann der Anruf sie erreichte." Seine Stimme hatte ein leichtes Cockney-Näseln. Man hätte es irrtümlich für einen australischen Akzent halten können. „Wir haben es auf alle möglichen Weisen versucht. Ich habe die Abschriften der Interviews und den Bericht, den Willan für mich angefertigt hat. Nach einer Reihe von Gesprächen war ihre klarste Angabe: ‚Morgendämmerung'. Wir haben dann die Entfernung ausgerechnet, aus der sie kamen, wobei ich berücksichtigt habe, daß ich es mit Brüdern zu tun hatte, die sich im unklaren waren, wer von ihnen nun wirklich hingegangen war. Es waren drei Brüder, und sie waren sich nicht sicher, welche zwei von ihnen gegangen waren. Es war ein bißchen wie in einer italienischen Oper. Es war eine echte, menschliche Unfähigkeit, sich zu erinnern, es lag darin aber auch ein italienisches Element von Verwirrung, wie es sehr häufig mit ihnen durchgeht ..."

„Sehen wir uns den Text an, einverstanden?" sagte ich. „Was haben sie wirklich gesagt?"

Yallop hatte sich ein Exemplar seines Buches geholt und blätterte, um die entsprechende Stelle zu finden.

„Hier ist sie", sagte er. „„... ‚ein Telefonanruf im Morgengrauen und ein Wagen des Vatikans kam um fünf Uhr.' Nun, der Wagen des Vatikans sollte sie in den Vatikan bringen. Ich habe den Eindruck, daß sie unterwegs noch am Gerichtsmedizinischen Institut anhielten, um ihre Geräte zu holen, aber als sie mit Professor Gerin sprachen, war der sehr lakonisch. Er sagte: ‚Nehmt ein paar neue Geräte mit, ein weiterer Papst ist tot.' Eine hingeworfene Bemerkung, an die sie sich Willan gegenüber für uns erinnerten."

Ich war perplex. Yallops Buch wollte dem Leser klar zu verstehen geben, daß die Signoraccis direkt zum Vatikan gefahren waren; doch jetzt sah er es so, daß sie zum Gerichtsmedizinischen Institut gefahren waren. Hatte ich ihn richtig verstanden? „Das müssen wir klären", sagte ich. „Haben sie Willan berichtet, sie seien um fünf in den Vatikan gefahren, oder was ...?"

„Ich bin das von verschiedenen Seiten angegangen, weil ich wußte, wie wichtig das war. Ich habe sie genau gefragt, wo sie wohnten, nach den Uhrzeiten und Umständen, und wo sie den Leichnam untersuchten. Ich arbeitete heraus, wann die Morgendämmerung eingetreten war, doch am Ende ließ sich die genaue Zeit nicht besser präzisieren; in diesem Zeitraum war es bestimmt gewesen. Ich meine, falls ich abweichen sollte, dann um Minuten, nicht um Stunden."

„Ist es möglich", fragte ich, „daß im Zusammenhang mit der Zeitangabe ein Fehler passiert ist? Könnte es sein, daß es bei der Übersetzung einen Irrtum gegeben hat?"

„Nein", erwiderte Yallop mit Nachdruck. „Ich meine, wenn sie mehr als einmal interviewt worden sind, dann aus eben diesem Grund. Daß sie dreimal interviewt worden sind, hatte *genau* diesen Grund. Dieser Punkt war *sehr* wichtig für mich, weil er etwas ziemlich Ungewöhnliches aufzeigt. Deshalb weiß ich auch, welche zwei von den dreien an gerade dieser Einbalsamierung beteiligt waren, einer von ihnen befand sich außerhalb Roms, und zu welcher Zeit der Wagen kam, immer und immer wieder. Willan ist ein sehr penibler, sehr sorgfältiger, sehr vorsichtiger Mann, der fließend italienisch spricht."

„Wenn es also am Morgen war, was haben sie nach Ihrer Meinung als erstes getan, als sie im Vatikan eintrafen?" fragte ich.

„Ich denke, sie haben dabei geholfen", fuhr er fort, „und das sage ich nicht nur auf der Grundlage dessen, was sie mir erzählt haben, sondern auch von dem, was Lorenzi mir berichtet hat: sie haben dabei geholfen, den Leichnam aufzubahren."

„Das hat Ihnen Don Diego berichtet?" fragte ich ihn.

„Ja, das *hat* er", erwiderte Yallop; seine Stimme klang kalt und entschieden. „Und Schwester Vincenza auch. Die können Sie nicht mehr erreichen, aber Lorenzi können Sie erreichen. Er würde über solch einen Augenblick nicht lügen, es sei denn, er würde eine Bedeutung darin sehen. Wenn man es beiläufig zur Sprache bringt, kann man die Wahrheit erfahren." Er verstummte für einige Augenblicke lang, bevor er mit leiser werdender Stimme fortfuhr:

„Aber ja, das *hat* er. Da haben Sie einen typischen Fall von Rationalisierung, wie ich es bezeichne: eine sekundäre Quelle wird zu einer primären Quelle."

Es war eine beiläufige, ganz nebenbei ausgesprochene, aber wichtige Bemerkung. Wiederum wurde Schwester Vincenza, die tote Nonne, zitiert, um einen entscheidenden Widerspruch aus dem Weg zu räumen.

„Tatsache ist", sagte ich, „daß ich mit Don Diego gesprochen habe und der sagt nichts dergleichen. Ich habe ihn dazu mit allem Nachdruck befragt, weil der Punkt von zentraler Bedeutung ist. Don Diego hat ausgesagt, daß er, Magee und der Arzt den Toten aufgebahrt haben. Da hab ich extra gefragt, ‚und die Brüder Signoracci?' Und er hat geantwortet: ‚Nein. Sie sind gar nicht dagewesen.' Er hat behauptet, sie hätten bis zum Abend keinen Zutritt zum Leichnam erhalten".

„Was ist mit Professor Gerin? Professor Gerin hat die Signoraccis rufen lassen. Schauen Sie, ob Sie an ihn herankommen!"

War Yallop an Gerin herangekommen, fragte ich mich. In seinem Buch wurde aus dieser Ecke keine Zeugenaussage erwähnt.

Ich änderte den Kurs erneut. „Meinen Sie, der Vatikan hat gelogen?"

„Warum haben sie darüber gelogen, wer den Toten gefunden hat?" fragte er. „Warum haben sie darüber gelogen, welche Papiere der Papst in der Hand hielt? Einige Lügen sind eben bedeutsam. Wenn jemand lügt, werden einige Lügen logisch sein, andere sind dagegen völlig unlogisch, und ich meine, daß der gesamte Vatikan völlig in Panik geraten war.

Ich weiß nicht, wie es meinem Rechercheur Willan ergangen ist", fuhr er fort, „doch ich weiß, daß die Brüder Signoracci von den Machthabern im Vatikan ganz schön eins übergezogen bekommen haben, weil sie mit mir geredet hatten, und eine ganze Menge anderer Leute auch. Ich wünschte mir nur, ich hätte am Ende keine Quellen preisgegeben außer den Toten, wie Benelli und Schwester Vincenza ..."

Der Hinweis auf Benelli ließ mich aufhorchen. Der 1982 verstorbene Benelli war zuvor *stellvertretender* Staatssekretär und zuletzt Kardinalerzbischof von Florenz gewesen. Benelli war laut Biamonte, dem FBI-Agenten, ein erklärter Gegner von Marcinkus gewesen.

„... weil sie dort sehr nachtragend sind", fuhr er fort. "Und mit Ihnen haben sie nur deshalb gesprochen, weil jemand im Vatikan telefoniert hat. Das sollte Ihnen doch instinktiv etwas sagen, nämlich, daß diese Leute, zu denen Sie geführt werden, Anweisungen erhalten haben, was sie sagen und was sie nicht sagen sollen."

Zu der Bemerkung sagte ich nichts, doch ich genoß die Ironie seiner Annahme, daß man mich zu Buzzonetti, den Signoraccis oder Magee hingeführt hätte.

Mir schien, ich sollte zur Aussage des Feldwebels der Schweizer Garde übergehen, der mit dem einzigen und zwar äußerst belastenden Indizienbeweis gegen Marcinkus zitiert worden war.

„In Ihrem Buch", sagte ich, „lauert Marcinkus zu irrsinnig früher Stunde in verdächtiger Weise am Morgen des Papsttodes herum, und so wie Sie darüber berichten, zeigt Ihre Darstellung dieser Episode auf irgendwie definitive und dramatische Weise auf Marcinkus. Die Geschichte von Marcinkus und Roggen, wie sie mir erzählt worden ist, lautet so, daß Roggen auf Marcinkus traf, als er aus seinem Wagen stieg, nachdem er soeben in den Vatikan gefahren war. In Ihrem Bericht fehlt der Wagen und Marcinkus streift ziellos, verdächtig herum, kein Auto ist in Sicht. Das macht einen großen Unterschied."

„Hat nicht Roggen in der Nacht, als der Papst starb, als er Dienst hatte, schlecht geschlafen?" insistierte Yallop. „Kann er sich daran jetzt nicht mehr erinnern?"

„Hatte Marcinkus nicht eben seinen Wagen geparkt, nachdem er von der Villa Stritch herübergefahren war?" sagte ich, indem ich bewußt seine Frage ignorierte. „Marcinkus stieg zu seiner gewohnten Zeit aus dem Auto – er ist ein berüchtigter *Frühaufsteher*. Roggen berichtete ihm, daß der Papst gestorben ist; sie reden völlig aneinander vorbei, denn Marcinkus meinte, Roggen hätte gesagt: ‚Ich habe geträumt, daß der Papst gestorben ist ...'"

„Erwähnt er nicht, daß Marcinkus ihn völlig fassungslos angestarrt hat?“ fragte Yallop. „Und daß Marcinkus ihm Tage später erklärt: ‚Ich dachte, Sie wären übergeschnappt‘ oder etwas ähnliches? Nun, schauen wir mal, was wir für Sie in den Abschriften finden können. Was Ihnen das sagt, weiß ich nicht. Doch ich denke, es wird meine Version bestätigen. Die können ihre Version nicht erhärten. Ich kann das, was die nun behaupten, mir erzählt zu haben, wirklich widerlegen. Denn ich nehme an, daß die Ihnen gegenüber jetzt behaupten, sie hätten uns beiden das gleiche gesagt, und ich hätte es nur verdreht und verzerrt dargestellt.“

Ich sagte schließlich: „Die andere Sache betrifft Schwester Vincenza. Da die arme Frau inzwischen gestorben ist, wäre praktisch alles, über das Sie verfügen, eine enorme Hilfe. Da ich sie nicht mehr interviewen kann, ist alles, was sie Ihnen an Informationen gegeben haben mag, furchtbar wichtig.“

„Also, sie hat mir eine Menge gegeben“, sagte Yallop, „doch über das hinaus, was ich im Buch aufgedeckt habe ... Ich weiß nicht, ob es da noch etwas gibt, was ich dem noch hinzufügen möchte, weil es andere Nonnen kompromittieren könnte.“

„Sie können mir nur geben, was Sie geben können“, sagte ich, obwohl ich mich fragte, was die betagte Nonne Vincenza Yallop über ihre Mitschwestern anvertraut haben mochte.

Wir begannen von anderen Dingen zu reden: über Don Diego und die Frage, wer den Toten gefunden hatte; über die Geschichte mit der *Nachfolge Christi*, über die genaue Zeit, wann der Papst normalerweise die Messe las, über den Zeitpunkt, zu dem Schwester Vincenza den Leichnam gefunden und die Sekretäre aufgeweckt hatte.

Die Nachrichtenagentur ANSA hatte in einer Meldung mit der Überschrift „Gerüchte aus dem Vatikan“ am 5. Oktober 1978 behauptet, daß „Indiskretionen“ aus dem Inneren des Vatikans zufolge Schwester Vincenza den Leichnam um 4 Uhr 30 aufgefunden hatte. Yallop bestand in seinem Buch darauf, daß Schwester Vincenza in seinem persönlichen Interview mit ihr die Zeitangabe 4 Uhr 30 bestätigt hatte.

Der Wert dieser Aussage bestand nicht einfach darin, daß sie dem ganzen übrigen vatikanischen Hauspersonal widersprach (das hatte schließlich bereits in dem Punkt gelogen, wer den Leichnam gefunden hatte), sondern daß es eine Lücke von einer Stunde offenlegte. Was war im Vatikan in der kritischen Zeit von 4 Uhr 30 bis 7 Uhr 30, als der Tod bekanntgegeben wurde, vorgegangen? Yallop zufolge wurde die Zeit dazu genutzt, belastendes Beweismaterial beiseitezuschaffen.

Es schien mir so zu sein, daß ich Yallops Interview mit Schwester Vincenza nicht außer acht lassen konnte; die sich daraus ergebenden Schlußfolgerungen waren von ausschlaggebender Bedeutung. Doch war ich nun, da die Nonne tot war, bereit, Yallops Darstellung als unbestreitbar zu akzeptieren, ohne das Band tatsächlich gehört zu haben? Für den Augenblick, entschied ich, würde ich dieses Dilemma aufschieben und einmal sehen, ob ich das Problem von einer anderen Seite angehen konnte.

„Wann, sagten Sie, hat Schwester Vincenza den toten Papst gefunden?“ fragte ich.

„Halb fünf, Viertel vor fünf. Wenn Sie den geregelten Tagesablauf des Mannes betrachten, und er war ein Mann mit geregeltem Tagesablauf, werden Sie ganz unabhängig von mir Antworten finden.“

„Aber der Zeitplan, von dem Sie ausgehen, beruht auf den Angaben von Schwester Vincenza?“

„Und von anderen, wie seine früheren Sekretäre Monsignore Da Rif und Monsignore Senigaglia in Venedig ...“

„Aber die waren nicht im Vatikan. Ich spreche jetzt vom zeitlichen Ablauf an dem Morgen, als der Papst starb.“

„Ich aber spreche von den Gewohnheiten eines ganzen Lebens. Da gibt es die Geschichte mit den Englisch-Bändern, die er sich immer in seinem Zimmer angehört hat – um 5 Uhr 30, nicht in der Kapelle.“

Was sollte der Papst also zwischen 4 Uhr 30 und 5 Uhr 30 morgens getan haben, fragte ich mich? Es schien mir eine nicht zumutbare Zeitspanne nur für die morgendliche Aufstehprozedur zu sein.

„Da Rif, sein früherer Sekretär, wird Ihnen von seinen Gewohnheiten berichten, aber natürlich werden sie jetzt alle unter Beeinflussung stehen; sie werden alle erklären, daß Schwarz jetzt Weiß sei", betonte er.

„Mein Hauptproblem betrifft den genauen Zeitpunkt, an dem Schwester Vincenza den Leichnam gefunden hat. Jeder gibt ihn mit 5 Uhr 30 an, nur Sie behaupten, es sei 4 Uhr 30 gewesen, weil die Nonne es Ihnen persönlich gesagt hat. Sie ist aber leider tot."

„Lorenzi behauptet es auch", sagte Yallop.

„Das entspricht aber nicht dem, was er mir berichtet hat."

„Aber Sie haben es mit Leuten zu tun, die Ihnen was vorlügen", beharrte Yallop. „Das ist Ihr Problem, nicht meines. Ich werde mich nicht darauf einlassen, mich noch einmal zu rechtfertigen und zu beweisen, daß sie gelogen haben. Daß sie gelogen haben, habe ich bereits bewiesen – nicht nur zu meiner eigenen Zufriedenheit, sondern auch zur Zufriedenheit der Juristen meiner Verlage und von Millionen Lesern. Jetzt wollen sie das Spiel noch einmal von neuem beginnen. Ich lasse mich nicht darauf ein, das Spiel zu wiederholen. Ihnen gegenüber bin ich bereit, soweit es menschenmöglich ist, Ihnen mein Rohmaterial zu geben, das mich veranlaßte, nachzuweisen, daß sie einem ins Gesicht lügen. Ich hatte gedacht, ein- oder zweimal wäre genug gewesen. Ich könnte endlos fortfahren, aber sie sind doppelzüngig, diese Männer, mit denen Sie es zu tun haben. Es sind keine Gottesmänner in dem Sinn, den Sie und ich unter diesem Begriff verstehen."

„Okay", sagte ich.

„In Venedig trug sie ihm gewöhnlich um 4 Uhr 30 den Kaffee auf sein Zimmer, doch für vatikanische Gepflogenheiten war das unvorstellbar, sodaß sie es für besser hielten, wenn sie ihm den Kaffee bloß vor die Tür stellte. Nichtsdestoweniger wurde er nach wie vor zur selben Zeit hingestellt, mit einem Klopfen an die Tür. Diese Gewohnheit bestand schon seit zwanzig Jahren, schon in Vittorio Veneto ... und jetzt sollen wir plötzlich diesen doppelzüngigen Männern glauben, er habe in den letzten 33 Tagen seines Lebens diese Gewohnheit geändert. Ich habe Geduld mit Ihnen, aber bei denen ist mir der Geduldsfaden gerissen, weil sie etwas sehr Böses verbergen und immer noch verzweifelt darauf warten, daß ein Rettungstrupp kommt."

Er strahlte mich einige Augenblicke aus leuchtenden Augen an. „Der Rettungstrupp sind Sie, nebenbei gesagt!"

Ich rutschte auf meinem Stuhl herum und lächelte unbehaglich.

„Sie sind der John Wayne", sagte er.

„Das könnte danebengehen", sagte ich schwach.

„Nun, wenn es einen Gott gibt, dann kann man nur beten, daß es danebengeht."

Während ich aufbrach, fragte ich: „Und was hat Sie veranlaßt, aus der römisch-katholischen Kirche auszutreten?"

„Ich bin mit fünfzehn aus der Kirche ausgetreten", entgegnete er. „Zwei Dinge waren ausschlaggebend. Das war einmal die Aufnahme Mariens in den Himmel – *das* Dogma schien mir den menschlichen Verstand zu verhöhnen. Und das andere war ein ganz kleiner Zwischenfall."

Seine Stimme war leise und bedächtig. Er blickte auf seinen Schreibtisch hinunter.

„Ich ging eines Sonntags zum Segnen", fuhr er fort. „Ich kam unmittelbar vom Fußballspielen mit meinen Freunden in Clapham Common. Ich trug Schuhe wie jetzt diese – Turnschuhe –, und der Bruder von den Redemptoristen, der für die Ministranten verantwortlich war, wies mich aus der Kirche. Ich bin nie wieder gekommen. Das hat mir gereicht."

Wir saßen eine Weile still da. Der Zwischenfall schien ihn über 35 Jahre später noch zu wurmen.

Er begleitete mich zur Haustür, und ich fuhr in den dämmrigen Januarnachmittag hinaus in den dichten Verkehr Richtung Londoner Innenstadt.

Als ich über unsere Unterhaltung nachdachte, kam ich zu dem Ergebnis, daß er wirklich an die Verschwörung glaubte, wie er sie aufgespürt zu haben meinte. Ich konnte ihm seine persönliche Überzeugung abnehmen, aber seine Indizienbeweise schienen mir unwesentlich, außer in den drei Punkten, die ich an diesem Nachmittag zur Sprache gebracht hatte. Sie betrafen die Brüder Signoracci und ihre außerordentliche Autofahrt in der Morgendämmerung, die genauen Umstände der Anwesenheit von Marcinkus im Vatikan am frühen Morgen des 29. September, und den genauen Zeitpunkt, an dem Schwester Vincenza den Toten gefunden hatte. Ich hatte diese Indizien nicht entkräftet, aber, was noch bedeutsamer war, Yallop hatte mich in keiner Weise überzeugt, daß sie unumstößlich waren.

21

Am nächsten Tag rief ich Bischof Magee in Cobh, Grafschaft Cork, an. Ein Sekretär meldete sich als Pater Sheehan, und ich erklärte ihm mein Anliegen und bat um eine Unterredung. Pater Sheehan klang zweifelnd; er bat mich, am Apparat zu bleiben.

Drei Minuten später war er wieder in der Leitung. „Mr. Cornwell?" hörte ich ihn. „Ich habe mit dem Bischof gesprochen, und er sagt, daß er Ihnen nicht zur Verfügung stehen kann. Er möchte in dieser Angelegenheit nichts mehr zu Protokoll geben. Ich bin sicher, Sie haben dafür Verständnis."

Ich legte tief enttäuscht den Hörer auf; ohne Magee würden meine Untersuchungen stecken bleiben.

Mein Gefühl der Enttäuschung machte einer Verärgerung Platz. Ich hatte Rückendeckung beim Papst, bei Casaroli und bei der Kommission für soziale Kommunikationsmittel. Wie konnte er es wagen, mich abzuweisen? Seine Weigerung ließ vermuten, daß er etwas zu verbergen hatte. Seine Abfuhr veranlaßte mich, über die kritischen Bemerkungen zu seiner Person nachzudenken. Mir schien, seine Weigerung, mich zu treffen, konnte nur Teil eines Ausweichmanövers sein.

Ich fühlte mich geschlagen, und doch wollte ich nicht klein beigeben, nachdem ich schon so weit gekommen war. Ich erwog den Gedanken, ihn in meinen Untersuchungen als eine undurchsichtige Figur darzustellen, die sich schuldbewußt in ihrer irischen Diözese im Schatten verkrochen hat. Ich wollte nach Cobh reisen und ihm vor der Haustür auflauern. Ich würde mich in seiner Kathedrale an ihn heranpirschen und ihn auf der Kanzel beobachten.

Als ich mich ein wenig beruhigt hatte, erkannte ich, es wäre wohl am besten, das Problem nach Rom mitzunehmen. Selbst wenn sonst nichts dabei herauskam, wäre es ein interessanter Versuch, die Macht des Vatikans über seine Bischöfe selbst noch in entlegensten Gegenden zu testen.

Im Verlaufe dieses Tages rief ich noch eine australische Journalistin namens Kay Withers in Polen an, die für die *Chicago Tribune* aus Rom über das Konklave und den Tod von Johannes Paul I. berichtet hatte. Unter meiner ganzen Lektüre zu Beginn meiner Nachforschungen waren die Artikel von Kay Withers die detailliertesten und journalistisch beeindruckendsten gewesen, doch hatte ich sie erst nach Weihnachten aufspüren können. Sie arbeitete inzwischen als Osteuropa-Korrespondentin in Warschau.

„Ich weiß nicht, ob ich Ihnen helfen kann", erklärte sie mit ihrem unverkennbar australischen Akzent. „Ich habe einige Jahre lang für eine Biographie über Papa Luciani herumrecherchiert, dann aber den Mut verloren. Ich habe mit Leuten in ganz Italien gesprochen; mit jedem, der ihn überhaupt gekannt hat. Ich bin auch in den Vatikan hereingekommen. Schauen Sie, ich wollte mich mit seinem *ganzen* Leben befassen. Doch am Ende war ich von ihm etwas enttäuscht. Anfänglich war ich ungeheuer beeindruckt. Aber er war weder ein Heiliger noch ein Held. Er war nicht einmal sonderlich sympathisch. Am Ende kam ich zu dem Schluß, daß er ein überaus ängstliches, nervöses Männchen war. Für einen Monat machte sein Papsttum einen guten Eindruck, aber es endete gerade noch rechtzeitig – es wäre in die Hosen gegangen.

Er konnte dickköpfig und töricht sein. Einmal ist er nach Rom gesaust, weil er ein Problem hatte, und fand alle Büros der Kurie geschlossen, weil Feiertag war. Man hat ihm dort geraten, er solle nach Hause gehen und sich keine unnötigen Sorgen machen. Marcinkus hat ihn nach meinen Informationen nicht leiden können."

„Sind Sie Schwester Vincenza begegnet?"

„Bin ich. Ich habe sie mit Lucianis Nichte Pia besucht und erfahren, daß aber auch alle Leute auf dem falschen Dampfer waren, was die Pantoffeln, die Brille und die anderen Dinge betraf, die vermißt wurden. Pias Mutter hatte all diese Sachen zu Hause – als Erinnerungsstücke. Sie hat beide Brillen von Papa Luciani selbst benutzt."

„Was ist mit Villot? Haben Sie über ihn irgend etwas Interessantes herausgefunden?" wollte ich wissen.

„Ich weiß aus einer ausgezeichneten Quelle, daß Villot am Morgen, als der Papst starb, vor Wut außer sich war. Ich kann mir vorstellen, warum – das hatte ihm gerade noch gefehlt. Er hatte gehofft, da endlich heauszukommen und wurde wieder voll hineingeworfen."

„Wie ist man Ihnen während Ihrer Recherchen begegnet? Waren Sie gern gesehen?"

„Den einen oder anderen Priester habe ich mit meiner direkten Art vermutlich schockiert. Sein alter Seminar-Rektor droben in Venedig hat noch gelebt. Ich habe ihn gefragt, wie war Luciani damals als Student? Und er hat mir darauf geantwortet: ‚Du meine Güte, nein, nein, nein, nein ...' Als ob es das schlimmste Verbrechen wäre, daß man sich vorstellen konnte, verstehen Sie – ein altmodischer Seminar-Rektor. Da hab ich ihn gefragt: ‚Ja, hat er sich denn für *Jungen* interessiert?' Worauf er vor Schreck fast vom Stuhl fiel!"

22

Vor meiner Rückreise nach Rom suchte ich unter meinen medizinischen Bekanntschaften nach einem geeigneten Facharzt, der mir bei den speziellen Fragen, die sich aus meinen Nachforschungen ergeben hatten, weiterhelfen könnte. Ich wurde schließlich an C. Francis Roe verwiesen, einen Arzt aus den Vereinigten Staaten, der sein akademisches Freijahr in London verbrachte. Francis Roes Ausbildung machte ihn für den Fall von Johannes Paul I. zu einem besonders geeigneten Berater: er war auf Gefäßchirurgie spezialisiert. Nach dem Studium in Aberdeen war er in den späten sechziger Jahren Forschungsassistent und Dozent an der Harvard-Universität geworden und anschließend Professor für Chirurgie an der Yale-Universität. Er hatte rund dreißig Fachveröffentlichungen publiziert. Er war erst in den Vierzigern und war Chefchirurg am New-London-Krankenhaus in Connecticut gewesen.

Ich bat ihn zunächst einmal, mir für einen Laien verständlich, genau zu erklären, was mit einem Myokardinfarkt gemeint ist.

„Da passiert folgendes", erläuterte Roe. „Ein Hauptzweig jener Arterien, die das Herz versorgen, die Koronararterien, wird blokkiert. Diese Arterien versorgen den Herzmuskel mit Sauerstoff und Nährstoffen, und wenn kein Blut durchfließt, stirbt der Muskel ab. Infarkt heißt schlicht: Tod des Muskels; die Nährstoffversorgung wird blockiert."

„Papst Johannes Paul", sagte ich, „wurde im Bett sitzend aufgefunden, die Augen waren noch geöffnet, die Brille saß ihm auf der

Nase, als ob er das Schriftstück läse, das er in Händen hielt, auf seinem Gesicht lag ein leichtes Lächeln. Klingt das für Sie nach myokardialem Infarkt?"

„An der Haltung, die Sie beschreiben, ist etwas äußerst verdächtig, was immer die Todesursache gewesen sein mag. Tote sitzen nicht lächelnd und lesend im Bett. Bekanntlich können Menschen im Schlaf sterben, aber ich habe noch nie jemand gekannt oder gesehen, der auf solche Weise mitten in einer Beschäftigung wie Lesen gestorben ist. Ich habe wirklich Mühe mit der Vorstellung, daß er den einen Augenblick noch liest und im nächsten tot ist. Ich würde annehmen, daß er genügend Zeit gehabt hat, um zu spüren, daß irgend etwas auf ihn zukam – er hätte wahrscheinlich Schmerzen gehabt, und er hätte wahrscheinlich irgendeine Anstrengung unternommen, um Luft zu kriegen oder aus dem Bett zu kommen, um Hilfe zu holen. Er hätte zumindest einige wenige Augenblicke gehabt ... Ich habe viele Menschen auf diese Weise sterben gesehen, aber ich kann mich an keinen einzigen Fall erinnern, bei dem ein Mensch völlig ohne Reaktion auf den Todesmoment gestorben ist. Nach meiner Erfahrung jedenfalls hört das Leben nicht Knall und Fall auf. Und jemand mit einem schweren Herzanfall oder einer starken Gehirnblutung bewegt sich oder zeigt *irgendeine* Reaktion, weil er ein furchtbares Unwohlsein, wenn nicht gar starke Schmerzen verspürt. Das Lächeln scheint ebenfalls verdächtig. Leute lächeln nicht, wenn sie tot sind: zum Lächeln gehört eine beherrschte Bewegung der Gesichtsmuskeln; die geht im Tod verloren, und das Gesicht gerät in eine entspannte Lage. Es ist auch normal, daß der Kiefer heruntersackt."

„Don Diego Lorenzi hat tatsächlich erwähnt, daß der Kiefer mit einer Schlaufe hochgebunden werden mußte", sagte ich.

„Genau das ist es, was ich meine. Man kann sich kaum vorstellen, daß jemand mit heruntergesacktem Kiefer gleichzeitig lächelt."

„Es gibt auf der anderen Seite eine zweite Theorie", sagte ich, „daß er wahrscheinlich eine Lungenembolie bekam. Dr. Navarro-Valls im Vatikan sprach davon, daß der Papst einmal eine Embolie im Auge hatte und daß er nach seiner Ankunft im Vatikan stark geschwollene Füße bekam. Navarro-Valls folgert daher, daß die Augenembolie der Lungenembolie vorausging. Können Sie einem Laien verständlich erklären, was eigentlich eine Lungenembolie ist?"

„In Ordnung. Ganz einfach gesagt: In der Blutflüssigkeit bildet sich ein Gerinnsel. Das Gerinnsel wird durch die Blutbahnen transportiert, bis es sie an einer Stelle verstopft. Diese Verstopfung kann in den Arterien auftreten und ist nichts Ungewöhnliches im Bein. Ein Lungenembolus tritt aber eher im Venen- als im Arteriensystem auf. Die gewöhnlichste Ursache eines Embolus in der Lunge ist ein Gerinnsel in den tiefen Beinvenen. Das verursacht zunächst einmal eine Schwellung und Schmerzen in den Beinen. Das Gerinnsel ist gallertartig.

So wie die Arterien enger werden, je weiter sie in die Extremitäten hinabführen, werden die Venen bei der Rückführung des Kreislaufs nach oben immer weiter. Das Gerinnsel wird sich, sagen wir, in den tiefen Venen der Wade bilden und sich am oberen Ende ausdehnen und wie ein Finger in eine weitere Vene vordrücken und sich wellenartig bewegen. Ein Teil von diesem lockeren, beweglichen Gerinnsel – das heißt, der Embolus selbst – löst sich irgendwann und wird im Kreislauf mitgeführt, und zwar die weiten Venen im Unterleib hoch in den Brustraum und dann ins Herz – in die rechte Herzkammer, die Blut enthält, das in die Lunge gepumpt wird, um wieder mit Sauerstoff versorgt zu werden. Wenn dieses Gerinnsel groß genug ist, wird es beim Durchlaufen des ganzen Kreislaufs, wie beschrieben, irgendwo im Kreislauf der Lunge einen Stau bilden. Wenn es sich um einen großen Embolus handelt – und Emboli können *enorm* groß sein; ich habe schon welche gesehen, die dreißig Zentimeter lang und so dick wie mein Daumen sind –, dann kommt der Kreislauf in der Lunge völlig zum Stillstand. Der Tod tritt innerhalb von etwa ein, zwei Minuten ein. Der Patient spürt eine furchtbare Beklemmung in der Brust, ein Gefühl des Erstikkens. Den raschesten Tod dieser Art habe ich in meiner Klinikzeit in Aberdeen erlebt. Bei einem neunzehnjährigen Mädchen, dem der Blinddarm herausgenommen worden war, hatte es einige Komplikationen gegeben, sie mußte noch sieben oder acht Tage im Bett bleiben. Am ersten Tag, als sie aufstand – wir machten gerade unsere Visite – bekam sie solch eine massive Lungenembolie und fiel vor unseren Augen tot um. Man sah ihr Entsetzen und erkannte, sie wußte, daß ihr etwas absolut Schreckliches widerfuhr. Aber nicht lang.

Man liest von Leuten, die wie von einer Axt gefällt tot umfallen. Aber in der ganzen Zeit meiner medizinischen Praxis habe ich es nicht einmal erlebt, daß das einem Menschen passiert ist, während er aktiv etwas tat. Außer wenn bereits Bewußtlosigkeit eingetreten ist, zeigt ein Mensch immer irgendeine Reaktion oder Kenntnis von dem, was mit ihm geschieht. Das gleiche würde gelten, falls diese Vergiftungshypothesen zuträfen; wäre er vergiftet gewesen, er wäre sich eines furchtbaren, tödlichen Traumas bewußt geworden.

Übrigens", fuhr er fort, „Ihr Navarro-Valls spricht davon, daß der Embolus im Auge zu einer eventuellen Lungenembolie geführt hat. Viele Ärzte machen den Fehler, Embolien auf diese Art in Zusammenhang zu bringen, aber sie haben verschiedene Ursachen, die nichts miteinander zu tun haben. Der Embolus im Auge kommt von der Karotis, einer Arterie im Hals, die Lungenembolie resultiert aus einer venösen Verstopfung im unteren Teil des Körpers."

Nach meinem Gespräch mit Dr. Roe versuchte ich sofort aufs neue, mit Johannes Pauls Augenspezialist in Mestre, Professor Giovanni Rama, in Verbindung zu kommen, um weitere Informationen über die 1978 beim Papst festgestellte Embolie im Auge zu erhalten. Ich bemühte mich ebenfalls, eine Verabredung mit seinem Arzt im Veneto, Dr. Da Ros, zustandezubringen.

Von Professor Ramas Büro kam die dezidierte Mitteilung, daß er nur auf schriftliche Fragen, die ihm via Vatikan zugestellt werden müßten, antworten würde. Dr. Da Ros weigerte sich trotz meiner Bemühungen, ihn über eine Mittelsperson zu erreichen, kategorisch ein für allemal, sich mit mir zu treffen oder irgendeine Erklärung abzugeben.

Ich verblieb mit Dr. Roe so, daß wir uns wieder unterhalten wollten, sobald ich in Italien weitere medizinische Informationen gesammelt hatte – insbesondere Hinweise über die medikamentöse Behandlung Johannes Pauls I.

23

Eine Woche darauf war ich wieder in Rom, zurück in der behaglichen Atmosphäre des Englischen Kollegs. Ich paßte mich sofort wieder dem reibungslosen Tagesablauf der Gemeinschaft an, als wäre ich nie fortgewesen.

Am Vormittag lief ich zum vatikanischen Pressebüro an der Via della Conciliazione und begab mich in die Sala Stampa, wo die ‚Vatikanologen' in ihrem gewohnten Mief aus Tabakqualm herumsaßen. Ich ging zu einem alten Mann hinüber, der in einer Ecke an seiner Pfeife sog.

„Ich bin Max Bergère von der Agence France Presse", sagte er freundlich und streckte mir eine Hand entgegen. „Ich bin sozusagen der Doyen des Pressekorps. Kann ich Ihnen behilflich sein?"

„Erinnern Sie sich an den Tag, an dem der letzte Papst starb?"

„Als ob ich den je vergessen könnte!" kam die Antwort.

„An dem Tag brachte Radio Vatikan gegen 14 Uhr 30 eine Geschichte, daß er *Die Nachfolge Christi* gelesen hätte."

Bergère begann in sich hineinzulachen. „Natürlich erinnere ich mich. Die Geschichte wurde in diesem Raum als Witz erfunden. Sie lief gleich darauf über alle Drähte, und bis zum Mittag hatte Radio Vatikan sie gebracht."

Ich sah ihn verblüfft an.

„Sind Sie sich dessen sicher?" fragte ich.

Bergère deutete durch den Raum auf einen zigarettenrauchenden Herrn, der am mittleren Tisch über eine Zeitung gebeugt war. „Dort! Das ist der Kerl, der die Geschichte erfunden hat. Es war ein Scherz; aber dann haben diese Verrückten sie als Nachricht verbreitet."

„Würden Sie mich ihm vorstellen?"

„Gewiß doch." Er rief den Mann bei seinem Vornamen.

Der Kollege kam herüber; er hatte Ringe unter den Augen und einen ängstlichen Gesichtsausdruck.

„*Du* bist es doch gewesen, der die Geschichte mit der *Nachfolge Christi* aufgebracht hat am Tag, als der Papst starb, oder?"

Der Angesprochene musterte mich von oben bis unten. „Nein! Ich war's nicht allein!" bellte er. Dann sagte er und zeigte mit der brennenden Zigarette in der Hand auf die Brust: „Und drucken Sie das ja nicht, verstanden! Wir alle hier sind's gewesen, alle zusammen. Niemand im besonderen. Wir haben nur so gelacht und Witze gemacht, und dabei ist das einfach so herausgerutscht. Und erwähnen Sie ja nicht meinen Namen, verstanden!" Er schritt davon und murmelte noch ein unterdrücktes *„pazzo"* – Spinner.

Bergère schüttelte lachend den Kopf. „Journalisten! Die sind ein komischer Haufen. Natürlich ist er derjenige, welcher. Kann ich noch etwas für Sie tun?"

„Ist jemand vom ANSA-Nachrichtendienst da?"

„Gewiß doch. Sie brauchen Mandillo. Dort ist er, kommen Sie!" Ich folgte ihm quer durch den Raum zu einem Mann mittleren Alters, der in einer Tweedjacke über eine Schreibmaschine gebeugt saß.

Bergère stellte mich vor. „Dieser Engländer hat Fragen zum Tod des letzten Papstes."

Mandillo hob den Kopf und sah mich scharf an.

„Erinnern Sie sich an die Meldung, die am Abend des Todes von Ihrer Agentur verbreitet worden ist?" wollte ich wissen. „Es hieß, daß die Brüder Signoracci im Morgengrauen angerufen und von einem Wagen des Vatikans abgeholt worden sind."

„Ich erinnere mich", erwiderte er kurz angebunden. „Das war ein Fehler."

„Wie soll ich das verstehen?"
„Es war ein Irrtum."
„Aber er wurde nie richtiggestellt."
Er zuckte mit den Schultern.
„Wer hat diese Meldung geschrieben?" fragte Bergère.
„Irgendwer ... Er arbeitet nicht mehr für uns", entgegnete Mandillo.
„Wie heißt er?"
Er schüttelte den Kopf und widmete sich wieder seiner Schreibmaschine. „Ich kann Ihnen seinen Namen nicht nennen. Mit mir hat das nichts zu tun."
„Signore Mandillo", sagte ich nochmals, diesmal mit Nachdruck, „bitte, nun nennen Sie mir doch seinen Namen."
Die Atmosphäre wirkte gespannt. Er blickte weg. Dann sagte er mürrisch: „Er heißt Mario di Francesco. Er arbeitet für den *Messaggero.* Und jetzt lassen Sie mich in Frieden."
Max Bergère lächelte wohlwollend. Er mußte ein Faible für Engländer haben, dachte ich. „Kann ich sonst noch was für Sie tun?"
„Ja. Können Sie mir jemand von Radio Vatikan nennen, der darüber Bescheid weiß, wie die Nachrichten zusammengestellt werden?"
„Gewiß. Versuchen Sie es mit Pater Aregui, er ist Spanier – Baske, um genau zu sein." Er schrieb mir den Namen auf einen Zettel.
Als wir in die Vorhalle der Sala Stampa traten, versprach er, mir ein kurzes Memoire zu schicken, in dem er mir etwas über Kardinal Villot und die Todesumstände von Johannes Paul I. festhalten würde.
„Ich habe Kardinal Villot lange Jahre hindurch sehr gut gekannt", sagte er.

24

Ich ging die ganze Via della Conciliazione hinunter und bog ab zur Piazza Pia, einem weiträumigen Platz am Tiberufer gegenüber dem Castel Sant'Angelo. In der Nummer eins, einem Gebäude, das wie eine Kaserne aussah, fand ich Radio Vatikan. Die funktionell gehaltene Vorhalle, grau getüncht, verriet keinerlei Anzeichen religiöser Aufgaben. Dort standen eine grob gearbeitete Skulptur mit dem Titel *Onde di Pace* – Friedenswellen – und eine Marconi-Büste.

Ein fröhliches Mädchen nahm meine Anfrage an der Rezeption entgegen und führte ein paar Telefonate, während ich mich in einem Stuhl im Wartebereich niederließ und eine Ausgabe von *Radio Vaticana,* dem Magazin des Senders, in die Hand nahm.

Im mittleren Teil stieß ich auf eine Karte, die zeigte, daß die starken Sender des Vatikans alle Kontinente der Welt erreichten. Auf dem Programmplan waren unter den fremdsprachigen Sendungen japanisch, chinesisch, arabisch, vietnamesisch, für den osteuropäischen Bereich armenisch, ukrainisch, litauisch, weißrussisch, lettisch und russisch angegeben. Die englischen Sendungen führten Titel wie ‚Mit Herz und Verstand', ‚Der Papst, die Kirche und die Welt', ‚Die Woche im Vatikan', ‚Rosenkranz und Nachrichten' und ‚Eine rundum großartige Sache'. Ich spürte, wie sich eine gewisse Müdigkeit in mir breitmachte.

Endlich erschien ein Laie, der sich als Dottore Giovanni Bosco vorstellte. Er schüttelte mir die Hand und hörte sich aufmerksam meine Frage nach dem Autor der Geschichte über Johannes Paul I.

und der *Nachfolge Christi* an. „Ja, Sie müssen mit mir kommen, um mit Pater Ignacio Aregui zu sprechen, dem Nachrichtenchef."

Als wir im Aufzug zum dritten Stock hochfuhren, erzählte er mir, daß der Sender von etwa 400 Beschäftigten unter der Leitung von 30 Jesuitenpatern betrieben wird; tagtäglich werden 70 Sendungen in 36 Sprachen, darunter Latein, ausgestrahlt.

Wir stießen im Flur auf Pater Aregui, einem fahlgesichtigen Geistlichen in einer bequemen hellgrauen Wolljacke. Der Priesterkragen war über einem Schal in Schottenkaros, den er studentenmäßig um den Hals geschlungen hatte, kaum auszumachen. Er neigte ein Ohr, als ich sprach. „Ah, ja", sagte er. „Ich weiß genau, wer diese Geschichte an jenem Morgen, als der Papst starb, geschrieben hat, aber Sie müssen mich zu Pater Querecchi, dem Programmdirektor, begleiten und mit ihm sprechen."

Wir bogen um eine Ecke und betraten ein geräumiges Büro, wo ein kleiner Mann sich erhob und uns entgegenkam. Er schien Anfang Vierzig, hatte graues Haar und stahlblaue Augen. Er trug einen ausgebeulten schwarzen Anzug mit grauem Fischgrätmuster. Er schüttelte mir kräftig die Hand, und ich wiederholte meine Frage noch einmal.

Aregui und Querecchi wechselten Blicke. Diese Jesuiten waren ganz anders als die weichwangigen vatikanischen Monsignori mit ihrem weißen Kragen, am anderen Ende der Via della Conciliazione. Sie waren hager und aufmerksam und wirkten sehr gescheit.

Querecchi zwinkerte seinem Kollegen zu: „Ich war damals in Formosa."

„In der Tat", sagte Aregui grinsend. „Sie können wir wohl nicht verantwortlich machen." Dann wandte er sich mir zu: „Diese Geschichte ist von einem Pater Farusi geschrieben worden, der das *Radiogiornale* leitete. Er hat sie in seiner schönen Handschrift persönlich geschrieben, und sie ist wohl in sieben Sprachen ausgestrahlt worden. Ich denke nicht, daß sie aus vatikanischen Quellen stammt, aber Sie müssen Farusi selber fragen. Er ist inzwischen Leiter der Informationsdienste des Jesuitenordens unten am Borgo Santo Spirito."

Zum dem Laien gewandt, sagte er: „Dottore, würden Sie bitte so freundlich sein und Pater Farusi anrufen und ihn fragen, ob er bereit ist, mit diesem Herrn zu sprechen."

Als Dr. Bosco verschwand, plauderte ich mit den beiden Jesuiten über die offizielle Stellung von Radio Vatikan.

„Ist es möglich", fragte ich, „daß die Geschichte den Nachrichtendiensten entnommen wurde?"

„Ja", sagte Aregui, „aber er hätte sie mit Sicherheit überprüfen lassen müssen. Eine derartige Geschichte ließe einen bis ans Lebensende nicht mehr los."

„Womöglich wäre es schwierig gewesen, die Geschichte an jenem Morgen im päpstlichen Haushalt vor Mittag zu überprüfen?" sagte ich und bot damit eine glaubhafte Entschuldigung für den Fehler an.

„Nein", sagte Querecchi rundweg, „Pater Farusi war nicht *irgendwer*. Der Vatikan hätte einen Anruf von ihm ohne Verzögerung entgegengenommen."

Querecchi war offenkundig auf Genauigkeit bedacht, so unbequem sie auch sein mochte. Ich war beeindruckt.

„Also, wie offiziell ist nun eine Nachrichtensendung am Morgen, wenn ein Papst gestorben ist?"

Wir gingen schon wieder den Flur zurück zu den Aufzügen. Pater Aregui breitete seine Hände aus. „Wir sind unabhängig, haben aber eine direkten Draht zum Vatikan. Falls wir eine Geschichte unrichtig bringen, gibt es eigentlich keine Entschuldigung. Aber ein Sprachrohr des Vatikans sind wir nicht. Sie befehlen uns nicht, was wir zu sagen haben. Eine Nachrichtensendung hat nicht den Charakter eines offiziellen Bulletins."

Dr. Bosco kam uns auf halbem Weg im Flur entgegen. „Mr. Cornwell, Pater Farusi steht Ihnen jetzt zur Verfügung. Sie finden ihn am Borgo Santo Spirito Nr. 5. Das ist die Straße, die parallel zur Via della Conciliazione läuft, auf der linken Seite gegenüber dem Petersdom.

Übrigens", fügte er hinzu, „er hat mir erklärt, die Geschichte mit der *Nachfolge Christi* habe er von Don Diego Lorenzi persönlich."

Ich blieb unvermittelt stehen und sah ganz erstaunt die Jesuiten an. Sie wechselten erneut Blicke, aber ihre Mienen verrieten nichts.

Querecchi streckte mir seine Hand entgegen. „Alles Gute, Mr. Cornwell. Pater Farusi wird Sie gewiß über alles aufklären."

25

Haus Nummer fünf am Borgo Santo Spirito ist der Eingang zu einem riesigen, strengen Bürogebäudekomplex aus dem 19. Jahrhundert. Hier befindet sich das internationale Hauptquartier des Jesuitenordens, der Societas Jesu. Es liegt in einer Einbahnstraße knapp 200 Meter vom Petersplatz entfernt. Als ich durch die Torflügel des grauen Haupt-Palazzos trat, erwartete ich irgendwie asketisch aussehende Männer in Schwarz durch die düsteren Korridore huschen zu sehen. An der Portiersloge wurde ich von einem verschlafen wirkenden alten Kauz in einer Soutane begrüßt. Er bat mich, in der Vorhalle zu warten, und wanderte in das hallende Innere des Gebäudes, um Pater Farusi zu suchen.

Durch eine offene Doppeltür konnte ich in eine Privatkapelle hineinblicken, in der die Messe gelesen wurde. Ich bekam mit, daß der Gottesdienst auf japanisch gehalten wurde, und während ich dieser ungewöhnlichen Ausdrucksform der Liturgie folgte, gewann ich einen flüchtigen Eindruck von den globalen Verästelungen dieser Gesellschaft, deren 10.000 Mitglieder in allen Ecken und Enden der Welt verstreut sind und alle möglichen Sendungen und Missionen ausführen, von denen einige undurchschaubar sind. Obwohl ich wenigstens zwei durchaus angenehme und normale Mitglieder des Ordens kannte, trug ich noch immer ein unausrottbares Vorurteil von den Jesuiten als düsteren Unheilstiftern mit mir herum. Das Bild der Jesuiten in der antikatholischen Propaganda – in der einen Tasche das Giftglas, die eiserne Disziplin in der anderen, wirkt bis heute nach.

Da zupfte mich wer am Ärmel, und als ich mich umdrehte, stand vor mir ein kleiner, gnomenhafter Mann, der kurzsichtig durch eine dicke Hornbrille zu mir hochblickte. Pater Farusi hatte eine totale Glatze und seine Schädelhaut tiefe Furchen. Seine struppigen Augenbrauen waren pechschwarz und sein fahles Gesicht war voller Falten. Die Oberlippe zeigte Nikotinflecken. Er trug eine schwarze Hose und einen grauen Sweater mit Löchern am Ellbogen.

„Kommen Sie mit!" sagte er, trottete den Flur entlang vor mir her und betrat ein kahles Zimmer mit einem einfachen Tisch und zwei Stühlen.

Er bemerkte, daß ich eine Abschrift einer Sendung des vatikanischen *Radiogiornale* in der Hand hielt. Er beugte sich über den Tisch und griff in einer raschen Bewegung mit knorrigen Fingern nach dem Papier. „Ja, ja ... Was ist das?" fragte er.

Seine Ungeduld machte mich nervös. Ich setzte mich langsam hin und versuchte, die Fassung wiederzugewinnen. Schließlich sagte ich: „Guten Morgen, Pater. Es ist nett von Ihnen, daß Sie mich heute empfangen."

„Nicht der Rede wert", sagte er. „Ich sitze sieben Tage in der Woche an meinem Schreibtisch. Also, was wollen Sie wissen?"

„Haben Sie die Geschichte geschrieben, daß der Papst *Die Nachfolge Christi* in der Hand hielt, als er tot aufgefunden wurde?"

„Ja, ja. Das war ich. Ich habe es geschrieben", sagte er, während er mit den Blättern fuchtelte.

„Doch die Geschichte hat so nicht gestimmt und wurde am 2. Oktober zurückgezogen. Wo haben Sie die ursprüngliche Geschichte gehört?"

Er sah sich die entsprechende Seite genau an und blickte dabei flink wie ein Vogel immer wieder zu mir auf. „In den Massenmedien zirkulierte die Geschichte am späteren Vormittag des 29. September", sagte er gereizt; seine Stimme hatte einen tiefen, rauhen Klang. Er sah mich mit verkniffenen Augen an, als müßte er ins grelle Sonnenlicht blinzeln.

„Es war keine Geschichte aus dem Vatikan?" fragte ich.

Er warf den Kopf leicht zurück. „Eine Vatikan-Geschichte!"

sagte er fast verächtlich. „Ich habe sie an dem Tag irgendwann zwischen zwölf und halb eins selbst überprüft. Ich habe sie mir von Don Diego Lorenzi persönlich bestätigen lassen. Er hat mir erzählt, sie sei wahr."

„Don Diego? Sind Sie sicher? Das war doch der Mann, der dem Vatikan und der Presse erzählt hat, daß die Geschichte nicht den Tatsachen entsprach. Das reimt sich überhaupt nicht zusammen, Pater."

Farusi blinzelte mich aus seinen dicken Linsen an. „Don Diego! Hören Sie, wir sollten über Don Diego Lorenzi mal eins klarstellen. Es war meine Aufgabe, genau zu wissen, was dort vor sich ging. Ich bin seit 29 Jahren ein Fachmann, was Nachrichten aus dem Vatikan betrifft. Die erste verläßliche Nachricht, die ich an jenem Tag erhielt, war die, daß Don Diego sich nicht im päpstlichen Appartement befunden hatte, als der Papst starb. Er war an jenem Abend *ausgegangen*. Jawohl, genau an dem Abend, an dem der Papst starb, war er *nicht im päpstlichen Appartement*. Er kehrte spät in der Nacht zurück und ging sofort zu Bett. Am Morgen verschlief er ..."

Er sah offensichtlich die Verwunderung in meinem Gesicht. Seine Stimme erstarb, während er die Mitteilung auf mich einwirken ließ. Mich hatte es schon immer verwundert, daß es ausgerechnet Don Diego gewesen sein sollte, der die Geschichte vom Papst und der *Nachfolge Christi* erzählt hatte. Nun wurde mir auch noch mitgeteilt, daß er eben in der fraglichen Nacht ausgegangen war. Warum hatte er das mir gegenüber nicht eingeräumt? ‚Alles, was ich Ihnen erzähle, ist die volle Wahrheit. Ich habe keinen Grund zu lügen!' hatte er mir in Mailand erzählt. Und konnte es möglich sein, daß Marjorie Weeke, Navarro-Valls, Marcinkus und Vittoria Marigonda, ganz zu schweigen von den mir bekannten Monsignori, nie davon gehört hatten? Nahmen die Diskrepanzen denn nie ein Ende? Diese kleinen Ausflüchte? Ich war wütend auf Don Diego, auf den ganzen Vatikan. Wem konnte ich überhaupt trauen in dieser seltsamen kleinen Welt, in der die Menschen mit der Wahrheit Katz und Maus zu spielen schienen? Ich schaute den Jesuiten vor mir an. Ich beschloß, diesem Mann gegenüber genauso auf der Hut zu sein. War es denkbar, daß seine Anschuldigung gegen Don Diego ein Ausweichmanöver war?

„Welche Quelle haben Sie für Ihre Behauptung, daß Don Diego abwesend war, Pater?"

Der Priester lächelte mich an und zeigte seine vom Nikotin verfärbten Zähne.

„*Verschiedene* vatikanische Quellen", erwiderte er. „Doch zuletzt habe ich selbst mit ihm gesprochen, und er hat mir bestätigt, daß er an jenem Abend ausgegangen war. Schauen Sie, Mister, Sie müssen den Vatikan verstehen. Jeder gibt sich hier größte Mühe, um allgemein kundzutun, daß er seine Pflichten ordnungsgemäß erfüllt hat."

Mir schoß der Gedanke durch den Kopf, das könnte auch auf Pater Farusi zutreffen.

„Haben Sie eine Vorstellung davon, um welche Zeit Don Diego ins päpstliche Appartement zurückkehrte?" fragte ich.

„Gegen Mitternacht", erwiderte er. Er schaute mich eine Weile nur an und drehte und wendete seine walnußbraunen Hände – die Hände eines alten Mannes. Ich schätzte ihn auf Anfang Siebzig.

Er senkte den Kopf und rieb seinen kahlen Schädel, als wolle er versuchen, sich Kopfschmerzen wegzumassieren. „Ich weiß noch, ein paar Tage später wurde ich ins Staatssekretariat gerufen, wo man mir nahelegte, ich solle sehr vorsichtig sein, wenn ich mit Don Diego spräche", fuhr er fort. „Don Diego hatte vielleicht zuviel gesagt, und ich vermute, er war leicht versucht, viel zu reden, weil er ein bißchen unter Schock stand, sich auch schuldig fühlte und versuchte, sich für das, was passiert war, zu rechtfertigen. Andererseits – und das erzähle ich Ihnen als etwas sehr Interessantes, als etwas, was ich mit absoluter Bestimmtheit weiß – hat man mir geraten, ich solle vorsichtig sein, wenn ich mit Don Diego spräche, weil nicht alles, was er sage, ganz der Wahrheit entspräche. Sehen Sie, als er heimkam, ist er ja nicht einmal ins Zimmer des Papstes gegangen, um sich zu vergewissern, daß alles in Ordnung war."

Er verschränkte wieder die Hände und schaute mir in die Augen. „Dann kam es heraus, daß zuerst die Nonne den Papst aufgefunden hatte. Das kam aus dem Staatssekretariat, und die Geschichte klang ziemlich anders als Don Diego sie erzählt hatte. Zu dem Zeitpunkt habe ich mich gefragt: Wer hat recht? Don Diego oder das Staatssekretariat? Versucht das Staatssekretariat, Don Diegos Geschichte als Lüge zu entlarven, weil noch etwas anderes dahinter steckt? Also, ich war innerlich ziemlich verunsichert. Sie haben nie offen behauptet, er sei ein Lügner; sie haben nur gesagt, er spräche etwas zu frei – er ließe es an Diskretion fehlen."

Der gedrungene kleine Pater Farusi beugte sich über den Tisch zu mir herüber und zupfte mich am Arm. „Hören Sie, Mister", sagte er, „ich weiß nicht, ob Sie das wissen, aber fangen wir mit dem Konklave an. Das war für mich der Schlüssel zum Verständnis von allem und rückt Don Diegos Verhalten in ein etwas seltsames Licht. Ich spreche von dem Konklave, auf dem Johannes Paul I. gewählt wurde. Ich war für Radio Vatikan verantwortlich und konnte nur raten, wer die Hauptkandidaten sein würden. Von einem gewissen Zeitpunkt an kamen mir Gerüchte zu Ohren, daß die Kardinäle sich nach dem Gesundheitszustand des Patriarchen von Venedig erkundigten. Es ging um eine große Anzahl von Kardinälen, und viele von ihnen waren Ausländer. Das machte mir sofort klar, daß er der Spitzenkandidat war. Ich suchte einen Kollegen auf, der innerhalb der Polizei Verbindungen hatte, und sagte ihm, ich bräuchte ein gründliches Dossier über die Gesundheit dieses Mannes Luciani. Als die Information kam, war ich schockiert, weil ich erfuhr, daß er sich in einem äußerst schlechten Gesundheitszustand befand. Wenn die Kardinäle den wahren Gesundheitszustand gekannt hätten, hätten sie ihn nie gewählt. Aber sie haben ihn dennoch gewählt. Beim ersten Mal hat er abgelehnt, doch sie haben ihn ein zweites Mal gewählt, da mußte er die Wahl annehmen. Papst zu sein, ist eine enorme Bürde, aber diese Last auf sich zu nehmen und nicht bei guter Gesundheit zu sein, bedeutet eine zusätzliche psychologische Belastung, verstehen Sie?

Don Diego wußte das alles. Wie konnte er dann nur ausgehen, spät zurückkehren und nicht ein letztes Mal nachsehen, wie es ihm geht? Wenn ich ein Kollege wäre, würde ich ihm dazu ein paar Fragen stellen wollen. Ich habe Informationen, denen zufolge Luciani am Tag vor seinem Tod mit seinem Arzt im Veneto telefoniert hat, weil er sich nicht wohl fühlte und ärztlichen Rat brauchte. Dann erfahren wir, daß Don Diego wußte, daß Luciani noch am Abend vor seinem Tod unter starken Schmerzen litt. Aber er geht aus. Was sollen wir dazu sagen, hm? Warum hat er nicht den Staatssekretär benachrichtigt?"

Pater Farusis Informationen kamen für mich überraschend, doch irgend etwas störte mich an der Hartnäckigkeit, mit der der Priester auf Don Diegos Schuld pochte. Was konnte er beweisen? Und war Pater Magee etwa nicht in der päpstlichen Wohnung gewesen? Hatte der Priester hier persönlich ein Hühnchen zu rupfen?

„Wie sicher sind Sie sich Ihrer Annahme, Pater, daß Don Diego ausging?" wollte ich wissen.

„Er *ging* aus", erwidert er bestimmt und rückte den Blick von mir ab zum Fenster.

„Warum haben Sie in der Geschichte mit der *Nachfolge Christi* am 2. Oktober eine Richtigstellung veröffentlicht?"

„Das habe ich auf Vorschlag des Staatssekretariats getan."

„Wieso hat es vier Tage gedauert, um eine Berichtigung zu bringen?"

„Ich weiß es nicht. Mir kam es auch rätselhaft vor, aber sie haben mich darum gebeten die Richtigstellung zu bringen, und da habe ich gesagt: ‚In Ordnung', und hab's gemacht."

Ich fragte ihn: „Meinen Sie, daß Johannes Paul I. an Überarbeitung gestorben ist?"

„Es war nicht nur die Arbeit", erwiderte er prompt. „Natürlich war er gebrechlich und überlastet, aber er war auch ein in seiner Frömmigkeit sehr ernster und demütiger Mensch. Er fühlte sich unwürdig. Seine Wahl machte ihm Sorgen. Das alles zusammengenommen verursacht großes psychisches Leid, Unruhe und Angst."

Der Priester verstummte und lächelte einige Augenblicke lang in sich hinein. Er sagte: „Sie wissen ja, bei den Audienzen haben die Menschen seine Ansprachen geliebt. Die Menschen. Aber das Staatssekretariat hat sie nicht gemocht. Das Staatssekretariat hat

Kritik an ihm geübt, sein Niveau sei zu volkstümlich, er rede allzu simpel und ähnliches mehr. Ich erinnere mich, ich erhielt eines Morgens einen Anruf, und da fragte mich wer: ‚Was erlaubt sich eigentlich der Papst während der Audienzen? Er lästert Gott!'" Pater Farusi lachte bei der Erinnerung in sich hinein. „Weshalb? Während der Mittwochaudienz hat er einmal die Leute aufgefordert: ‚Betet für diesen armen Christus.' Und hat auf sich selbst gedeutet. Und diese Person da im Vatikan hatte das als unehrerbietige Ausdrucksweise mißverstanden. Sie haben also gar nicht begriffen, daß er auf volkstümliche Art von diesem armen Christus sprach, der an allen Enden gekreuzigt ist: der sein Kreuz trägt wie Jesus Christus."

Da hatten wir es wieder: der kleine, seinen Aufgaben nicht gewachsene Papst, der so einfältig war, daß er einer Gotteslästerung fähig war!

Doch ich begann, mich über Pater Farusi zu wundern. Er schien vielschichtig, subtil sogar. Trieb er irgendein raffiniertes jesuitisches Spiel mit mir? Was er mir gegenüber geäußert hatte, empfand ich als außerordentlich indiskret – auf Kosten des Vatikans. Doch warum? Wirklich im Interesse der ungeschminkten Wahrheit?

Ich beschloß endlich, ihn mit der Hauptfrage zu konfrontieren.

„War es möglich, Pater, daß Johannes Paul I. ermordet worden ist? Oder schließen Sie das völlig aus?"

Der Priester schloß die Augen und zog die Schultern zusammen. Er dachte einige Augenblicke lang nach.

„Was mich betrifft, ist eine Tatsache unbestreitbar. Dieser Papst hat eine enorme Zuneigung beim einfachen Volk besessen. Er galt sogar als noch populärer als Johannes XXIII.; er war noch heiliger, noch demütiger, noch bescheidener, noch schlichter. Sein Tod erschien so unerklärlich. Die einzig mögliche Erklärung schien: er ist vergiftet worden. Diese Vorstellung wäre vom Volk sofort akzeptiert worden.

Dazu kann ich Ihnen etwas sagen, und das ist nicht bloß heiße Luft: die Sache hat durchaus einen Hintergrund. So gutmütig Johannes Paul I. war, es gab Gerüchte, daß er den Vatikan säubern wollte. Es hieß, er würde Marcinkus feuern, ihn absetzen. Warum? Hinter dem allen steckt eine wahre Geschichte. Einige Jahre, bevor Luciani Papst wurde, versuchte die Banco Ambrosiano die Banca Cattolica zu übernehmen. Sie war mit Kapital der katholischen Verbände und Organisationen ausgestattet, an denen die Kirche großes Interesse hatte. Zu einem bestimmten Zeitpunkt wurde sie von Marcinkus der Banco Ambrosiano übertragen. Als Patriarch von Venedig kam Luciani nach Rom gereist, um die Angelegenheit mit Paul VI. zu diskutieren, aber er wurde zu Marcinkus hinübergeschickt und sollte selbst schauen, was getan werden konnte, um das zu verhindern. Marcinkus empfing ihn und hat ihm nur ziemlich grob mitgeteilt, der Patriarch von Venedig solle sich um seine Gemeinde, aber nicht um Bankgeschäfte kümmern.

Dann wird Luciani Papst – und Marcinkus hat Angst, daß er entlassen wird. Wenn Sie sich in aller Ruhe im Vatikan umhören könnten – sehen Sie, damals hat es jeder bemerkt: Nach der Wahl war Marcinkus völlig anders. Er war niedergeschlagen und verzweifelt. Ich bin überzeugt, Luciani hätte es sie büßen lassen, daß sie das Kapital der katholischen Bewegungen im Veneto abgezogen haben: es traf ein ganzes Bankennetz, das auf den Gaben der Gläubigen aufgebaut war.

Wir kommen der Sache auf Umwegen näher. Aber angesichts eines so wundervollen Papstes und seines so plötzlichen Todes gibt es entweder eine logische Erklärung oder es muß jede Menge von Verdacht aufkommen. Als nächstes kommt noch der Eindruck auf, daß sie, aus welchem Grund auch immer, keine Klarheit schufen. Den genauen Verlauf der Ereignisse haben wir nie erfahren, er ist nie bekanntgegeben worden. Da kann Mißtrauen doch um sich greifen. Mache ich mich verständlich? Ich habe zum Beispiel nie begriffen, auch wenn sie im Vatikan dafür Gründe anführen: Wieso hat es keine Autopsie gegeben?"

Der Priester verstummte, als hätte ich darauf eine Antwort. Mir wurde in diesem Augenblick die Ironie der Situation deutlich. Hier hatte ich ein Beispiel für ‚Quellen innerhalb des Vatikans' oder ‚einwandfreie Quellen aus Kuriennähe' vor mir. Mir schien, daß der

Vatikan mit Büchern wie *Die rote Soutane* und *Im Namen Gottes?* noch glimpflich davongekommen sein könnte, wenn drinnen Leute so reden konnten. Ich schaute Pater Farusi verwundert an. Meine klare und unmißverständliche Frage nach der Möglichkeit der Ermordung eines Papstes hatte augenblicklich zu Anspielungen auf Marcinkus und einem möglichen Motiv für die Beseitigung eines Papstes geführt, der ‚dazwischenfunkte'.

„Intern wird gesagt", fuhr Pater Farusi fort, „daß die Einwilligung für eine Autopsie dem Eingeständnis gleichgekommen wäre, er sei möglicherweise vergiftet worden. Es sei immerhin der Körper eines Papstes gewesen. Alles, was recht und billig ist! Dann steht zu eurer Entscheidung und lehnt aus diesen Gründen eine Autopsie ab. Aber gebt wenigstens eine präzise Auskunft über das, was ihr wißt."

Pater Farusi sah mich mit schiefem Kopf fragend an: „Drücke ich mich klar aus? Die Tatsache, daß er gewählt wurde, bedeutete, daß er für gesund gehalten wurde. Wie konnte er dann aber so plötzlich sterben? Dann wiederum sagen alle: ‚Aber er war bei *schlechter* Gesundheit – das weiß doch jeder!' Nur, falls das stimmt – wie konnten sie ihn dann gewählt haben? Sie wollen sich nicht festlegen. Das Problem liegt darin, daß jeder seine eigene Haut zu retten versucht, und daraus sind eine ganze Menge Komplikationen und Verdächtigungen erwachsen."

„Zum Zusammenbruch der Banco Ambrosiano, Pater. Meinen Sie, daß Erzbischof Marcinkus eine Schuld trifft?"

Pater Farusi beugte sich wieder zu mir über den Tisch herüber. „Marcinkus hat über die wahren Tatsachen Stillschweigen bewahrt, um die Leute zu schützen, die wirklich dahinterstecken und die große Fehler begangen haben."

Er schwieg. Ich wartete mit angehaltenem Atem.

Der Priester schüttelte den Kopf und machte eine Handbewegung, als ob er mir sagen wollte, über dieses Thema wolle er weiter nichts sagen.

„Deswegen", sagte er noch, „hat Paul VI. eine saubere Weste behalten."

Er lächelte in sich hinein und blickte mit seinen kurzsichtigen Augen zur Decke. „Ich will Ihnen ein kleines Beispiel geben. Man hält Paul VI. immer für den großen neuzeitlichen Wohltäter der Museen“, sagte er, „doch hinter der Bühne hat sich einiges abgespielt. Da hat es etwa den Fall mit dem Museum für moderne religiöse Kunst gegeben, das er ins Leben gerufen hat. Ich weiß darüber Bescheid, weil die Jesuiten halfen, eine Sammlung zustandezubringen. Viele erstklassige, weltberühmte Künstler sandten Werke als Einstandsgeschenke, und als die Künstler zur Eröffnung kamen, waren ihre Werke nicht da. Irgendwie waren sie verschwunden. Na? Sehen Sie?“

Ein kurioses Schnipsel an Information. Doch was konnte es bedeuten? Daß Paul VI. Gemälde stahl? Ich dachte kurz über die möglichen Folgerungen nach und beschloß, davon abzusehen.

Pater Farusi erhob sich. „Bitte, ich muß jetzt zum Essen. Sie könnten ja wiederkommen. Oder ich könnte Ihnen ein paar weitere Antworten aufschreiben.“ Er brachte mich zur Tür und begleitete mich durch den Korridor.

Er blieb stehen, um mir mitzuteilen: „Nebenbei bemerkt, diese Sache, daß Villot *Humanae Vitae* habe unterbinden wollen, ist völliger Blödsinn. Paul VI. hat Villot einbezogen, weil er die Ansichten der Kirche in Frankreich vertreten sollte. Villot glaubte zutiefst an die französische Auffassung von der Gewissensfreiheit; er *befürwortete* eine Lockerung. Übrigens, es war Villot, der Lefèbvre exkommunizieren lassen wollte.“

Der Priester blickte mich trotzig an: „Ich meine allerdings, daß eine Menge von dem, was Lefèbvre gesagt hat, ziemlich vernünftig war. Die Dinge sind zu weit gegangen ... eine Messe am Kaffeetisch!“

Mit diesen Worten reichte er mir die Hand und ging wieder den Weg zurück, den er gekommen war.

Im Englischen Kolleg rief ich gleich Marjorie Weeke an.

„Marjorie“, sagte ich, „haben Sie jemals ein Gerücht gehört, daß Don Diego an dem Abend, bevor der Papst starb, abwesend war?“

„Nein!“ erwiderte sie kurz und bündig. „Das höre ich jetzt zum ersten Mal.“

Nach dem Mittagessen rief ich Mario di Francesco an, der früher Journalist beim ANSA-Nachrichtendienst gewesen war und jetzt als Theaterkritiker beim *Messaggero* arbeitete. Ich hatte ihn gleich an der Leitung.

„Signore di Francesco“, sagte ich, „ist es wahr, daß Sie die Geschichte geschrieben haben, wonach die Bestatter des Papstes am Morgen, als der Papst tot aufgefunden wurde, um fünf Uhr früh zum Vatikan aufgebrochen sind?“

„Ja“, sagte er, „das ist wahr.“ Er sprach langsam, abwehrend.

„Könnten wir uns treffen, um darüber zu reden, wie Sie zu dieser Geschichte gekommen sind? Ich weiß, es ist viele Jahre her ...“

„Kein Problem. Ich kann mich sehr gut daran erinnern, und ich werde Ihnen das sagen, was ich immer gesagt habe. Ich habe die Brüder Signoracci gut gekannt; ich bin noch einmal zu ihnen gegangen und sie haben die Geschichte so bestätigt. Doch die Brüder, von denen wir jetzt sprechen, sind leider inzwischen tot.“

Ich schwieg. Diese Mitteilung verschlug mir den Atem.

„Es könnte noch ein Neffe am Leben sein“, sagte er, „ich weiß nicht. Treffen wir uns doch. Ich werde das gern zu rekonstruieren versuchen, was ich in dem Bericht geschrieben habe.“

Wir verabredeten uns am Nachmittag des nächsten Tages im Englischen Kolleg.

26

Aus der Scala Stampa erreichte mich ein Memorandum von Max Bergère, dem Doyen der ‚Vatikanologen':

„Ich kannte Kardinal Jean Villot aus der Zeit, als er sein Studium in Rom beendete; ich fing damals als Journalist an. Später traf ich ihn während seiner regelmäßigen Besuche in Rom. Er ließ mich wissen, daß er in der Stadt sei, und ich ging ihn dann in dem einfachen Zimmerchen besuchen, das sie in Saint Sulpice für ihn freihielten. Er setzte sich im Hemd zu einem Plausch mit mir zusammen. Unsere Bekanntschaft wurde nicht im mindesten berührt, als er Bischof, dann Kardinal wurde. Er blieb immer der gleiche: einfach und natürlich. Als Paul VI. ihn zum Staatssekretär ernannte, ehrte er damit Villots große Treue zur Kirche wie seinen guten Charakter und sein ausgeglichenes Temperament.

An der Wahl von Luciani hatte Kardinal Villot großen Anteil. Nach dem dritten Wahlgang am 26. August ermahnte Villot das Konklave in einer Rede, die ganze Sache rasch zum Abschluß zu bringen, da es eine überwältigende Unterstützung für Luciani gäbe. Die Zustimmung, den Gesichtern der Wahlmänner nach zu urteilen, war einfach erstaunlich, und in der vierten Abstimmung wurde Luciani gewählt.

Luciani hatte nicht mit dieser Nominierung gerechnet, und er befand sich in einem solchen Zustand derartiger Verwirrung, daß ihm einer der Kardinäle neben ihm zusprach: ‚Fassen Sie Mut.

Wenn unser Herr eine Bürde auferlegt, dann gibt er auch die nötige Stärke, sie zu tragen. Haben Sie keine Angst, es gibt viele Menschen in der ganzen Welt, die für Sie beten.'

Kardinal Villot blieb an Lucianis Seite, ein ergebener und liebevoller Freund. Als Johannes Paul I., wie er nun hieß, ihn in der päpstlichen Wohnung eines Tages bis zur Tür hinausbegleitete, erklärte ihm Villot: ‚Eure Heiligkeit, es ist wirklich nicht nötig, daß Sie so aufmerksam sind. Bedenken Sie, Sie sind der Papst, und ich bin bloß ein Kardinal.' Johannes Paul erwiderte ihm mit einem gütigen Lächeln: ‚Es gibt Päpste und es gibt Päpste, die arm dran sind.'

Während die päpstlichen Gemächer hergerichtet wurden, war Johannes Paul bei Kardinal Villot zu Gast. Nach dem Mittagessen wurde der Papst gefragt, ob er gern allein sein wollte, um seine Siesta zu halten, doch er verneinte; er erklärte, er möchte nicht gern allein gelassen werden.

Die Arbeitsbelastung die auf Johannes Paul I. zukam, war ungeheuerlich. Er sagte eines Tages zu einem Kardinal: ‚Die meisten Leute brauchen eine *Schreib*maschine; ich könnte eine *Lese*maschine gebrauchen.'

Kardinal Villot berichtete mir auch, daß Lucianis Füße nachts fürchterlich anschwollen.

Am 23. September, dem Tag, als Luciani den Vatikan zum letzten Mal verließ, wurde er gebeten, sich zu erheben und auf den Jubel der Menge zu antworten, und er erwiderte: ‚Ich würde mich lieber für eine Stunde in die Anbetung der heiligen Eucharistie versenken.'

... Wer hätte einen so plötzlichen Tod ahnen können! Kardinal Villot war vom Verlust seines neuen Chefs äußerst betroffen. Villot hat mir schließlich auch in allen Einzelheiten geschildert, was am Morgen des 29. September geschehen ist. Da der Sekretär ihn nicht in der Kapelle sah, ging er an seine Tür. Ein Lichtschein fiel durch die Türritzen. Er wurde besorgt und entdeckte ihn mit der Brille noch auf der Nase, die Seiten, die er gelesen hatte, lagen verstreut um ihn herum. Die Lampe neben dem Bett brannte noch. Er schien friedlich und mit einem weichen Lächeln auf den Lippen zu schlafen.

Sein Leibarzt, der ihn viele Jahre hindurch betreut hat, erklärte: ‚Krank war er nur, insofern er starb.' Als einige italienische Zeitungen eine Autopsie forderten, erwiderte der Arzt, sie sei nicht notwendig, da die Todesursache mehr als offenkundig sei: der Papst hatte einen schweren Herzanfall erlitten.

Kardinal Sebastiano Baggio, derzeit *camerlengo* der Kirche, hat seitdem verkündet: ‚Wurde er vom schieren Gewicht seines Pontifikats erdrückt? Ist er an gebrochenem Herzen gestorben? Wahrscheinlich ist sein in manchem gebrechlicher Körper nicht in der rechten Verfassung gewesen, um dem Antrieb seiner Seele zu widerstehen, die mit einem grenzenlosen Großmut ja gesagt hatte. Der Tod muß sich ihm wie in Vorerwartung der Belohnung, die vor ihm lag, genähert haben.'"

Der Bericht enthielt faszinierende neue Details, insbesondere, daß Luciani gegen alle Gewohnheiten und Protokollvorschriften Villot bis zur Tür seiner Wohnung begleitet hatte. Und wiederum die Erwähnung der geschwollenen Füße. Villot hatte seinem Freund Bergère jedoch offensichtlich eine bereinigte Version des Morgens am 29. September gegeben, einschließlich des gedämpften Lichts und friedlichen Lächelns, und Bergère hatte es so geschluckt.

27

Schwester Irma – die Nonne, welche Schwester Vincenza ‚interviewt' hatte – lebte und arbeitete in Rom, wie ich schließlich entdeckte. Es kostete mich ziemliche Mühe, sie zu überreden, auf ein Plauderstündchen herüberzukommen, und sie fand sich eines Tages rechtzeitig zum morgendlichen Kaffee ein.

Sie war eine rundliche kleine Person mit einem beunruhigend unschuldigen Gesichtsausdruck. Sie war in der neueren Schwesterntracht gekleidet – graues Gewand und kurzer Schleier – und hatte eine große Einkaufstasche bei sich. Sie berichtete mir, sie sei mit 15 Jahren ins Kloster eingetreten und sei seit gut fünfzig Jahren Nonne.

Ich fragte, ob Schwester Vincenza sich ihr hinsichtlich des Todes von Johannes Paul I. anvertraut hätte.

„Ja", sagte sie bereitwillig. „Meine Schwester war ja die Mutter Oberin von Vincenza. Ich gehöre einem anderen Orden an und reiste nach Lamon im Veneto, wo sie lebte, nachdem sie Rom verlassen hatte. Sie glaubte wohl, sich mir anvertrauen zu können, weil ich nicht derselben Ordensgemeinschaft angehörte."

„Können Sie mir Einzelheiten erzählen, so wie sie sie Ihnen berichtet hat?"

„Sie erzählte mir, daß der Papst am Abend vor seinem Tode in die Küche kam, um allen Schwestern eine gute Nacht zu wünschen. Anschließend hat er Pater Magee gebeten: ‚Könnten Sie nicht noch ein bißchen bei ihnen bleiben, weil sie immer so allein sind.'

Anscheinend unterhielt sich Pater Magee bis etwa elf Uhr mit ihnen, las ihnen aus dem Leben der Päpste vor. Dann gingen sie zu Bett."

„Und am nächsten Tag?"

„Um etwa 5 Uhr 20 stellte Schwester Vincenza ihm Kaffee vor die Tür. Fünf oder zehn Minuten später ging sie nachsehen und merkte, daß er ihn sich nicht geholt hatte. Also hat sie sich gedacht, er würde ein bißchen länger schlafen. Sie ging wieder und kam später zurück. Sie hat die Tür geöffnet und sah Licht brennen, also hat sie sich gedacht, er müsse sich wohl gerade anziehen oder noch im Bett liegen. Also ging sie in die Kapelle. Nach sieben oder acht Minuten war er immer noch nicht aus seinem Zimmer gekommen und von den Sekretären war auch noch keiner aufgestanden, also wurde ihr klar, daß sie etwas tun mußte, was sie noch nie getan hatte. Sie ging und klopfte an seine Tür. Da keine Antwort kam, ging sie hinein und sah ihn, er saß im Bett, hatte den Kopf leicht vornübergeneigt, die Brille auf und in der Hand Papiere. Sie hat mir berichtet, sie wäre auf ihn zugegangen und hätte gesagt: ‚Aber Eure Heiligkeit, mit mir sollten Sie sich so einen Spaß nicht erlauben!' Da hat sie gemerkt, daß etwas Furchtbares passiert sein mußte und sie bekam es mit der Angst und lief zurück zu den Schwestern. Daraufhin gingen sie den Sekretär Pater Magee holen."

„Es ist also wirklich Schwester Vincenza gewesen, die seine Leiche gefunden hat?"

„*Sie* hat den Toten gefunden, aber wie sie sagte, hätten die Priester beschlossen, bekanntzugeben, daß der Sekretär ihn gefunden hätte, weil sie besorgt waren wegen der Geschichten, die über Schwester Pasqualina und Papst Pius XII. kursierten."

„Und was ist mit Don Diego Lorenzi? Hat Schwester Vincenza sich je über ihn geäußert?"

„Doch, sie hat gesagt, daß Don Diego für die Aufgabe nicht geeignet war. Er hat sich häufig beim Papst beklagt und gejammert: ‚Ich bin nicht dazu geschaffen, wie in einem Käfig eingesperrt zu sein!'"

„Ist sie der Meinung gewesen, daß der Papst im Vatikan unglücklich war?"

„Sie hat gesagt, daß er in Rom litt, weil er ängstlich war. Er war schüchtern. Obwohl ihn nicht einmal ein Heiliger bremsen konnte, wenn er fest davon überzeugt war, daß etwas getan werden mußte. Aber ja, er hat im Vatikan gelitten."

„Was ist mit Schwester Vincenza geschehen, nachdem der Papst gestorben war? Ich habe irgendwo gelesen, sie sei verbannt worden, man habe sie so weit wie nur möglich von Rom weggeschickt."

„Die päpstliche Wohnung ist zugesperrt worden, und es gab für sie keinen Grund zurückzugehen. Sie stammte aus dem Veneto und kehrte in ein Kloster in der Gegend zurück, aus der sie stammte. Da gab es nichts Ungewöhnliches. Sie hatte schon Herzbeschwerden, bevor sie nach Rom kam, also ging sie in den Ruhestand. Sie hat als Sakristan gearbeitet und hat gelegentlich das Kloster verlassen, um Kranke zu besuchen. Das ist alles. Als ich sie das erste Mal bat, mit mir über den Papst zu sprechen, hab ich in ihrem Kloster zwei Wochen Ferien gemacht. Sie hat mir gestanden, sie hätte nicht einmal ihren Mitschwestern erzählt, was sie mir erzählt hat."

Als Schwester Irma sich mit ihrer großen Einkaufstasche wieder auf den Weg machte, war ich froh, daß die ‚fehlende Stunde' – die durch die angebliche Entdeckung des Leichnams um 4 Uhr 30 entstanden war – eine Fehlannahme gewesen war. Für diese irrige Annahme gab es zwei Quellen: David Yallops Interview mit Schwester Vincenza und einen ANSA-Bericht vom 5. Oktober 1978 gemäß ‚Gerüchten' aus dem Inneren des Vatikans. Ich wollte aber immer zumindest versuchen, die Quelle aufzuspüren, der die ANSA ihre Meldung über den Zeitpunkt von 4 Uhr 30 verdankte.

Signore Mandillo von ANSA, der mir zu meinem Kontakt mit Mario di Francesco verholfen hatte, war nicht in der Laune, mir weiterzuhelfen. Also versuchte ich es bei seinem Stellvertreter, einem Signore Besmalovich, der sich bereit erklärte, mich noch am gleichen Morgen in der Sala Stampa zu treffen.

Er war eine großgewachsene Erscheinung mit slawischen Gesichtszügen und Bürstenschnitt. Er sah mich zweifelnd an: „Das würde bedeuten, meine Quellen preiszugeben. Ich halte das für unmöglich; wir sind in diesen Dingen eigentlich sehr genau, aber ich will sehen, was sich tun läßt. Lassen Sie mir ein bißchen Zeit."

Auf dem Weg zum Ausgang teilte er mir mit: „Übrigens, ich arbeite an einer eigenen Theorie über den Tod von Johannes Paul I. Ich bin überzeugt, es war ein Fall von psychologischem Mord."

„Was meinen Sie damit, Signore Besmalovich?"

„Hmhm! Das ist mein persönliches Geheimnis ..."

28

Meine Begegnung mit Dr. Buzzonetti sollte um 18 Uhr im vatikanischen Gesundheitsdienst stattfinden, einem modernen Gebäude im Verwaltungsbereich des Vatikans. Ich nannte dem Pförtner meinen Namen und begab mich in den zweiten Stock. Ich wurde oben von einem jungen Mann erwartet, der mich durch eine Reihe von Gängen zum Büro des päpstlichen Arztes begleitete.

Zwei Herren waren im Raum. Ein kleingewachsener rundlicher Mann mit schütterem weißen Haar kam auf mich zu. „Ich bin Buzzonetti", sagte er. Er war Brillenträger; die lidlos wirkenden Augen verliehen ihm einen weichen, lächelnden Ausdruck. Er hatte eine spitze Nase, trug einen grauen Anzug, hellblaues Hemd und eine gestreifte Klubkrawatte.

Er stellte mir den zweiten Mann vor, der Tweed trug und und das blonde Haar aufbauschend frisiert hatte. Ich nahm an, daß sein Gefährte aus rechtlichen Gründen hier war, als Zeuge.

Das Zimmer war praktisch ohne Möbel, und der Terrazzoboden schuf eine kalte Atmosphäre. Buzzonetti setzte sich hinter den Schreibtisch in der Ecke des Raumes, der wie eine Festung wirkte. Über Buzzonetti hingen ein Porträt von Johannes Paul II. und ein modernes Kruzifix.

Dr. Buzzonetti betrachtete mich kühl. Ich bemerkte ein Aufnahmegerät auf dem Tisch. Ich stellte meines daneben.

„Wollen wir gleich anfangen?" fragte er.

Wir schalteten unsere Geräte im gleichen Augenblick ein, was seinem Begleiter ein Kichern entlockte, das die gespannte Atmosphäre ein wenig entkrampfte.

„Wann haben Sie den Papst zum letzten Mal gesehen?" fragte ich. „Ich meine, als der Papst noch am Leben war."

„Darüber kann ich Ihnen genauestens Auskunft geben", erwiderte er prompt. „Weder ich noch Professor Fontana – der damalige Leiter des vatikanischen Gesundheitsdienstes, er ist 1979 gestorben – sind jemals gerufen worden, um Papst Johannes Paul I. unsere ärztlichen Dienste zu leisten. Ich habe ihn zum Ende des Konklave gesehen. Ich war als Stellvertreter Fontanas anwesend. Später habe ich ihn bei irgendeinem Anlaß von weitem in der Menge gesehen. Danach habe ich ihn als Toten gesehen. Das war's."

Der Arzt sprach mit seitlich geneigtem Kopf. Er sprach schnell. Die Brillengläser funkelten im Licht der Neonröhren über ihm.

„Sind Sie sich des Gesundheitszustandes des Papstes bewußt gewesen, und sei es nur gerüchteweise?" fragte ich. „Noch nach seinem Tod ist davon gesprochen worden, er sei gar nicht so gesund gewesen."

„Ich war mir dessen nicht bewußt", sagte er ohne zu zögern. „Doch selbst wenn ich davon gewußt hätte, würde ich es *Ihnen* nicht sagen, weil hier die ärztliche Schweigepflicht beginnt. Ich muß diesen Punkt überaus deutlich betonen. Alle klinischen Aspekte diese Angelegenheit Johannes Paul I. betreffend unterstehen in zweifacher Weise der Geheimhaltung: Da ist erstens die ärztliche Schweigepflicht, von der mich niemand entbinden kann; dann gibt es in meiner Funktion als stellvertretender Leiter des Gesundheitsdienstes hier im Vatikanstaat eine Geheimhaltungspflicht. Aber ich weiß sowieso nichts."

Ich schwieg, um mir über die Bedeutung dieser Aussage klar zu werden. Der Vatikan ließ laufend über seine PR-Abteilungen verlautbaren, der Papst habe unter schlechter Gesundheit gelitten. Doch der einzige hier beruflich Qualifizierte, der für derartige Erklärungen zuständig und verantwortlich war, wußte von nichts. Meine Haltung Dr. Buzzonetti gegenüber wurde von Minute zu Minute feindseliger.

„Alle Berichte stimmen darin überein, daß der Papst verschiedene Medikamente eingenommen hat. Können Sie mir sagen, um welche Medikamente es sich gehandelt hat?"

„Ich weiß es wirklich nicht", sagte er barsch. „Ich weiß über seine Medikamente gar nichts."

Ich kochte vor Zorn. Der Mann mauerte in voller Absicht. Dieser Mann hatte die Sterbeurkunde des Papstes unterzeichnet und wußte nichts von seiner medikamentösen Behandlung?

„Können Sie mir wenigstens sagen, um welche Uhrzeit Sie in den Vatikan gerufen wurden, nachdem der Papst tot aufgefunden worden war?"

Dr. Buzzonetti blickte auf einige vorbereitete Notizen herab, die vor ihm lagen. „Ich habe mir das damals notiert", sagte er. „Am Morgen des 29. September wurde ich um 5 Uhr 42 zu Hause angerufen. Ich schlief natürlich, das Telefon hat mich geweckt. Es war Pater John Magee, er teilte mir mit: ‚Der Papst ist tot.' Ich habe in meiner Überraschung im Schock irgend etwas gesagt, und er hat es wiederholt: ‚Der Papst ist tot.' Dann hat er aufgelegt. Ich habe mich rasch angezogen und den Wagen aus der Kellergarage im Haus geholt. Ich wohne direkt gegenüber vom Castel Sant'Angelo, also ganz in der Nähe des Vatikans. Ich habe die Wohnung des Papstes gegen sechs Uhr betreten. Ich bin so schnell eingetroffen, daß mich Kardinal Villot später am Tag gefragt hat: ‚Wohnen Sie im Vatikan?' Ich habe die Frage damals nicht verstanden, aber sie waren überrascht, wie schnell ich da war."

„Waren Sie oder ein anderer Arzt während der Nacht verfügbar?" schob ich ein. „Ich meine, angenommen der Papst hätte einen Herzanfall erlitten, wären Sie oder ein anderer Arzt in der Lage gewesen, sofort zu kommen?" Ich versuchte zu eruieren, ob es von seiten Buzzonettis oder seines vatikanischen Gesundheitsdienstes überhaupt eine Verantwortlichkeit für den täglichen Gesundheitszustand des Papstes gab.

„Selbstverständlich. Es hat im Vatikan immer einen Bereitschaftsdienst gegeben", entgegnete er. „Seit vielen Jahren sind ein Arzt oder eine Krankenschwester stets abrufbereit, ununterbrochen, Tag und Nacht, werktags wie feiertags. Ich nehme an, daß damals ich gerufen worden bin, weil feststand, daß der Papst tot war und also keinen Notarzt mehr brauchte. Ich weiß es nicht. Das ist nur meine persönliche Interpretation."

„Sie haben die päpstliche Wohnung betreten", sagte ich, „und was dann? Können Sie den genauen Ablauf der Ereignisse am weiteren Morgen beschreiben, soweit es den Leichnam des Papstes betrifft?"

Mit raschem, professionellem Griff entnahm Buzzonetti dem Ordner vor ihm ein Blatt. „Ich habe mir damals alles notiert, was ich getan und beobachtet habe, vermag deshalb also mit größerer Genauigkeit als andere zu sagen, was an jenem Morgen geschah. Das hier sind meine Aufzeichnungen. Ich erzähle Ihnen das alles, ohne meine Schweigepflicht als Arzt zu verletzen, weil ich diese Dinge in Anwesenheit anderer beobachtet habe."

Er verschränkte die Hände, stützte die Ellenbogen zu beiden Seiten seiner Aufzeichnungen auf. „Als ich das Zimmer betrat, befand sich der Heilige Vater in seinem Bett. Er war aufgestützt, leicht vornübergebeugt; sein Gesichtsausdruck war ruhig und gelassen. Er hatte die Brille richtig auf der Nase – das heißt, sie war nicht heruntergerutscht. Sein Kopf war etwas zur rechten Seite gedreht. In den Händen hielt er einige bedruckte oder maschingeschriebene Seiten, so etwas wie eine Broschüre oder Flugschrift. Die Lampe über dem Kopfteil brannte. Ich weiß nicht, ob er zwei oder drei Kissen hatte. Die Decken ordentlich und korrekt. Es gab keine Zeichen von heftiger Bewegung oder Unordnung." Er sprach mit Bestimmtheit, fast auf zackige Weise. „Nach sieben Uhr hat Monsignore Noé, der Zeremonienmeister, unterstützt von mir und von einem Mönch des Ordens des Heiligen Johannes von Gott aus der vatikanischen Apotheke und von den Sekretären, den Körper zurechtgemacht und in die päpstlichen Gewänder gekleidet. Das ließ sich natürlich nicht in ein paar Minuten erledigen.

Danach bin ich fortgegangen. Meine Arbeit war getan. Aber ich weiß, daß der Leichnam des Papstes schließlich in die Sala Clementina verlegt wurde, wo, wenn ich mich nicht irre, weitere Präparationen anstanden. Ich weiß, daß alles schnell gehen mußte, weil der italienische Staatspräsident Pertini kommen wollte, um dem Toten die letzte Ehre zu erweisen. Der Leichnam war also an diesem Tage von etwa mittags bis gegen sieben Uhr abends in der Sala Clementina aufgebahrt.

Dann wurde der Tote von der Clementina in die nahe gelegene Sala dei Forconi geschafft. Sie wird gewöhnlich Saal der Prediger genannt. Hier wurde der Leichnam wieder ausgezogen und zur hygienischen Präservierung behandelt, ohne Entnahme der Organe, der Eingeweide oder des Blutes. Das geschah deshalb, weil man unter Berücksichtigung des Klimas und so weiter so weit wie möglich sicherstellen wollte, daß der Tote einige Tage lang für die Gläubigen aufgebahrt werden konnte."

„Wer ist für die Präparierung verantwortlich gewesen?" fragte ich. „Wer ist dort gewesen?"

„Ein Team unter der Leitung von Professor Gerin, Cesare Gerin, der damals Direktor des Gerichtsmedizinischen Instituts an der Staatlichen Universität Rom war. Er ist ein führender Wissenschafter von weltweitem Ruf. Er wurde assistiert von seinen engsten Mitarbeitern, zu denen Professor Fucci gehörte. Anwesend waren ferner Professor Mariggi und Professor Maragin. Es war noch ein technischer Assistent in der Person eines der Brüder Signoracci, die auch am Institut arbeiten und in solchen Operationen äußerst kompetent sind. Die Behandlung begann am 29. September etwa um sieben Uhr abends und endete gegen 3 Uhr 30 am Morgen des 30. September. Dann wurde der Leichnam einige Stunden später erneut eingekleidet und nochmals aufgebahrt."

„Es gibt einen Bericht der ANSA", sagte ich, „der behauptet, daß die Signoraccis bereits um fünf Uhr morgens in den Vatikan gerufen wurden."

„Das ist albern", sagte er gereizt. „Das muß ein Übersetzungsfehler sein. Es ergibt keinen Sinn."

Ich zog die Agenturdepesche der ANSA aus meiner Aktentasche. „Hier ist er." Ich schob ihn über den Tisch zu ihm hin. „In der Nacht des 29., so heißt es dort, seien sie in der Morgendämmerung angerufen worden, dann habe sie gegen fünf Uhr morgens ein Wagen des Vatikans abgeholt und sie seien hier hereingekommen, um mit ihrer Arbeit zu beginnen."

„Das ist nicht wahr!“ stieß Buzzonetti mit blitzenden Augen hervor. „Das sind Lügen. Welches Datum? Der 29.? Das ist absurd, erfunden. Völlig falsch, absolut falsch. Ich kann auch erklären – denn damit breche ich nicht das Siegel des Schweigens, weil noch andere Leute anwesend waren –, daß Kardinal Villot nach dem Schock der ersten Minuten gesagt hat, er müsse sich wieder mit dem Team von Professor Gerin in Verbindung setzen, weil Professor Gerin wisse, wen er für die Prozedur, die am Abend vonstatten gehen sollte, zu bestellen hätte. Es war dasselbe Team, das diese Prozedur auch am Körper von Paul VI. vorgenommen hat. Ausgewählt hatte es Professor Fontana, damals Direktor des vatikanischen Gesundheitsdienstes und Leibarzt von Paul VI. Ich will damit sagen, daß diese Leute nach sechs, wahrscheinlich erst nach sieben Uhr morgens bestimmt wurden. Um fünf Uhr könnten die Signoraccis gar nicht hier gewesen sein.“

Ich dachte an den strittigen Punkt in Yallops Darstellung, daß die Signoraccis den Zeitpunkt des Todes eher in die Nähe von 4 Uhr morgens als zu 22 oder 23 Uhr des Vortages gelegt hatten. Ich erinnerte mich an das Grundprinzip, daß bei normalen Temperaturen die Leichenstarre etwa nach zwölf Stunden eintritt. Ich dachte auch an Don Diegos Behauptung, daß der Rücken noch warm gewesen sei.

„Hatte die Leichenstarre beim Papst schon eingesetzt? Waren irgendwelche Körperteile noch warm, als Sie ihn fanden?“

„Die Frage darf ich Ihnen nicht beantworten, weil ich durch meine berufliche Schweigepflicht gebunden bin“, erwiderte er brüsk.

„Ich frage deshalb“, beharrte ich, „weil der Zeitpunkt des Todes umstritten ist. Meines Wissens haben Sie gemeint, er wäre etwa um 23 Uhr eingetreten. Von den Brüdern Signoracci wird die Aussage zitiert, daß der Papst zu einem anderen Zeitpunkt gestorben sei.“

„Ich wiederhole“, betonte er mit Nachdruck, „daß ich unter Schweigepflicht stehe; das gilt auch für diesen Bereich der Diskussion. Im übrigen wurde der Zeitpunkt, wann der Papst starb, nicht von mir allein festgelegt. Ich war zu der Zeit im Gesundheitsdienst die Nummer zwei. Da war Professor Fontana. Er ist inzwischen gestorben, aber er hat sich intensiv mit Pathologie beschäftigt und war als Pathologe und Arzt eine Kapazität. Er hatte mehr Erfahrung als ich auf diesem Gebiet, sehr viel mehr Erfahrung. Auch kann ich so viel sagen, daß die Ärzte des Gerichtsmedizinischen Institutes später gekommen sind und den Toten gesehen haben, viele Stunden nach dem Tod. Auch sie waren es gewohnt, in Todesfällen Tag und Stunde eines Todes mit großer Genauigkeit und Kompetenz zu schätzen, sicher besser als ich, doch sie haben nie darüber gesprochen."

„Könnten Sie bestätigen, daß die Brüder Signoracci nicht in der Lage gewesen wären, Feststellungen über den Zeitpunkt des Todes zu treffen?"

Er schloß die Augen, als müsse er sich zur Geduld zwingen. „Sicher ist, daß die Brüder Signoracci den Leichnam nicht vor 19 Uhr aus der Nähe gesehen haben konnten."

Es war an der Zeit, die Frage nach der Ursache des Todes aufzuwerfen, und mir war klar, daß es sich da um die strittigste Frage überhaupt handelte.

„Soviel ich weiß, haben Sie einen myokardialen Infarkt diagnostiziert", begann ich. „War das eine präzise Feststellung oder war sie notwendigerweise etwas vage?"

Buzzonetti sah mich einige Augenblicke lang wie betäubt an, als wäre er angesichts meiner Unverschämtheit sprachlos.

Er schaute kurz zu seinem Kollegen hinüber und hob den Kopf. Schließlich meinte er kühl: „Die Diagnose oblag nicht allein mir. Wir waren zu zweit. Ich traf als erster ein. Professor Fontana kam gegen acht Uhr. Ich habe ihm gleich meine Meinung mitgeteilt. Er stimmte dem ersten Bulletin völlig zu, das nicht von mir, sondern vom Staatssekretär ausgegeben worden war. Übrigens, jetzt erinnere ich mich auch, das Ausziehen und Vorbereiten des Toten begann nach acht Uhr. Ich erinnere mich ... Fontana gab dann eine Anweisung ... das hatte ich ganz vergessen, daß nämlich der Leichnam nicht behandelt werden sollte, bevor nicht 19 oder 20 Stunden verstrichen waren, in Übereinstimmung mit dem italienischen Recht, das verlangt, daß 15 Stunden vergehen müssen, bevor ein Toter angerührt werden darf.“

Er lief mir mit einem neuen Thema davon, doch ich hatte bemerkt, daß er meine Frage nicht beantwortet und auch versucht hatte, die Verantwortung auf Fontana zu schieben, der inzwischen tot war. Interessant war auch, daß er sich hinsichtlich des Zeitpunkts, wann der Verstorbene ausgezogen und behandelt worden war, korrigiert hatte. Anfangs hatte er von sieben Uhr gesprochen. Seine Meinungsänderung – er legte den Zeitpunkt dann um eine Stunde später – sollte offenkundig die Annahme ermöglichen und absichern, daß Fontana den Leichnam untersucht haben könnte. Die Bemerkung schien die Aufmerksamkeit darauf zu lenken, daß Buzzonetti allein außerordentlich rasch zu seiner Diagnose gekommen war.

„Doch was ist mit der Diagnose ...“, begann ich, um ihn wieder auf die Spur zu bringen.

„Was die Methode der Diagnose betrifft“, sagte er ganz schnell, „so berücksichtigt man die folgenden Momente ... das ist wichtig: Analyse, historische Details, klinische Geschichte, die frühere wie die unmittelbar zurückliegende. Zweitens die objektiven Daten. Drittens die Begleitumstände: das Bett, die Körperlage, die Beschaffenheit der Unterwäsche, alle Momente, welche Hinweise, Vorstellungen davon vermitteln, was geschehen ist. Dann gibt es statistische Überlegungen. Auf der Grundlage dieser Kriterien wurde ein plötzlicher Tod durch Herzanfall diagnostiziert.“

Mir fiel ein, daß die „klinische Geschichte, die frühere wie die unmittelbar zurückliegende“, mit Sicherheit auch die Kenntnis seiner Embolie im Jahre 1975 und die Information über seine Arzneien umfaßt haben müßte.

„Es gibt noch einen Punkt, auf den niemand hingewiesen hat: die Diagnose eines plötzlichen Todes. Das Adjektiv PLÖTZLICH ist keine journalistische Umschreibung“ – bei dem Wort *journalistisch* gelang ihm ein kleines Lächeln –, „es ist eine ausgesucht klinische Diagnose und beinhaltet, wie aus allen Lehrbüchern zu ersehen ist, drei grundlegende Begriffe: Es ist ein natürlicher Tod – ein plötzlicher Tod ist immer natürlich; er ist *per definitionem* niemals ‚fragwürdig'; es ist ein Tod, der augenblicklich, unmittelbar oder vorzeitig eintritt, irgend so etwas. Folglich vollzieht er sich in sehr kurzer Zeit: in diesem Fall augenblicklich. Und er kommt unerwartet. Das sind die bestimmten Momente eines plötzlichen Todes. Sie brauchen nur in irgendeinem medizinischen Handbuch nachschauen."

Die so gewichtig klingende Terminologie floß fort: „Eine verläßliche Diagnose kann nur durch eine pathologische Untersuchung erstellt werden. Es sollte erwähnt werden, daß in vielen Fällen eines plötzlichen Todes auch die Autopsie keinen mathematischen, anatomischen Beweis der Todesursache im absoluten Sinne erbringen kann. Selbst ein Pathologe muß also eine Art Hypothese aufstellen, indem er verschiedene Teile des Mosaiks zusammenfügt, um zu einer konkreten Schlußfolgerung zu gelangen. Sicherlich greift bei Annahme eines Todes, der nicht plötzlich, sondern gewaltsam eingetreten ist, ein anderer Mechanismus, der den Rückgriff auf juristische Verfahrensweisen erfordert, ein Problem, das zu jener Zeit von niemandem in Betracht gezogen wurde ..."

Mir kam der Gedanke, daß er Zeit zu gewinnen versuchte, in der Hoffnung, ich könnte mich von der Frage abbringen lassen, die, wie er wußte, mit auf den Lippen lag. Ich unterbrach ihn.

„Herr Dr. Buzzonetti, soviel ich weiß, wird inzwischen vermutet, daß die Todesursache auch eine Lungenembolie gewesen sein könnte, aufgrund der Tatsache, daß er drei Jahre vorher eine Embolie im Auge gehabt hatte."

„Mutmaßungen von diesem oder jenem oder Embolien kann jeder in die Welt setzen", erwiderte er würdevoll und abwartend. „Professor Dino, ein Katholik, hat so etwas behauptet, obwohl er den Papst nie gesehen hat ..."

An diesem Punkt wandte sich Buzzonetti zu meinem Erstaunen an seinen Kollegen und flüsterte kaum hörbar: „Das ist dritten Grades, oder?"

Es war eine idiomatische Wendung, die er da gebraucht hatte, ich kriegte ihren Sinn jedoch mit. Wir saßen einige Augenblicke lang schweigend da.

„Es täte mir leid, wenn Sie das Gefühl haben sollten, ich sei aufdringlich", meinte ich schließlich, „aber wäre es nicht das beste, wenn wir diese Fragen ein für allemal klären würden? Ich möchte hier wirklich nicht noch einmal herkommen."

Er schien überrascht, beschämt. Er hob die Hand. „Es tut mir leid", sagte er. „Ich habe nichts gegen Sie persönlich. Ich mag Sie sogar: aber Sie müssen verstehen, daß ich an sehr strenge Verhaltensvorschriften gebunden bin."

Ich spürte, daß der Wortabtausch die Atmosphäre ein bißchen geklärt hatte. „Haben Sie Dr. Da Ros, den früheren Arzt des Papstes, überhaupt irgendeinmal im Veneto angerufen? Nach dem Tod?" wollte ich wissen.

„Er ist entweder am Abend oder am Nachmittag nach Rom gekommen; ich erinnere mich nicht so genau. Ich bin ihm, denke ich, in oder vor der Sala Clementina begegnet. Er hat mich umarmt und erklärt, daß er mit mir in der Diagnose übereinstimme. Wir haben nur wenige Worte gewechselt, zur Begrüßung. Er war ganz aufgelöst, er hat geweint, wissen Sie ... Es war eine ganz kurze Begegnung. Er hat gesagt, seiner Ansicht nach sei es ein Herzanfall gewesen, aber wir sind nicht in ein medizinisches Fachgespräch eingetreten."

Soviel, dachte ich, zu den früheren und unmittelbar zurückliegenden Daten. Offensichtlich kein Gespräch über Johannes Pauls medikamentöse Behandlung, über die geschwollenen Knöchel, die Schmerzen in der Brust am Vortag, die Thrombose oder Embolie von 1975 ...

„Don Diego Lorenzi behauptet jetzt, daß der Papst am Tag vor seinem Tod unter Schmerzen in der Brust gelitten hat", sagte ich. „Mir kommt das merkwürdig vor. Warum hätte der Priester dem Arzt nichts von den Schmerzen berichtet? Anderseits, warum haben Sie nicht gefragt, ob am Abend des Todes irgendwelche auffälligen Symptome beobachtet worden sind?"

„Ich weiß nicht, warum Don Diego die Schmerzen nicht gemeldet hat", entgegnete er und warf den Kopf zurück. „Ich bin jedenfalls nie gerufen worden. Was nun meine Verpflichtungen in dieser Sache betrifft, so habe ich bereits erwähnt, daß die Diagnose mit Rückgriff auf die früheren und unmittelbar zurückliegenden Daten gestellt wurde. Also würden die unmittelbar zurückliegenden Daten Meldungen über die Stunden oder Tage unmittelbar vorher einbeziehen. Welcher Art sie waren, werde ich nicht verraten, aber ich gebe zu, daß ein Arzt sich nach ihnen erkundigen sollte. Das würde jeder Arzt tun."

„Haben Sie damals das Gefühl gehabt, daß eine Autopsie vielleicht geholfen hätte?" fragte ich.

„Ehrlich gesagt, nein ... Das glaube ich nicht", sagte er eindringlich.

„Haben Sie je mit einem anderen Journalisten oder Ermittler über diese Dinge gesprochen?" fragte ich.

„Nein, nie. Sie sind der erste, mit dem ich über diese Dinge spreche, abgesehen von den kleinen Details, die an alle Zeitungen gingen und belanglos sind. Und mit Ihnen rede ich nur, weil ich vom Staatssekretär darum gebeten wurde, als besonderen Gefallen im Interesse des Heiligen Stuhls und weil ich beim Heiligen Vater in Diensten stehe, dem wir als demütige Ärzte dienen. Wir sind in diesem Geist des Dienstes an der Kirche erzogen worden, sonst hätte ich nie mit Ihnen oder irgendwem sonst gesprochen."

Die hochtrabende Erklärung ließ mich verstummen. Aber ich spürte, daß er eine Menge mehr wußte, als er mir mitteilte.

„Meinen Sie, daß der Papst stark überarbeitet oder niedergeschlagen war während seiner Amtszeit? Stand er unter großem Druck?" fragte ich ihn.

„Davon weiß ich absolut nichts", antwortete Buzzonetti leichthin. „Ich habe ihm die Hand geküßt an dem Tag, als er zum Papst gewählt wurde, während das Konklave noch bestand. Er hat alle Angestellten im Vatikan begrüßt. Ich habe ihm die Hand geküßt, mehr nicht. Ich habe ihn vielleicht ein- oder zweimal aus der Entfernung gesehen, und nach der Wahl bin ich in Urlaub gegangen. Ich hatte ja wegen des Todes von Paul VI. keinen freien Tag gehabt. Ich bin erst ein paar Tage vor seinem Tod zurückgekehrt. Ich weiß also nichts und kann nichts sagen."

„Können Sie mir irgend etwas nennen, was die Theorie, daß Johannes Paul I. an Gift gestorben sei, absolut widerlegen würde?"

„Ja ... mein gesunder Menschenverstand!“ Er lachte plötzlich hoch auf und warf seinem Kollegen einen Blick zu.

Da unser Gespräch sich dem Ende näherte, beschloß ich, meine Taktik zu wechseln und eine etwas persönlichere Frage zu stellen. „Welche Pflichten haben Sie als Arzt des Papstes gehabt“, erkundigte ich mich, „und wie wird man für solch eine Aufgabe ausgesucht?“

„Ich war nicht der Arzt des Papstes, genausowenig wie Professor Fontana“, sagte er platt. „Ich war stellvertretender Direktor, und Professor Fontana war Direktor. Ich bin gerufen worden, nehme ich an, weil man wußte, daß ich ganz in der Nähe wohnte. So sehe ich das. Ich kannte Pater Magee, weil er Sekretär von Paul VI. gewesen war, wir haben uns also während der letzten Jahre der Amtszeit von Paul VI. kennengelernt. Und wir haben die ganze Geschichte mit dem Tod von Paul VI. und alles übrige mitgemacht und sind uns deshalb ein bißchen nähergekommen. Als der Papst gefunden wurde, hat er deshalb wohl an mich gedacht, weil er wußte, daß ich in der Nähe wohne, weil Professor Fontana weiter entfernt gewohnt hat, im Trieste-Viertel hinter der Poliklinik, und im übrigen war er zu alt, um morgens so früh aufzustehen ... Also haben sie statt dessen mich aus dem Bett geholt. Das sind die Fakten, und aus solchen Fakten besteht das Leben und nicht bloß aus den Dingen, die in Zeitungen und Büchern stehen.“

Der letzte Satz wurde mit offenkundiger Abscheu gegenüber der Medienwelt ausgesprochen, doch mich beschäftigte die klare Botschaft im früheren Teil seiner Aussagen: Die vatikanischen Ärzte sprachen sich von der Verantwortung für den Gesundheitszustand von Johannes Paul I. frei. Doch wie, fragte ich mich, konnten sie dann die Verantwortung für die Diagnose übernehmen? Nach englischem Recht muß der Tod eines jeden Patienten, der innerhalb eines Zeitraums von sechs Wochen nicht bei seinem Arzt gewesen war, dem örtlichen amtlichen Leichenbeschauer zur Bearbeitung überwiesen werden.

Ich spürte, daß wir in eine Sackgasse geraten waren, war aber weit davon entfernt, mit der Begegnung zufrieden zu sein.

Ich erhob mich und begann mein Aufnahmegerät einzupacken.
„Sind Sie zufriedengestellt?" fragte er.
Ich gab keine Antwort.
Als ich ihm die Hand reichte, sagte er: „Ich hoffe, Sie bringen mich nicht in Schwierigkeiten!"

29

Die Zusammenkunft mit Dr. Buzzonetti hinterließ bei mir eine beträchtliche Abneigung gegen den vatikanischen Gesundheitsdienst. Ich fand es erstaunlich, daß weder Fontana noch Buzzonetti eine Konferenz mit Dr. Da Ros aus dem Veneto anberaumt hatten und daß sie sich mit den grundlegenden Daten der Krankengeschichte von Johannes Paul I. nicht vertraut gemacht hatten. Buzzonetti schien mir nach Ausflüchten zu suchen, und ich war überzeugt, daß er hinter dem Prinzip der ärztlichen Schweigepflicht etwas zudeckte, das ihm Sorgen machte. Es war mir nicht gelungen, die Frage nach der Todesursache von Johannes Paul I. zu meiner Zufriedenheit zu beantworten.

In der Zwischenzeit wandte ich mich wieder meinem Problem mit Bischof Magee zu, dem irischen Sekretär von Johannes Paul I. Ich hatte beschlossen, bei Erzbischof Foley Unterstützung zu suchen, und so begab ich mich wieder einmal auf den Weg zum Büro der Kommission für soziale Kommunikationsmittel im Vatikan.

Als ich mich beim Hausdiener in der Vorhalle an der Piazza San Carlo meldete, tauchte hinter mir der Erzbischof persönlich auf. Er trug auf dem Kopf eine schwarze, flache Kappe, die seinem runden Gesicht einen verwunderten, komischen Ausdruck verlieh.

„Gehen wir in mein Büro", sagte er.

Ich faßte das als eine Geste des besonderen Entgegenkommens

auf. Gespräche mit Leuten von der Außenwelt fanden eigentlich immer nur in der Anonymität der offiziellen Gesprächsräume statt. Er führte mich in ein geräumiges, sonniges Zimmer mit schweren, dunklen Barockmöbeln mit Brokatkissen. Stöße von Zeitungen und Zeitschriften lagen auf Tischen verstreut; in der Mitte des Zimmers stand eine kleine Statue auf ihrem Sockel: sie stellte Franz von Sales dar, den Schutzheiligen der Journalisten. Foley nahm die Kappe ab, wies mich zu einem steifen Sofa und schob für sich einen würdevollen Sessel mir gegenüber. Er legte die Hände mit den Fingerspitzen aneinander und blickte mich wohlwollend an. Auf seinem Schoß lag eine Akte.

„Wissen Sie", sagte er, „daß Sie auf Möbeln sitzen, die ursprünglich Pius XXII. gehörten? Das ganze Mobiliar hier stammt aus seinen privaten Räumen. Wie geht's denn voran?"

„Ich habe ein Problem, Monsignore, und wenn ich das nicht lösen kann, weiß ich nicht weiter. Bischof Magee ist ein Hauptzeuge, aber er hat sich geweigert, mich zu empfangen. Könnten Sie ihm vielleicht ein wenig in die Rippen stoßen?"

Der Erzbischof öffnete die Akte; er zeigte eine verblüffte Miene. „Wir haben ihm vor Weihnachten einen Brief geschrieben, in dem wir um seine Mitarbeit baten", erwiderte er, „und er ist erst vor ein paar Tagen hier gewesen. Ich habe sogar mit ihm gesprochen. Ich frage mich, warum er sich vor Ihnen versteckt ... Wir haben hier in der Kommission einen Priester, der Ihnen möglicherweise helfen kann."

Er trat an seinen Schreibtisch, nahm den Hörer ab und wählte. „Pater", sagte er, „können Sie einen Moment herkommen?"

„Bischof Magee", sagte er und ließ sich wieder in seinem Sessel nieder, „ist Mitglied des Kiltegan-Ordens –, der Orden des Heiligen Patrick für die Ausländische Mission. Einer seiner Ordensbrüder arbeitet für mich – Pater Michael Glynn. Bitten wir ihn doch um Rat, wie man das Problem am besten angeht."

Es klopfte, und ein weißhaariger Priester steckte seinen Kopf zur Tür herein, bevor er eintrat. Es war der *bagarozzo*, den ich bei meinem ersten Besuch hier auf dem Korridor der Kommission gesehen hatte. Der Erzbischof winkte ihn zu sich, und er kam mit zögernden Schritten ins Zimmer, um sich behutsam auf die Kante eines Sessels, ähnlich dem des Erzbischofs, zu setzen. Sein Gesicht war blaß und durchfurcht. Er trug eine Goldrandbrille, durch die er gelegentlich Blicke auf mich, dann auf den Erzbischof, dann in die hintere Ecke des Zimmers warf. Er wirkte müde und niedergeschlagen.

„Wir haben ein Problem. Mr. Cornwell schreibt an einem Buch über den Tod Johannes Paul I., und wir möchten gern, daß er mit Bischof Magee spricht. Wir haben dem Bischof vor Weihnachten geschrieben, aber Seine Exzellenz hat ein Treffen anscheinend abgelehnt. Ich denke darüber nach, wie wir die Sache am besten angehen."

Der Priester rieb sich Wangen und Kinn und blickte zur Decke. Er atmete einmal tief ein und seufzte. „Ich habe keine Ahnung, bestimmt nicht", murmelte er leise in irischem Akzent. „Ich könnte überhaupt nicht den Sinn solcher Begegnungen verstehen. Es hat sich doch sicher alles beruhigt, was diese Mordtheorie angeht. Was soll das, nun alles wieder aufzuwirbeln?"

Der Erzbischof starrte Pater Glynn an und formte seine Lippen in einer seltsamen Weise, als würde er gleich eine Himbeere ausspucken.

Pater Glynn seufzte erneut und fuhr in einem kaum hörbaren Murmeln fort: „Sicher, ich kenne die Einstellung des Bischofs ziemlich genau, und er hat sich entschlossen, mit niemandem mehr über die Sache zu reden. Er wäre davon gar nicht begeistert, das kann ich Ihnen verraten."

Der Erzbischof blickte mich an. „Ich frage mich, ob *ich* Bischof Magee anrufen sollte. Was meinen *Sie*, Mr. Cornwell?"

Ich war auf beide wütend. Ich wollte den Erzbischof anfahren: „Um Himmels willen! *Sie* sind der Boss, rufen Sie doch an!"

Ich wandte mich an Pater Glynn: „Wissen Sie, Pater, es würde recht merkwürdig aussehen, wenn wir den Bischof auslassen würden."

Pater Glynn verschränkte die Arme und schaute weg, als würde er meine Bemerkung lieber nicht zur Kenntnis nehmen.

Der Erzbischof schien eine Zeitlang ins Träumen zu verfallen. „Ich weiß, was wir machen sollten", meinte er schließlich. Er wandte sich Pater Glynn zu. „Warum rufen Sie nicht zuerst den Bischof an? Wenn Sie ihn nicht dazu überreden können, sich mit Mr. Cornwell zu treffen, kann ich ja die Sache in die Hand nehmen und einen Entschluß fassen."

„Ganz wie Sie wünschen", sagte der Priester. „Soll ich das jetzt gleich erledigen, oder was?"

Ich stieß innerlich Verwünschungen aus.

„Ganz wie Sie wünschen, Pater", sagte der Erzbischof milde. „Das wäre nett, wenngleich er in diesem Augenblick nicht zu Hause sein könnte."

Der Priester hatte sich schon erhoben, um das Zimmer zu verlassen, als ich ihm vorschlug: „Pater Glynn. Falls Bischof Magee zögert, mich zu sprechen – vielleicht würde er mir gestatten, ihm im Zusammenhang mit meiner Untersuchung die noch offenen Fragen zu erläutern?"

Er blieb kurz stehen, um mir zuzuhören, und ohne mir allerdings in die Augen zu sehen. Dann ging er weiter zur Tür.

Als der Priester gegangen war, sagte ich zum Erzbischof: „Wie offiziell sind die Sendungen im vatikanischen *Radiogiornale*? Wenn im *Radiogiornale* eine Geschichte gesendet wird, in der gesagt wird, was der Papst im Augenblick seines Todes gelesen hat, käme das einer offiziellen Verlautbarung gleich?"

„Das vatikanische Pressebüro ist die einzige Stelle für offizielle Verlautbarungen, und wenn das nicht diese Geschichte veröffentlicht hat, dann hat der Sender sich eigenes Material beschafft. Er verwendet, was über die Fernschreiber eingeht, unabhängig vom Pressebüro; die haben drüben Fernschreiber stehen und reißen sich die Meldungen ab."

Der Erzbischof griff noch einmal in den Ordner auf seinem Schoß und brachte ein zweiseitiges Dokument zum Vorschein. „Sie sollten diese Erklärung kennen, die wir der Bischofskonferenz im Juni 1984 zugeleitet haben. Es betrifft die Beziehung zwischen offiziellen vatikanischen Quellen und Radio Vatikan."

Er übergab mir das Dokument (siehe Anhang). Ich stieß bei der raschen Lektüre sofort auf eine Passage mit der Überschrift:

Die „Blätter" und Die Nachfolge Christi

... Die Annahme, daß der Papst *Die Nachfolge Christi* in Händen hielt, entstammt nicht einer offiziellen vatikanischen Quelle. Kein offizielles Dokument hat sie je erwähnt. Ein Bericht, der unter den Journalisten kursierte, ohne böswillige Absicht, wurde sogar von Radio Vatikan übernommen (der keinen offiziellen Status hat) und bald danach berichtigt, als die wahren Tatsachen festgestellt worden waren.

„Wer schrieb das?", fragte ich.

„Den Text haben wir hier in diesem Büro verfaßt", sagte er.

Der letzte Absatz dieses Dokuments lautete:

Die Schwester oder der Privatsekretär?

Während es eigentlich keinen Unterschied macht, ob der tote Papst von einer Schwester oder, wie das Kommuniqué des Vatikans lautete, vom Privatsekretär des Papstes aufgefunden wurde, ist es tatsächlich so gewesen, daß der Sekretär augenblicklich ans Bett von Papst Johannes Paul I. eilte, als er von der Schwester gerufen wurde, der etwas nicht in Ordnung zu sein schien. Der Sekretär berührte den Papst, um ihn aufzuwecken, und hat dabei entdeckt, daß er tot war. Der Sekretär rief daraufhin Kardinal Villot an.

Ich dachte über die subtile Ausdrucksweise nach. Da wurde noch immer feinsinnig die Feststellung umgangen, daß die Nonne den Toten entdeckt hatte, und noch immer die Behauptung aufrechterhalten, daß der Sekretär Johannes Paul I. tot aufgefunden hatte; ein Musterbeispiel scholastischer Doppeldeutigkeit.

Als ich das Dokument in die Aktentasche steckte, klopfte es, und Pater Glynn spähte mit ängstlicher Miene durch die Tür.

„Ich habe mit Bischof Magee gesprochen", sagte er und blickte mich diesmal direkt an. „Er entschuldigt sich, daß er Sie bei der Gelegenheit damals abgewiesen hat; er hat den Brief seiner Exzellenz erst jetzt erhalten. Er wird Sie auf jeden Fall empfangen, sobald Sie nach Irland kommen können. Rufen Sie seinen Sekretär Pater Sheehan an. Und jetzt viel Glück." Damit war er auch schon verschwunden.

Erzbischof Foley strahlte vor Zufriedenheit. Als ich mich zum Gehen erhob, sagte er: „Wie wär's mit einem Segen?"

Später am Nachmittag wartete ich in der Portiersloge eine Stunde lang auf Mario di Francesco, den früheren ANSA- Reporter, der mir die Hintergründe seiner Geschichte von den päpstlichen Leichenbestattern verraten wollte. Ich wartete vergebens: er tauchte nicht auf.

Ich begab mich auf mein Zimmer, rief Pater Sheehan an und bereitete mich zum Abflug nach Irland vor.

30

Ich fuhr mit einem Taxi etwa fünfzehn Meilen über Cork hinaus Richtung Westen am Ufer des Lee entlang. Eine Brücke trennte das Festland von Great Island, und wir fuhren den Steilhang der Insel hoch, von dem aus die schiefergraue neugotische Kathedrale von Cobh den Himmel beherrschte, riesig und verloren wirkte sie auf ihrem einsamen windumbrausten, prominenten Platz – ein verfallener Geburtstagskuchen.

Hinter der Kathedrale öffnete sich ein dramatischer Ausblick: das Hafenbecken von Cobh und eine verstreute Gruppe von Inselbuckeln inmitten der Wasseroberfläche, die im Vormittagslicht glitzerte. Unterhalb der Kathedrale die ungepflegten Häuser und Geschäfte der Stadt.

Die Residenz des Bischofs war ein weiträumiger Adelssitz aus dem 18. Jahrhundert, der mit Blick auf Kathedrale und Meer in einem modrigen Garten voll immergrüner Büsche stand. Als ich aus dem Auto stieg, verschlug mir der eisige Atlantikwind den Atem. Eine Haushälterin führte mich in die Vorhalle. Sie rieb sich die rauhen Hände und sagte: „Ist ein ganz schöner kalter Tag heute." Sie schaltete einen elektrischen Heizlüfter an, um der eisigen Feuchtigkeit den Biß zu nehmen. Da standen ein paar Kirchenstühle mit hohen Lehnen, und über dem Kaminsims hing ein Öldruck mit der Jungfrau Maria. Auf dem Tisch lag eine Ausgabe des *Doneraile Schools' Magazine 1987*. Ich warf einen Blick auf die Bücherregale: *Questions and Answers* von Kanonikus E. J. Mahoney, *Moral and*

Pastoral Theology von H. Davis, SJ, *The History of Catholic Emancipation* von W. J. Amherst.

Die Tür flog schwungvoll auf, drei Geistliche blickten zu mir herein. In der Mitte des Trios befand sich der Bischof. Er trug eine einfache schwarze Soutane mit einem leuchtenden Goldkreuz an der Brust. Die beiden Priester an seiner Seite, einer alt, der andere jung, waren rotbackig, trugen Brillen und lächelten. Sie reckten die Hälse, um mich besser sehen zu können. Das Gesicht des Bischofs war kantig, er hatte große graugrüne Augen. Der breite Mund mit weibischen Lippen war leicht nach unten gezogen. Die eine bleiche Hand lag unruhig oberhalb des Brustkreuzes.

„Gehen wir in die Bibliothek", sagte er mit einer weichen, sorgfältigen Aussprache.

Wir gingen beinahe prozessionsartig den Flur entlang. Der Bischof betrat einen großen Raum, überall Bücherwände, und als ich ihm folgte, wurde die Tür hinter mir geschlossen. Die beiden Altardiener waren verschwunden.

Von einem Erkerfenster gewann ich einen weiten Ausblick über die Inseln. Die polierten Bücherregale aus Eiche leuchteten im Scheine eines Kaminfeuers. Wir ließen uns nieder, zwischen unseren Sesseln lag der Kamin. Der Bischof schlug die Beine übereinander und legte die Hände an den Fingerspitzen zusammen.

„Also, was ich Ihnen jetzt mitteilen werde", begann er, „habe ich noch keinem Menschen erzählt, weil ich dem Heiligen Vater gesagt habe, daß ich Stillschweigen bewahren würde. Wenn ich mein Schweigen jetzt breche, so geschieht das nur auf den ausdrücklichen Wunsch des Heiligen Vaters. Sonst hätte mich nichts und niemand zum Reden gebracht."

Er hatte eine melodische Art zu sprechen und betonte in einem übertriebenen Auskosten seines gebildeten irischen Tonfalls die Konsonanten.

„Doch lassen Sie mich Ihnen zunächst einmal erklären, auf welche Weise ich bei einem zweiten Papst Sekretär wurde. Nach der Wahl von Papa Luciani", hob er an, „kehrte ich in die päpstlichen

Gemächer zurück, um zu helfen, die umfangreiche Bibliothek von Paul VI. wegzuräumen. Es war Dienstag morgen, zwei Tage, nachdem der Papst bereits eingezogen war. Als ich mit der Arbeit begann, wußte ich nicht, wo sich Papa Luciani aufhielt, aber ich kannte ja die Räumlichkeiten, ich kannte jeden Millimeter, weil ich als Sekretär von Paul VI. dort vier Jahre lang gelebt hatte. Nach einer halben Stunde, um 10 Uhr 30, öffnete sich am Ende des Ganges eine Tür, und ich habe mir gleich gedacht, wer das sein würde. Ich trug in dem Augenblick gerade einen Karton mit Büchern. Ich sah den Papst auf mich zukommen und kam mir vor wie ein Dieb in der Nacht, der erwischt wird. Ich stellte den Karton ab und ging ihm entgegen, und er näherte sich mir ziemlich furchtsam, sein *zucchetto* saß ihm etwas schief auf dem Kopf. Er näherte sich mir mit ausgestreckten Händen und sagte: ‚Ich kenne Sie. Sie sind Pater Magee. Wir sind uns schon begegnet. Was machen Sie da?' Ich erklärte ihm, daß ich die Bücher ausräumte und er sagte: ‚Könnten Sie mir einen Gefallen tun? Ich habe fürchterliche Kopfschmerzen. Würden Sie so nett sein und in die Küche gehen, um mir eine Tasse Kaffee zu holen?' Damit drehte er sich um und ging zurück in den großen *salone*, wo er arbeitete. Ich ließ den Kammerdiener den Kaffee holen und setzte meine Arbeit fort. Paul VI. hatte mich nie auch nur um ein Glas Wasser gebeten."

Bischof Magee schloß ergeben die Augen. Johannes Paul I., so gab er mir zu verstehen, hatte einen Fauxpas begangen. Es gehörte entschieden *nicht* zum Aufgabenbereich eines Sekretärs, Kaffee zu holen, nicht einmal für einen Papst. Bischof Magee, soviel war mir klar, war ein Mensch, der auf die feinen Abstufungen des Protokolls hielt.

„Am nächsten Morgen dann, am Mittwoch", fuhr er fort, „weilte ich wieder im selben Zimmer und räumte Bücher aus, wie vorher. Und zu genau derselben Zeit öffnete sich wieder die Tür und er kam auf mich zu und sagte: ‚Ah! Sie wieder. Sie werden entrüstet sein. Ich brauche noch eine Tasse Kaffee.' Ich machte mich schon auf den Weg, um diesen zweiten Auftrag auszuführen, da nahm er mich am Arm und steuerte mich in ein Nebenzimmer, wo er mich fragte: ‚Also, was haben Sie vor, nachdem Paul VI. tot ist?'

Ich begann, ihm zu erläutern, daß ich beim Staatssekretariat vorstellig werden und Kardinal Caprio fragen wollte, was ich tun sollte, als er mich unterbrach und meinte: ‚Sehen Sie, ich weiß vom Staatssekretariat nichts, aber Sie kennen sich aus. Möchten Sie mir nicht helfen? Es wäre daher nützlich für mich, Sie hier bei mir zu haben.' Ich antwortete: ‚Heiliger Vater, Ihr Wunsch ist mir Befehl.' Da war er auf einmal gar nicht mehr ängstlich. Er wurde sehr entschieden und bestimmt und sagte: ‚Also, Sie gehen zum Staatssekretariat und informieren die dort, daß ich Sie heute zu meinem Sekretär ernannt habe.' Auf einmal war er ganz selbstsicher. Dann sagte er: ‚Doch bevor Sie gehen, holen Sie mir den Kaffee.'

Während der ganzen 33 Tage seines Papsttums habe ich die päpstlichen Gemächer nicht ein einziges Mal verlassen. Ich stand Johannes Paul I. ungewöhnlich nahe, weil er mich ganz früh schon, gleich am Anfang, gebeten hatte, mit ihm teilzunehmen an allem. Ich nahm an seinem Leben den ganzen Tag über teil, vom Aufstehen bis zum Schlafengehen.

Gewöhnlich war er Viertel vor neun oder neun im Bett, weil er morgens immer sehr früh zum Gebet aufstand. Er stand um 4 Uhr 30 auf und war um 5 Uhr 30 in der Kapelle, wo ich mich ihm anschloß. Paul VI. hatte einen völlig anderen Tagesablauf. Er pflegte um zwei Uhr nachts schlafen zu gehen. Mit ihm habe ich immer von 21 Uhr bis Mitternacht Papiere des Staatssekretariats bearbeitet, dann bin ich zu Bett. Anschließend hat der Zweite Sekretär, Monsignore Macchi, mit ihm bis zwei Uhr früh weitergearbeitet. Er las, studierte Berichte und schrieb; er war ein unglaubliches Arbeitstier. Und trotzdem hat es Zeiten gegeben, da ist Paul VI. vor fünf Uhr früh aufgestanden. Er hat mir dann mitgeteilt, er bräuchte sehr wenig Schlaf.

Wenn also Papa Luciani um 4 Uhr 30 aufstand, ging er ins Bad, und während er badete und sich rasierte, ließ er ein Tonband laufen, weil er einen Linguaphon-Kurs in Englisch machte.

Ich traf stets um 5 Uhr 30 in der Kapelle ein, und wir begannen mit dem Brevierlesen und dem Morgengebet. Daran schloß er eine Lesung aus der *Nachfolge Christi* an, die er im Betstuhl in der Kapelle verwahrte. Er wählte einen kurzen Abschnitt, erläuterte ihn und meditierte darüber. So beteten wir beide allein in der Kapelle. Der andere Sekretär, Don Diego Lorenzi, war nie anwesend; er stand später auf und schloß sich uns zur Konzelebration der Sieben-Uhr-Messe an. Nach der Messe frühstückten wir zusammen. So ging es regelmäßig Morgen für Morgen.

Der Vormittag war der Büroarbeit und Privataudienzen gewidmet, zu Mittag aßen wir dann gewöhnlich um halb eins. Anschließend pflegte er ein Nickerchen einzulegen und sich auf den Dachgarten zu begeben. In die vatikanischen Gärten sind wir, außer ein paarmal gleich am Anfang, nie hinausgegangen, weil ihm dort die Sicherheitsbeamten folgen mußten, und das gab ihm ein Gefühl der Unfreiheit. Dann kam auch Kardinal Villot in die Gärten, um ihn dort zu treffen, und er begann häufig über verschiedene Probleme zu reden. Also unterließ der Papst die Besuche der Gärten des Vatikans, um Villot auszuweichen.

Er ging täglich etwa zwei Stunden auf dem Dachgarten auf und ab, weil er meinte, das sei gut für seine Knöchel. Er hat sie mir eines Tages einmal gezeigt; sie waren furchtbar geschwollen. Sein Leibarzt im Veneto, Dr. Da Ros, hatte ihm geraten, viel zu laufen. Manchmal hat er ein paar Akten zum Studieren mitgenommen, die Villot ihm gebracht hatte.

Ich habe ihn immer persönlich zum Dachgarten gebracht und ihm gesagt: ‚Ich bin in zwei Stunden zurück.' Er wünschte, daß ich ihn nur bis zum Garten begleitete, dort sollte ich ihn dann allein lassen.

Don Diego Lorenzi war zu der Zeit oft außer Haus. Er ging häufig Mitglieder seines Ordens im Vatikan besuchen – die Don-Orione-Bruderschaft war für das Telefon- und Telegrafenwesen im Vatikan verantwortlich – und er verbrachte dort mit ihnen entpannt seine Nachmittags- und Abendstunden, da er sich im Vatikan verloren vorkam und niemand sonst kannte. Ich war deshalb sozusagen rund um die Uhr im Dienst. Ich erzähle Ihnen das deshalb, weil Don Diego eigentlich nicht begriffen hat, daß immer ein Sekretär zur Verfügung stehen mußte. Seine häufige Abwesenheit hatte zur Folge, daß ich in den Räumen bleiben mußte. Ich habe versucht, ihm das klarzumachen, es hat nichts gefruchtet."

Der Bischof war ganz in seine Erzählung versunken und starrte ins Feuer, als würde er dem Klang seiner eigenen melodiösen Stimme lauschen. Seine Art zu reden hatte etwas Mäkeliges, Übergewissenhaftes, Altjüngferliches. Er wirkte merkwürdig selbstbeherrscht beim Sprechen, und doch schien er gelegentlich den Atem anzuhalten, als wäre er von seinen Gefühlen überwältigt, und ich bildete mir ein, ich sähe Tränen in seinen großen, glänzenden Augen.

„Also, nur um Ihnen zu zeigen, wie sehr in Anspruch genommen Papa Luciani war", fuhr er in einem gedämpften und vertraulichen Ton fort, „werde ich Ihnen etwas anvertrauen, was ich noch niemandem anvertraut habe. Ich hielt mich eines Tages im Sekretariatszimmer auf, und da erhielt ich einen Anruf von einem der vatikanischen Polizisten unten im Cortile di Sisto Quinto, wo sich der Eingang zur Vatikan-Bank befindet. Der Mann sagte: ‚Pater, da geht etwas Seltsames vor. Da flattern seitenweise Papiere vom Himmel, und sie sind nicht in italienischer Sprache. Ich habe sie alle eingesammelt.'

Ich erklärte dem Mann, er solle sie festhalten, ich wäre gleich unten. Und es schoß mir sofort durch den Sinn, dem Papst wäre oben auf dem Dach etwas zugestoßen. Es war ein stürmischer Tag. Also bin ich wie der Blitz mit dem Aufzug zum Dachgarten hoch, wo ich um einige Bögen herumgehen mußte. Ich konnte den Kopf des Papstes schon hinter einem Bogen hervorschauen und auf den Platz hinunterlugen sehen, wo dieser Polizist stand. Ein Haufen Blätter lag über alle drei abschüssigen Dächer und Dachrinnen verstreut. Als ich näher kam, hörte ich ihn jammern: *‚O Dio mio! Dio mio! Cos'ho fatto.'*

Ich stellte mich neben ihn und sagte: ‚Heiliger Vater, was ist denn los?' Er war verzweifelt und rief: ‚O, sehen Sie nur, was ich gemacht habe! Es ist ein vertrauliches Dokument, und Kardinal Villot will darüber mit mir sprechen. Was soll ich nur tun? Können Sie nicht etwas unternehmen?' Er sagte noch: ,Ich wollte niesen und griff in die Tasche nach einem Schneuztuch, da kam ein Windstoß und hat die Blätter weggeblasen ...' Sehen Sie, er war ja ein einfacher, bewegender Mensch. Ich sagte: ,Als erstes die Papiere, die noch da sind. Geben Sie sie mir. Ich werde sie festhalten. Und kommen Sie mit mir wieder nach unten.' Ich brachte ihn in sein Schlafzimmer und sagte: ,Heiliger Vater, ich empfehle Ihnen, sich ins Bett zu legen.' Und er hat genau das getan, was ich ihm gesagt habe. Daraufhin bin ich fort und habe die *pompieri*, die vatikanische Feuerwehr, angerufen und ihnen mein Problem geschildert. Innerhalb von zwei Minuten kamen sie mit Seilen und Leitern hochgeschossen. Unter Einsatz ihres Lebens sind sie über alle Dächer geklettert und haben jedes einzelne Blatt geborgen. Und so gelang es mir, das Dokument wieder zusammenzufügen. Jedes einzelne Blatt war gefunden und in die richtige Reihenfolge gebracht worden, und anschließend bin ich wieder beim Heiligen Vater vorstellig geworden. Als ich das Schlafzimmer betrat, lag er zusammengerollt auf dem Bett, die Hände über dem Kopf gefaltet, und hielt seinen Rosenkranz in den Fingern. Er betete unaufhörlich. Bei meinem Anblick rief er aus: ,O, Sie sind wunderbar! Was würde ich ohne Sie tun!' Ich vertraue Ihnen das an, um die Tatsache zu beleuchten, daß er ein Mensch gewesen ist, der sich um winzige Dinge Sorgen machte."

Er ließ seine Worte einige Augenblicke lang auf mich einwirken. Mir war aufgefallen, daß er mich selten direkt ansah. Er schaute häufig ergeben auf seinen Schoß oder auf seine weich aussehenden Hände, und wenn er den Blick hob, so um in die tanzenden Flammen im Kamin zu starren.

Die Geschichte hatte mich überrascht, insbesondere das Bild des verängstigten kleinen Papstes in Embryohaltung, den Magee zu Bett geschickt hatte.

„Während dieser 33 Tage", fuhr er fort, „ging er täglich zwei Stunden lang auf diesem Dach spazieren. Er kam dann wieder herunter, und anschließend arbeiteten wir gemeinsam. Wir saßen zusammen an seinem Schreibtisch, und ich legte ihm Schriftstück um Schriftstück vor, Brief um Brief, alles, was vom Staatssekretariat hochgeschickt wurde, und er gestattete es mir, ihn durch diese große Last hindurchzuführen. Ich organisierte es so, daß er nach dem Abendessen nicht mehr an Arbeit denken mußte. Danach las er und ging zu Bett."

Er legte eine kleine Pause ein und schaute schwer atmend ins Feuer, als würde er eine noch intimere Vertraulichkeit erwägen. Dann begann er: „Eines Morgens sagte der Heilige Vater zu mir: ‚John, würden Sie mir einen Gefallen tun? Ich möchte, daß Sie die Messe zelebrieren und mir erlauben, Ihr *chierichetto* zu sein. *Chierichetto* – das ist ein kleiner Altardiener – der kleine Junge, der bei der Messe die Handreichungen macht. Also habe ich am Altar die Messe zelebriert, während er vor mir kniete. Er folgte der Messe in einem kleinen Meßbuch und machte die Handreichungen wie jeder andere kleine Ministrant, reichte mir Wein und Wasser, wusch mir die Hände und kniete am Ende der Messe, um meinen Segen zu empfangen."

Seine Stimme sank zu einem gedämpften, ehrerbietigen Flüstern herab: „Mir war das ungeheuer peinlich. Später sagte er: ‚Ich danke Ihnen. Sie sollten das ein andermal wieder für mich tun. Ich werde Ihnen sagen, wann ich es möchte.' Ich habe es insgesamt dreimal für ihn getan. Ich habe das öffentlich nie mitgeteilt. Ich erzähle es Ihnen, nur um Ihnen zu zeigen, in welch einer Beziehung ich zu ihm stand. Das letzte Mal habe ich es am Dienstagmorgen der Woche vor seinem Tod getan. Und an jenem Morgen hat er am Ende der Messe zu mir gesagt: ‚Herzlichen Dank. Wissen Sie, wenn ich in Ihrer Messe diene, dann weiß ich, daß ich der Person Christi diene.' Daß ein Papst einem einfachen Priester so etwas sagt, das war ... *ungeheuerlich.*"

Der Bischof war von seinen Gefühlen überwältigt. Er saß da, schluckte heftig, drückte Tränen weg.

Wie viele Päpste der jüngsten Zeit, fragte ich mich, hatten sich wohl so verhalten? Und was hatte es zu bedeuten? Mir schien zwischen dem Papst, der sich vor seinem Sekretär zum Meßdiener erniedrigte, und dem Zwischenfall mit den heruntergewehten Dokumenten ein Zusammenhang zu bestehen. Es war, als hätte Johannes Paul Demütigung und Erniedrigung *gesucht*.

Schließlich fuhr er fort: „Der Tag, an dem er starb – Donnerstag, der 28. September –, war ein kalter Tag, da wehte ein äußerst kalter, starker Wind, der erste kalte Herbststurm. Nach dem Mittagessen hielt er seine Siesta, und ich riet ihm ab, sich auf den Dachgarten zu begeben. Er entgegnete: ‚Ich werde nicht hinaufgehen, weil ich mich nämlich nicht besonders wohl fühle. Ich bin gar nicht auf dem Damm.' Ich sagte ihm, daß ich lieber Dr. Buzzonetti anrufen möchte, aber er meinte: ‚O, nein, nein, nein, Sie brauchen den Doktor nicht zu rufen. Ich werde innen im Haus spazierengehen.'

Es ist für Sie wichtig zu wissen, daß Dr. Buzzonetti zum Leibarzt von Papa Luciani bestimmt worden war und nicht Professor Fontana, den man für zu alt hielt. Buzzonetti hatte sich am Sonntag zuvor mit Papa Lucianis Arzt aus dem Veneto, Da Ros, getroffen, den Vatikan geschickt werden sollte. Dr. Buzzonetti, muß ich einräumen, bedauert, daß dies nie geschah.

An jenem Donnerstag begann er also im *salone* gleich neben dem Sekretariatszimmer herumzuwandern. Ich konnte ihn hören, wie er dort unablässig auf und ab ging. Er hatte mir seine Knöchel gezeigt, aber ich wußte, daß es sich um Kreislaufprobleme handelte; wenn er sich in Bewegung hielt, würde ihm nichts passieren. Währenddem kam ein Anruf von Kardinal Villot, dessen Besuch nicht eingeplant war. Sie müssen sich daran erinnern, daß Villot wie jeder andere auch nur auf Einladung hereinkommen durfte. Und ich mußte von innen die Tür aufmachen. Wer erzählt, daß sich innen Schweizer Gardisten befänden, weiß nichts über die päpstlichen Gemächer. Die einzigen Menschen drinnen sind die Priestersekretäre, das Dienst- und Küchenpersonal und die Schwestern.

An dieser Stelle möchte ich mir eine kleine Abschweifung erlauben, um Ihnen etwas über die Kammerdiener zu berichten, die für Papa Luciani arbeiteten. Als Paul VI. starb, wurde sein Diener verabschiedet und durch zwei vatikanische Arbeitskräfte ersetzt, die aus dem Veneto stammten: Paolo und Guido

Gusso. Es ist üblich, daß der Papst Leute aus seiner Heimat um sich hat.

Diese beiden Männer benahmen sich nach meiner Auffassung äußerst unschicklich. Sie rissen den päpstlichen Haushalt in einer nie dagewesenen Weise an sich. Von dem Tag an, als ich in den päpstlichen Dienst zurückkehrte, mußte ich zu meinem Erstaunen feststellen, daß diese zwei Männer Fotografen und andere Leute in die Privatgemächer einließen, ohne mich oder den Papst vorher zu fragen. Die kamen und fotografierten das private Arbeitszimmer des Papstes, machten Aufnahmen von seinem Schlafzimmer. Die beiden waren überall und hatten alles im Griff. Sie waren in der Kapelle, bedienten bei Tisch ... Sie haben die Regie an sich gerissen. Der Papst fühlte sich nicht mehr frei. Es bedeutete einen völligen Bruch mit der Praxis der vorhergehenden Päpste. Unter Paul VI. wäre so etwas undenkbar gewesen. Die Diener mußten sich zurückhalten, und es war niemandem zu keiner Zeit gestattet, die Privatsphäre des Papstes zu stören. Der Papst hat mit mir darüber gesprochen und gemeint: ‚Ich bin jetzt in ihren Händen, was soll ich tun?'

Daraufhin habe ich dafür gesorgt, daß ein anderer, diskreter Mann aus dem Veneto angestellt werden sollte, und plante, die Brüder Gusso zu entlassen. Am Tag, bevor das geschehen sollte, sagte der Papst gegen Ende des Abendessens im Beisein von Don Diego zu mir: ‚Morgen früh um 10 Uhr kommt unser Freund. Ich möchte mich mit ihm treffen, damit er die Wohnung kennenlernt.' Das hat Don Diego nun aber in den falschen Hals bekommen, er hat nämlich vermutet, daß der Papst *ihn* ersetzen wollte, und zwar durch Monsignore Senigaglia, seinen früheren Sekretär; so etwas lag in der Luft. Diego sah wütend aus. Als wir das Eßzimmer verließen, sagte mir der Papst: ‚Ich gehe davon aus, Sie werden sich um diese Brüder Gusso kümmern und dafür sorgen, daß sie nicht wiederkommen.'

Der Papst ging auf sein Zimmer, Don Diego und ich begaben uns ins Sekretariat. Sobald wir uns außer Hörweite des Papstes befanden, wollte Diego wissen: ‚Was soll das? Wer kommt morgen? Was machen Sie hinter meinem Rücken?' Ich informierte Don Diego daraufhin von den Wünschen des Heiligen Vaters und teilte ihm mit, daß er die Gussos los sein wollte, obwohl mir klar war, daß Don Diego ihnen sehr nahe stand und daß sie durch ihn überhaupt erst in die Wohnung gekommen waren.

Ich sagte also: ‚Am besten lassen wir gleich Paolo rufen, der Dienst hat, und sagen es ihm auf der Stelle.' Paolo wurde aus der Küche gerufen, wir führten ihn in ein Wohnzimmer. Ich ging voran, und bevor er mir folgte, sagte Don Diego plötzlich: ‚Reden Sie mit ihm' und verschwand. Da wußte ich, daß es Probleme gab. Aber der Papst hatte mich darum gebeten, also war mir nicht bange. Ich teilte Paolo Gusso mit, daß er und sein Bruder an ihre früheren Stellen im Vatikan zurückkehren müßten, und bat ihn um die Schlüssel zum Privataufzug. Paolo nahm das sehr übel auf. Er holte die besagten Schlüssel aus der Tasche und hielt sie hoch. Als ich auf ihn zutrat, um sie an mich zu nehmen, ließ er sie mir vor die Füße auf den Boden fallen, drehte sich auf dem Absatz um und verschwand. Mir versetzte es einen Stich, aber ich sagte nichts. Als ich ins Sekretariatsbüro zurückkehrte, war Don Diego fort. Ich habe ihn an jenem Tag nicht mehr gesehen; er war mit seinen *confratelli* weggegangen. Ich habe Ihnen das berichtet, weil die Machenschaften dieser Brüder für die übrige Geschichte und das, was nach dem Tod des Papstes passierte, von ausschlaggebender Bedeutung sind. Ich sollte Ihnen auch mitteilen, daß der zweite Bruder noch seine Wohnungsschlüssel behielt. Es bedurfte einiger Tage und großer Hartnäckigkeit meinerseits, um sie ausgehändigt zu bekommen."

Die Haushälterin erschien mit einem Tablett mit Kaffee und vier großen Stücken glasierten Obstkuchens. Ich nahm nichts von den Kuchen und der Bischof auch nicht, wenngleich seine großen Augen einen Augenblick lang am Teller hingen. Die Haushälterin blieb, um Kohlen nachzulegen, und ich bemerkte, daß ihn das Geräusch, das sie mit dem Kohleneimer machte, leicht irritierte.

Er nippte an seiner Kaffeetasse und setzte sie behutsam auf einem niedrigen Tisch neben sich ab. Er wartete, bis die Frau den Raum verließ, bevor er seine Erzählung wieder aufnahm.

Was er über die Gussos erzählt hatte, machte mich betroffen. Der päpstliche Haushalt war offensichtlich in beträchtlicher Unordnung gewesen. Zwischen den Zeilen konnte ich heraushören, daß die Beziehungen zwischen Magee und Lorenzi, Magee und den Gussos jämmerlich gewesen sein mußten. Und im Mittelpunkt dieser Haushaltsquerelen stand ein Papst, der bereits von der Bürde seines Amtes niedergedrückt war.

Magee fuhr fort: „Also, an jenem Nachmittag kurz vor seinem Tod spazierte er im *salone* herum, und es kam ein Anruf von Kardinal Villot, der am Abend herkommen wollte. Ich ging zum Papst. Er machte einen Rundgang durchs Zimmer, bei dem er den Rosenkranz betete; ich informierte ihn.

‚Ach, schon wieder Kardinal Villot!' sagte er. ‚Aber ich habe gar kein Dokument zum Durchlesen da.' Verstehen Sie, er dachte, Villot würde ihn ständig mit Dingen verfolgen, die er gelesen haben sollte, und er war wirklich verstört. Es wurde also vereinbart, daß Villot um halb sieben kommen sollte. Und der Papst setzte seinen Rundgang fort. Kurz darauf hörte ich ihn, ich befand mich im Sekretariatzimmer, husten, es klang wie ein hartes Husten. Ich eilte in den *salone* und sah ihn an einem Tisch stehen. Er sagte: ‚Ich habe Schmerzen! Schicken Sie mir Schwester Vincenza. Sie weiß, was zu tun ist.' Ich fragte ihn, ob es nicht besser wäre, wenn ich den Arzt riefe. Aber er bestand darauf, daß ich nicht den Arzt rief. Ich habe ihn eindringlich gebeten und gesagt: ‚Heiliger Vater, es könnte etwas Ernsthaftes sein.' Aber er blieb eisern. Ich sollte noch hinzufügen, daß Don Diego während alldem nicht anwesend war. Der Papst ging auf sein Zimmer, und ich lief in die Küche zu Schwester Vincenza, die mir erklärte: ‚Ach ja, das ist schon einmal vorgekommen.' Sie holte irgendeine Medizin und ging, um nach dem Papst zu sehen. Was für jede andere Nonne unmöglich gewesen wäre, war für sie etwas völlig Normales, weil sie in Venedig als Krankenpflegerin tätig gewesen war und offensichtlich sein Vertrauen besaß. Das alles war so gegen halb sechs. Eine Stunde später kam Kardinal Villot, den ich zum Heiligen Vater begleitete, der sich inzwischen in seinem privaten Arbeitszimmer aufhielt.

Der Kardinal blieb bis fünf Minuten nach halb acht, und bis dahin war auch Don Diego zurückgekehrt, wo immer er gewesen sein mochte. Ihre Unterredung war vielleicht zur Hälfte vorbei, und ich höre ihn heute noch bemerken: ‚Schon wieder Villot!'

Kardinal Villot war ein Mensch, der sehr entschieden auf den Papst zuging, sehr dominierend. Keiner von uns auf der anderen Seite der Tür konnte in Erfahrung bringen, über welches Thema die beiden diskutierten. Als der Kardinal herauskam, begleitete ich ihn zur Tür, und der Heilige Vater ging auf die Toilette. Als er zurückkam, waren wir bereit zum Abendessen. Mittlerweile hatte ich Don Diego über die Schmerzen unterrichtet, und auch er wollte den Arzt rufen lassen. Ich fragte den Papst: ‚Wie geht es Ihnen?'

‚*Sto bene! Sto bene! Eccomi!*' rief er und schlug sich an die Brust. ‚*Andiamo!* Diese Tabletten von Schwester Vincenza wirken Wunder. Gehen wir essen!'

Ich möchte Sie davon in Kenntnis setzen, daß meine Beziehung zu Paul VI. sehr stark einem Vater-Sohn-Verhältnis entsprach. Meine Beziehung zu Papa Luciani war eher wie unter Brüdern.

Beim Abendessen langte er tüchtig zu, und er wirkte wohlauf. Ich pflegte ihm gewisse Fragen zu stellen, weil er stets befürchtete, er könnte gewisse Dinge, die er zu tun hatte, vergessen. Ich habe ihn damals gefragt: ‚Heiliger Vater, haben Sie schon die Person bestimmt, die in der kommenden Fastenzeit die vatikanischen Exerzitien halten wird?'

Er erwiderte: ‚Ja, das habe ich.' Und sagte gleich darauf: ‚Die Art von Exerzitien, die mir in diesem Augenblick lieb wären, sollten einem guten Tod gelten.'

Er sprach immer wieder vom Tod, er erinnerte uns immer wieder daran, daß sein Pontifikat von kurzer Dauer sein würde. Sagte immer wieder, daß er abtreten müßte und daß er von dem ‚Ausländer' ersetzt würde. Das Ganze blieb uns damals ein Rätsel. Ich sagte ihm: ‚Ach, Heiliger Vater, nicht schon wieder! Nicht schon wieder dieses morbide Thema! Sie haben Ihr Pontifikat gerade erst begonnen.' Don Diego, der am Tischende saß, sagte darauf: ‚Das erinnert mich an ein Gebet, das wir Italiener alle gelernt haben und das wir sprechen, wenn wir abends zu Bett gehen. Verfaßt hat es der Heilige Alfons Maria von Liguori, und es lautet etwa so: *O Herr, gewähre mir die Gnade, den Tod anzunehmen, den du mir schicken willst, wo immer er herrühren mag.*'

Der Papst schaltete sich sofort ein und sagte: ‚So ist es nicht korrekt. Es ist nicht vom Heiligen Alfons geschrieben worden, und es lautet folgendermaßen: *Herr, gewähre mir die Gnade, den Tod anzunehmen, der mich niederwerfen wird.*' Auf italienisch müßte es heißen: *Dammi la grazia di accetare la morte nel modo in cui mi colpirà.*

Ich sagte: ‚Mein Gott! Worüber reden wir bloß?' Das war fast auf die Sekunde genau um Viertel nach acht.

Ich muß hier noch einen kleinen Exkurs einfügen. Ich habe Ihnen berichtet, ich hätte die Wohnung während der ganzen 33 Tage nie verlassen, aber an eben diesem Tag habe ich sie doch einmal verlassen, während er unablässig im *salone* umherging am Abend seines Todes. Ich habe ihm erklärt, ich würde ausgehen, weil ich aus dem Haus der Missionsgesellschaft, wo ich während des Konklaves gewohnt hatte, meine Bücher herschaffen lassen mußte. Zwischen halb drei und halb fünf bot sich dazu Gelegenheit, weil ein Lieferwagen vom Vatikan hinfuhr. Alle meine Bücherkisten wurden zurückgebracht und in meinem Schlafzimmer über den Haupträumen der päpstlichen Privatgemächer auf den Boden gestellt. Das wird später in meiner Geschichte von Bedeutung sein.

Nach dem Abendessen wandte sich der Papst an Don Diego und sagte: ‚Würden Sie mich bitte mit Kardinal Colombo in Mailand verbinden. Ich möchte ihn sprechen.'

Don Diego ging, und ich saß mit Papa Luciani am Eßtisch allein. Er drehte sich mir zu und sagte: ‚Wir haben ein Problem, Kardinal Villot hat es heute abend aufgebracht, nämlich wen wir zum neuen Patriarchen von Venedig bestellen sollen.' Darum war es während der Unterredung zwischen Kardinal Villot und dem Papst gegangen. Er wollte sich mit Kardinal Colombo aus Mailand beraten. Dann sagte er: ‚Gehen wir!'

Ich fragte ihn, wie er sich fühle, und er antwortete, er fühle sich wohl. Wir erhoben uns und sprachen unser Dankgebet, dann begab er sich wie immer nach dem Essen in die Küche, um die Schwestern zu grüßen. Und er sagte wie gewöhnlich: ‚*Buona notte! A domani, se Dio vuole!*‘ Gute Nacht! Bis morgen, so Gott will! Das war sein Spruch. Als wir auf den Flur hinaustraten, rief Don Diego vom anderen Ende: ‚Kardinal Colombo ist in der Leitung.‘

Der Papst rannte daraufhin mit einem solchen Tempo durch den Korridor, daß ich befürchtete, er würde ausrutschen und auf den Marmorboden hinschlagen. Ich vermochte es kaum zu glauben, so schnell sauste er davon, ging stracks in sein Zimmer und nahm den Anruf entgegen, der etwa fünfzehn bis zwanzig Minuten dauerte.

Danach habe ich den Papst zum Schlußgebet begleitet. Und als ich ihm in seinem Arbeitszimmer gute Nacht sagte, bückte er sich und nahm sich eine dieser Predigtschriften, die ich erwähnt habe und die sich in einer Schachtel neben seiner Schlafzimmertür befanden. Das war gegen zwanzig nach neun.

Ich bin dem Papst in sein Schlafzimmer gefolgt, weil ich ihn darauf aufmerksam machen wollte, daß sich auf jeder Seite des Betts ein Alarmknopf befand – sie waren an diesem Morgen erst eingeschaltet worden. Das mag Ihnen wie eine bemerkenswerte Koinzidenz vorkommen. Aber so ist es tatsächlich gewesen. Diese Alarmknöpfe hatte es schon in den Tagen von Johannes XXIII. dort gegeben, sie waren jedoch abgeschaltet worden, weil Paul VI. lieber in einem kleinen Rollbett in der Nähe des Badezimmers schlief. Und er hatte das Schlafzimmer durch einen Vorhang zweiteilen lassen.

Also, bei einem Knopfdruck auf diese Klingel wäre der Allmächtige geweckt worden! Sie funktionierte ausgezeichnet, wir hatten sie am Morgen ausprobiert, während er ein Stockwerk tiefer eine Privataudienz gab. Als ich ihm an jenem Abend gute Nacht sagte, bemerkte ich also: ‚Heiliger Vater, sollten Sie uns einmal in der Nacht brauchen, hier gibt es diese zwei Knöpfe.‘ Darauf erwiderte er: ‚In Ordnung. Nun, *buona notte. A domani, se Dio vuole.*‘ Und in seiner Hand hielt er eine dieser Predigten, von denen schon die Rede war.

In der Nacht, als der Papst starb, war Don Diego ausgegangen und kam erst sehr spät heim, lange nachdem ich zu Bett gegangen war. Bevor ich mich schlafen legte, habe ich die Schwestern in der Küche besucht. Außer dem Heiligen Vater habe ich das noch keiner Menschenseele erzählt, aber Sie müssen alles an Fakten wissen. Die Schwestern haben mich gefragt, wie es dem Papst ginge, und ich habe ihnen geantwortet, daß ich mir Sorgen mache wegen der Schmerzen, die er gespürt hatte. Schwester Vincenza sagte: ‚Nein, nein, seien Sie unbesorgt!'

Ich war jedoch sehr besorgt, ob er diese Knöpfe wirklich drücken würde, falls er unter Beschwerden litte, und wir haben uns darüber unterhalten. Und dann habe ich etwas ausgesprochen, was im Licht der nachfolgenden Ereignisse wirklich ungewöhnlich erscheint."

Der Bischof legte sich die Hand aufs Herz und blinzelte. Ihm standen Tränen in den Augen.

„Also, ob Sie es glauben oder nicht, es ist die reine Wahrheit! Ich sagte zu Schwester Vincenza: ‚Es wäre schrecklich, schon wieder einen Papst zu verlieren, nachdem wir gerade Paul VI. verloren haben. Wie viele Tage ist es her? Dreiunddreißig?'

Ob Sie es glauben oder nicht, aber so wahr ich hier sitze: in den Gemächern war eine Ausgabe des *Annuario Pontifico* vorhanden. Es enthält eine Aufstellung aller Päpste und ihrer Amtszeiten. Und ich habe zu den Schwestern gesagt: ‚Ich möchte wissen, wie viele Päpste weniger als 33 Tage amtierten.' Wir setzten uns in jener Nacht dort in der Küche hin und haben uns die ganze Liste der Päpste angesehen. Ich kann mich nicht erinnern, auf wie viele wir gekommen sind. Viele waren es nicht.

Um zehn verließ ich die Schwestern. Mir hatte die Alarmglocke keine Ruhe gelassen. Sehen Sie, ich war an Papst Paul gewöhnt, der die Klingel nachts oft benutzt hatte, wenn er sich nicht wohl fühlte. Er klingelte in Castelgandolfo in der Nacht, bevor er starb. Er war praktisch schon tot gewesen, und ich habe die ganze Nacht bei ihm verbracht.

Ich begab mich nach oben auf mein Zimmer. Nach all dem, was vorgefallen war, hatte ich meine Bücher völlig vergessen. Da standen all die Kartons am Boden. Im ersten, der mir im Weg stand, stieß ich auf zwei Zeitschriften, die zum Tode von Paul VI. erschienen waren. Ich hatte jetzt Gelegenheit und empfand das Bedürfnis, mich diesen Publikationen zu widmen. Ich setzte mich auf den Boden und las. In einigen fand ich mein eigenes Foto, es gab da insbesondere ein wunderschönes Foto vom Begräbnis. Ich sah mir alles an, blätterte drin herum und merkte überhaupt nicht, wie die Zeit verstrich; auf einmal sah ich, daß es bereits fünf nach elf war. Da habe ich ans Schlafengehen gedacht, weil ich am Morgen um fünf wieder auf sein mußte.

Und so legte ich mich schlafen, ohne zu wissen, daß er, den Berichten vom nächsten Tag zufolge, bereits tot war."

31

Die Glocken der Kathedrale läuteten alle Viertelstunden nach der Weise eines bekannten katholischen Kirchenlieds mit dem Titel *Jesus, my Lord, my God, my All.* Mit jeder neuen Viertelstunde wurde der Melodie ein Takt hinzugefügt, bis sie vollständig war.

Um ein Uhr, als vom Turm her eine hallende und komplizierte Glockentonfolge ertönte, wurde die Tür der Bibliothek aufgerissen und die Haushälterin trug ein Tablett mit dem Mittagessen herein. Im Erker wurde ein runder Tisch aufgestellt, an dem wir uns niederließen zu Ochsenschwanzsuppe, Irish Stew mit Weizengrieß und Apfelpudding.

„O, Eileen", sagte der Bischof aufseufzend, dann, sich zu mir wendend: „Ach, was diese gute Frau für Sachen auftischt ..."

Der Bischof holte eine halbvolle, verstöpselte Flasche roten Bordeaux. „Ich trinke nie", sagte er, „es sei denn ich habe einen Gast, der einen guten Tropfen schätzt." Die Flasche schwebte schon über meinem Glas.

„Ich hätte sehr gern etwas getrunken", sagte ich.

„Aber sicher", murmelte er, „aber sicher ..."

Der Bischof hielt die kühle Weinflasche mit ihrem beschlagenem Glas gegen das Licht.

Ich war mit den Gedanken woanders, als ich über das wunderbare Panorama der Inseln und des Meeres blickte. Ich dachte an Don Diego und die unterschwellige Animosität, die zwischen ihm und Magee offenkundig bestand. Es hatte mich schockiert, daß der

Bischof die Behauptung von Pater Farusi, Don Diego wäre in der Todesnacht des Papstes außer Haus gewesen, bestätigt hatte. Warum, so fragte ich mich, hatte mir Don Diego das nicht erzählt? Warum hatte er so ausdrücklich betont, die Wahrheit zu sagen, während er sich die ganze Zeit einer größeren Unterlassung bewußt war? Hatte er noch mit weiteren Wahrheiten gegeizt?

Als die Suppe vor ihm stand, nahm der Bischof seine Geschichte wieder auf.

„Jetzt will ich Ihnen etwas anvertrauen, was ich öffentlich noch nie erwähnt habe. Es geht um die ganze Frage, wie er aufgefunden wurde. Darüber hat es eine Menge Streit gegeben. Ich werde Ihnen alles wahrheitsgetreu erzählen, weil im offiziellen Bulletin des Vatikans festgehalten wurde, daß ich den Papst fand. Ich schlief in jener Nacht gut, ohne alle Probleme. Mein Wecker klingelte mich um 5 Uhr aus dem Schlaf, leider bin ich wieder eingeschlafen, bis ich um 5 Uhr 25 von den Schwestern geweckt wurde, die in mein Zimmer kamen – die Mutter Oberin und eine zweite Nonne. Sie waren völlig außer sich. Sie sagten: ‚Der Papst ist nicht erschienen!' Sie stellten ihm an jedem Morgen etwa zwanzig nach fünf seinen Kaffee hin, entweder in die Sakristei oder vor seine Schlafzimmertür, da bin ich mir nicht sicher. Soweit ich mich erinnern kann, haben sie mir berichtet, Schwester Vincenza sei hineingegangen und habe den Papst im Bett vorgefunden: ‚Sie glaubt, er ist tot.' Ich stand auf, warf mir die Soutane über den Schlafanzug und eilte nach unten. Die Tür war zu, alles dunkel. Wenn ich nach unten kam, brannte normalerweise immer schon Licht, und der Papst hielt sich bereits in der Kapelle auf. Ich klopfte an die Tür im Gang. Keine Antwort. Ich öffnete die erste Tür, es gibt dort eine Doppeltür, dann die zweite, und habe ununterbrochen geklopft und gerufen. Ich habe vom Vorhang aus, der das Zimmer teilte, den Namen des Papstes gerufen. Die Deckenbeleuchtung war ausgeschaltet, aber über dem Kopfende des Bettes brannte eine Leselampe.

Ich zog den Vorhang zurück, offensichtlich hatte Schwester Vincenza das gleiche getan, und da saß er, von Kissen gestützt, hielt die Papiere noch aufrecht in seinen Händen, das Gesicht nach rechts geneigt, die Brille auf der Nase. Und – wie es im Bulletin heißt – er sah aus wie jemand, der aufmerksam liest.

Ich rief noch einmal seinen Namen. Und ich war überzeugt, daß er schlief. Ich ging hinüber, berührte seine Hände und fand ihn völlig kalt und steif. Die Schwestern, alle vier, auch Schwester Vincenza, standen hinter mir. Don Diego schlief noch.

Ich fiel auf die Knie. Ich vergrub mein Gesicht in der Steppdecke. Sie war ganz weich. Ich schrie – die Decke dämpfte meine Stimme: ‚O Gott! Nein! Warum? Warum? Warum?' Und plötzlich wußte ich dann, was ich zu tun hatte. Abgesehen von den Schwestern, war ich der einzige Mensch auf der Welt, der wußte, daß der Papst tot war. Ich verharrte einen Augenblick, dann erhob ich mich und blickte ihn an. Er lächelte jenes Lächeln, das mir so vertraut geworden war. Ich hatte diesen Mann wirklich liebgewonnen. Ich drehte mich um zu den verzweifelten Schwestern und sagte: „Ja, Schwestern, er ist tot. Eine von Ihnen holt jetzt rasch Don Diego. Die anderen bleiben da und beten.'

Ich wußte, was ich zu tun hatte. Ich mußte den *camerlengo* benachrichtigen – den, der die Trauerfeierlichkeiten für den toten Papst durchführt – und das war Villot. Er war es, der für Paul VI. als *camerlengo* gedient hatte.

Also: zum zeitlichen Ablauf. Ich würde sagen, daß der Papst tot war, habe ich um 5 Uhr 32 festgestellt. Ganz gewiß saß ich um 5 Uhr 37 bereits an meinem Schreibtisch im Büro, nur zwei Türen weiter. Ich rief in der Privatwohnung von Kardinal Villot an. Ich wußte, auch er hatte Probleme mit dem Herzen, und ich überlegte, wie ich es ihm schonend beibringen sollte. Mittlerweile konnte ich die Schwestern laut am Bett beten hören. Ich vernahm auch Don Diegos Stimme.

Ich mußte lange läuten lassen, bis schließlich Villots Sekretär abhob. Während ich darauf wartete, durchgestellt zu werden, überfielen mich mein ganzer Kummer und mein Schuldgefühl, weil ich am Vortag nicht den Arzt gerufen hatte. Als der Kardinal sich endlich meldete, kam er mir für die frühe Morgenstunde außergewöhnlich freundlich und redselig vor. Er ließ mich zunächst gar nicht zu

Wort kommen, und es dauerte eine ganze Weile, bis ich zum Thema kommen konnte. ‚Der Heilige Vater ist TOT.'

‚Nein, nein, nein, nein ... er *kann* gar nicht tot sein. Ich war doch letzten Abend noch bei ihm.'

Ich widersprach: ‚Hören Sie, er ist kalt und starr und TOT.'

‚Ich komme', sagte er, ‚aber ich kann Ihnen nicht glauben.'

Sobald ich den Hörer aufgelegt hatte, rief ich Buzzonetti an, der an der Piazza Adriana wohnte. Er war so müde, daß er gar nicht zu begreifen schien, was ihm mitgeteilt wurde. Er erzählte mir später, er sei in sein Auto gestiegen und wäre auf halber Strecke beinahe wieder umgekehrt, weil er meinte, er hätte geträumt. Mir wurde klar, daß ich als nächstes Don Diego gegenübertreten mußte. Ich mochte Don Diego persönlich ganz gern. Er war ein sehr netter Mensch, wir waren in jenen Tagen recht enge Freunde geworden. Er hatte vieles mit mir gemeinsam und wußte alles über mein Leben. Ich kehrte ins Schlafzimmer zurück. Don Diego, am Bettende, betete den Rosenkranz vor. Da ging ich weiter, wieder nach draußen, und fuhr mit dem Aufzug in den Cortile hinunter, und als ich ins Freie hinaustrat, gleich neben der Tür zu Erzbischof Marcinkus, traf bereits Dr. Buzzonetti ein.

Wir fuhren gemeinsam im Aufzug nach oben, und als wir die Wohnung erreicht hatten, läutete es an der Tür der dritten Loggia; es war Kardinal Villot. Er kam völlig aufgelöst. Mir sagte er: ‚Sie sind verrückt!' Wir gingen direkt ins Schlafzimmer. Da habe ich erst bemerkt, was der Papst in Händen hielt. Es war wirklich die Predigt, wie ich schon erwähnt habe. Das ist die reine Wahrheit, denn ich habe es mit meinen eigenen Augen gesehen.

Don Diego blieb bei Dr. Buzzonetti. Kardinal Villot sagte zu mir: ‚Wir müssen rübergehen und eine Bekanntmachung aufsetzen.' Also begaben wir uns in mein Büro, wo ich ihm ein Blatt Papier reichte, und er verfaßte das Bulletin. Er war tatsächlich drauf und dran, meinen Namen einzufügen, es wurde jedoch nicht sofort veröffentlicht. Später wurde dann gefragt – warum nicht? – und er wurde endgültig eingesetzt. Ich habe Kardinal Villot gebeten: ‚Bitte setzen Sie meinen Namen nicht ein.'

Er hat gekontert. ‚Es wird die Frage gestellt werden: Wer hat ihn gefunden? Ich kann nicht schreiben, daß die Schwester ihn tot aufgefunden hat. Außerdem sind doch *de facto* Sie heruntergekommen, hineingegangen und haben ihn *tot* aufgefunden, oder nicht?'"

Ich sah den Bischof spöttisch an. *De facto* – die römisch-katholische Kirche hatte nichts von ihrem Hang für scholastische Haarspalterei verloren. Ich sah den alten Kardinal vor mir, wie er die verschiedenen Bedeutungen des Wortes ‚auffinden' gegeneinander abwog.

Der Bischof erwiderte meinen Blick. Ich war überzeugt, daß er wußte, was mir durch den Kopf ging.

„Ich habe ihm gesagt", fuhr der Bischof fort, „daß es die Schwestern waren, die nach oben gekommen waren und mich benachrichtigt hatten, und daß sie ihn schon entdeckt hatten. Aber so war es dann eben ... letztlich ..." Seine Stimme verlor sich. Er war verlegen.

„Don Diego aber, bei allem Respekt, vertrat die Ansicht, daß ich nirgends aufzuspüren gewesen wäre, und das verbreitete er in seiner Ordensgemeinschaft. Er erzählte es auch einigen Journalisten. Er behauptete, die Schwestern hätten zuerst ihn gerufen. Ich habe Ihnen erläutert, wie dies passieren konnte. Er mußte nicht am Sekretariat vorbei und er hätte meine Handlungen an jenem Morgen gar nicht bemerkt.

Dann riefen wir bei Radio Vatikan wegen der ersten Nachrichtensendung an, die um sieben oder halb acht ausgestrahlt wird. Daß irgendwer vom Sender die Idee aufgegriffen hatte, der Papst hätte *Die Nachfolge Christi* gelesen, habe ich erst im späteren Verlauf des Tages entdeckt. Die Sache sollte außergewöhnliche Nachwirkungen haben, weil fromme Frauen und Nonnen aus der ganzen Welt bei uns anriefen und fragten, welche Seite aufgeschlagen gewesen war. Ich vermute, die Sache mußte allen einleuchten, weil Thomas à Kempis zu seinen Lieblingsschriftstellern gehörte. Und ich nehme an, es ist behauptet worden, um zu vermeiden, daß jemand auf die Idee käme, er hätte sich ein pornographisches Heft angesehen ... oder, man weiß ja nie, was den Leuten alles einfällt, eine Cowboygeschichte ... Also legt man ihm etwas in die Hände, etwas Vernünftiges! Auf jeden Fall befand sich *Die Nachfolge Christi* in der Kapelle, nicht an seinem Bett."

Ich unterbrach ihn. „Monsignore", sagte ich, „für mich gibt es bei der ganzen Geschichte wegen der *Nachfolge Christi* ein Problem. Es betrifft nur eine Kleinigkeit, aber sie hat von Anfang an jeden Bericht über den Tod begleitet. Don Diego hat mir erzählt, in der ganzen Wohnung habe es kein einziges Exemplar gegeben und er hätte einige Tage vor dem Tod des Papstes extra gehen und sich eins ausborgen müssen. Und jetzt behaupten Sie, es hätte in der Privatkapelle eins gegeben."

Das Gesicht des Bischofs wirkte peinlich berührt. Einen Augenblick lang schien er verwirrt.

„Also davon habe ich nie gewußt", sagte er. „Es ist möglich, am Anfang, bevor die Bücher kamen ... Es wäre vielleicht nicht gleich gefunden worden ..."

„Don Diego beharrt darauf, daß kein Exemplar vorhanden war in der Woche, in der der Papst starb", sagte ich.

„Der Papst hatte ganz gewiß eins im Betpult in seiner Kapelle", erwiderte der Bischof mit Nachdruck. Dann meinte er mit einiger Nachsicht: „Don Diego ist nie dort gewesen, wie sollte er es also wissen? Er hat *mich* nach dem Buch nie gefragt, ich hätte ihm gesagt, wo es war."

Er saß eine Weile nachdenklich da, und während dieser Pause ließ ich mir die Diskrepanz zwischen den Berichten der Sekretäre über das Ausstellen des Bulletins durch den Kopf gehen. Zehn Jahre waren seitdem vergangen, es wäre bemerkenswert gewesen, wenn die Berichte beider Männer genau übereingestimmt hätten. Und doch gaben beide sich in Details so sicher und bestimmt: Don Diego, der darauf bestand, daß Buzzonetti den Stift gehalten und sogar Schwester Vincenzas Namen ausgestrichen hatte. Bischof Magee, der darauf bestand, daß es allein Villot gewesen war und daß es einen kleinen Streit um Spitzfindigkeiten gegeben hatte.

Als ob er meine Gedanken gelesen hätte, meinte er: „Wissen Sie, ich bin nie mit Don Diego zusammengetroffen, damit wir unsere Berichte aufeinander abstimmten."

„Es gibt nur einen Punkt, den Don Diego mich bei Ihnen zu überprüfen bat", antwortete ich. „Es geht um die Schmerzen am Abend seines Todes. Don Diego sagte, er hätte Sie einige Monate später angerufen ..."

Der Bischof fuhr mir dazwischen: „Hat er je die Sache mit den Brüdern Gusso ins Gespräch gebracht?"

„Nein", sagte ich. Die Heftigkeit, mit der er mich unterbrach, hatte mich erschreckt.

Er war erregt, sein Atem ging heftig, er schluckte.

„Der einzige, mit dem ich darüber gesprochen habe, war der jetzige Heilige Vater", sagte er in ehrfürchtigem Ton. „Nachdem der Papst gestorben war, wurde ich gebeten, aus dem Vatikan auszuziehen und im Maria-Bambina-Institut gleich beim Petersplatz zu wohnen. Am Tag nach dem Begräbnis bekam ich furchtbare Herzschmerzen und suchte Dr. Buzzonetti auf. Er sagte, ich litte unter Streß und müßte mich hinlegen. Als nächstes erreichte mich dann in meinem Schlafzimmer ein Anruf von jemandem bei einer Nachrichtenagentur, der wissen wollte: ‚Es geht da eine Geschichte um, daß der Papst ermordet wurde und daß Sie mitten in diesem Komplott stecken. Würden Sie uns dazu eine Stellungnahme abgeben?' Ich habe den Hörer auf die Gabel geschmissen.

Später ging ich über den Klosterhof und sah am Torbogen eine Menschenmenge, darunter Schulmädchen, und die starrten mich beim Vorübergehen alle an, weil die Person, der sie zuhörten, direkt auf mich zeigte. Und diese Person war niemand anderer als Paolo Gusso, der Mann, der mir die Schlüssel vor die Füße geschmissen hatte.

Ich habe nicht mehr darüber nachgedacht, bis die Oberin des Ordens, die dort wohnte, zu mir aufs Zimmer kam und sagte: ‚Ich bin sehr bestürzt. Eine von unseren Schwestern stand heute morgen am Eingang in einer Gruppe, und sie hörte einem Herrn aus dem Vatikan zu, der einen Bericht über den Tod von Johannes Paul gab. Da gingen Sie zufällig vorüber, und er drehte sich um, zeigte mit dem Finger auf Sie und sagte: ‚ECCO L'ASSASSINO! Das ist der Mörder!' Ich sagte der Oberin, sie solle unbesorgt sein, doch ich war innerlich zerstört.

Nun bin ich überzeugt, daß er eine der Quellen gewesen sein muß für das, was in dieser Beziehung verbreitet worden ist. Sehen Sie, er hat die ganze Zeit nie mehr mit mir gesprochen, seit ich ihn des Hauses verwiesen habe. Er ignorierte mich, obwohl ich ihn öfters traf. Er schnitt mich, und er hat es mich spüren lassen. Aber er blieb weiterhin mit Don Diego befreundet.

Gleich darauf trat eine andere Nonne ein und teilte mir mit, es wären Journalisten draußen, die auf ein Interview mit mir warteten. Dann zeigte sie mir eine Zeitung, in der eine Überschrift lautete: ‚ZWEIFEL AM NATÜRLICHEN TOD VON JOHANNES PAUL', mit meinem Namen und meinem Foto. Durchs Fenster konnte ich sehen, wie sich die Journalisten und die Fernsehkameraleute am Tor drängten. Ich war völlig am Boden zerstört.

Ich schaffte es, das Kloster durch einen Hinterausgang zu verlassen. Ich überquerte den Petersplatz und ging zum Staatssekretariat, um mit Kardinal Caprio zu sprechen, der sich meine Geschichte anhörte. Ich war mit meinen Gefühlen ganz durcheinander und weinte. Ich berichtete ihm, daß ich öffentlich als Mörder beschuldigt und bezeichnet wurde, und erzählte ihm auch von Paolo Gusso.

Ich sagte: ‚Wie kann ich hier leben, solange sich diese Spekulationen halten?' Er meinte, es wäre für mich am besten, Italien überhaupt zu verlassen. Er sei der Meinung, die Gerüchte würden sich bis zu Beginn des nächsten Konklaves halten. Ich gewann deutlich den Eindruck, er wolle mich wissen lassen, daß ich für den Vatikan ein Problem darstellte. Sie wollten mich aus dem Weg haben.

Buzzonetti sah die Sache anders. Er erklärte: ‚Pater Magee ist vor Zeugen diffamiert worden. Wir sollten das in die Hände der Justiz legen.' Aber ich erhielt keinerlei Rückhalt von Caprio. Dem war meine persönliche Situation völlig egal. Er wollte mich nur aus Rom weghaben. Als ich sein Büro verließ, war ich mit meiner Weisheit am Ende. Ich hatte in zwei Monaten zwei Päpste verloren. Die ganze Aufregung. Ich hatte kein Unterkommen, keinen Posten. In Rom konnte ich nicht bleiben, aber ich wußte nicht, wie ich es anstellen sollte, um wegzukommen. Im ganzen Vatikan schien ich keinen Freund oder Verbündeten zu haben." Dem Bischof standen die Tränen in den Augen, und er beugte sich vor, die Hände vor sich verschränkt, wiegte sich in der Erinnerung an die Situation hin und her.

„Dann", sprach er weiter, „erinnerte ich mich an das, was ich oft gehört hatte. Daß der einzige Mann hier, an den man sich in schwierigen Situationen wenden konnte, Erzbischof Marcinkus war. Bei allen Schwierigkeiten war er der einzige Mann, der ein Herz hatte und einem half. Ich ging hinüber zu seinem Büro, und als ich hineinging, rief er: ‚John!', kam und nahm mich fest in die Arme, und ich brach in Tränen aus. ‚Sagen Sie mir, was ich für Sie tun kann', sagte er. ‚Sie haben eine verteufelt schlimme Zeit hinter sich.'

Ich sagte: ‚Ob Sie es glauben oder nicht, ich werde jetzt beschuldigt, ihn ermordet zu haben.' Ich erzählte ihm von der Presse und daß ich fort müßte, daß ich nach England reisen wollte, um bei meiner Schwester Kathleen zu bleiben, die außerhalb von Liverpool wohnt – sie ist Krankenschwester.

Er sagte mir: ‚Setzen Sie sich und beruhigen Sie sich.' Innerhalb von zwanzig Minuten hatte er ein Flugticket besorgt. Er schickte jemand meine Sachen holen. Er ließ einen Wagen rufen, und schon war ich auf dem Weg zum Flughafen. Niemand erfuhr davon. Ich flog nach London, und von London weiter nach Manchester. Ich war völlig erschöpft. Meine Schwester brachte mich zu Bett und stellte mich mit irgendwelchen Tabletten ruhig.

Am anderen Morgen trug sie mir die Zeitungen herein – und da stand, im *Liverpool Echo,* daß ich am Tag zuvor aus Italien ‚geflohen' sei, und daß an allen Grenzstellen nach mir gefahndet wurde. Es hieß sogar, daß Interpol nach mir suchte. Ich hielt mich dort zehn Tage lang versteckt, das Ganze war traumatisch, bis das nächste Konklave begann.

Ich kehrte an einem Samstag nach Mitternacht nach Rom zurück. Am Dienstagmorgen verfolgte ich mit all den Schwestern im Fernsehen die erste Messe des Papstes. Danach ging ich auf mein

Zimmer, und das Telefon läutete. Es war Kardinal Caprio. Er teilte mir mit: ‚Der Papst möchte Sie sehen. Der Papst hat nach *Ihnen* gefragt.' Offensichtlich als er das Konklave verließ und die Siegel des päpstlichen Appartements brechen ging, um das erste Mal seine Gemächer zu betreten ... Später habe ich gehört, daß er sich an der Tür zu Kardinal Caprio umgedreht und gesagt hätte: ‚Ich möchte den Iren. Schicken Sie nach dem Iren.'

Also begab ich mich wieder in den Vatikan. Ich hatte noch die Schlüssel zur päpstlichen Wohnung. Ich fuhr im Aufzug nach oben und sperrte mir selber auf. Ich ging durch zum Sekretariatszimmer ... und dort habe ich ihn angetroffen, Papst Johannes Paul II. Er saß an *meinem* Schreibtisch. Er hatte sein *zucchetto* einfach abgelegt, seine Soutane bis zur Brust aufgeknöpft, ohne Kragen saß er da seitlich am Schreibtisch und schrieb nicht wie Paul VI. aufrecht und elegant, sondern zusammengekauert, mit dem Kopf in die Hand gestützt wie ein Mann, der eher körperliche Arbeit als wissenschaftliches Arbeiten gewohnt ist. Ich klopfte an, und als er sich umdrehte, tat er es wie ein Weltmann – gar nicht wie ein Papst. Er war sehr menschlich, nüchtern. Er sprang auf und kam zu mir herüber. Er ließ mich seinen Ring nicht küssen. Er ergriff mich und legte die Arme um mich. ‚Willkommen daheim', sagte er. ‚Jetzt bleiben Sie bei mir.' Er fragte mich gar nicht, ob ich wollte oder nicht. Er sagte einfach: ‚Jetzt bleiben Sie bei mir!'

Am gleichen Tag erklärte er mir während des Abendessens, er brauche am Anfang meine Unterstützung, um seinen polnischen Sekretär Pater Stanislaus einzuarbeiten. Er sagte: ‚Ich werde Sie nicht ewig dabehalten. Am Ende werde ich Sie wieder wegschicken.'"

Der Bischof schaute auf die Uhr. Sein Blick war zum Schreibtisch gewandert, wo die Korrespondenz sich häufte. „Lassen Sic sich von mir zum Flughafen bringen", sagte er. „Ich möchte das gern für Sie tun."

Als der Bischof mit halsbrecherischer Geschwindigkeit zum Flughafen fuhr, fragte ich ihn: „Erinnern Sie sich daran, ob Johannes Paul I. jemals über die vatikanischen Finanzen gesprochen hat? Hat er sich um solche Dinge gekümmert?"

Er dachte einige Augenblicke lang nach. „Wissen Sie, die einzige finanzielle Sache, die ihm Kopfschmerzen gemacht hat, war die Sache mit seiner italienischen Staatspension. Sehen Sie, er hatte als Patriarch von Venedig darauf Anspruch gehabt wie jeder andere italienische Staatsbürger, und er hat sie immer einer kleinen Gemeinschaft von Nonnen weitergeleitet. Jedenfalls ist er bei den Mahlzeiten immer wieder darauf zurückgekommen. ‚Glauben Sie, daß sie mir die Pension weiterzahlen?' hat er gefragt. Ich habe ihm schließlich erklärt: ‚Heiliger Vater, Sie sind jetzt das Oberhaupt eines anderen Staates. Sie werden keine italienische Pension bekommen.' Ich muß zugeben, mir war danach, ihm zu bedeuten, ihm stünde doch alles Geld der Welt zur Verfügung, falls er sich über den kleinen Konvent dort Sorgen machte."

„Hat er nach Ihrem Empfinden Verständnis für die Probleme des IOR, der Vatikan-Bank, oder allgemein für vatikanische Finanzen gehabt?"

„Überhaupt nicht!" erwiderte Bischof Magee. „Überhaupt nicht!"

„Er muß ein nervöser Mensch gewesen sein ...", sagte ich.

„Das war er, das war er", bestätigte der Bischof. „Ich werde nie den Tag vergessen, als wir Dr. Da Ros aus Venedig erwarteten. Ich hatte an der Porta Sant'Anna Nachricht hinterlassen, daß dieser Mann am Nachmittag das Tor passieren würde, und hatte ihn als großgewachsenen Mann mit Bart und Brille beschrieben. Nun, da sieht man, was für Zufälle passieren können. Es kam nämlich so, daß ein Verrückter am Tor auftauchte, der genau meiner Beschreibung von Dr. Da Ros entsprach. Er war gekommen und hatte erklärt: ‚Ich bin gekommen, um den Papst zu sehen!' Er wurde direkt durchgeschleust, an einer Wache nach der anderen vorbei, und schließlich in den Aufzug gelassen, der direkt zur päpstlichen Wohnung hinaufführt.

Wie es der Zufall will, begleitete ich den Papst auf den Dachgarten, und wir warteten vor der Aufzugstür und bemerkten, daß der

Aufzug hochkam. Als sich die Tür öffnete, kam dieser Kerl herausgestürmt, fiel dem Papst zu Füßen und begann ihm die Zehen zu küssen. Der Papst schrie auf: ‚Schaffen Sie ihn weg! Schaffen Sie ihn raus hier!'"

Der Bischof lachte beim Gedanken daran leicht in sich hinein.

Bevor ich ihn am Flughafen zurückließ, fragte ich noch: „Haben Sie eine besonders hervorstechende Erinnerung an Johannes Paul?"

Er antwortete fast ohne zu zögern: „Wissen Sie, er wiederholte immer wieder: ‚Warum haben sie *mich* gewählt? Warum um alles in der Welt haben sie *mich* gewählt?' Er sagte es mehrfach während aller Mahlzeiten, an jedem Tag seines Papsttums. Er sprach immer wieder vom ‚Ausländer', der auf ihn folgen sollte. ‚Ich werde bald gehen', sagte er, ‚und dann kommt der Ausländer.' Eines Tages fragte ich ihn, wer dieser Ausländer sei, und er antwortete: ‚Es ist der, der mir beim Konklave gegenübersaß.' Als ich dann die päpstlichen Gemächer als Sekretär von Johannes Paul II. verlassen hatte, wurde ich im Vatikan zum Zeremonienmeister bestellt und hatte zum erstenmal Zugang zum Sitzplan des Konklaves. Der Kardinal, der Papa Luciani gegenübergesessen war, war Kardinal Wojtyla!"

Der Bischof schwieg eine Weile. Dann sagte er: „Ich bin überzeugt, Johannes Paul I. hatte einen tiefen Einblick in die Unausweichlichkeit seines bevorstehenden Todes."

Wieder zurück in London, rief ich Marjorie Weeke an. Gab es für den Vatikan irgendeine Möglichkeit herauszufinden, fragte ich, ob einer der Brüder Gusso Anschuldigungen gegen John Magee vorgebracht hatte?

Sie wollte schauen, was sich da tun ließe.

32

Auf dem Rückweg nach Rom unterbrach ich meine Reise in Zürich, um mich mit Hans Roggen, einem früheren Feldwebel der Schweizer Garde, zu treffen, der jetzt als Sicherheitsbeamter in einer Bank tätig war.

Roggen hatte das belastendste Glied in der Indizienkette gegen Marcinkus in David Yallops *In Gottes Namen?* geliefert. Der Text lautete:

Auf dem Innenhof hinter der Vatikanbank traf Feldwebel Roggen auf Bischof Marcinkus. Es war Viertel vor sieben. Warum Marcinkus, der in der Villa Stritch in Rom wohnte und nicht als Frühaufsteher galt, sich zu so früher Stunde dort aufhielt, ist bis heute ungeklärt geblieben ... Roggen platzte mit der Neuigkeit heraus: „Der Papst ist tot."

Marcinkus starrte den Feldwebel nur an; Roggen trat einige Schritte auf ihn zu. „Papst Luciani. Er ist tot. Man hat ihn in seinem Bett gefunden." Noch immer starrte der Chef der Vatikanbank den Feldwebel ausdruckslos an.

Marcinkus wohnte, wie Yallop betont, nicht einmal im Vatikan. Seine Wohnung befand sich zu dieser Zeit in der Villa Stritch – mindestens zwanzig Autominuten vom Vatikan entfernt.

An späterer Stelle behauptet Yallop, der Feldwebel hätte bei einem persönlichen Interview zugegeben, daß er in der Nacht, in der der Papst starb, während seines Nachtdienstes mit wenig Erfolg

Schlaf zu finden versucht habe. „Der für die Sicherheit des Apostolischen Palastes verantwortliche Offizier", schreibt Yallop, „wälzt sich in seinem Bett und kann nicht einschlafen."

An Roggens ‚Indiz' fiel mir auf, daß er bezüglich Marcinkus zwar ehrlichen Mut bezeugt haben mochte, aber im Hinblick auf sein eigenes Verhalten von geradezu tollkühner Offenheit gewesen war. Der Feldwebel Roggen hatte damit Marcinkus wie *sich selbst* belastet. Auf jeden Fall hatte seine Aussage wesentliche Details für die dramatische Verschwörungsatmosphäre beigetragen, die Yallops Beschreibung des Vatikans am Morgen des Papsttodes durchzieht. Ich war sehr gespannt, Roggen endlich kennenzulernen.

Er kam abends um neun Uhr auf mein Zimmer im Hotel Simplon hinter der Bahnhofstraße. Draußen lag Schnee, er hatte den Kragen seines marineblauen Lodenmantels hochgeschlagen, und sein rundes, frisches Gesicht war von der Kälte gerötet. Er war breitschultrig, athletisch gebaut und hatte einen eisernen Händedruck. Er wirkte nett und offenherzig, aber auch leicht nervös. Als er seinen Mantel auszog, sagte er mit starkem Schweizer Akzent: „Ich muß Ihnen einige wichtige Dinge mitteilen."

Er machte es sich im Stuhl neben dem Ankleidetisch bequem. Ich bot ihm aus dem Eisschrank im Zimmer ein Bier an.

„Wie ist es zu dem Interview mit Ihnen, über das in Yallops Buch berichtet wird, gekommen?" fragte ich ihn.

„Ich habe ihn nie persönlich getroffen", entgegnete er. „Ich habe nur mit einem Herrn namens Philip Willan gesprochen, der für ihn recherchierte."

„Ich habe mit Marcinkus geredet", erklärte ich. „Er behauptet, daß er bei der Begegnung mit Ihnen am Morgen des Papsttodes aus seinem Auto stieg, mit dem er von der Villa Stritch hergefahren war. In Yallops Bericht wird kein Wagen erwähnt, es hätte nämlich eine ganze Menge erklärt ... Marcinkus wird in dem Bericht als ein Mann dargestellt, der damals schuldbewußt und ohne Grund dort umhergeirrt sei. Haben Sie Willan erzählt, daß Marcinkus noch im Auto saß?"

„Daran kann ich mich nicht erinnern. Doch es stimmt, daß Marcinkus mit dem Auto in den Vatikan gefahren ist, wie immer."

„Sie sind sich aber nicht sicher, Willan von dem Auto erzählt zu haben?"

„Nein, ich bin mir nicht sicher", antwortete Roggen niedergeschlagen.

„Lassen Sie es mich einmal anders *formulieren.* Hat Willan *Sie* gefragt, was Marcinkus dort getan hat? Oder nach den Umständen Ihrer Begegnung?"

„Ich kann mich nicht erinnern."

„Haben Sie Willan", fuhr ich fort, „sofern Sie sich zu erinnern vermögen, berichtet, daß Marcinkus gewöhnlich um eben diese Zeit eintraf?"

„Ich glaube nicht, daß ich darüber etwas gesagt habe. Ich weiß, daß Marcinkus wirklich ein Frühaufsteher ist. Aber das habe ich Willan nicht mitgeteilt."

„Sind nach Ihrer Erinnerung an jenem Morgen die Brüder Signoracci, die Bestatter, im Vatikan eingetroffen?"

„Nein. Ganz gewiß nicht."

„Sind Sie die ganze Nacht über wachgelegen? Hatten Sie Schlafprobleme?"

„Am Abend zuvor war ich mit meiner Mutter zu Besuch bei einigen Priestern und hatte gut italienisch gegessen, und ich konnte nicht einschlafen. Wir sahen zwischen halb elf und elf beim Papst noch Licht brennen. Das war nicht ungewöhnlich. Ich wohnte unterhalb des Papstpalastes in einer Dachstube über der Kaserne und konnte zu den Fenstern hochschauen; das Licht war immer bis spät in die Nacht an. Daran war überhaupt nichts Ungewöhnliches."

„In Yallops Buch wird erwähnt, daß in der Nacht Alarmlichter an waren. Haben Sie das Willan erzählt?"

„Das habe ich ihm überhaupt nicht erzählt."

Roggen saß auf der Stuhlkante. Ich konnte sehen, daß er sich kaum beherrschen konnte. Er rang die Hände und verzog sein Gesicht. Ich konnte ihm anmerken, daß er eine wahre Flut von Worten loswerden wollte. „Das sind im Moment die mir wichtigsten Fragen, Hans. Aber warum erzählen Sie mir nicht einfach, was Ihnen auf der Seele liegt?" fragte ich.

„Meine Zeugenaussage ist zur Grundlage eines belastenden Indizienbeweises gegen Marcinkus gemacht worden!" Seine Stimme klang schrill vor Erregung. „Das ist alles Unsinn. Passiert ist folgendes: Ein Mann namens Noel, der am Baeda-Kolleg in Rom gewesen war, rief mich an und fragte, ob ich ein Interview über das Leben von Johannes Paul I. geben würde, für eine Biographie. Ich sagte, mal sehen, was sich tun läßt. Ich habe dabei nichts Böses vermutet. Dann kam dieser Mr. Willan, und wir haben uns unterhalten.

Er sagte, er schreibe gerade über Papst Johannes Paul I. Er redete in einem fort davon, was für ein wunderbarer, heiligmäßiger Mensch der Papst gewesen sei, und so Zeug. Dann sagte er: ‚O, da muß doch allen das Herz gebrochen sein, als sie die Nachricht hörten!' Ich sollte ihm erzählen, wie die Leute auf die Nachricht reagiert haben. ‚Und wie hat *Marcinkus* reagiert?' Sie verstehen?

Ich habe ihm dann erklärt, daß bei der besonderen Dienstüberprüfung die Reihe an mir war. Das heißt folgendes: Man geht ganz normal zu Bett, weil man tagsüber Dienst hat, nicht wahr. Zu einer nicht näher bestimmten Zeit steht man dann auf und überprüft die Wachen, die Nachtdienst tun. Wir sind zu dritt, jeder von uns ist für einen anderen Teil der Nacht zuständig. Es geht um eine völlig willkürliche Überprüfung: die Nachtwachen wissen nie, wann sie stattfindet. In jener besonderen Nacht machte ich meine Runde um vier Uhr früh. Es ist wie bei einem Arzt im Bereitschaftsdienst. Wie? Will der von uns erwarten, daß wir überhaupt nie ins Bett gehen? Dann kommt dieser Mensch her und schreibt in seinem Buch, daß ich im Dienst geschlafen habe!"

Seine Stimme klang hoch und aufgebracht. Er unterbrach sich kurz, als müßte er gegen seine Gefühle ankämpfen.

„In der Nacht, als der Papst starb, hat sich nichts ereignet. Ich habe alle Nachtwachen kontrolliert, alle Türen. Alles normal. Dann ging ich wieder zu Bett. Es hatten in der Nacht schon andere Offiziere Kontrollen durchgeführt, wie üblich. Meine Mutter, die bei uns wohnte, mußte früh aufstehen, um gegen sieben Uhr einen Zug in die Schweiz zu erwischen. Ich bin um halb oder Viertel vor sechs aufgestanden. Ich bin dann mit meiner Mutter gegen halb sieben zum Auto nach unten gegangen und etwa fünf Minuten später durchs Sant'Anna-Tor gefahren. Am Tor hielt mich eine Wache an und teilte mir mit, daß der Papst gestorben sei. Ich war total benommen. Ich fuhr meine Mutter zum nächsten Taxistand und bin sofort wieder in den Vatikan zurück: innert zwei Minuten. Ich ging in die Kaserne – ich war nur in Jeans und einer Jacke – und habe dort mit jemand gesprochen. Dann begab ich mich nach oben zur dritten Loggia, zum Haupteingang in die päpstlichen Gemächer, das war so Viertel vor sieben. Kardinal Villot trat mit tränenüberströmtem Gesicht aus der Tür. Er war vollkommen aufgelöst. Er war *am Boden zerstört.* Villot ist ein sehr würdiger Herr, aber an jenem Morgen war ihm anzumerken, daß ihm das Herz gebrochen war. Ihn als Mörder darzustellen, ist eine bösartige Verleumdung.

Auf jeden Fall habe ich Willan das klargemacht, und nach kurzer Zeit schien mir an seiner Fragerei etwas faul zu sein. Ich habe das Gespräch sofort abgebrochen. Dann hat er mich ein oder zwei Tage später angerufen und um ein weiteres Interview gebeten und unentwegt Fragen nach Medikamenten und der vatikanischen Apotheke gestellt. Und ich habe ihm gesagt: ‚Bitte hören Sie auf. Ich weiß jetzt, worauf Sie hinauswollen. Und verwenden Sie ja nicht das, was ich Ihnen erzählt habe, als Sie mich aufsuchten.'"

„Gehen wir zurück zu Marcinkus. Sie haben mir erzählt, auf welche Weise Willan das Thema angeschnitten hat."

„Er wollte wissen, wie Marcinkus reagierte, als ich ihm vom Tod des Papstes berichtete, in dem Zusammenhang, wie verschiedene Leute reagierten, als sie die Nachricht erfuhren; es ging nicht darum, was sie an jenem Morgen getan haben. Wenn er das gefragt hätte, würde ich es ihm gesagt haben. Aber lassen Sie mich meine Geschichte weitererzählen. Nachdem ich Villot gesehen hatte, begab ich mich nach unten in den Cortile di San Damaso. Ich unterhielt mich dort unten mit einem Wachposten und sagte ihm, daß ich Papa Luciani nie für besonders gesund gehalten hätte, da fuhr Marcinkus herein. Er war wie gewöhnlich von außerhalb des Vatikans gekommen. Ich ging zu seinem Auto hinüber und sagte: ‚Der Papst ist tot. Es ist wie ein böser Traum.' Und Marcinkus erwiderte; ‚Sie sollten nie böse Träume haben!' Oder so ähnlich. Ich bin ehrlich überzeugt, die Leute haben immer noch an Paul VI. gedacht, als sie die Nachricht hörten – er war doch erst kürzlich gestorben. Als sie hörten ‚Der Papst ist tot', waren viele einige Augenblicke lang konsterniert, weil sie damit wirklich nicht gerechnet hatten, daß der Papst so früh sterben würde. Es war für alle ein Schock.

Sehen Sie, ich habe Marcinkus sehr gut gekannt, ich hatte zu ihm ein gutes Verhältnis, er war ein *guter* Kerl ..." Hans Roggen begann lauter zu sprechen. „Ich habe ihn sehr gemocht. Er ist zu mir und den anderen Gardisten immer sehr nett gewesen."

Er schwieg einen Moment und ließ den Kopf sinken. Dann fuhr er fort: „Willan stellte mir die Frage: ‚Wie hat Marcinkus gewirkt, als Sie es ihm erzählt haben?' Ich habe ihm ganz ehrlich gesagt, daß Marcinkus überrascht wirkte, Sie verstehen – fassungslos. Ich sagte, er hätte mir nicht geglaubt, er war sprachlos ... verstehen Sie."

„Also, wollen wir mal festhalten: Sie können bestätigen, daß sich Marcinkus nicht zu einer für ihn ungewöhnlichen Stunde in verdächtiger Weise herumtrieb?"

„Nein! Nein!"

„Wie war denn sein morgendlicher Fahrplan gewöhnlich?"

„Er ist immer ein Frühaufsteher gewesen. Ich will Ihnen ein Beispiel nennen. Ich bin auf vielen Auslandsreisen dabeigewesen, die von Marcinkus organisiert wurden. Er ist *immer* als erster aufgestanden: 4 Uhr 30, fünf Uhr. Er hat gewöhnlich geduscht, die Messe gelesen und dann seinen Tag begonnen. Er ist ein Mann, der sehr wenig Schlaf braucht. Wenn wir auf den Auslandsreisen waren, hat er nachts immer viel Zeit vor der Tür des Papstes verbracht, ihn bewacht und kontrolliert, ob er ausreichend beschützt war."

„Wann ist er in der Zeit, als er draußen in der Villa Stritch wohnte, gewöhnlich im Vatikan eingetroffen?"

„Immer regelmäßig um 6 Uhr 30, Viertel vor sieben."

Er hielt kurz inne, um einen Schluck Bier zu trinken. Ich gewann den Eindruck, daß er frustriert war, weil er so viel zu sagen hatte, aber nicht wußte, wie.

„Ich bin über all diese Dinge so bestürzt", fuhr er fort. „Versetzen Sie sich einmal an meine Stelle. Ich bin 1966 mit Zwanzig zur Schweizer Garde gekommen, nachdem ich meinen Militärdienst in der Schweiz abgeleistet hatte. Schweizer Gardisten gibt es in meiner Familie schon seit über zweihundert Jahren. In unserer Familienchronik geht das bis auf 1784 zurück. Es ist eine ehrenvolle Tradition, und ich war dem Heiligen Vater sehr loyal und ergeben. Das war mein Leben, meine Karriere. Und wie sieht es jetzt aus? Als ob ich unschuldige Leute verraten hätte. Warum sollte ich so etwas *tun*? Und man stellt mich wie einen Kerl dar, der schläft, wenn er im Dienst sein sollte. Wie stehe ich denn jetzt da? Und warum hat er *meinen* Namen genannt? Ob sie wirklich den ganzen Blödsinn glauben, daß der Vatikan Menschen umbringt und unter Druck setzt?"

„Ist es möglich", wollte ich wissen, „daß Papst Johannes Paul I. in jener Nacht Alarm ausgelöst haben könnte, es aber nicht bemerkt worden ist?"

„Nein! Da ist kein Alarm ausgelöst worden."

„Wäre beim Betreten oder Verlassen der Gemächer jeder bemerkt worden?"

„An allen Eingängen zu den Gemächern sind Wachen postiert. Bis zu Villots Ankunft um sechs Uhr ist da niemand gekommen oder gegangen. Daß Magee um zwanzig vor sechs Villot angerufen hat, ist absolut sicher. Wir wissen das aus verläßlicher Quelle, weil das Telefonat zwischen Magee und Villot von der vatikanischen Telefonzentrale mitgehört worden ist."

„Es gibt nur zwei Eingänge zu den Gemächern des Papstes", sagte ich. „Die Tür bei der dritten Loggia und den Hausaufzug. Wenn irgendjemand versucht hätte, sich dort Einlaß zu verschaffen, wäre das bemerkt worden?"

„Es gibt noch einen dritten Zugang; eine Stiege beim Aufzug, die immer abgesperrt ist. Aber es ist absurd zu behaupten, irgendwer könnte auf einem dieser Wege hineinkommen, ohne gesehen zu werden. Alle Eingänge sind Tag und Nacht bewacht, und man kann nur hineingelangen, wenn die Tür von der Innenseite her absichtlich aufgemacht wird. Gut, wenn sich jemand auf irgendeine Weise Schlüssel besorgt hätte, könnte er sich Eintritt verschaffen, aber er würde trotzdem beobachtet werden."

„Es hieß, Sie hätten eine sehr unruhige Nacht gehabt, als wären Sie von irgendeiner Vorahnung erfüllt gewesen."

„Das ist Unsinn! Ich habe doch erwähnt, daß ich zu viel gegessen hatte und mir das auf dem Magen lag. Das ist alles."

„Sie haben viel getrunken?"

„Bestimmt nicht."

Ich half Roggen in den Mantel und begleitete ihn nach unten auf die Straße. Ich erinnerte mich an die seltsamen Geschichten über Johannes Paul I., der wie ein Kind, ohne entsprechende Sicherheitsvorkehrungen, in der ganzen Vatikanstadt herumgelaufen sein soll. Es gab sogar ein Gerücht, wonach er eines Morgens schnell mal aus dem Haupttor geschlüpft sei und sich, lächelnd wie immer, die Straßen Roms angesehen hat.

„Ist etwas Wahres daran", fragte ich beim Abschiednehmen, „daß Johannes Paul einmal zur Porta Sant'Anna hinuntergegangen ist und auf die Straße geschaut hat?"

„Glauben Sie mir, die Schweizer Garde hätte davon gewußt. Wir sind Tag und Nacht zur Stelle. Das ist Unsinn."

Ich schaute ihm nach, wie er im Schnee verschwand, bis er in die Bahnhofstraße einbog.

Der einzige kleine ‚Indizienbeweis' gegen Marcinkus schien jetzt wirklich *sehr* dürftig; davon war ich fest überzeugt.

Bevor ich aus Zürich abreiste, rief ich Marjorie Weeke an.

„Ich habe mit Guido Gusso gesprochen", berichtete sie. „Er bleibt dabei, daß er mit niemandem gesprochen und Magee nie in irgendeiner Weise beschuldigt hat. Interessanter ist aber folgendes: Offensichtlich hat Don Diego den Abend der Nacht, in der der Papst starb, in Guido Gussos Wohnung verbracht und ist dort nach Guidos eigenen Worten etwa bis Mitternacht geblieben."

33

Von Zürich aus nahm ich einen Zug nach Mailand und fuhr ein zweites Mal zur Piazza Tripoli hinaus, um mit Don Diego Lorenzi zu reden. Ich traf am Piccolo Cottolengo abends um sieben Uhr ein. Don Diego schritt in der Vorhalle auf und ab. Er wirkte unruhig und nervös.

Er führte mich in ein Untergeschoß in einem leeren Teil des Hauses zu dem Zimmer, wo ich die Nacht verbringen sollte. Es bot gerade genug Platz für das schmale Einzelbett und einen Schrank. Ich stellte meine Tasche aufs Bett, und er nahm mich sofort mit zum Essen in einen hallenden Raum mit hoher Decke in der Nähe der Küchen.

Uns wurde von Nonnen in weißem Habit *penne all'arrabiata* und Kalbfleisch mit Spinat serviert; wir tranken zusammen eine Flasche Rotwein. Als das Geschirr abgeräumt war, stellte ich ihm zu Beginn die eine Frage, die mich wieder nach Mailand geführt hatte.

„Don Diego", sagte ich, „Bischof Magee hat mit großer Bestimmtheit erklärt, daß Sie in der Nacht, in der der Papst starb, ausgegangen waren. Ich habe das auch aus zwei weiteren Quellen gehört: Pater Farusi, der das *Radiogiornale* von Radio Vatikan leitete, und von einem der Gusso-Brüder, der sagte, daß Sie an dem fraglichen Abend bei *ihm* zu Hause waren. Stimmt das?"

Don Diego blickte zur Decke. Er schloß die Augen und atmete tief ein. Fast eine halbe Minute blieb er stumm.

„Hören Sie", erwiderte er, „ich habe Guido Gusso am 27. August besucht, dem Sonntag, nachdem Luciani zum Papst gewählt worden war. Und ich glaube nicht, daß ich seine Wohnung danach je wieder betreten habe. Es ist richtig, daß ich in meiner Zeit als Papstsekretär einige Male meine Mitbrüder besucht habe, die nur knapp hundert Meter von den Privatgemächern entfernt wohnten; sie sind für das Postamt verantwortlich. Und das letzte Mal bin ich am Mittwoch ausgegangen, also am Tage *vor* dem Tag, an dem der Papst starb. Diesen Pater Farusi habe ich einige Tage nach dem Begräbnis des Papstes getroffen ..."

„Haben Sie mit Pater Farusi über diese Geschichte mit der *Nachfolge Christi* geredet, entweder am 29. September oder an einem anderen Tag?"

„Nein! Ich habe vorher nie mit ihm gesprochen, erst nach dem Begräbnis, und es ging um etwas ganz anderes. Da ging eine Geschichte um, der Papst hätte sich am Abend seines Todes über einen Fernsehbericht aufgeregt, daß ein italienischer Jugendlicher bei irgendeiner politischen *vendetta* umgebracht worden war. Darüber haben wir geredet, und ich habe Farusi erklärt, die Geschichte sei nicht wahr."

„Bei unserer letzten Begegnung haben Sie ausdrücklich erwähnt, daß Sie außer Haus gehen mußten, um ein Exemplar der *Nachfolge Christi* auszuborgen", sagte ich. „Bischof Magee erzählt mir, daß er jeden Morgen mit dem Papst aus der *Nachfolge Christi* gelesen hat. Das läßt mir keine Ruhe. Wie erklären Sie diesen Widerspruch? Wie konnte der Papst Sie schicken, ein Exemplar zu suchen, obwohl er die ganze Zeit wußte, daß er eines in der Kapelle hatte?"

„Das wußte ich nicht", sagte er kleinlaut. Er schaute verdrießlich drein. Seine schulbubenhafte Jugendlichkeit erschien mir diesmal weniger unschuldig. Und doch, aus welchem Grund hätte er lügen sollen? Ich fragte mich, ob Don Diego einfach nur ein bißchen chaotisch war, oder ob er im Vatikan so deprimiert gewesen war, daß er jeden Vorwand genutzt hätte, um die päpstlichen Gemächer verlassen zu können.

„Ich nehme an, das beruht auf einem Mißverständnis", fuhr er fort. „Wir haben am Montag um acht Uhr zu Abend gegessen. Soweit ich mich erinnern kann, ging ich das Buch holen. Ich nahm einfach an, daß das Buch von Venedig noch nicht aufgetaucht war, und ging weg, um ein anderes Exemplar zu borgen."

„Wie lange waren Sie fort?"

„Fünfzehn Minuten."

„Nicht lange."

Eine Weile schwiegen wir.

„Wie dem auch sei", sagte ich, „Magee besteht darauf, daß Sie am Abend des Papsttodes nach dem Essen die päpstlichen Gemächer verließen. Er behauptet das steif und fest. Und er besteht auch darauf, daß Sie häufig ausgingen, wohingegen er die Gemächer während der Amtszeit des Papstes nur einmal verließ – und das war am Nachmittag des gleichen Tages, als er seine eigenen Bücher holen ging."

„Ich denke, John Magee ist zweimal ausgegangen", sagte er. „Aber schauen Sie, ich bin gegen zwölf Uhr ausgegangen, um mir eine neue Soutane anpassen zu lassen. Diese Soutane habe ich am Tag der Beerdigung getragen. Ich war um halb eins wieder zurück. Am Abend bin ich nicht ausgegangen. Ich war da."

„In Ordnung. Bischof Magee sagt auch, daß der Papst einen starken Schmerz spürte, während er am Nachmittag – etwa um zwei Uhr – im *salone* umherging und daß Sie auch zu dieser Zeit fort waren. Als Sie mir Ihre Version erzählten, haben Sie erklärt, daß der Papst um Viertel vor acht, als er zum Essen hereinkam, über Schmerzen geklagt hat."

„Ich war ganz bestimmt in den Gemächern", sagte Don Diego heftig. „Und die Schmerzen, die er spürte, traten ganz bestimmt am Abend ein, nachdem Villot gegangen war. Und ich habe die Gemächer abends *nicht* verlassen, um zu den Gusso-Brüdern oder irgendwohin zu gehen."

Einer dieser beiden Priester, Magee oder Lorenzi, hatte sich geirrt oder sagte nicht die Wahrheit. Doch wer von beiden hatte ein Motiv zu lügen? Ich konnte keinen Grund sehen, warum Magee lügen sollte, und doch – falls Don Diego tatsächlich die Gemächer verlassen hatte, warum sollte er zehn Jahre später darüber lügen, wenn es längst nichts mehr zu verlieren gab?

Er sah mich etwas spöttisch an und sagte: „Wer hat John Magee in die Privatgemächer gebracht? Hat er Ihnen das erzählt?"

„Er hat es mir ausführlich erzählt", sagte ich. „Seinen Worten nach ist es der Papst selbst gewesen, der ihn angestellt hat, als er die Bücher von Paul VI. wegräumte ..."

„Das ist blanker Unsinn. *Ich* bin es gewesen, der darum bat, daß Magee wieder als Sekretär beschäftigt werden sollte. *Ich* habe über die entsprechenden Kanäle alles in die Wege geleitet. Der Papst trifft solche Entscheidungen nicht. Sonst hätte er es am rechten Respekt gegenüber der Konvention fehlen lassen. Und Luciani war sich sehr der Hierarchie und solcher Dinge bewußt." Don Diego begann zu lachen. „Ich mache Bischof John Magee keinen Vorwurf. Wahrscheinlich ... versucht er, über sich selbst ein Gedicht zu schreiben!" Er lachte noch einmal. „Ich weiß nicht ..."

Er ging zu einem Schränkchen und brachte eine Flasche Weinbrand und zwei Gläschen zum Vorschein. „Hier", sagte er, „genehmigen wir uns einen Schlummertrunk."

Als wir an den Gläsern nippten, sagte ich ihm: „Wissen Sie, ich kann mir all diese Ungereimtheiten in Ihren Geschichten nur so erklären, daß Sie alle sich am Tod des Papstes ein bißchen schuldig fühlen, daß Sie womöglich sogar nach all diesen Jahren noch etwas verbergen. Wäre es nicht das beste, jetzt reinen Tisch zu machen?"

Don Diego musterte mich. Schließlich meinte er: „Ich war von Lucianis Tod nicht schockiert. Ich betrachtete es als Gottes Willen. Gott hat ihn der Welt einige Wochen gegeben und ihn dann zu sich berufen. Gott hat ihn für kurze Zeit zum Papst gemacht, um Glaube, Hoffnung und Nächstenliebe zu lehren, die Lehre von Jesus Christus über alle Zeiten hinweg." Er sprach in ehrerbietigem, wohltönendem Predigerton. Zum Schluß sagte er: „Ich habe den Tod von Luciani nicht als persönlichen Verlust empfunden. Und ich habe nichts zu verbergen, nichts zu vertuschen, nichts vorzutäuschen."

Ich war irritiert. Mir war, als müßte ich mir ein Sonderplädoyer anhören. Und doch fragte ich mich andererseits, ob der Fehler nicht in mir selber lag: War ich womöglich blind gegenüber dem Blickwinkel eines gläubigen Menschen? War es weltlicher Zynismus, der mich annehmen ließ, es handle sich hier bloß um ein weiteres Ablenkungsmanöver, um ein Märchen, das mir aufgetischt wurde, um unbequemen Tatsachen aus dem Wege zu gehen?

Obwohl es mir widerstrebte, den Polizisten zu spielen, beschloß ich, ihm noch heftiger zuzusetzen.

„Würde es Ihnen etwas ausmachen, Pater", sagte ich, „nur damit ich wenigstens selber klarsehe ... Könnten Sie mir genau angeben, wo Sie am Abend des Papsttodes waren, vom Ende des Abendessens bis zu der Zeit, als Sie sich schlafen legten?"

„Natürlich kann ich Ihnen das sagen. Ich habe mich im Sekretariatszimmer aufgehalten und dort Briefe geschrieben und Predigten vorbereitet für einen geplanten Besuch daheim im Veneto. Ich bin nicht ausgegangen. Ich bin's nicht! Es müßte übrigens möglich sein, die Briefe, die ich geschrieben habe, anhand der Daten zu überprüfen, und sie mit der Schreibmaschine zu vergleichen, die ich an jenem Tag benutzt habe ... um das zu beweisen."

Ich spürte einen Ton von Verzweiflung. Er trug nicht dazu bei, mein Vertrauen in ihn zu festigen.

„Kehren wir zum Nachmittag zurück, als Sie, wie Magee behauptet, abwesend waren. Er hat mir berichtet, der Papst habe seine Runden im großen *salone* gedreht, und er, Magee, habe im Sekretariatszimmer gearbeitet. Wo waren Sie?"

„Im Sekretariatszimmer."

„John Magee behauptet, Sie wären ausgegangen. Wieso hätte er das gesagt, wenn Sie im gleichen Zimmer gesessen wären? Pater, da kann doch etwas nicht stimmen, nicht wahr?"

Er lächelte und zuckte mit den Schultern.

„Wenden wir uns wieder meinen Empfindungen beim Tode des Papstes zu", sagte er. „Der Herr hat ihn uns gegeben und der Herr hat ihn uns genommen. Wir hatten ihn nicht verdient. Ich glaube, er ist direkt in den Himmel gekommen, ohne durch das Fegefeuer zu müssen. Wie ich Ihnen schon erzählt habe, er hat immer gesagt: ‚Ich bete jeden Tag zum Herrn, er möge mich hinwegnehmen.' Er wollte nicht in dieser Welt bleiben. Ich verlor den Papst, aber die Botschaft, die er mir und der Welt gegeben hat, habe ich nicht verloren. Deshalb gab es kein Gefühl des Verlustes ..." Don Diego schenkte sich noch ein Gläschen Weinbrand ein. Seine Stimme war müde geworden; er begann, eintönig zu sprechen.

„Was ist mit Ihnen geschehen, nachdem der Papst tot war?" fragte ich. „Sind Sie über Ihre bisherige Laufbahn enttäuscht?"

„Ich ging in ein kleines Haus in der Nähe von Mestre. Von dort hat man mich vor etwa einem Jahr hierherversetzt. Es wurde behauptet, ich wäre an einen ‚abgelegenen Ort' verbannt worden. Ich habe den Gehorsamseid abgelegt. Ich mache, was meine Vorgesetzten mir sagen. Wir *brauchen* den Glauben, um mit solchen Tatsachen fertigzuwerden. Wir brauchen ihn."

Er saß da und schaute mich eine Weile aus verschwommenen Augen an. „Haben Sie sich nach Villots Tod erkundigt?" fragte er. „Er ist ziemlich plötzlich gestorben."

Ich spürte, daß er nicht länger willens war, über Details des Todes von Johannes Paul zu reden. Er schwieg erneut, starrte mich an. Dann sagte er: „Ich hatte nicht die Absicht, etwas zu vertuschen, aber da es erst halb neun, neun Uhr war, wußten wir nichts von den späteren Gerüchten. Was die betraf, so haben wir keinen Verdacht geschöpft. Wir *hätten* Verdacht schöpfen können ..."

Er starrte in sein leeres Glas. „Bitte, ich muß morgen sehr früh aufstehen. Ich muß ins Bett."

Er erhob sich und ging ganz langsam zur Tür. Er blieb stehen, wartete, daß ich nachkam. Wir gingen einen Flur entlang, und er öffnete die Tür zu einem Raum, aus dem laut ein Fernseher plärrte. Drinnen konnte ich eine Gruppe von Nonnen im Halbkreis vor dem Apparat sitzen sehen. Einige nähten.

„Besten Dank für das wunderbare Abendessen!" rief er ihnen zu. „Gute Nacht und Gottes Segen."

Die Nonnen sahen auf, strahlten und nickten.

Auf dem Weg zu meinem Zimmer im Untergeschoß bemerkte er: „Der arme Mann war überlastet. Sie haben ihm zu viel aufgebürdet. Es war kompletter Unsinn, den Papst um all diese Entscheidungen anzugehen. Der ganze Papierkram. Er hatte viel Wichtigeres zu tun – Pastoralarbeit, Beten! Er hätte die ganzen Dokumente zurückschicken und ihnen sagen müssen, damit selber fertig zu werden."

Vor meinem Zimmer wünschte er mir eine gute Nacht. Ich sah ihm nach, als er langsam die Treppe hochging und auf dem Wege die Lichter löschte.

34

Das Geheimnis um die Brüder Signoracci – Ernesto und Arnaldo – ihren Anruf im Morgengrauen und die seltsame Fahrt in einem Wagen des Vatikans ins „Leichenschauhaus im winzigsten Stadtstaat“ hatte mich während meiner Nachforschungen nicht in Ruhe gelassen. So viele andere Rätsel bei genauer Prüfung der Indizien schwanden, dieser eine Punkt blieb. Er war eines dieser dramatischen Momente, die im Zusammenhang mit anderen merkwürdigen Begleitumständen der ganzen Situation irgendwie den Stempel einer Intrige aufdrückten.

Navarro-Valls, der vatikanische Pressebeamte, hatte mich ursprünglich mit der Vermutung in die Irre geführt, daß sie bei Dr. Buzzonetti angestellt waren. Buzzonetti hatte jede Verbindung mit ihnen abgestritten und angedeutet, ich solle mich an Professor Gerin wenden, der aber befand sich, wie ich entdecken mußte, längst im Ruhestand und hatte alles, was mit dem Tod von Johannes Paul I. zu tun hatte, komplett aus seinem Gedächtnis verdrängt. Die einzige genaue Information, die ich über die Signoraccis bis dato erhalten hatte, war Mario di Francescos Behauptung, sie seien tot.

Ich löste das Problem eines schönen Nachmittags dadurch, daß ich mir im *salone* des Englischen Kollegs das Telefonbuch holte und einen in Rom eingetragenen Signoracci anrief.

Eine rauhe Stimme klang mir ins Ohr. Es war niemand anderer als Arnaldo Signoracci, Einbalsamierer von Päpsten. Sehr lebendig, doch zögernd in seiner Bereitschaft zu einem Gespräch. Als ich ihm von meinem Anliegen berichtete, sagte er sofort, er müßte die Frage eines Zusammentreffens erst mit seinem Bruder besprechen.

Mehrere Tage vergingen mit weiteren Anrufen, während die Brüder, die ziemlich entfernt von einander wohnten, sich besprachen. Sie sorgten sich, was den Ort eines Zusammentreffens betraf, und es gab lange Diskussionen über den Zeitpunkt. Ernesto, der beruflich noch aktiv war, war außergewöhnlich beschäftigt: Autopsien, Obduktionen, Einbalsamierungen ... Es gab alle möglichen Mißverständnisse, die zu weiteren Verzögerungen führten. Doch am Ende kamen wir überein.

Und so geschah es, daß ich an einem Morgen mit strahlendem Licht und langen Schatten zu meiner Begegnung mit den Brüdern Signoracci in der Nähe einer Kirche unweit von St. Peter aufbrach.

Sie kamen eine Stunde zu spät, schlendernd, die Hände demonstrativ in den Jackentaschen, so als hätten sie heimlich eine Pistole im Anschlag.

Arnaldo war hochgewachsen, etwa zwei Meter groß, und hatte lange graue Koteletten. Er trug eine Autofahrerjacke mit einem Strickkragen. Ernesto war kahlköpfig und trug einen schwarzen Regenmantel. Ihre länglichen, schroffen Gesichter wirkten blutleer, blaß; ihre Backen fielen in Ziehharmonikafalten zusammen. Das Weiß ihrer Augen war voller brauner Nähte, wie bei alten Bulldoggen.

Sie entschuldigten sich für die Verspätung. Ernesto erklärte, er hätte an diesem Morgen eine Arbeit erledigen müssen, und daß sie sich dann verlaufen hätten. Als Ernesto mir die Hand schüttelte, schlug mir ein umwerfender Geruch von Formaldehyd entgegen.

Wir unterhielten uns ein Weilchen darüber, wo wir unser Treffen am besten abhielten, und sie entschieden sich, ohne Widerspruch meinerseits, für die Kirche. Das Innere war leer und kühl, das Echo der makabren Stimmen der Brüder verlor sich hoch oben in den Lichtgaden der Hauptschiffe. Arnaldo hatte ein nervöses Blinzeln und gelegentlich ein Zucken im Nacken, er sah sich mißtrauisch um.

Wir ließen uns in einem Seitenschiff nieder, der eine zu meiner Linken, der andere zur Rechten. Sie saßen da, die Hände noch immer fest in den Taschen, als müßten sie aufpassen, daß sie keine Dummheiten machten.

Ernesto, der Kahle, führte Regie: „Wir sind an Kirchen gewöhnt. Wir sind auf der Tiberinsel geboren und dort gibt es drei Kirchen. Wir sind Ministranten gewesen. Und sind seit drei Generationen in diesem Beruf. Es fing an mit unserem Opa in der alten Leichenhalle auf der Insel, die wurde dann 1921 ins Gerichtsmedizinische Institut verlegt. Ich bin Ernesto. Er ist Arnaldo. Arnaldo ist dort 1912 geboren, er wird morgen 76. Ich werde beim nächsten Geburtstag 65. Er hat 58 Jahre in der Leichenhalle gearbeitet. Er ist ein Zwillingsbruder, aber der andere ist gestorben. Wir sind echte Römer, mit Wolfsmilch aufgezogen, wie es so heißt. Jetzt sind unsere Kinder in diesem Beruf tätig, auch die Kinder unseres Bruders Renato. Unangenehm ist nur, daß unser Gedächtnis nachläßt. Weil wir die ganze Zeit mit Toten umgehen, gibt es keinen Grund, sich zu erinnern."

„Das kann ich verstehen", sagte ich, „aber hier geht es um einen Papst. An den Papst sollten Sie sich doch ein bißchen erinnern können."

„Da haben Sie recht", sagte Ernesto.

„Da haben Sie recht, klar", fügte Arnaldo hinzu, „aber wir haben versucht, Klarheit zu schaffen, und wir haben alles ein bißchen durcheinandergebracht, weil, sehen Sie ... Es ist eine Sünde, Lügen zu erzählen und alle in die Irre zu führen.

Aber wir haben drei tote Päpste versorgt ... wenn sie tot sind, sind sie für uns alle gleich ..."

„Macht Ihnen Ihre Arbeit Spaß?"

„Na ja, das technische Zeug ist schon interessant, die Autopsien, weil der menschliche Körper faszinierend ist ..."

„Sehr faszinierend", unterbrach ihn Arnaldo, der dem jüngeren Ernesto gern die Initiative überließ und nur gelegentlich zur Abrundung mit rauher Stimme seinen Kommentar dazugab.

„... Aber die Arbeit im Leichenschauhaus schlägt einem aufs Hirn", fuhr Ernesto fort. „Es gibt zu viele plötzliche Todesfälle: Erhängungen, Verkehrsunfälle, Messerstechereien, Schießereien ... Und dann die Lebenden, die reinkommen – schreiend, brüllend, das reinste Irrenhaus. Da hätte man gedacht, dort wäre Grabesstille, aber da ist es immer voller Frauen und Gangster, solche Typen, die alle gleichzeitig schreien und brüllen – Sie wissen schon, wie das ist – den ganzen Tag, die ganze Nacht."

„Na, ich kann mir vorstellen, daß das ein wenig stressig ist", murmelte ich. Ich mußte vor dem Hintergrund des ganzen menschenmörderischen Durcheinanders an die verehrten sterblichen Hüllen der Päpste denken. Ich wollte die Unterhaltung wieder auf das anstehende Thema zurücklenken. „Aber können Sie sich erinnern, daß Sie am Todestag des Papstes von einem Mario di Francesco vom ANSA-Nachrichtendienst interviewt worden sind?"

„Wir sind Journalisten gewöhnt. Wir werden nämlich im Leichenhaus dauernd von allen Zeitungen belästigt, wenn etwas Sensationelles passiert, wie große Unfälle oder Selbstmorde."

„Morde – in Rom gibt es jede Menge", fügte Arnaldo mit beifälligem Nicken hinzu.

„Eine Menge Morde ... Wir sind aber an die ‚Geheimhaltepflicht' gebunden, also können wir nichts sagen. Wir dürfen nicht mal die Wahrheit sagen, also erfinden die Journalisten so'n Zeug ... Da liegt vor mir auf der Steinplatte der Mensch mit eingeschlagenem Schädel, und ich lese in der Zeitung, er ist an einer Stichverletzung im Bauch gestorben, und ich denke mir ‚Oho' ... Aber ich schweige wie ein Grab, nicht wahr?"

„Hier geht es um eine wichtige Angelegenheit, Ernesto", sagte ich feierlich. „Schauen Sie doch mal, ob wir uns an ein oder zwei Dinge über Johannes Paul I. erinnern können. An dem Tag, als er starb, verbreitete der ANSA-Nachrichtendienst, daß Sie und Arnaldo einen Anruf im Morgengrauen erhielten und daß ein Wagen des Vatikans Sie gegen fünf Uhr morgens abholte. Können Sie erklären, woher diese Geschichte stammt und ob überhaupt irgend etwas daran wahr ist? Sie wurde am selben Tag um 7 Uhr 30 bekanntgegeben."

Arnaldo zog eine theatralische Grimasse, blickte Ernesto an und hoch ins Deckengewölbe der Kirche, wie um sich inspirieren zu lassen: „Am Morgen? Um fünf?"

„Hören Sie“, sagte Ernesto, „wir sind ein bißchen durcheinander in puncto Zeiten und Stunden, weil wir seit Johannes XXIII. die Leichen von Päpsten versorgt haben. An Johannes mit dem dicken fetten Bauch kann ich mich erinnern, weil es Abend war, und vorher der Bildhauer rein mußte, um die Totenmaske abzunehmen. Wir konnten erst danach zu ihm. So was bleibt im Gedächtnis. Außerdem war er unser erster Papst. Der andere, Paul VI., war droben in Castelgandolfo, und ich war damals nicht in Rom. Aber an den kann ich mich nicht richtig erinnern. Ich weiß, daß wir am Morgen unser Zeug vorbereitet haben. Aber ich kann mich nicht erinnern, um welche Zeit wir in den Vatikan gegangen sind.“

„Sind Sie am Morgen in den Vatikan gekommen?“

„Im Laufe des Morgens, aber nicht im Morgengrauen“, erwiderte Ernesto mit Nachdruck.“

„Nein, nicht im Morgengrauen“, fügte Arnaldo hinzu, der seinen Bruder genau beobachtete, um das richtige Stichwort zu finden.

„Monsignore Noé im Vatikan hat uns erzählt, daß Papa Luciani um fünf Uhr früh starb“, fuhr Ernesto fort, „wie konnte uns also um fünf Uhr früh ein Auto abholen? Warum sprechen Sie nicht mit Professor Gerin? Er war der Leiter.“

„Sie sagen, Noé hat gesagt, der Papst starb um fünf Uhr früh?“ fragte ich ungläubig. „Schön, ich werde darauf zurückkommen ... Ich habe versucht, mit Professor Gerin zu reden, aber er ist krank. Er ist nicht imstande, mir überhaupt etwas zu erzählen.“

Ernesto warf seinem Bruder einen wissenden Blick zu: „He, hörst du: Gerin will nicht reden! Vielleicht hat er dafür gute Gründe, was?“

Arnaldo, dessen Kopf leicht zuckte, griff das Stichwort auf: „Aha! Vielleicht hat er dafür gute Gründe, weil, hören Sie, das ist ein großer Mann ...“

„Es ist nicht, daß er nicht reden will“, widersprach ich. „Er kann nicht reden, weil es ihm nicht sehr gut geht, er kann sich an nichts erinnern.“

„Auf jeden Fall hätten sie Gerin angerufen, nicht uns. Er ist der Boss.“

„Also ist Gerin angerufen worden?“

„Natürlich. Er ist der Direktor des Gerichtsmedizinischen Instituts, der staatlichen Leichenhalle und von all dem.“

Mir war, als wollte ich Quecksilber mit einer Gabel zu fassen versuchen. „Schauen Sie! Vergessen wir mal fürs erste, wer dort und wer nicht dort war. Am besten, ich lasse Sie einfach über die Ereignisse dieses Tages berichten, soweit *Sie* sich erinnern, von Anfang an und ohne jede Beeinflussung. O. K.? Also, packen wir's an.“

„O. K., aber es war auch ein Doktor dort, wie heißt er ... Buzzonetti ... er wird wissen, wann wir angekommen sind.“

„Buzzonetti. Ich habe mit ihm gesprochen, seine Darstellung der Ereignisse kenne ich. Jetzt möchte ich *Ihre* Darstellung hören. Verstehen Sie?“

„Fontana war auch schon da, als wir ankamen.“

„Ja, Fontana war seit etwa acht Uhr früh da“, sagte ich mit einem Seufzer. „Aber schauen Sie, ich möchte wirklich gern *Ihre* Darstellung vom zeitlichen Ablauf erfahren. Fontana ist tot.“

„Also, wir möchten ja gerne. Wir können aber leider nicht.“

„Was wollen Sie damit sagen, Sie können nicht?“

„Mein Gedächtnis ...“ Ernesto schaute mich mit weit aufgerissenen Augen an und schüttelte den Kopf.

„Aber Sie sind sich absolut sicher, daß im Morgengrauen kein Telefonanruf gekommen ist?“

„Absolut kein Anruf im Morgengrauen“, sagte Ernesto. „Überhaupt kein Anruf. Das einzige Mal, daß ich einen Anruf bekam, war für Paul II. Nein, Paul VI. Entschuldigen Sie, es war für Paul VI., wo ich einen bekam. Ich war im Urlaub ...“

„Also, wer hat Sie dann zu Papa Luciani gerufen? Gerin?“

„Nein, wir waren schon im Dienst. Gerin war im Institut und kam herein und sagte uns, wir sollten unser Zeug holen und mit den Vorbereitungen anfangen. Wir könnten sagen, es war um zwölf Uhr, oder elf Uhr. Ich kann mich einfach nicht erinnern. Wir haben die Vorbereitungen erledigt, sind dann in den Vatikan gefahren und haben mit Professor Gerin mit der Arbeit begonnen.“

„Haben wir", fügte Arnaldo hinzu, indem er heftig den Kopf schüttelte.

„Das ist also die ganze Geschichte. Haben Sie sonst noch Fragen?"

Ich sah Ernesto voller Verwunderung an. Er fummelte an seinen Jackenknöpfen herum. Seinem milden Gesichtsausdruck nach zu urteilen, war die Sache für ihn abgeschlossen. Ich schnappte vor Enttäuschung nach Luft. Ernesto sah seinen Bruder an und zuckte mit den Schultern. Dann legte er die Stirn in Falten und schloß ein Weilchen die Augen.

„Hören Sie, mir scheint, da liegt ein Monat dazwischen", sagte er schließlich. „Ich war im Urlaub, als Paul VI. starb, also mußte ich meine Ferien abbrechen. Dann habe ich meinen versäumten Urlaub, glaube ich, einen Monat später genommen."

„Sie befanden sich auf Urlaub, als Paul VI. starb?" fragte ich. „Als Papa Luciani starb auch?"

„Nein ... bestimmt nicht ..." Arnaldo sah ihn mit verkniffenen Augen von der Seite an.

„Mir geht alles durcheinander", sagte Ernesto und blickte mich wehmütig an. „Tut mir leid."

„Also, erzählen Sie mir einfach, an was Sie sich erinnern können."

„Wir haben unser Zeug vorbereitet. Professor Gerin war da. Ich erinnere mich nicht, ob sie uns abholen gekommen sind, oder ob einer von uns mit dem eigenen Wagen fuhr."

„Ich glaube, wir waren im Auto, das sie vom Vatikan geschickt haben", erklärte Arnaldo seinem Bruder, „weil ..."

„Nein, das war, glaube ich, das andere Mal, aber dieses Mal ... Ich kann mich nicht erinnern ..."

„Gerins Auto ..."

„Ich kann mich nicht erinnern. Ich glaube, ich bin mit dem eigenen Auto gekommen ..."

„Also, können Sie sich erinnern, um welche Zeit Sie im Vatikan angekommen sind?" Ich ließ nicht nach.

Ernesto blickte zur Decke. „Die Zeit? ... Sagen wir ... Das

könnte um sieben Uhr früh gewesen sein ... oder ... es könnte um zehn Uhr vormittags ... oder ... um drei Uhr nachmittags ... Ich weiß es nicht mehr ..."

„Was? Um sieben?"

„Nein, später ... Es könnte um elf Uhr gewesen sein ..."

Mir kam es einen Augenblick so vor, als würden die Brüder ein Spielchen mit mir treiben. Ich stieß einen lautlosen Pfiff aus.

Sie sahen mich etwas mitleidig an.

„Es ist also Gerin gewesen, der den Anruf bekam?"

„Jaja ...", erwiderte Arnaldo, seinem Bruder zunickend.

„Nicht wir. Wir sind nur die Assistenten", fuhr Ernesto fort. „Es gibt zwei Abteilungen – das Leichenschauhaus, wo die Techniker sind, und die pathologische Abteilung. Gerin ist Direktor beider Sektionen."

„Sektionen!" sagte Arnaldo mit einem makabren Glucksen. „Er ist der Kopf und wir der Brustkorb ... um es anatomisch zu sagen."

„Schenken Sie ihm keine Beachtung, er ist ein kleiner Komiker", sagte Ernesto. „Nein, Gerin ist der Chef. Er ist der Professor."

„Gibt es im Vatikan eine Leichenhalle?"

„Nein", sagte Arnaldo. „Der Vatikan hat keine Leichenhalle. Hat der Vatikan eine Leichenhalle, Ernesto?"

„Natürlich nicht", antwortete Ernesto mit Bestimmtheit.

„Laut dem ANSA-Nachrichtendienst haben Sie Ihre Arbeit in der Leichenhalle des Vatikans durchgeführt."

„Absolut nicht. Wir reden vom Staatlichen Italienischen Institut für Gerichtsmedizin. Ach, übrigens, wenn ich mich nicht irre, war dort Dr. Marrigi ..."

„Marascino auch", sagte Arnaldo.

„Aber Marascino ist gestorben", konterte Ernesto.

„Ach ja, er ist gestorben", bestätigte Arnaldo mit Trauermiene. „Wir sind immer zusammen, und deshalb merken wir vieles nicht. Und jener Tag ist lange her."

„Verstehen Sie?" sagte Arnaldo. „Ich meine, wir tun eine Menge von solcher Arbeit, also kommen wir durcheinander."

„Warum reden wir nicht mit Dr. Marrigi, mal sehen, was der weiß."

„Er wird Bescheid wissen."
„Hören Sie!" schaltete ich mich ein, „wir wollen erst einmal sehen, was Sie wissen. Also, Sie sind im Vatikan angekommen. Und was haben Sie gemacht, als Sie dort waren?"
„Wer? Wir? Na ja, wir haben angefangen, die Flüssigkeiten vorzubereiten. Da müssen Flüssigkeiten besonders vorbereitet werden."
„Flüssigkeiten", sagte Arnaldo blinzelnd und nickte wild mit dem Kopf.
„Wir haben die Oberschenkelarterien geöffnet", fuhr Ernesto fort. „Und dann haben wir damit angefangen, diese Flüssigkeiten zu injizieren."
„Am Morgen?"
„Am Morgen?" wiederholte Arnaldo die Frage seinem Bruder gegenüber.
„Aber die Leute im Vatikan behaupten, Sie haben die Konservierung am Abend gemacht."
„Das hätte sein können, aber wir könnten erst einmal alles vorbereitet haben und dann gegangen sein. Aber jedenfalls brauchten allein die Vorbereitungen fast einen ganzen Tag."
„Erzählen Sie mir was über die Flüssigkeit."
„Wir injizieren eine Anti-Fäulnis-Flüssigkeit", sagte Ernesto begeistert, „so nennen wir das."
„Wo haben Sie das gemacht? In welchem Zimmer oder Ort im Vatikan?"
„In einem Zimmer . . . einem kleinen Zimmer, nicht wahr?" sagte Ernesto zu Arnaldo.
„Ich denke schon." Arnaldo schaute unsicher drein.
„Ist es im Vatikan gewesen?" fragte Ernesto wiederum seinen Bruder.
Arnaldo verzog keine Miene, zuckte mit den Schultern.
„Kennen Sie sich mit den gesetzlichen Bestimmungen über die Einbalsamierung in Italien aus? Wie lange muß man warten?"
„Ja. Vierundzwanzig Stunden. Das gleiche für eine Autopsie", entgegnete Ernesto.
„Ist nun der Papst nach Ihrer Ansicht vorzeitig einbalsamiert

worden? Waren Sie sich bewußt, daß Sie gegen das italienische Gesetz verstießen, indem Sie die Einbalsamierung vor Ablauf der Frist durchführten? Es geht mir nur darum, was Sie betrifft, den Zeitpunkt zu fixieren."

„Aber mit Papst Johannes haben wir dasselbe gemacht", sagte Ernesto. „Wir haben am selben Tag angefangen, an dem *er* gestorben ist. Da gibt es keine Probleme, weil der Vatikan doch ein ausländischer Staat ist. Sogar Professor Gerin konnte nichts dagegen haben – der große Professor der Gerichtsmedizin. Verstanden? Man macht, was der Vatikan will. Der Vatikan muß sich nicht an die italienischen Beamten halten, die eine Frist von mindestens 24 Stunden fordern, besonders bei plötzlichem Tod."

„Wir mögen Beamte nicht", fuhr Arnaldo dazwischen. „Selbst 24 Stunden erhöhen die Zersetzung." Er verzog die Nase.

„Also ist Papa Luciani einbalsamiert worden, bevor er öffentlich aufgebahrt wurde?"

„Bevor er öffentlich aufgebahrt wurde? Ja. Ohne Zweifel. Immer vorher, denn bei den Gewändern, die sie tragen, hätten wir das nicht machen können. Wir hätten die Gewänder sonst nämlich beschmutzt. Ohne Zweifel."

„Wenn nicht, würden sich Gase freisetzen, und es könnte eine Explosion geben. Also muß alles vorher gemacht werden."

Ich sah die beiden Brüder entsetzt an. Ich hatte die Vorstellung von einem Papst, der mit einem Schauer faulenden Fleisches und gräßlicher Säfte im Petersdom explodierte. Könnte das wirklich möglich sein? Blitzartig schoß mir die Vorstellung von Alexander VI. und seinem zischenden, aufbrechenden Kadaver durch den Kopf. Ernesto sah meine Reaktion und kam mir zu Hilfe.

„Hören Sie! Er meint nicht etwa, daß der *Körper* explodieren würde, sondern, daß durch die Verwesung die Gase explodieren würden!"

„Ach ja", Arnaldo lachte in sich hinein, „der Verwesungsprozeß."

„Es ist ein unglücklicher Ausdruck", meinte Ernesto.

„Entfernen Sie irgendwelche Organe?" fragte ich.

„Das nicht."

„Blut?“

„Das sollte auch nicht geschehen“, erklärte Ernesto. „Das ist von Papst Johannes festgelegt worden. Aber bei Papa Luciani haben wir ein bißchen Blut verloren, weil wir Schwierigkeiten bei der Injektion hatten. Da hat es eine Gerinnung gegeben.“

„Eins verstehe ich nicht. Warum ist die Zersetzung im Vatikan ein Problem und in der übrigen Welt nicht?“ wollte ich wissen.

„Es ist nur deshalb ein Problem, weil sie vier Tage lang zur Schau gestellt werden, und dann die Hitze und all das ... Man muß rechtzeitig anfangen.“

„Buzzonetti, der inzwischen Direktor des vatikanischen Gesundheitsdienstes ist, berichtet mir, daß der Leichnam nicht vor sechs Uhr abends behandelt worden ist und daß Sie ihn bis zu dem Zeitpunkt weder gesehen haben noch in seine Nähe gekommen seien. Klingt das wahrscheinlich?“

„Vielleicht haben sie ihn zur Schau gestellt, bevor wir hinkamen und ihn dann wieder ausgezogen“, sagte Ernesto. „Ich glaube nicht ... aber wir wissen's nicht.“

„War der Tote in päpstliche Gewänder gekleidet, als Sie ankamen?“

„Absolut nicht ... er trug ein Nachthemd oder so was. Wir haben wirklich nicht viel bemerkt. Für uns ist das nicht wichtig.“

„Nachdem Sie die Injektion vorgenommen hatten – was dann?“

„Wer? Wir? Na ja, wir haben die Nase, den Mund nach Ausfluß untersucht. Gerin hat immer gesagt, wir sollten in der Nähe bleiben und darauf achten, daß nichts ausläuft.“

„Wir haben im Vatikan geschlafen“, fügte Arnaldo hinzu.

„Ja, richtig. Wir haben dort geschlafen. Es gibt dort für Gäste so eine Art Hotel mit Nonnen. Wir haben schichtweise Dienst getan.“

„Ja, wir beide. Schichtweise“, bestätigte Arnaldo.

„Wenn sonst niemand da war, haben wir ihn ein bißchen schöner gemacht und gereinigt. Wir haben ständig kontrolliert ...“

„... Die Zersetzung kann nämlich schnell fortschreiten ...“

„Ja, sie kann sich ausbreiten ...“

„... Sie beginnt an den Weichteilen des Gesichts“, erklärte

Arnaldo, „und wir müssen es spüren und uns vergewissern ... Wir haben unsere eigene Methode entwickelt. Nur um das festzustellen.“

„Wir sind drei oder vier Tage dort geblieben. Am Morgen hat eine Nonne das Frühstück gebracht.“

„Wir haben dort auch zu Mittag gegessen.“ Bei der Erinnerung leuchteten Arnaldos Augen.

„Ja, Mittagessen, ich erinnere mich noch an die großen Scheiben ...“

„... Wirklich phantastische Steaks“, unterbrach ihn Arnaldo und schmatzte mit den Lippen.

„Verdirbt Ihnen solche Arbeit nicht etwas den Appetit?“ fragte ich.

„Ganz im Gegenteil!“ erwiderte Arnaldo. „Wenn ich denke ... Ich nehme an, es ist nichts dabei, wenn ich es jetzt sage, ich werde wohl keine Schwierigkeiten bekommen, es war ja damals im Krieg. Ich hatte einen kleinen Gaskocher und habe immer im Operationszimmer der Leichenhalle gekocht, weil ich nicht dazu kam, zum Essen hinauszugehen. Wir hatten so viel zu tun. In einem Augenblick steckte ich noch bis zu den Ellbogen in Eingeweiden, und in der nächsten Minute habe ich Spaghetti umgerührt. Aber es war alles sauber, alles desinfiziert ...“

„Das war im Krieg“, sagte Ernesto mit einem trüben Lächeln.

„Ich war damals ganz allein in der Leichenhalle“, fuhr Arnaldo fort. „Sogar Papa hat nicht geholfen. Ich habe den ganzen Präsidentenrat kennengelernt und all die Deutschen ... Sie sind alle durch meine Hände gegangen ...“

„Damals hat er alle erschreckt ... Er ist herumgelaufen wie ein Leichenschänder ...“

„Ich war immer so müde, daß ich meist vergaß, meine Schürze abzunehmen ... Ich lief mit Blut auf der Schürze herum ... Meinen Sie, ich dürfte hier rauchen?“ Arnaldo nahm sich eine Zigarette und bot mir im nachhinein auch eine an. Ich lehnte ab.

„Sie rauchen nicht?“

„Überhaupt nicht?“ wollte Ernesto wissen.

„Fangen Sie lieber nicht an", riet mir Arnaldo bei einem tiefen Zug an der Zigarette. „... Es tut einem gar nicht gut ... Tut mir leid. Ich leide. Ich habe mein Leben gelebt ... Mein Gehirn arbeitet nicht, mein Gedächtnis arbeitet nicht mehr ..."

Ich hielt es für das beste, unsere Unterhaltung im Freien, an der frischen Luft fortzusetzen. Wir verließen die Kirche und gingen ein Stück, bis wir ein Plätzchen in der Sonne fanden. Mir war im Kopf schwummrig vom Zickzack meiner beiden Zeugen, und doch wurde ich immer zuversichtlicher, daß ihre Fahrt in der Morgendämmerung zum Vatikan zum allermindesten eine ‚Fehlübersetzung' gewesen war, wie Buzzonetti es nachsichtig ausgedrückt hatte. Ich überlegte, welches Kapital vor Gericht ein gegnerischer Anwalt aus ihren Aussagen geschlagen hätte, und doch erschien es mir so, daß die beiden nicht völlig unzuverlässig waren. Ich war davon überzeugt, daß sie in dem, woran sie sich *nicht* erinnern konnten, äußerst aufrichtig waren, und war von der Tatsache beeindruckt, daß sie sich in keinem Punkt eine Antwort ausgedacht hatten, um Eindruck zu schinden.

Als wir wieder saßen, fragte ich Ernesto: „Haben Sie irgendwelche Merkmale am Körper des Papstes beobachtet?"

„Absolut keine."

„Hätte er vergiftet worden sein können?"

„Möglich ist alles ...", erwiderte Arnaldo.

„Alles ... Aber, hören Sie, Anzeichen dafür haben wir nicht bemerkt ..."

„Es wäre eine Schande gewesen", fügte Arnaldo hinzu, „wenn der Papst vergiftet worden wäre."

„Wenn er aber vergiftet gewesen wäre – hätten Sie es dann an irgendeinem Zeichen erkannt?"

„Das würde von der Art des Gifts abhängen. Bei Schlaftabletten würde es keine Anzeichen geben. Nur Kohlenmonoxyd würde dem Gedärm eine andere Farbe geben, weil das flüssige Blut gefärbt wäre. Es gibt andere Gifte, die man feststellen kann, aber dazu braucht man eine Autopsie, und es gibt ein Gift, bei dem der Körper nach bitteren Mandeln riecht. Aber man hat uns nicht nach Proben gefragt, und wir haben keine genommen. Solch ein Verdacht stand nicht zur Debatte."

„Hat irgendwer im Vatikan Sie je gebeten, diskret zu sein und nichts zu erzählen?"

„Nein", sagte Ernesto mit Nachdruck. „Wir haben mit dem Vatikan nichts zu tun. Professor Gerin ist der Chef, und er hat uns immer gesagt, wir sollen vorsichtig sein, wenn wir mit Journalisten sprechen – aber das gilt für alles."

„Haben Sie seit dem Tod des Papstes in irgendeiner Weise Kontakt mit dem Vatikan gehabt?"

„Absolut nicht."

„Hat der Vatikan Sie bezahlt?"

„Absolut nicht", entgegnete Arnaldo, „bloß Medaillen."

„Das stimmt", fügte Ernesto hinzu. „Professor Gerin hat darauf bestanden, daß wir für unsere Arbeit kein Geld verlangen sollten. Sie haben uns zu Rittern des Heiligen Gregor ernannt, mit Diplom, und so'n Zeug."

„Ist Ihnen je von Journalisten was bezahlt worden?"

„Nichts", sagte Ernesto.

„Sagen Sie mir etwas anderes", sagte ich. „Haben Sie irgendwann, vielleicht heimlich, so etwas wie eine Autopsie am Körper vorgenommen? So etwas wie eine Untersuchung durchgeführt?"

„Das sind wir schon von anderen gefragt worden", erwiderte Ernesto. „Es gab keinerlei Autopsie. Die Frage wird immer von Leuten gestellt, die denken, er sei ermordet worden. Sicher, das Gerücht gab es in ganz Rom, und sogar unsere Freunde haben uns solche Fragen gestellt. Aber wir waren uns sicher, daß er auf ganz normale Weise gestorben war. Wir sahen keinen Grund für eine Autopsie. Aber die Leute fragen weiter: ‚Warum habt ihr keine Autopsie gemacht?' Sie kapieren nicht, daß wir darüber sowieso nicht entscheiden, das muß behördlich angeordnet werden."

„Es wird berichtet, Sie hätten gesagt, Johannes Paul I. sei um vier Uhr früh gestorben", sagte ich. „Stimmt das, Ernesto? Haben Sie oder sonstwer den Körper auf die Sterbezeit hin untersucht?"

„Ein Journalist hat mich nach der Körpertemperatur gefragt. Ich habe ihm erzählt, daß die im Institut gemessen wird, und zwar mit einem Rektalthermometer. So muß man das machen. Aber das war der Papst! Und es gab doch auch gar keine Notwendigkeit. Wir waren dort nur wegen der Konservierungsbehandlung. Sonst nichts."

„Hören Sie, Ernesto. Sie sind so zitiert worden, daß angesichts des Körperzustands der Papst um vier Uhr früh gestorben sein müßte. Haben Sie je etwas gesagt, was das auch nur im entferntesten nahegelegt hätte?"

„Nein! Nein! ... Ich habe gesagt, daß er um fünf Uhr früh *tot aufgefunden* wurde. Aber das hatte mir Monsignore Noé gesagt."

„Vorhin haben Sie mir erzählt, Monsignore Noé hätte gesagt, er sei um fünf Uhr *gestorben.* Also, was ist nun richtig?"

„Entschuldigung, ich komme durcheinander. Ich wollte sagen, daß Monsignore Noé oder einer der Priester im Vatikan mir gesagt hatte, daß er gegen fünf Uhr früh *tot aufgefunden* wurde ... Aufrecht im Bett sitzend, lesend, die Brille auf der Nase. Das ist alles, was ich je gesagt habe."

„Ernesto", sagte ich, „wissen Sie, weshalb ich diese Fragen stelle?"

Er sah mich ein wenig unfreundlich an. „Ja, natürlich begreif ich das ... Da hat es irgendeine Täuschung gegeben, und wir sind auch ein bißchen getäuscht worden."

„Ich möchte es Ihnen gegenüber ganz offen sagen. Es ist aufgrund Ihrer Zeugenaussage behauptet worden, Sie seien in den Vatikan gerufen worden, bevor der Leichnam aufgefunden wurde."

„Nein, nein ... Ich bin mir da immer absolut sicher gewesen, und ich habe auch gesagt, daß es nicht früh am Morgen war. Das weiß ich."

„Und wir sind nie angerufen worden", fügte Arnaldo hinzu.

Ernesto hob die Hand und legte sie sich auf den Kopf. Er blieb einige Augenblicke still.

Er drehte sich mir zu. „Wissen Sie ... Ich bin mir sicher, daß ich wieder im Urlaub war, als Papa Luciani starb. Ich bin ein zweites

Mal weggefahren, weil ich meinen Urlaub wegen Paul VI. aufgeben mußte; also habe ich ihn später genommen. Ich weiß das deshalb, weil ich die Nachricht mit Sicherheit im Radio gehört habe. Darauf habe *ich* von außerhalb im Institut angerufen. Ich meine mich jetzt zu erinnern. Ich hab's im Radio gehört ... Ich habe angerufen. Es tut mir leid, jetzt kommt mir alles wieder ..."

„Wie kommen Sie auf den Gedanken, Sie seien im Urlaub gewesen?" wollte ich wissen.

„Es tut mir leid. Ich bringe die Dinge ein bißchen durcheinander. Ich war ganz bestimmt an der Küste, in Circeo, als ich im Radio hörte, daß Papa Luciani gestorben war."

„Aber das haben Sie mir schon vorher erzählt, und Arnaldo hier meinte, Sie müßten sich irren."

„Ich denke, du hast *mich* angerufen, oder?" sagte Arnaldo.

„Hör zu", sagte Ernesto. „Ich kann mich jetzt erinnern. Ich war fort und du warst schon im Ruhestand. Du bist damals nicht mehr zur Arbeit gegangen."

„Wann gingen Sie in Pension?" fragte ich Arnaldo.

„1977", antwortete er prompt. „Für Paul VI. und Papa Luciani wurde ich wieder als oberster technischer Fachmann zurückgerufen."

„Okay", sagte ich. „Also, Ernesto, wie weit liegt Circeo von Rom entfernt?"

„Etwa eineinhalb Stunden. Ich habe telefoniert ... und man hat mir gesagt, ich würde auf jeden Fall gebraucht. Und Arnaldo."

„Nun Sie, Arnaldo, wo waren Sie?"

„Ich war zu Hause, und Ernesto hat angerufen und mir gesagt, daß Gerin nach mir verlangt hat."

„Und dann?"

„Ich denke, wir haben unser Zeug am Nachmittag hergerichtet und dann am Abend angefangen."

„Sind Sie mit einem Wagen des Vatikans gekommen?"

„Nein, jetzt kommt's wieder. Der Vatikan hat Gerin hingebracht und seine Assistenten und das Zeug. Aber nicht mich. Ich bin allein hin, denk ich."

„Woher ist Gerin gekommen?"

„Aus dem Institut an der Piazza del Verano."
„Ernesto, wo wohnen Sie in Circeo?"
„Ich habe da eine Wohnung. Sie hat kein Telefon. Deshalb mußte ich ausgehen und von einer öffentlichen Telefonzelle aus anrufen."
„Also, Sie sind sicher, daß sie das nicht mit Paul VI. verwechseln?"
„Bestimmt nicht. Bei jener Gelegenheit riefen sie nämlich bei jemand in Circeo an, der kam dann zu mir. Ich weiß nicht, wie sie das geschafft haben, aber sie haben es geschafft. Bei Papa Luciani bin ich zur Telefonzelle gegangen. Ich kann mich noch dabei sehen." Ernesto triumphierte geradezu angesichts seiner Entdekkung des fehlenden Details.
„Sind Sie sich dessen jetzt absolut sicher?" fragte ich.
„Endlich. Absolut", antwortete Ernesto strahlend.
„Endlich", sagte Arnaldo nach. „Wenn wir bloß einen klaren Kopf hätten, so wie früher einmal. Gerin hat uns immer vertraut, aber wir haben zu viele Jahre zuviel gearbeitet, mindestens zwölf Stunden am Tag in diesem Grab von einer Leichenhalle, voll von Schreien, Rufen, Weinen ... Die ganzen Verwandten, die kamen, um die Leichen zu sehen ... Morde, Selbstmorde, Unfälle, plötzliche Tode, alles zusammen. Es war immer voll. Sie dürfen einfach nicht vergessen, was wir die ganze Zeit machen."
„Ernesto, würde sich Ihre Frau an Circeo erinnern?"
„Keine Chance. Sie ist an so Zeug nicht interessiert. Sie ist nicht mal katholisch – sie ist eine Zeugin Jehovas."
Wir begannen, auf den Petersdom zuzugehen. Arnaldo schien sich vor Zufriedenheit über seine beachtliche Leistung zu freuen. Er schaute um sich und genoß den Sonnenschein und die Großartigkeit der Bernini-Kolonnaden.
Er wandte sich mir zu und wollte wissen: „Haben Sie Einfluß bei diesen Leuten im Vatikan?"
„Warum fragen Sie?" Ich sah ihn erwartungsvoll an.
„Glauben Sie, Sie könnten mir einen Passierschein zum Besuch der vatikanischen Gärten verschaffen? Ich bin Witwer, wissen Sie,

aber ich bin mit einer Dame befreundet, eine wunderbare Frau, eine Christin, aus gutem Hause, eine Römerin, und sie hat eine Schwester, und die beiden möchten dort so gerne mal hin."

„Wenn ich das nächste Mal mit Erzbischof Marcinkus rede, will ich sehen, ob ich was machen kann", sagte ich.

Ich war voller Wohlwollen, besonders den Brüdern Signoracci gegenüber.

35

Am Tag nach meinem Zusammentreffen mit den Signoraccis suchte ich die Büros des *Messaggero* auf, um Mario di Francesco, den Verfasser des ursprünglichen ANSA-Berichtes zu sprechen. Er kam in die Vorhalle nach unten, ein hochgewachsener Mann Ende Dreißig, der einen dunkelgrauen Anzug und eine Klubkrawatte trug. Wir setzten uns auf ein niedriges Sofa im Empfangsbereich.

„Haben Sie für ANSA den Bericht geschrieben, daß die Brüder Signoracci um fünf Uhr morgens von einem vatikanischen Auto abgeholt wurden?" erkundigte ich mich.

„Ja, das war ich", antwortete er.

„Können Sie sich erinnern, wie Sie an die Information gekommen sind?"

„Ganz einfach. Ich habe sie von den Brüdern selbst. Ich kann mich nicht mehr erinnern, von welchen. Es gibt ja fünf Brüder. Mindestens einer von ihnen ist tot. Ist es Ihnen gelungen, einen von ihnen zu treffen?"

„Doch", erwiderte ich. „Ich habe die getroffen, die den toten Papst einbalsamiert hatten. Übrigens, Sie haben in Ihrem Bericht Ernesto und Renato genannt ... in Wirklichkeit waren es Ernesto und Arnaldo."

Er sah mich verwirrt an.

„Macht nichts ...", sagte ich.

„An dem Tag, als der Papst starb", fuhr ich fort, „haben Sie da mit ihnen am Telefon gesprochen oder sie persönlich getroffen?"

„Am Telefon."
„Um welche Zeit?"
„Am Nachmittag, denke ich. Sicherlich am Nachmittag, weil ich immer nachmittags gearbeitet habe. Vielleicht um fünf Uhr."
„Wo waren sie zu der Zeit?"
„Wie meinen Sie das?"
„Waren sie im Leichenschauhaus, im Vatikan, zu Hause?" fragte ich.
Er dachte ein Weilchen über die Frage nach.
„Da wollen wir mal überlegen", sagte er. „Ich glaube, ich rief an bei ... Ich weiß nicht, ob ich in ihrem Büro oder in der Leichenhalle angerufen habe. Wahrscheinlich in einem der Büros der Leichenhalle."
„Also hielten sie sich zu dem Zeitpunkt nicht im Vatikan auf?"
„Die Frage verstehe ich nicht."
„Ich denke nur darüber nach, was sie in ihren Büros zu tun hatten, statt im Vatikan zu sein."
Er musterte mich abschätzend. „Ja, aber hören Sie, das Problem liegt doch darin, daß es fünf Brüder gab zu der Zeit, und alle fünf übten den gleichen Beruf aus. Möglicherweise habe ich mit einem im Büro gesprochen, der zu dieser Arbeit nicht mitgegangen war, sondern von einem der anderen Brüder davon gehört hatte. Verstehen Sie doch, wie es kam ... Schauen Sie, ich habe etwas geschrieben, was mich damals ein wenig überraschte ... Ich meine, es hat ja alle überrascht ... Ich habe es nicht weiter verfolgt, aber das war auch nicht meine Aufgabe, ich sollte nur die Grundinformation beschaffen. Ich habe mich darum nie wieder gekümmert. Aber ich denke häufig darüber nach, und es sind immer noch Fragen offen."
„Meinen Sie, Sie hätten sich vielleicht geirrt?" fragte ich. „Oder meinen Sie, *der Bruder*, mit dem Sie gesprochen haben, hätte sich vielleicht geirrt?"
„Gewiß, das ist leicht möglich. Er könnte sich mit der Zeit geirrt haben."
„Gibt es sonst noch etwas, was Sie mir mitteilen möchten?" fragte ich.

Er sah mich mit einem Ausdruck der Entschuldigung an und zuckte mit den Schultern.

„Ich habe seit kurzem viel darüber nachgedacht", sagte er. „Nein, ich kann weiter nichts hinzufügen. Wenn ich Ihnen irgendwie helfen könnte, Dinge besser zu rekonstruieren ... Haben Sie persönlich mit den Brüdern gesprochen?"

„Ja."

„Was! Mit denen, die es wirklich getan haben?" Er schien überrascht.

„Ja."

„Ja, dann ... Sehen Sie, meine Information kam immer durch den Filter von einem der anderen Brüder. Also klar, sie können sich geirrt haben. Es könnte ja tatsächlich so gewesen sein, daß ein Bruder es einem anderen Bruder weitererzählt hat, der es wiederum einem anderen Bruder weitergab und so weiter und so fort. Am Ende ist es bereits eine Information aus vierter Hand. Verstehen Sie?"

Als ich das Gebäude des *Messaggero* verließ, mußte ich plötzlich lachen. Ich malte mir aus, wie wohl der Gehalt einer Information aus vierter Hand in der Familie Signoracci sein würde.

TEIL 3

Selbst der Pathologe muß eine Hypothese aufstellen ... indem er verschiedene Teile des Mosaiks zusammenfügt, um zu einer konkreten Schlußfolgerung zu gelangen.

Dr. Renato Buzzonetti, päpstlicher Arzt

36

Nach meinem Gespräch mit Mario di Francesco hielt ich die Zeit für gekommen, jene zehn merkwürdigen Umstände jetzt einmal zu überprüfen, die zu dem Geheimnis Anlaß gegeben hatten, welches den Tod Johannes Paul I. umgab, und ich wollte auch sehen, wie viele der Widersprüche durch meine Nachforschungen zufriedenstellend geklärt waren.

1. *Wer fand den Leichnam?* Die beiden noch lebenden Schlüsselfiguren, Don Diego Lorenzi und Bischof Magee, hatten mir gegenüber unzweideutig zugegeben, daß Schwester Vincenza den Toten entdeckt hatte. Das wurde auch durch Schwester Irmas Bericht über ihre Gespräche mit Schwester Vincenza bestätigt. Der offizielle Standpunkt des Vatikans wurde im Juni 1984 in einem Memorandum für die Bischofskonferenz von der Kommission für soziale Kommunikationsmittel herausgegeben (siehe Anhang). Doch mit diesen Dokumenten gelang ein Musterbeispiel an „Amphibolie", wie mein Freund, der Moraltheologe, es ausdrücken würde: „. . . der Sekretär ist augenblicklich ans Bett von Papst Johannes Paul I. geeilt, als er von der Schwester gerufen wurde, der etwas nicht in Ordnung zu sein schien. Der Sekretär berührte den Papst, um ihn zu wecken, und dabei entdeckte er, daß er tot war."

Ungeachtet dessen hielt Silvio Oddi, der Kardinal im Ruhestand, den „Monsignore Sottovoce" und Don Diego erwähnt hatten, die volle Fiktion aufrecht, daß ursprünglich Magee den Toten entdeckt hatte, und behauptete – im Widerspruch zu Don Diegos gegenteiligen Bekundungen –, daß er eine offizielle Untersuchung mit allen Hauptzeugen, darunter Schwester Vincenza, durchgeführt hatte. Ich besuchte Dr. Navarro-Valls, um festzustellen, ob Kardinal Oddi irgendeine offizielle Funktion als Ermittler oder Sprecher des Vatikans in bezug auf den Tod von Johannes Paul I. innegehabt hatte; es wurde offiziell und kategorisch bestritten.

Die Hinweise darauf, daß die Nonne den Toten zuerst entdeckt hatte, waren überwältigend. Aber es war klar, daß der Vatikan in dieser entscheidenden Frage gelogen hatte und vereinzelt nachher weiterhin die Unwahrheit gesagt hatte. Das Motiv Kardinal Oddis schien darin zu bestehen, daß es ihm widerstrebte, den Vatikan seine in der Vergangenheit begangenen Irrtümer eingestehen zu lassen, und selbst die Kommission für soziale Kommunikationsmittel drückte sich nicht klar aus. Wie dem auch sei, angesichts dessen konnte man der Achtung des Vatikans für die Wahrheit nur mit äußerster Vorsicht begegnen.

2. *Wann wurde der Leichnam gefunden?* Beide Sekretäre wie auch Schwester Irma – in den Berichten ihrer Gespräche mit Schwester Vincenza – beharren eisern darauf, daß der Zeitpunkt gegen 5 Uhr 30 war. Es gab aber einen Bericht des ANSA-Nachrichtendienstes, wonach Vincenza den Toten um 4 Uhr 30 entdeckt hatte. Und in David Yallops *Im Namen Gottes?* tauchte eine weitere Behauptung über eine frühere Entdeckung um 4 Uhr 45 auf.

Als ich versuchte, dem Ursprung der ANSA-Meldung, die sich auf eine *indiscrezione* innerhalb des Vatikans gestützt hatte, auf den Grund zu gehen, erhielt ich von dem für den Vatikan zuständigen Journalistenteam der ANSA keine Auskunft. Der netteste Journalist dort sagte mir nur: „Die Quelle wird nie bekannt werden; sie muß geheim bleiben."

Ich versuchte danach, die Quelle dadurch aufzuspüren, daß ich auf die Hilfe eines engen Freundes – eines Rom-Korrespondenten – zurückgriff, gab ihm einen Monat Zeit, um mir Bericht zu erstatten, und bevollmächtigte ihn auch, wenn nötig, für die Information zu zahlen. Er schrieb mir schließlich das folgende Memorandum (die verwendeteten Namen sind Pseudonyme):

„Ich habe es nicht geschafft, die Quelle der berühmten ANSA-Meldung aufzuspüren. Antonio mußte zu einer Sonderberichterstattung verreisen. Er verwies mich an seinen Kollegen Giovanni, der aus der Sala Stampa stürmte, bevor ich eigentlich meine Erklärungen abgeschlossen hatte. Dann sprach ich mit dem ANSA-Mann, mit dem Du schon geredet hast. Er verweigerte die Aussage. Also brachte ich einen italienischen Freund dazu, mit ihm zu reden, und er ließ schließlich heraus, daß die ANSA-Geschichte von einem gewissen Pietro verfaßt worden sei. Ich schrieb diesem Pietro einen Brief, in dem ich ihm nahelegte, er könnte auch wenigstens offenlegen, wer als Quelle alles *nicht* in Frage kam (welche Gruppe beispielsweise auszuklammern sei). Als ich zwei Tage später anrief, legte er eine extreme Gereiztheit an den Tag. Das würde ihm so viel Arbeit machen, meinte er, und er sei zu beschäftigt. Er hätte für die nächsten fünf Monate zu tun, deshalb könne und wolle er nicht – und legte auf."

Woher könnte eine solche *indiscrezione* gekommen sein? Von Kurienkardinälen? Von Schwester Vincenza? Vom Liftpersonal? Meine kurze Erfahrung mit dem Vatikan hatte mich gelehrt, daß es dort auf jeder Ebene vor Gerüchten nur so wimmelte und daß viele davon aus Mißgunst oder Eigennutz entstanden. Aber welch ein denkbares Motiv hätte es dafür geben können, ein solches Gerücht auszustreuen, wenn es nicht der Wahrheit entsprach?

Da ich alle Hoffnungen aufgab, die Quelle des ANSA-Berichts zu finden, wandte ich mich also David Yallops Hinweisen zu. Yallop behauptete, er habe mit Schwester Vincenza selbst gesprochen, hatte es aber bei meinem Interview mit ihm abgelehnt, über das im Buch Zitierte hinaus etwas preiszugeben, weil er befürchtete, er könne die anderen Nonnen kompromittieren. Da ich wußte, daß Yallop sich für italienisch sprechende Zeugen Rechercheure und Interviewer bedient hatte, ging es mir darum, so nahe wie möglich an die ursprüngliche Quelle heranzukommen. Ich kam schließlich mit Yallops Rechercheur in Rom, Philip Willan, in Kontakt – einem

Journalisten, der bei UPI arbeitete und der die Brüder Signoracci und Hans Roggen interviewt hatte.

Willan berichtete mir folgendes:

„Ich habe Schwester Vincenza *nicht* für David Yallop interviewt. Ich bin zu ihrem Kloster gefahren und habe drei Tage lang versucht, sie zu sprechen, aber sie hat sich eisern geweigert. Ich habe schließlich kapituliert; ich war ziemlich erleichtert, um die Wahrheit zu sagen. Trotzdem wird, wie Sie wissen, in Yallops Buch auf eine persönliche Unterhaltung mit der Nonne verwiesen. Ich habe mit Yallop darüber gesprochen und ihn gefragt, wie er daran gekommen ist. Er hat gesagt, sie habe schließlich nachgegeben, und er habe einen anderen seiner Rechercheure zu ihr geschickt, um sie zu interviewen, weil ich zu der Zeit wegen eines anderen Auftrags unterwegs war. Ich weiß nicht, wer dieser andere Dolmetscher war. Yallop hat seine Assistenten offenbar aus Sicherheitsgründen in Unkenntnis voneinander gelassen."

Meine Neugier betreffend der Versionen von ANSA wie von Yallop über die frühere Entdeckung des Toten rührte aus einer Untersuchung der Hinweise im Text selbst.

Der Text der ANSA-Meldung lautete: „Es war nicht ... John Magee, der um 5 Uhr 30 früh am Freitag, dem 29. September, Johannes Paul I. tot auffand. Es war eine Nonne, eine Stunde früher ..." Die ANSA-Meldung fuhr dann mit der Beschreibung fort, wie die Nonne um 4 Uhr 30 den Kaffee gebracht hatte. „Sie ging weg und kehrte einige Minuten später zurück", hieß es in dem Bericht, „um dann festzustellen, daß er nicht angerührt worden war. Sie klopfte an die Tür, ging noch einmal fort. Dann kam sie kurz darauf erneut zurück. Sie klopfte noch einmal. Da sie keine Antwort erhielt und sich Sorgen machte, guckte sie durchs Schlüsselloch und sah, daß im Zimmer Licht brannte. Als sie die Tür ein wenig öffnete, sah sie den Papst auf seinem Bett, mit offenen Augen, die Brille auf der Nase, in den Händen vier Seiten Papier ..."

Der Bericht meldet zuerst, daß die Nonne den Toten um 4 Uhr 30 fand, sagte dann jedoch später, daß sie um 4 Uhr 30 nur den Kaffee gebracht hat. Aber erst nach zweimaligem Wiederkommen beschloß sie, nachzusehen. Wieviel Zeit war zwischen jedem der beiden Besuche vergangen? Fünfzehn, zwanzig Minuten? Das wird uns nicht gesagt. Ist es vorstellbar, daß die Nonne innerhalb von ein oder zwei Minuten in Panik geraten wäre? Sicher ist nur, gemäß des Eingeständnisses im Text selbst, daß die Nonne nicht um 4 Uhr 30 gleichzeitig den Kaffee gebracht und den Toten entdeckt haben konnte.

Aber es gibt noch ein anderes Problem. Damit Schwester Vincenza, „als sie die Tür ein wenig öffnete", den Papst sehen konnte, hätte sie noch durch eine zweite Tür und einen schweren Vorhang hindurchsehen, wie um eine Ecke spähen müssen. Wer immer die Geschichte mit Schwester Vincenza lanciert hat, wußte über das Innere der Papstgemächer und des päpstlichen Schlafzimmers gar nicht Bescheid.

Yallops Darstellung von der Entdeckung des Leichnams lieferte eine mögliche Antwort, zumindest dafür, wie die Nonne den Papst beim Öffnen der Tür sofort gesehen haben könnte. Er läßt die Nonne die Kaffeekanne nicht vor der eigentlichen Schlafzimmertür – die an einem Gang liegt, der zu den Räumen der Schwester führt –, sondern im „Studierzimmer des Papstes" abstellen. Diese Tür ist tatsächlich nur wenige Schritte vom päpstlichen Bett entfernt. Doch um ins Studierzimmer des Papstes zu gelangen, hätte sie sich an der eigentlichen Schlafzimmertür im Flur (der logische Ort, um den Kaffee abzustellen) vorbei nach rechts wenden, den Flur zum *salone* bis zum Arbeitszimmer der Sekretäre und der Kapelle gegenüber gehen und dann das Sekretariatszimmer durchqueren müssen. Es schien mir äußerst unwahrscheinlich, daß sie das nicht nur einmal, sondern mehrere Male getan hätte. Keiner der anderen Berichte legt nahe, daß sie den Kaffee dort abgestellt hat: Alle anderen Quellen stimmen darin überein, daß der Kaffee immer vor der Schlafzimmertür im Flur abgestellt wurde, die sich in nächster Nähe zum Badezimmer des Papstes befindet. Mehr noch: jeder Bericht über ein späteres Betreten des Schlafzimmers verweist auf die Tür im Flur, nicht auf die Tür zum Studierzimmer des Papstes.

Aber an der Vincenza-Episode bei Yallop machte mich noch

etwas anderes stutzig. Anstatt sie zu den Einzelheiten ihrer Entdekkung wörtlich zu zitieren, ist seine Darstellung gänzlich in indirekter Rede gehalten. Wieviel davon beruht auf seinem Interview, wieviel auf Spekulation oder auf anderen Quellen? Handelt es sich da um ein Mischwerk oder um ein Beweisstück aus einem Guß aus erster Hand? Und wie verläßlich waren dann wiederum die Informationen, die sie ihm gegeben hatte?

Als ich am 6. 1. 88 mit Yallop sprach, erzählte er mir, Schwester Vincenza hätte ihm berichtet, daß die Brüder Signoracci den Körper des Papstes am Morgen nach seinem Tod im päpstlichen Schlafzimmer hergerichtet hatten. Ich war mittlerweile davon überzeugt, daß dies nicht möglich gewesen sein konnte und daß deshalb alles, was ihm Schwester Vincenza mitgeteilt hatte, mit größter Vorsicht zu genießen war.

Und dann kam noch etwas hinzu – die Details des normalen Tagesablaufs von Papst Johannes Paul I. im Vatikan. Allen Berichten zufolge, stand der Papst im Vatikan zwischen 4 Uhr 30 und 4 Uhr 45 auf. Er verbrachte ungefähr eine halbe Stunde mit Waschen und Anziehen, während er einem Sprachkurs in Englisch zuhörte. Laut den Erinnerungen von Schwester Vincenza in der Broschüre aus Belluno machte sie ihm normalerweise jeden Morgen gegen 5 Uhr 30 den Kaffee, den er sich holte, bevor er sich in die Kapelle begab, um seine morgendlichen Gebete und Meditationen als Vorbereitung zur Sieben-Uhr-Messe zu verrichten. Ich hatte mich vergewissert, daß die Beweise für diese Verhaltensroutine so erdrückend waren, daß mir der Gedanke an eine größere Abweichung gerade für den Morgen des 29. September unwahrscheinlich erschien – so unwahrscheinlich, daß er unglaubwürdig wurde.

Infolgedessen konnte ich weder die Entdeckung des Toten durch die Nonne um 4 Uhr 30 noch um 4 Uhr 45 akzeptieren. Ich glaube, daß sie, wie sie Schwester Irma erzählt hat, um etwa halb sechs auf den Toten gestoßen war. Und ich war zu diesem Zeitpunkt überzeugt, daß sie nicht nur deshalb in Unruhe geraten war, weil er seinen Kaffee nicht getrunken hatte. Magee war nicht aufgetaucht, und der Papst war noch nicht aufgestanden, um in die Kapelle zu gehen.

Wie mir Magee erzählt hatte, waren die Lichter im Gang zur Kapelle noch nicht eingeschaltet, weil er selbst an jenem Morgen ja verschlafen hatte.

Die Verschwörungstheorie will es so, daß eine zusätzliche Stunde gebraucht wurde, um die Spuren des Verbrechens zu tilgen. Es ist aber genauso wahr, daß die Verschwörungstheoretiker eine „zusätzliche Stunde" überhaupt brauchten, um eine Theorie haben zu können.

3. *Was war offiziell die Todesursache?* Ich glaubte zu diesem Zeitpunkt, daß ich angesichts des Fehlens einer Autopsie nie mit Bestimmtheit erfahren würde, was den Papst ums Leben gebracht hat. Buzzonettis Diagnose schien in großer Hast und ohne genaue Kenntnis der Medikamente und der Krankengeschichte des Patienten gestellt worden zu sein. In England oder in den Vereinigten Staaten wäre die Diagnose eines Arztes, der den Patienten nicht gekannt oder in den letzten Wochen vor seinem Tod nicht besucht hatte, illegal gewesen.

Ich hatte versucht, mit dem „Hausarzt" des Papstes, Dr. Da Ros, in Kontakt zu treten, und war zurückgewiesen worden. Ich hatte mich an Professor Rama in Mestre gewandt, den Spezialisten, der ihn wegen seines Augenleidens im Jahr 1975 behandelt hatte, aber der Professor wollte mit mir nur „korrespondieren". Ich hatte am 24. Februar einen ausführlichen Fragenkatalog auf italienisch über den Vatikan an ihn geschickt, trotz mehrerer Telefonate bis jetzt noch keine Antwort erhalten.

Der Gedanke an eine Lungenembolie war interessant, aber wo waren dafür die Beweise? Und hatte Navarro-Valls diese Theorie nicht bloß aufgestellt, weil er dachte, sie würde die durch einen so *plötzlichen* Tod aufgeworfenen Fragen beantworten?

Beim Nachdenken schienen mir noch immer viele Fragen zur Todesart des Papstes offen zu sein, doch wie und wo sollte ich darauf die Antwort finden?

4. *Wann trat schätzungsweise der Tod ein?* Buzzonetti hatte den Zeitpunkt des Todes auf etwa 23 Uhr am Abend des 28. September

geschätzt. Dem ist von Yallop in seiner Darstellung der Zeugenaussagen der Signoraccis widersprochen worden. Als ich die Brüder persönlich in dieser Sache befragte, war ich am Ende mehr als überzeugt, daß der Widerspruch durch eine Verwechslung entstanden war. Die Brüder hatten Monsignore Noés Mitteilung, wann der Leichnam entdeckt wurde, als Angabe über den Zeitpunkt des Todes mißverstanden.

Eines stand fest: Die Brüder waren nie in der Lage gewesen, aus einer Examinierung der Leiche den Zeitpunkt des Todes zu schätzen.

In Anbetracht der erwähnten Todesstarre, die an Händen und Armen eingesetzt hatte, sieht es so aus, daß er zumindest am späten Abend des 28. September gestorben sein muß.

Als ich mich bemühte, Erzbischof Virgilio Noé, den Zeremonienmeister zur Zeit des Todes von Johannes Paul I., zu interviewen, stimmte er einem Treffen zu. Als ich jedoch in seinem Büro eintraf, sagte er ziemlich bewegt: „*Bitte,* halten Sie mich da heraus."

Als ich ihm erläuterte, daß es um der historischen Genauigkeit willen sehr wesentlich wäre, die korrekte Abfolge der Ereignisse am Morgen nach dem Tod des Papstes festzuhalten, sagte er: „Ich stimme mit allem überein, was Buzzonetti Ihnen erzählt hat. Ich bin mit ihm alle Einzelheiten durchgegangen, bevor er Sie getroffen hat."

5. *Wann hatte die Einbalsamierung stattgefunden und war sie rechtmäßig gewesen?* Wenn der Papst sich auf staatlich italienischem Boden befunden hätte, wäre sicherlich das Gesetz übertreten worden, da die Arbeiten zur Konservierung am 29. September um sieben Uhr abends begonnen hatten, also deutlich vor Ablauf der 24stündigen Beobachtungszeit, die in Italien vorgeschrieben ist.

Ich nahm mit dem Rechtsanwalt der Vatikanstadt, Avvocato Trocchi, Verbindung auf, um ihn zu diesem Punkt zu befragen. Er sagte kurz und bündig: „Aber Italien ist Italien, und der Vatikan ist ein fremder Staat mit seinen eigenen Gesetzen. Wir können machen, was wir wollen."

In Anbetracht der Tatsache, daß der Leichnam des Papstes vier Tage lang öffentlich aufgebahrt werden sollte, bei möglicherweise äußerst heißem und feuchtem Wetter, erschien es vernünftig, davon auszugehen, daß der Leichnam sofortiger Behandlung bedurfte, um unangenehme „Explosionen“ zu vermeiden. Ich war vollauf zufriedengestellt, daß es keinen Beweis für eine hastige Einbalsamierung am Morgen des 29. September gab.

6. *Was hielt der Papst im Augenblick des Todes in Händen?* Dazu gibt es vier Varianten der „Wahrheit“: *Die Nachfolge Christi,* Predigten und Abhandlungen, eine Rede für die Jesuiten und eine Liste mit Neuernennungen und Entlassungen im Vatikan.

Diese Widersprüche waren im Sinne der Frage bedeutsam, ob der Vatikan gelogen hatte oder nicht. Ich war überzeugt, daß die Geschichte mit der *Nachfolge Christi* vom Vatikan nicht offiziell „lanciert“ worden und eine Erfindung der Journalisten in der vatikanischen Sala Stampa gewesen war, die dann von Radio Vatikan aufgegriffen wurde, das zum Teil seine eigene Nachrichtenermittlung betreibt. Offen bleibt nur die Frage, ob Don Diego Lorenzi tatsächlich Pater Farusi erzählt hatte, Johannes Paul hätte *Die Nachfolge Christi* gelesen. Wenn ja, so war es verwirrend. Und wenn nicht, war dann Pater Farusi schlicht verwirrt – oder was sonst?

Davon abgesehen konnte ich nicht begreifen, warum der Lesestoff des Papstes, selbst wenn es sich dabei um ein Dossier über Roberto Calvi gehandelt hätte, etwas über die Art seines Todes beweisen könnte. Was mich an diesem Punkt mehr zu beschäftigen begann, war der Nachdruck, mit dem behauptet wurde, daß Johannes Paul I. überhaupt etwas in der Hand hielt. Wieso war daraus ein solches Problem gemacht worden? Auf diesen Punkt wollte ich noch einmal zurückkommen.

7. *Wie war sein Gesundheitszustand wirklich in den Monaten vor seinem Tod?* Ich war überzeugt, daß mir kein genaues Bild von Johannes Pauls Gesundheit vermittelt worden war. Auch gab es keinerlei Unterstützung von seiten der Mediziner, um mir dabei behilf-

lich zu sein, trotz der Tatsache, daß der Vatikan seine maßgeblichen Stellen in Gang gesetzt hatte, um mir Interviews zu vermitteln. Ich war beunruhigt darüber, daß Buzzonetti mir Antworten auf gewisse unverfängliche Fragen, die die historischen Tatsachen einwandfrei geklärt hätten, verweigert hatte. Da Ros hatte es überhaupt abgelehnt, mich zu sprechen.

Was die Diagnose betraf, so war ich mit den Ergebnissen meiner Recherchen über den Gesundheitszustand des Papstes in den Wochen vor seinem Tod gänzlich unzufrieden.

8. *Wo sind seine privaten Sachen aus dem päpstlichen Schlafzimmer verblieben?* Geschichten, daß die Brille und die Pantoffeln des Papstes aus dem päpstlichen Schlafzimmer verschwunden waren, hatten sich als pures Gerücht erwiesen. Kay Withers von der *Chicago Tribune* zufolge war die Schwägerin des Papstes im Besitz dieser Gegenstände. Es hat auch Gerede über ein fehlendes Testament und eine nicht vorhandene Todesurkunde gegeben.

Don Diego zufolge hatte der Papst in einer mehrzeiligen Notiz alles einem Seminar im Veneto vermacht. Als ich mich bei Avvocato Trocchi nach dem Verbleib dieses „Letzten Willens" erkundigte, verneinte er, etwas darüber zu wissen; er befände sich im Besitz der Familie, meinte er. Er wies darauf hin, daß die vatikanische Vorstellung eines päpstlichen Letzten Willens mehr einem spirituellen Testament wie dem von Paul VI. entspräche, das nach dessen Tod veröffentlicht wurde. Johannes Paul I. hatte natürlich keine Zeit gehabt, ein solches Schriftstück aufzustellen.

Ich konnte verstehen, daß die Verschwörungstheoretiker aus dem Fehlen eines Testaments großes Kapital schlagen würden, aber es kam mir unwahrscheinlich vor, daß innerhalb der kurzen Zeit von 33 Tagen das Testament geschrieben und dann vom Vatikan vernichtet worden wäre. Und wo war der Beweis? Was die Sterbeurkunde anbelangte, so wurde sie von Avvocato Trocchi prompt beschafft (siehe Anhang).

9. *Hatte die Kurie eine heimliche Autopsie angeordnet und durchgeführt oder nicht?* Gerüchte, daß medizinisches Personal während

der Aufbahrungszeit spät in der Nacht im Petersdom eine Autopsie vorgenommen habe, wurden von italienischen Zeitungen zur Zeit des Papstbegräbnisses geschürt. Professor Cesare Gerin, für solche Arbeiten verantwortlich, redet nicht; Buzzonetti und die Signoraccis verneinen es. Kann es je bewiesen werden?

Fest steht, daß medizinisch ausgebildete Männer, die mehrere Stunden an einem Körper arbeiten, den zu konservieren sie sich bemühen, in der Lage wären, alle möglichen Beobachtungen über den Zustand des Leichnams zu machen. Sind besondere Tests durchgeführt worden? Wurden aus besonderen Gründen einzelne Organe untersucht? Ich habe keinen Beweis gesehen, daß dies geschehen ist.

10. *Wurden die Bestatter schon geholt, bevor offiziell der Leichnam überhaupt entdeckt wurde?* Die Brüder Signoracci hatten mich überzeugt, daß es keinen Anruf im Morgengrauen und keine Fahrt um fünf Uhr früh in den Vatikan gegeben hat. Des weiteren hatte Mario di Francesco die dünne Grundlage seines ANSA-Berichts demonstriert.

Die einzige andere Quelle für den Anruf im Morgengrauen waren Yallops drei Interviews mit den Signoraccis, die von Philip Willan von UPI/Rom durchgeführt worden waren. Ich rief Willan in seinem Büro an, und er bestätigte, daß Ernesto Signoracci ihm auch erzählt hatte, er sei an dem Morgen, als der Papst gestorben war, tatsächlich im Urlaub gewesen. Als ich meine Überraschung darüber ausdrückte, daß dies nicht gedruckt worden war, meinte er nur, die Signoraccis hätten eine ganze Menge widersprüchlicher Dinge gesagt.

Da im Zusammenhang der Geschichte vom Morgengrauen ein vatikanischer Wagen Erwähnung gefunden hatte, ließ ich die Sache für alle Fälle einmal nachprüfen. Da Marcinkus persönlich der oberste Chef des vatikanischen Fuhrparks war, bat ich seine Sekretärin Vittoria Marigonda, mir noch am selben Tag eine Kopie des Logbuchs vom 29. September 1978 zu besorgen. Sie ließ es sich kommen, und es erreichte mich innerhalb von zwanzig Minuten. Es zeigte eindeutig, daß für Gerin und sein Team ein Wagen geschickt worden war, aber nicht in der Früh um fünf, sondern nachmittags um 5 Uhr 15. Es dokumentiert auch den Zeitpunkt, zu dem an dem Morgen Professor Fontana geholt worden war.

Ein Verschwörungstheoretiker würde natürlich argumentieren, das Logbuch hätte getürkt worden sein können, aber ich hätte es als Unterlassung empfunden, wenn ich diese Anstrengungen nicht unternommen hätte.

Beim Überblick über meine Fortschritte war mir noch immer nicht wohl, was den allgemeinen, gefühlsmäßigen Eindruck meiner Nachforschungen betraf. Ich war über das Ausmaß an mangelnder Aufrichtigkeit unter den Zeugen erstaunt, über die Anzahl abweichender Geschichten und über eine Haltung, der es wichtiger schien, das *Gesicht zu wahren,* als die Wahrheit zu sagen. Ich empfand auch die Einstellung innerhalb des Vatikans zu Johannes Paul I. als beunruhigend. Sie hatten ihn nicht gemocht. Sie spürten, daß ein Fehler geschehen war.

Es war mir klar, daß die restlichen, wirklich strittigen Punkte medizinische Fragen betrafen: die tatsächliche Todesursache und den tatsächlichen Gesundheitszustand des Papstes vor seinem Tod. Angesichts der erklärten Unterstützung des Vatikans für meine Bemühungen wirkte schon das Ausbleiben solider Informationen in diesen Punkten auffällig.

Mir war auch die intensive Beschäftigung der Zeugen mit der Frage, wer den Toten entdeckt hatte, und mit seiner Körperhaltung im Tode irgendwie merkwürdig aufgefallen. Es ging gar nicht mehr darum, welcher Schilderung ich glauben sollte, sondern ob ich *überhaupt* irgendeiner der mir vorgetragenen Schilderungen Glauben schenken sollte. Was Dr. Roe über die Körperhaltung geäußert hatte, war mir nahegegangen – es war ungewöhnlich, inmitten einer Tätigkeit zu sterben, ohne auf das Trauma des Todes zu reagieren. Ich begann mich bereits zu fragen, ob ich mich nicht möglicherweise auf einige neue Erklärungen gefaßt machen mußte.

Was aber sollte ich als nächsten Schritt unternehmen?

Ich hatte es praktisch aufgegeben, vom Vatikan oder von Da Ros und Rama irgendeine neue medizinische Information zu bekommen.

Dann gelang mir dank einer völlig unerwarteten Quelle ein außerordentlicher Durchbruch.

37

Seit Beginn meiner Untersuchung hatte ich versucht, mit Angehörigen der Familie Lucianis in Verbindung zu treten. Ganz besonders interessierte mich eine der Nichten des toten Papstes, Lina Petri, die als Ärztin in Rom wohnen sollte. Endlich konnte ich sie telefonisch erreichen, und sie kam zum Tee ins Englische Kolleg.

Sie war eine anspruchslose blonde Norditalienerin Mitte Dreißig. Sie trug ein weißes T-Shirt, eine häusliche lavendelfarbene Strickjacke, khakifarbene Hosen und Stiefletten. In einer Stadt, die Frauen ihres Alters eine *bella figura* beinahe zur Vorschrift macht, wirkte sie der Mode gegenüber völlig gleichgültig.

Ich machte ihr in der Personalküche Tee, und wir setzten uns in den *salone*.

„Ich habe hier in Rom an der Gemelli-Poliklinik Medizin studiert“, begann sie. „Ich bin auch mit einem Arzt verheiratet. Er hat sich auf Röntgenologie spezialisiert.“ Sie sprach auf forsche, energische Art, mit flinken Handbewegungen. Ich hörte einen Anklang unterdrückter Empfindungen heraus, die sich beim gelegentlichen Stocken ihrer Stimme bemerkbar machten.

„Mein Onkel hatte mich sehr lieb, weil ich die einzige Tochter seiner Schwester war. Er stand ihr sehr nahe. Wir haben als Familie ein starkes Zusammengehörigkeitsgefühl und haben ihn häufig gesehen. Als er in Venedig war, habe ich in der Regel vier oder fünfmal im Jahr bei ihm gewohnt, und als ich zum Medizinstudium nach Rom kam, habe ich ihn etwa alle zwei Monate gesehen, wenn er zu

Bischofskonferenzen anreiste. Man hielt ihn für leicht naiv, wissen Sie, für den ‚lächelnden Papst', aber im Grunde war er ein starker Mensch. Er war scheu, doch er wußte, was er wollte und wie er es durchsetzen konnte. Er war demütig, aber recht bestimmt. Sie dürfen nicht vergessen, er war Patriarch.

Als ich sechzehn war, im fünften Jahr im Gymnasium, habe ich ihn ganz allein in Venedig besucht, ohne die übrige Familie. Es war während der Weihnachtsferien. Es gab zwei kleine Gästezimmer im Haus. Ich bin viel mit ihm zusammen gewesen, besonders während der Mittag- und Abendmahlzeiten. Er hat mir erklärt, was ich mir in Venedig anschauen soll, er hat mir viel Aufmerksamkeit gewidmet, wie ein Vater oder eine Mutter.

Er hat mir Geld geschenkt, damit ich mir neue Kleider kaufte. Sogar als ich hier in Rom wohnte. Er hat mir gesagt: ‚Hier, nimm das Geld, geh und kauf dir ein neues Kleid.' Ich war ja nur Studentin; für mich war das viel wert. Er wußte, daß meine Familie mütterlicherseits arm war, und es lag ihm auf dem Gewissen, daß meine Mutter keine Ausbildung erhalten konnte, weil sie bereits mit elf Jahren arbeiten mußte, damit er aufs Seminar gehen konnte. Wann immer er mir Geld gab, hat er gesagt: ‚Hör zu, Lina, das Geld kommt nicht von der Kirche, das ist mein eigenes Geld, das ich persönlich als Konferenzspesen erhalten habe. Ich kann es ausgeben wie ich will, und *du* bist die allererste unter meinen Armen.' Er ist immer so peinlich gewissenhaft gewesen. Und er hat mir immer wieder erklärt, er stünde sein Leben lang in der tiefen Schuld meiner Mutter.

Er und meine Mutter standen sich wirklich sehr nahe. Als im Fernsehen bekanntgegeben wurde, er sei Papst geworden, brach sie zusammen; nicht aus Freude oder Glück, sondern aus schierem Mitleid mit ihm, wegen der enormen Belastung, die er aushalten müßte. Niemand hatte auch nur im entferntesten damit gerechnet, daß er Papst werden würde. Wir besitzen ein Foto von ihm, das wir alle lieb und wert halten. Er hält, nachdem er Papst geworden ist, ihr Gesicht zwischen den Händen. Sie waren zu Beginn der Audienz ganz allein mit der Familie, und da hat sie zu ihm gesagt: ‚Denk nur, Albino, wenn jetzt nur Mama bei uns wäre!'

Am Tag dieser Audienz habe ich auch erkannt, daß sich mein Verhältnis zu ihm gewaltig ändern würde. Don Diego Lorenzi, der auch mehr Einfluß und Macht gewonnen hatte, hat mich richtig vergrault. Er hat erklärt: ‚Sie sind hier nicht in Venedig, wissen Sie; Sie können hier nicht einfach ein und aus gehen, wie es Ihnen beliebt. Er ist der Papst, und Sie können ihn nicht stören, wenn es Ihnen in den Sinn kommt.' Ich bin in meinem inneren Wesen sowieso eine ziemlich scheue Person, es hat mich deshalb wirklich verletzt. Von jenem Tag an habe ich nicht mal mehr daran gedacht, mit ihm in Verbindung zu treten. Der ganze Pomp und die Förmlichkeit im Vatikan haben mir einen Schrecken eingejagt. Ich wußte nicht einmal, wie ich ihn im Vatikan anrufen konnte.

Lebend habe ich ihn zum letztenmal am 23. September bei Feierlichkeiten in der Lateran-Basilika gesehen. Ich bin mit einigen Freunden hingegangen, und sie haben mich auf ihre Schultern gehoben, damit ich einen Blick auf ihn werfen konnte. Ich denke, er hat mich inmitten der Menge erkannt, weil er genau im richtigen Zeitpunkt an uns vorbeiging. Die Leute haben ihn alle wie verrückt bejubelt. Später erfuhr ich von Schwester Vincenza, daß er genau an jenem Tag bemerkt hat, ich solle zu seinem Geburtstag am 16. Oktober in die päpstlichen Gemächer eingeladen werden. Aber wie wir ja alle wissen ... er hat's nicht mehr geschafft.

Ich messe dem, was der Vatikan sagt, keine große Bedeutung bei. Ich habe den Vatikan immer nur als Hindernis betrachtet. Er war einfach mein Onkel, aber man hat sich dort fürchterlich angestellt, wenn ich ihn sehen wollte. Das hat sich nicht einmal nach dem Tod geändert, denn als meine Mutter nach Rom kam, um den Toten zu sehen, mußte sie in der Schlange anstehen. Wir haben davon nicht viel Aufhebens gemacht. Das war alles Teil der Struktur um ihn herum. Aber wir mußten viel Geduld aufbringen, wir haben gelitten. Wenn ein Mensch stirbt, kümmert sich normalerweise die Familie um den Toten, bis er beerdigt ist. Aber in unserem Fall war es nicht möglich. Auch später nicht. Wenn ich sein Grab besuchen will, muß ich sogar heute noch eine halbe Stunde in der Schlange warten und mir alle Leute anhören, die vorbeikommen und so dumme

Sachen sagen, wie er ‚wäre ermordet worden'. Und an besonderen Tagen wie Allerseelen kann ich nicht hin, weil geschlossen ist, damit der Papst hingehen kann. Sogar nach dem Tod bleibt dieser Abstand.

Am Morgen, als er gestorben war, rief mich mein Bruder gegen 7 Uhr 20 hier in Rom an. Ich war fest entschlossen, ihn zu sehen. Ich bin sofort zum Vatikan gegangen und bin an der Porta Sant'Anna gestanden. Ich habe denen am Tor gesagt, ich sei die Nichte des Papstes, aber sie wollten mir nicht glauben. Nach ewigem Hin und Her – ich sollte ihnen das beweisen –, telefonierten sie irgendwohin, bis schließlich jemand kam und mich nach oben bis an den Eingang der Papstgemächer begleitete. Auch dann bin ich nicht eingelassen worden; ich habe draußen warten müssen. Noch mehr Herumgetue, dann kam Pater Magee vorbei, der hat mich glücklicherweise erkannt. Er hat mich direkt in die Gemächer und ins päpstliche Schlafzimmer mitgenommen, und da lag mein Onkel.

Ich bin dort allein gelassen worden. Der Raum war völlig leer, bis auf ein Kruzifix und ein Foto meiner Großeltern. Das Bettzeug war entfernt worden. Ich bin dagestanden und habe sein Gesicht betrachtet. Sein Kopf war zur Tür gedreht. Es sah ganz so aus, als hätte er im Augenblick seines Todes jemandem zugelächelt. Sein Gesicht zeigte keine Spur von Leiden. Seine Hände waren gefaltet, aber sie waren deformiert und starr. Sie waren ... ja, irgendwie zugebündelt.

Nach zehn Minuten kam jemand herein und hat mir einen Stuhl zum Sitzen gebracht. Ich bin dort etwa zwanzig Minuten geblieben und habe ihn nur angeschaut. Dann kam mir plötzlich irgend etwas ganz merkwürdig vor. Er trug die Kleidung, in der wir den Papst jeden Tag sehen, die weiße Robe, aber die Ärmel waren völlig zerrissen. Warum sollten sie so zerrissen sein, habe ich mich gefragt.

Dann sind sie gekommen und haben mich gebeten zu gehen, damit sie den Körper zurechtmachen könnten, um ihn in die Sala Clementina zu bringen, wo er für alle aufgebahrt werden sollte. Ich habe mich damals gefragt, warum er, wenn er im Bett gestorben ist, nicht seinen Schlafanzug anhatte. Ich war innerlich irgendwie überzeugt, daß er an seinem Schreibtisch beim Arbeiten gestorben war.

Ich bin in die Küche gegangen, um Schwester Vincenza zu besuchen – ich kannte sie schon von Venedig her. Sie hat mir erzählt, daß sie vor seinem Tode daran gedacht hatten, mich einzuladen. Sie hat mir gesagt, sie könne es einfach nicht fassen, es sei ihm nämlich in Rom so gut gegangen, viel besser als in Venedig. Er hatte ihr gesagt: ‚Nicht wahr, Schwester Vincenza, hier geht's uns viel besser?' Ich glaube, er hat ihr das gesagt, um sie aufzumuntern, weil sie im Jahr davor einen Herzanfall gehabt hat. Ihr ging es also auch nicht besonders gut. Sie war völlig fassungslos. Sie hat gesagt, am Vorabend hätte er sich wirklich wohl gefühlt. Don Diego ist heute der Meinung, mein Onkel hätte am Abend vor seinem Tod unter starken Schmerzen gelitten. Irgendwie paßt das nicht zusammen.

Dann ist noch etwas Seltsames passiert, und ein Böswilliger könnte daraus alle möglichen Verdachtsmomente schöpfen. Schwester Vincenza hat geweint und mir ihr Herz über all diese Dinge ausgeschüttet. Ich habe ihr geduldig zugehört – wir in meiner Familie gehören nicht zu den Leuten, die in der Öffentlichkeit weinen und Szenen machen, aber ich habe innerlich geweint und gelitten. Dann rauschte Don Diego herein. Ich weiß nicht, ob ich Ihnen das mitteilen sollte, es wirft kein gutes Licht auf ihn. Aber er hat Schwester Vincenza gegenüber eine kleine Szene gemacht. Er hat sie angefahren: ‚Hören Sie, Schwester Vincenza, was geschehen ist, ist geschehen! Es bringt nichts, alle diese Details breitzutreten und zu jammern!'

Mir schien das in einem solchen Moment der falsche Ton. Da saß die arme alte Nonne und litt und weinte. Warum begann er auf ihr herumzuhacken? Und was waren das für ‚Details', von denen sie nicht sprechen sollte?

Erst als Schwester Vincenza am darauffolgenen Abend mit meiner Mutter und mir zusammen war, hat sie etwas gesagt, das vielleicht erklärte, was Don Diego gemeint hatte: daß die Umstände etwas anders gewesen waren als im offiziellen Bulletin dargestellt. Sie sagte: ‚Machen Sie sich keine Sorgen. Die Wahrheit ist die, daß ich selbst ihn an dem Morgen entdeckt habe, als ich ihm seinen Kaffee brachte. Er ist in der Nacht ganz friedlich entschlafen, ohne Schmerzen oder Leiden, und ich bin die erste gewesen, die ihn tot aufgefunden hat.'

Das bildete, glaube ich, den Hintergrund für Don Diegos Bemerkung ihr gegenüber: die Leute dürften nie erfahren, daß *sie* den Toten gefunden hat. Ich persönlich kann nicht verstehen, was daran falsch sein soll, wenn ihm eine Nonne den Kaffee bringt. Jedenfalls hat sie ihn gefunden und nicht Pater Magee, obwohl weiterhin verbreitet wird, er sei es gewesen. Unglücklicherweise ist das eine der Tatsachen, die den Verdacht stützen, es hätte so etwas wie eine Intrige gegeben. Bei der Gelegenheit sollte ich Ihnen auch sagen, daß das Gerede über seine persönlichen Habseligkeiten, seine Pantoffeln und seine Brille, die von Kardinal Villot weggeschafft worden sein sollen, völliger Blödsinn ist. Meine Tante hat ja seine Brille und seine Pantoffeln." Sie grinste schadenfroh: „Sie *trägt* sie sogar."

Ich ging in die Küche, um noch Tee aufzugießen. Ich war tief bewegt von dem, was Lina Petri mir erzählt hatte. Ich empfand eine starke Ähnlichkeit mit dem Charakter Lucianis, wie er mir aus vielen Berichten über ihn bekannt war. Sie stammte aus einer nüchternen, realistischen Arbeiterfamilie, und die Loyalität ihrer Familie und Herkunft gegenüber war unantastbar. Linas Bekenntnis schien mir äußerst wichtig. Eine hochintelligente, geradlinige und unabhängige Person wie sie war zu keiner Form von stillschweigendem Einverständnis fähig. Davon war ich fest überzeugt.

Als Ärztin und nahe Verwandte könnte sie mich, abgesehen von seinem Leibarzt Da Ros, meiner Meinung nach besser als sonst jemand über Papa Lucianis wahren Gesundheitszustand in den Monaten kurz vor seinem Tod aufklären. Ich war auch gespannt zu erfahren, was sie von Buzzonettis Diagnose hielt.

Als ich in den *salone* zurückkehrte, fragte ich sie, ob sie etwas dagegen hätte, mir einige detaillierte Fragen zum Gesundheitszustand ihres Onkels zu beantworten.

„Waren Sie sich", fragte ich sie, „über den Gesundheitszustand Ihres Onkels in den letzten Jahren seines Lebens im klaren?"

„Sehr wohl. Er besaß sicherlich keine ausgezeichnete Gesundheit, aber er war beileibe kein Invalide. Er litt unter den üblichen Altersbeschwerden. Er hatte eine leichte Arthritis; eine Gallensteinoperation; eine operative Hämorrhoidenbehandlung. Er hatte Atembeschwerden, die bis in seine Jugend zurückreichten. Es bestand einmal Verdacht auf Tbc, und er war eine zeitlang in einem Sanatorium, aber es ist eine einfache Lungenentzündung gewesen. Das war alles ganz normal. Er hat eigentlich ein einigermaßen vitales Leben geführt. Er liebte Bergwanderungen, das heißt gegen Ende seines Lebens ist er wirklich nur im Gebirge gewesen, auf Berge ist er nicht mehr geklettert. Er ist sogar ein wenig Rad gefahren, besonders während der Ölkrise in den frühen Siebzigern.

Dann im Jahre 1975 ist etwas passiert. Ich bin damals schon in Rom an der Gemelli-Klinik gewesen. Er ist nach Brasilien gereist, um ausgewanderte italienische Arbeiter aus dem Veneto zu besuchen. Nach seiner Rückkehr hatte er Probleme mit einem Auge, einen Sehverlust. Er ist ins Krankenhaus nach Mestre zu Professor Rama gegangen, der eine Embolie oder Thrombose in der Netzhautarterie diagnostizierte. Das ist wirklich von Bedeutung, weil das heißt, daß das Blut nicht mehr richtig zirkuliert: In den Arterien und Venen bilden sich bestimmte Substanzen, die zu Klümpchen gerinnen und die Arterien verschließen. Wenn so etwas passiert, gibt es ernsthafte Kreislauf- und Gerinnungsprobleme. Es ist ein Warnzeichen – das, was im Auge passiert ist, könnte auch im Bein, im Unterleib oder in der Lungenschlagader eintreten. Wenn das einmal vorgekommen ist, wird es ernst, und man muß äußerste Vorsicht walten lassen, weil ein Mensch dann nicht mehr als völlig gesund betrachtet werden kann."

„War er sich darüber im klaren, daß so etwas wieder passieren könnte?" fragte ich.

„Gewiß. Er hat davon gesprochen, als wir ihn in jenem Jahr zu Weihnachten besucht haben. Er hat ausdrücklich erwähnt, daß er ernstlich erkranken könnte, falls sich das wiederholte. Er hat auch davon gesprochen, daß er für den Rest seines Lebens zum Sklaven seiner Medikamente würde – Anti-Gerinnungsmittel und so weiter. Aber diesen ganzen Quatsch, daß er Effortil genommen hätte, kann man vergessen. Irgendwer hat diese hirnrissige Idee aufgebracht, er hätte eine Überdosis Effortil genommen. Jeder Arzt weiß, daß Effortil völlig harmlos und ziemlich unnütz ist. Das können Sie wie Limonade trinken, wenn Sie wollen. Die entscheidenden Medikamente sind die Anti-Gerinnungsmittel, die ausnehmend gefährlich sein können."

„Aber wäre er außer Gefahr gewesen, solange er seine Medikamente einnahm?"

„Da liegt das Problem. Als er Papst wurde, bei der ganzen hektischen neuen Lebensweise, hat er wichtige medikamentöse Verordnungen wahrscheinlich vernachlässigt."

„Don Diego spricht davon, daß er am Abend seines Todes unter starken Schmerzen litt", sagte ich. „Ist das von Bedeutung?"

Lina streifte mich mit einem wissenden Blick, zuckte mit den Schultern und streckte die Hände aus. „Wie komisch, daß Don Diego neun oder zehn Jahre gebraucht hat, um damit herauszurükken. Solche Schmerzen hätten eher auf einen Herzanfall gedeutet, aber ein Herzanfall tritt selten so plötzlich und schmerzlos ein wie sein Tod es offensichtlich gewesen ist. Seine Todesart deutet eher auf eine Embolie hin, und – wie ich schon gesagt habe – die hat bei ihm ja eine Vorgeschichte. Bei einer Lungenembolie wird man sich seines Todes gar nicht bewußt; es ist eine Sache von Bruchteilen von Sekunden."

„Was geschieht da eigentlich genau?" fragte ich. Ich war perplex, auch skeptisch. Dr. Roe hatte mit Bestimmtheit erklärt, daß er noch keinen Patienten gekannt hatte, der auf das Todestrauma bei Lungenembolie nicht reagiert hätte.

„Wenn die große Schlagader, die das Blut zu den Lungen bringt, blockiert wird", fuhr sie fort, „sterben Sie auf der Stelle. Ohne Vorwarnung. Eine andere Sache ist die, daß er geschwollene Beine hatte; das war während seines Pontifikats allen bekannt. Er konnte überhaupt keine Schuhe tragen, weder die neuen noch die alten. Seine Beine waren stark geschwollen. Ein Zeichen von venöser

Stauung, das heißt – das Blut in den Venen zirkuliert nicht, und wahrscheinlich haben sich in den Arterien Gerinnsel gebildet. Außerdem weiß ich von meinem Professor der pathologischen Anatomie an der Gemelli-Klinik, daß er gehört hat, es hätte beim Präparieren der Leiche große Schwierigkeiten gegeben, die Flüssigkeiten zu injizieren. Das könnte ein weiteres Indiz sein für eine massive Verstopfung der Lungenschlagader."

Ich mußte unterdessen an meine Unterredung mit Don Diego in Mailand denken, die mich weitgehend davon überzeugt hatte, daß Papa Luciani durch Überarbeitung und Unglücklichsein ‚dahingerafft' worden war.

„Hätte Streß", fragte ich, „bei seinem Tod eine Rolle spielen können?"

„So einfach ist das nicht. Streß kann eine Krankheit verschlimmern, aber er ist nicht notwendigerweise eine direkte Ursache. Es ist viel wahrscheinlicher, daß er es aus Streß versäumt hat, seine Anti-Gerinnungsmittel zu nehmen, was tödlich gewesen sein könnte."

„Aber wie konnte es geschehen, daß der Vatikan die Möglichkeit einer Embolie übersehen hat?"

„Soweit ich erfahren habe, ist Buzzonetti nie sein Arzt gewesen und hat ihn auch nie behandelt. Es scheint, daß er im Vatikan gar keinen Arzt gehabt hat, obwohl er wirklich viel Aufmerksamkeit und Pflege brauchte. In Venedig hatte er natürlich einen Arzt, nicht aber in Rom. Er war im Grunde ein Papst ohne Arzt. Nur einen Monat lang – aber es war ein entscheidender Monat."

Zwei Gedanken schossen mir in diesem Augenblick durch den Kopf. Ihre Feststellung stimmte mit dem überein, was Buzzonetti gesagt, aber nicht mit dem, was Magee mir erzählt hatte. Magee hatte ausdrücklich behauptet, daß Buzzonetti in der Woche vor Lucianis Tod die Verantwortung für dessen Gesundheit übernommen hatte. Mein zweiter Gedanke war der, daß sich die Päpste in diesem Jahrhundert bis zur offensichtlichen Hypochondrie mit Ärzten zu umgeben pflegten: Pius XII. hatte es in seiner besessenen Sorge um medizinische Betreuung geradezu mit Churchill und Tito aufgenommen.

Als sie sich zum Abschied erhob, begleitete ich sie über die Haupttreppe nach unten zum Ausgang. Wir sprachen über die Möglichkeit, weitere Informationen zu besorgen, und ich fragte sie, ob sie den Arzt ihres Onkels in Venedig anrufen könnte, um mehr über seine Verschreibungen und seine Behandlungsweise herauszufinden.

Sie versprach mir, Dr. Da Ros so bald wie möglich anzurufen.

Als ich ihr nachschaute, wie sie die Via di Monserrato hinunter in der Dunkelheit verschwand, hatte ich den Eindruck, die Geschichte vom Tod Papa Lucianis aus einem völlig neuen Blickwinkel gesehen zu haben. Ich war nun mehr denn je überzeugt, daß Buzzonettis Diagnose eines Myokardinfarkts nicht korrekt war. Zugleich spürte ich, daß ich erstmals ein klares Bild von Johannes Pauls Gesundheitszustand vor seiner Ankunft in Rom hatte.

Aber ihre Aussage hatte einige größere Probleme bezüglich der Wirkungsweise von Anti-Gerinnungsmitteln aufgeworfen, die einer fachmännischen Erläuterung bedurften. Und ich hatte immer noch keine Antwort auf meine schriftlichen Fragen an Professor Rama in Mestre.

38

Als ich mir während der nächsten 24 Stunden meine Unterhaltung mit Lina Petri durch den Kopf gehen ließ, dämmerte mir etwas. Sie hatte von Anti-Gerinnungsmitteln gesprochen, wahrscheinlich hatte Johannes Paul I. die gebräuchlichste Form eines Anti-Gerinnungsmittels genommen: Warfarin, das auch als Rattengift verwendet wird. War es möglich, fragte ich mich, daß der Papst an einem falschen Gebrauch des Mittels gestorben sein könnte? Ich erinnerte mich an ein Gerücht, das in den Wochen nach seinem Tod kurz kursierte, er sei an einer *Überdosis* seiner Medikamente gestorben. Dieses Gerücht war weiterhin nicht ernst genommen worden, weil gemeinhin angenommen wurde, daß seine Arzneien aus milden Stärkungsmitteln und Multivitaminen bestanden.

Ich würde dem noch mit aller Gründlichkeit nachgehen müssen, aber in meiner Aufregung über die neue Perspektive, die durch diesen neuen Faktor ins Spiel gekommen war, nahm ich sofort Verbindung mit einem befreundeten Arzt in England auf, einem Polizeiarzt mit großer Erfahrung auf dem Gebiet der forensischen Medizin.

„Der fragliche Patient nahm Anti-Gerinnungsmittel", erklärte ich ihm. „Er starb plötzlich, so plötzlich, daß er nicht einmal Zeit hatte, einen Alarmknopf an seinem Bett zu drücken. Zugleich ist er friedlich gestorben; es gab keine Spuren eines Ringens mit dem Tod – er saß noch aufrecht da und hielt Papiere in der Hand, in denen er gelesen hatte. Die beiden in Frage kommenden Diagnosen sind Lungenembolie und Myokardinfarkt. Könnte ein solcher

Tod aber auch auf Mißbrauch eines Mittels gegen Gerinnung eintreten?"

„Nun, offen gesagt, mir kommt das letzte wahrscheinlicher vor als die beiden erstgenannten Ursachen. Die meisten Anti-Gerinnungsmittel sind äußerst gefährlich. Abgesehen davon, daß sie die Gerinnung verhindern, können sie auch das Gegenteil bewirken: man kann zu Tode bluten. Verbluten ist eine der sanftesten Todesarten, die mir je begegnet sind: man gleitet einfach hinüber. Nahm er Aspirin?"

„Er litt in den vorhergehenden Wochen unter starken Kopfschmerzen. Er war mit Sicherheit ein ausgesprochener Kaffeetrinker, den ganzen Tag über, soweit ich das sagen kann." Ich dachte dabei an seinen Morgenkaffee, an Schwester Vincenza, die ihm vormittags Kaffee brachte, und an Magee, der gebeten wurde, ihm Kaffee in den *salone* zu bringen.

„Bei Anti-Gerinnungsmitteln könnte das entscheidend sein. Aspirin – das Magenblutungen verursachen kann – könnte in Verbindung mit Kaffee und Anti-Gerinnungsmitteln die denkbar gefährlichste Wirkung ergeben, insbesondere wenn der Patient unter sehr großem Streß stand. Falls noch ein Magengeschwür dazugekommen ist, könnte er sich zu Tode geblutet haben. Warum fragst du nicht seinen Arzt, welches Anti-Gerinnungsmittel er genommen hat und ob er noch etwas anderes einnehmen mußte? Von allen erhältlichen Medikamenten sind Anti-Gerinnungsmittel in ihrer Wechselwirkung mit anderen Mitteln am heikelsten."

Als ich ihm die ganze Situation schilderte und das Fehlen genauer Informationen, war er entgeistert.

„Du *mußt* herausfinden, ob er regelmäßig Anti-Gerinnungsmittel eingenommen hat. Sie können dir das nicht vorenthalten, wenn sie dich nicht zu einem Vollidioten stempeln wollen!"

39

Beim Durchstöbern meiner Akten stieß ich endlich auf den Hinweis, nach dem ich suchte – ein Interview mit einem Pater Giovanni Gennari in der mittlerweile eingestellten *Il Globo* vom Mai 1982. Laut Pater Gennari, der sich als guter Freund des toten Papstes bezeichnete, hatten Johannes Paul I. Sorgen und starker Streß, die ihn veranlaßt hatten, in der Nacht seines Todes eine Überdosis an Medikamenten zu nehmen, ums Leben gebracht.

Es war nicht schwierig, Pater Gennari ausfindig zu machen. Er war kein Pater mehr, sondern ein einfacher Herr Gennari. Er hatte das Priesteramt 1984 niedergelegt, um zu heiraten und war jetzt Korrespondent für Religiöse Angelegenheiten beim *Paese Sera*, einer linken Tageszeitung in Rom. Er stimmte zu, mich noch am gleichen Tag in den Büroräumen des Blattes in der Via Tritone zu treffen.

Ich begegnete einem rundlichen, glücklich dreinschauenden Mann mit nach hinten gekämmtem Haar und einer beeindruckenden römischen Nase. In seiner weichen Stimme klang noch immer leicht der Kleriker durch.

Er führte mich in ein leerstehendes Zimmer, um mir seine Geschichte zu erzählen.

„Ich habe hier früher in einem der Seminare, im Lateranense, unterrichtet", begann er, „und ich habe Luciani regelmäßig getroffen, als er an den Bischofskonferenzen teilnahm. Während der letzten Konzilssitzung und der ersten Synode habe ich mit ihm unter einem Dach gewohnt. Wir haben jeden Tag gemeinsam gegessen und sind fast jeden Nachmittag, oft für uns allein, im Garten spazierengegangen.

Nachdem er Papst geworden war, hatte er ein Problem: Seine furchtbare Einsamkeit. Was ich dazu von einem engen Freund namens Don Germano Pattaro zu hören bekam, hat mich überwältigt. Pater Pattaro ist vor vier Jahren gestorben. Er wirkte als Theologe in einem Seminar oben im Veneto und kannte deshalb Johannes Paul von daher sehr gut. Einige Tage vor seinem Tod hat Johannes Paul diesen Priester rufen lassen und ihn in den Vatikan gebeten. Pattaro war völlig perplex. Er berichtete, er habe Luciani, den Papst, im Vatikan völlig desorientiert angetroffen. Er hatte Mühe, mit seinen Aufgaben als Papst zu Rande zu kommen und stand völlig allein da. Er wollte Pattaro zur Theologie der Priesterorden in den getrennten Kirchen konsultieren. Der Besuch des Patriarchen Nikodemus stand kurz bevor – des russisch-orthodoxen Patriarchen, der nach einer Tasse Kaffee vor Luciani tot umfiel. Auf jeden Fall hat der Papst Pattaro geklagt, er habe niemand, an den er sich wenden könnte, und er selbst wisse über die Dinge nicht Bescheid und wüßte nicht, wem er vertrauen könnte. Er kam sich total verloren vor. Sie haben zusammen gebetet und miteinander gesprochen. Luciani schien ihn nur widerwillig wieder gehen zu lassen. Er sei schließlich ein bißchen fröhlicher geworden, aber beim Abschied hat Pattaro gemerkt, wie dieses schreckliche Gefühl der Einsamkeit den Papst wieder erfaßte. Das Seltsame ist, daß die beiden eigentlich nie Busenfreunde gewesen waren. Pattaro kam es so vor, daß sich Johannes Paul einfach an jeden klammerte, den er zu seiner Zeit im Veneto gekannt hatte.

Also, was ich Ihnen jetzt noch berichte, kommt aus bestens unterrichteten Kreisen innerhalb des Vatikans. Ich weiß mit Bestimmtheit, daß sich an dem Abend, als Papa Luciani starb, gewisse Dinge abgespielt haben. Er hatte vor, an der Kurienspitze einiges zu ändern und Erneuerungen vorzunehmen. Kardinal Villot wollte er durch Kardinal Benelli ersetzen. Casaroli hätte nach Mailand an die Stelle von Kardinal Colombo sollen. Solche Sachen.

Papa Luciani hat am letzten Abend seines Lebens mit Villot über diese Pläne gesprochen und eine klare Antwort erhalten. Villot hatte ihm erklärt, das bedeute eine drastische Abkehr von der Politik Pauls VI. und den Triumph der Kurie über das Konzil. Er erklärte, das bedeute das Ende der Offenheit, die während der vorhergegangenen zwanzig Jahre das Wahrzeichen der katholischen Kirche gewesen sei.

Der Papst war über eine solch resolute gegensätzliche Auffassung schockiert. Er hat dann Kardinal Colombo angerufen, der ihm das gleiche sagte, was Luciani noch besorgter und ängstlicher machte. Und damit ging sein Tag zu Ende. Er ist mit verschiedenen Papieren, die diese Ernennungen betrafen, zu Bett gegangen, konnte aber nicht einschlafen. Deshalb hat er Dr. Da Ros angerufen, der ihm riet, ein Beruhigungsmittel zu nehmen, das die Gefäße erweitert. Um es zu bekommen, mußte er die vatikanische Apotheke aufsperren lassen. Als er sich wieder schlafen legte, hat er versehentlich eine Überdosis genommen, die einen Kollaps und einen Herzanfall verursacht hat. Er wurde am nächsten Morgen zur Seite geneigt und leicht zusammengekrümmt aufgefunden. Er war schon so steif, daß ihm zum Beten für die öffentliche Aufbahrung und die Beerdigung ein Knie gebrochen werden mußte.

Also, das habe ich wirklich aus zuverlässiger Quelle im Vatikan, und ich halte es für wahr. Die Schwierigkeiten begannen, als die Leute, die in der Nacht zuvor mit ihm gestritten hatten, nun plötzlich die Notwendigkeit sahen, die Meldungen zu überwachen. Die ganzen Lügen, Halbwahrheiten, Gerüchte und Unklarheiten entstanden aufgrund von blinder Furcht und aus Schock.

Sie haben den armen Mann zum Papst gewählt, und er sah sich alleingelassen. Er konnte die Bürde nicht tragen. Er hat versucht, die Sache in den Griff zu bekommen, hatte aber nicht den nötigen psychologischen Rückhalt.“

Auf dem Weg zum Englischen Kolleg fragte ich mich, ob dieses Hin und Her nie ein Ende finden würde. Meine Unterhaltung mit Gennari unterstrich die Notwendigkeit, an Dr. Da Ros heranzukommen und ihn dazu zu bewegen, endlich zu reden. In der Zwischenzeit wollte ich mich bei der vatikanischen Apotheke erkundigen, ob die Geschichte mit dem Rezept spät in der Nacht den Tatsachen entsprach.

40

Die vatikanische Apotheke befindet sich in einem modernen Zweckbau im sogenannten Geschäftsviertel der Vatikanstadt an der Straße, die von der Porta Sant'Anna hereinführt, rechts. Ihr Geschäftsführer, Bruder Fabian, ein Australier, war ein recht stämmiger, bebrillter kleiner Mann mit schütterem Haar. Er trug einen weißen Laborkittel über einer schwarzen Soutane. Als ich meiner Überraschung darüber Ausdruck verlieh, daß seine Apotheke so groß war und daß so viele Kunden Schlange standen, ließ er mich wissen, die Apotheke habe einen Kundenstamm von über 8000 Menschen: die Angestellten des Vatikans und ihre Familien. „Sie müssen bedenken, wir können alle möglichen Dinge verkaufen, die man in Italien nicht bekommen kann", erklärte er.

Er brachte mich mit dem Aufzug ins obere Stockwerk des Gebäudes, das die Bruderschaft von Johannes von Gott beherbergte, die die Apotheke führte. Wir setzten uns in einen Salon, wo auf einem Seitenschrank neben einem Gipseisbär eine häßliche Marienstatue stand.

„Johannes Paul ist nur kurz bei uns gewesen, da ist es schwer, sich überhaupt an etwas zu erinnern", sagte Fabian. „Ich weiß, daß er gegen Herzbeschwerden Digoxin nahm." Er blinzelte mich an. „Das ist eine Art Digitalis. Ich habe keine Ahnung, ob er in der Nacht seines Todes etwas bekommen hat, aber ich kann es herausfinden."

Er machte einen Anruf, um seinen Kollegen Bruder Augusto herzubeordern und das päpstliche Medikamentenbuch mitzubringen. Mich beeindruckte der vielversprechende Ansatz zur Offenheit, die sie mir gegenüber zu beweisen schienen.

Bruder Augusto war ein gebrechliches Männchen mit breitem Mund und wäßrigen Augen. Er kam mit einem roten Buch, das er Bruder Fabian überreichte.

„Sie hatten in jener berühmten Nacht Dienst, Bruder", sagte Fabian. „Ist von den päpstlichen Gemächern irgendwas bestellt worden?"

„Nein", erwiderte Bruder Augusto, „ich würde mich sonst daran erinnern. Auf jeden Fall müßte es in dem Buch eingetragen sein."

Fabian blätterte bereits in den Seiten. „Wir führen in diesem Buch nur Aufzeichnungen über die Päpste. Könnte mich Kopf und Kragen kosten, es Ihnen zu zeigen, aber man hat mir gesagt, daß Sie das offizielle O. K. haben."

Er hatte eine Seite aufgeschlagen. „Na, das ist aber komisch. Da geht's von Paul VI. gleich über zu Johannes Paul II. Von uns hier hat Papa Luciani offensichtlich nie etwas bekommen. Das ist merkwürdig ... Und jetzt sehe ich, daß Paul und nicht Johannes Paul I. Digoxin nahm. Was für ein dummer Fehler – ich hätte schwören können, es sei Johannes Paul gewesen. Also, da sieht man wieder mal ..."

„Darf ich die Seite mal sehen?" fragte ich und beugte mich über seine Schulter.

„Na ja, eigentlich dürfte ich das nicht zulassen", erwiderte Fabian mit deutlichem Unbehagen.

Ich bemerkte, daß die Seiten im Buch numeriert waren. Die Aufstellung der Medikamente war mit einem Füller festgehalten. Ich konnte außerdem erkennen, daß eine Aufstellung auf einer Seite endete und daß auf der nächsten Seite ‚Johannes Paul II.' unterstrichen war und gleich darunter eine neue Aufstellung anfing. Es sah nicht danach aus, als ob Seiten herausgerissen worden wären.

Als wir uns die Seite gemeinsam anschauten, sagte Bruder Augusto zu mir: „Ich war als Sanitäter im Konklave, das Johannes Paul I. gewählt hat. Wir waren zu zweit – Brüder von Johannes von Gott."

„Können Sie sich an die Reaktion von Johannes Paul auf seine Wahl erinnern?" fragte ich.

Das Gesicht des Bruders verzog sich zu einem breiten Lächeln. „Er war ein Engel, der vom Himmel fiel..." Er dachte einen Augenblick nach. „Aber er war sehr ängstlich. Nachdem er die Wahl angenommen hatte, machte er immer wieder flehentliche Gesten himmelwärts, und er richtete die Augen nach oben. Er hat unablässig nach oben geschaut, mit raschen Bewegungen des Kopfes und ganz nervös gelächelt und geweint. Er war wunderbar."

Bruder Fabian beobachtete Bruder Augusto, der das Verhalten von Johannes Paul I. bei seiner Wahl nachahmte. Er lächelte ihm wohlwollend zu. Dann schlug er das Medikamentenbuch zu.

„Also, das wär's dann!" sagte Bruder Fabian. „Ich muß wieder an die Arbeit. Tut mir leid, daß ich Ihnen so wenig helfen konnte."

Bevor er mich zum Erdgeschoß zurückbrachte, zeigte mir Fabian die Kapelle der Brüder. Während wir von der Tür aus die Kreuzwegstationen bewunderten, ließ mir die Frage keine Ruhe, ob Giovanni Gennaris Aussage wieder einmal bloß ein Beispiel für ein wild gewordenes vatikanisches Gerücht war oder ob die Brüder von Johannes von Gott mich auf den Holzweg geführt hatten. Letzteres konnte ich mir eigentlich nicht vorstellen, dennoch kam es mir in den Sinn, daß Signore Gennaris Geschichte zumindest ein Körnchen Wahrheit enthalten könnte.

41

Am darauffolgenden Tag rief ich Lina Petri an, um zu erfahren, ob sie bei Dr. Da Ros Glück gehabt hatte. „Tut mir leid“, sagte sie. „Er weigert sich, mit mir zu sprechen. Er war außerordentlich kurz angebunden.“

„Die Anti-Gerinnungsmittel. Hat Ihr Onkel Ihnen ausdrücklich mitgeteilt, daß er Anti-Gerinnungsmittel nahm?“

„Ich bin mir nicht hundertprozentig sicher, ob er es mir mitgeteilt hat oder meine Mutter. Aber ich hatte den klaren Eindruck, daß er sie einnahm.“

„Ist es irgendwie möglich, daß Sie sich geirrt haben könnten?“

„Er hat mir erzählt, daß von den Medikamenten für ihn Leben und Tod abhingen. Ich erinnere mich deshalb so genau daran, weil wir uns über einen Freund von mir unterhalten haben, der an Leukämie gestorben ist. Mein Onkel hat gesagt, auch er stünde auf Messers Schneide zwischen Leben und Tod, weshalb er eben ein Sklave seiner Medikamente sei. Das klingt nicht nach irgendso einem harmlosen alten Placebo.“

Als ich aufgehängt hatte, war ich zunächst einmal sprachlos über Da Ros' mangelnde Bereitschaft zur Zusammenarbeit, selbst Lina Petri gegenüber – einer Nichte des Papstes, die außerdem Ärztin war.

Ich hielt die Zeit für gekommen, den Herzgefäßspezialisten Francis Roe ein weiteres Mal zu konsultieren.

„Papst Johannes Paul I. ist plötzlich gestorben", erklärte ich ihm. „Vorausgesetzt, daß bei ihm drei Jahre zuvor eine Netzhautthrombose oder -embolie diagnostiziert wurde; vorausgesetzt, daß er in der letzten Zeit Schwellungen an den Beinen und Knöcheln hatte, so daß er nicht einmal die neuen Schuhe anziehen konnte, die zu Beginn seines Pontifikats für ihn gekauft worden waren, geschweige denn seine normalen Schuhe oder seine Schlafzimmerpantoffeln, was könnte ein Spezialist daraus als mögliche Todesursache schließen?"

„Das legt gewiß nahe, daß aus dem einen oder anderen Grund sein Blut in abnormaler Weise zur Gerinnung neigte", erwiderte er. „Die andere Hauptursache von geschwollenen Knöcheln wäre ein kongestives Herzversagen. Das wird jedoch normalerweise von Atemknappheit und anschließenden Bewegungsproblemen begleitet. Da wären nicht nur die Beine, sondern auch die Lungen voller Flüssigkeit."

„Von Atembeschwerden ist nichts berichtet worden", sagte ich, „und er ist noch am Abend seines Todes in der Lage gewesen, ohne Mühe den Korridor der päpstlichen Gemächer entlangzurennen."

„In dem Fall kann kongestives Herzversagen ausgeschlossen werden. Da bleibt uns wirklich nur noch diese Thrombose der unteren *vena cava.*"

„Was wäre geschehen", fragte ich, „wenn er eine Überdosis von Anti-Gerinnungsmitteln eingenommen hätte oder das Anti-Gerinnungsmittel zusammen mit einem anderen Medikament oder einer Substanz eingenommen hätte, die den Anti-Gerinnungseffekt steigern würde?"

„Das hängt vom Typ des Anti-Gerinnungsmittels ab. Ein Übermaß an Warfarin ist genau das, womit Ratten getötet werden, durch innere Blutungen", erläuterte er. „Aber der Nachweis für eine verstärkte Wirkung von Warfarin würde davon abhängen, *wo* die Blutung eintrat. Es gibt zwei Hauptzonen. Die erste im Kopf – eine Zerebralblutung und je nachdem, wie groß das betroffene Blutgefäß ist, würde sie starke Kopfschmerzen verursachen, wenn der Druck im Schädelinneren steigt, möglicherweise Blindheit, Lähmung ...

aber es ist unwahrscheinlich, daß sich da etwas Gewaltiges und Dramatisches täte, das innerhalb von Sekunden passiert.

Die andere Hauptzone ist der Verdauungstrakt: irgendwo zwischen Mund und Anus. In der Regel entwickelt es sich über einen Zeitraum von Stunden, und wenn es im Magen eintritt, wird der Patient unweigerlich große Mengen an Blut erbrechen. Betrifft es weiter unten im Körper die Eingeweide, so wird er Durchfall mit Blutbeimischung bekommen, und das verursacht einen üblen Geruch. Das hätte im Zimmer des Kranken jeder bemerkt."

Dies schien die Theorie meines Polizeiarztes zunichte zu machen, dachte ich.

„Und wie würde es sich auswirken", fragte ich, „wenn ein Patient plötzlich die regelmäßige Einnahme von Anti-Gerinnungsmitteln beendet oder unterbricht?"

„O! Das kann katastrophal sein! Dann ergibt sich das Phänomen des Rückschlags. Wenn man mit einem Schlag aufhört, die Anti-Gerinnungsmittel zu nehmen, vermindert sich die Wirkung schrittweise über drei bis fünf Tage. Aber der Effekt hört nicht auf, wenn die Gerinnbarkeit des Blutes zum Normalzustand zurückkehrt, sie schlägt zurück – und für einen bestimmten Zeitraum tendiert das Blut zu einer noch stärkeren Gerinnbarkeit als vorher. Der Patient ist also durch eben das, was das Warfarin verhüten sollte, besonders akut gefährdet. Wenn Luciani in Venedig die ganze Zeit über Warfarin nahm und die übliche Dosierung in Rom abgesetzt hätte, wäre er drei bis fünf Tage nach Absetzen des Mittels reif für eine Thrombose. Angesichts der bekannten Tatsachen wäre unter diesen Voraussetzungen der Tod von Johannes Paul I. genauestens erklärt."

Dr. Roes Theorie stimmte fast exakt mit der von Lina Petri überein.

„Was würden Sie einem Patienten mit solcher Krankengeschichte verschreiben?" fragte ich.

„Ich würde eine sofortige Behandlung mit Heparin anfangen, einem der *stärksten* rasch wirkenden Anti-Gerinnungsmittel. Der Patient müßte im Bett – vorzugsweise in einem Krankenhaus – sorgfältig beobachtet werden, zehn Tage lang etwa. Beim Laufen werden die Venen durch Dehnen und Zusammenziehen der Muskeln massiert. Die körperliche Bewegung hilft, Blut wieder in den Kreislauf zurückzuleiten; wenn aber dadurch ein Gerinnsel vorhanden ist, wird natürlich auch seine Freisetzung gefördert."

„Am Abend seines Todes", sagte ich, „lief Johannes Paul im Rahmen seiner zweistündigen Übungen gegen seine geschwollenen Beine kräftig im *salone* herum. Und nach Angaben seines Sekretärs Magee war ein hartes Hustengeräusch zu hören. Und Luciani klagte über einen plötzlichen Schmerz in der Brust."

„Das ist außerordentlich interessant. Was geschehen sein könnte: Durch das Gehen löste sich ein Stück geronnenes Blut, wanderte in die Lungen und verursachte den plötzlichen Schmerz – typische Symptome in solchen Fällen – doch es war nicht groß genug, um ihn zu töten. Bei einer kleinen Lungenembolie spürt ein Patient oft einen viel flüchtigeren Schmerz als bei einem Herzanfall – einem Myokardinfarkt. Dieses Detail stützt mit Sicherheit die Annahme einer massiven Lungenembolie am späteren Abend."

42

Nachdem alles vorbei war, sagte Don Diego Lorenzi zu John Magee: „Meinen Sie nicht, wir hätten es an Anstrengungen fehlen lassen, um sein Leben zu retten?“ Magee antwortete: „Ach, schlagen Sie sich all das aus dem Kopf!“

„Ich war nicht sehr erfreut über diese Antwort“, sagte Don Diego.

Um Don Diegos Frage einigermaßen gründlich zu beantworten, bedürfen die letzten Lebensstunden von Johannes Paul I. einer genauen Untersuchung.

Am 28. September früh um 9 Uhr 30 beginnt Johannes Paul I. mit seinen Privataudienzen. Er empfängt den afrikanischen Kardinal Bernadin Gantin und die Sekretäre zweier katholischer Aktionsgruppen, ‚Cor Unum‘ und ‚Justitia et Pax‘. Sie sprechen über Probleme der Dritten Welt. Er gibt materielle Nöte und Bedürfnisse zu, betont aber die Bedeutung der Evangelisation. Er erklärt Gantin: „Es ist Jesus Christus allein, den wir der Welt bezeugen müssen. Darüberhinaus haben wir keine Daseinsberechtigung, werden wir nie gehört werden.“

Am Ende beobachtete Gantin erstaunt, wie der Papst aufspringt und für ein Gruppenfoto die Stühle umordnet.

Der Vormittag vergeht mit Besuchen von päpstlichen Nuntien aus Brasilien und Holland; einem Plausch mit dem Herausgeber von *Il Gazzettino* aus Venedig; einem *ad limina* Besuch von neun Bischöfen von den Philippinen. Und wieder betont der Papst, daß die „Fülle des Lebens im himmlischen Königreich" gepredigt werden müsse.

Er bricht um 12 Uhr 30 mit seinen Sekretären zum Mittagessen auf. Er machte während des ganzen Vormittags einen fröhlichen, energiegeladenen Eindruck.

Nach einer kurzen Ruhepause teilt der Papst am letzten Nachmittag seines Lebens Magee mit: „Ich fühle mich nicht besonders wohl. Ich bin gar nicht richtig auf dem Damm."

„Lassen Sie mich Buzzonetti anrufen", sagt Magee.

„O, nein, nein, nein ... Sie brauchen den Arzt nicht rufen. Ich werde im Hause spazieren gehen."

Magee zufolge war „Dr. Buzzonetti zum Leibarzt von Papa Luciani bestimmt worden ... Buzzonetti hatte sich am vorhergehenden Sonntag mit seinem Arzt aus dem Veneto, Da Ros, getroffen, und sie waren übereingekommen, daß seine Krankengeschichte in den Vatikan geschickt werden sollte." Was Magee betrifft, ist Buzzonetti der verantwortliche Arzt. Warum konsultiert Magee nicht wenigstens den Arzt und überläßt ihm die Entscheidung, ob der Papst zu einer Untersuchung überredet werden soll?

Trotz der Tatsache, daß der Papst über Unwohlsein geklagt hatte, verläßt Magee nach seinen eigenen Angaben zwischen 14 Uhr 30 und 16 Uhr 30 für zwei Stunden das Haus, um einige Bücher zu holen, und er läßt den Papst allein. Der Papst macht im *salone* seine Runden. Don Diego Lorenzi ist Magee zufolge nicht anwesend.

Der Papst läuft noch immer umher, als Magee ins Sekretariat zurückkehrt. Eine Stunde später hört Magee den Papst mit einem harten Hustengeräusch nach Luft ringen. Magee stürzt zu ihm ins Zimmer.

„Ich habe Schmerzen!" sagt der Papst.

„Wäre es nicht besser, wenn ich den Arzt rufen würde?" sagt Magee zum zweiten Mal. „Heiliger Vater, es könnte etwas Ernsthaftes sein."

Aber der Papst wehrt ab. Er zieht sich in sein Arbeitszimmer zurück, und Schwester Vincenza bringt ihm Magee zufolge irgendein Medikament.

Der Papst hat mit an Sicherheit grenzender Wahrscheinlichkeit eine kleinere Lungenembolie erlitten. Er ist schwer erkrankt und braucht sofortige fachärztliche Behandlung.

Um 18 Uhr 30 erscheint Villot zu einer Besprechung. Magee berichtet dem Staatssekretär nicht, daß der Papst am Nachmittag zweimal über Unwohlsein geklagt hat. Villot begibt sich ins Studierzimmer des Papstes. Die Unterredung dauert eine Stunde und zehn Minuten. Verschiedene vatikanische Quellen werden später behaupten, daß die Unterredung in scharfem und emotionsgeladenen Ton geführt wird. Magee zufolge geht es lediglich um die Berufung des neuen Patriarchen für Venedig. Sowohl Don Diego wie Magee halten sich im Sekretariat auf, als Villot wieder auftaucht. Magee begleitet Villot zur Haustür. Don Diego zufolge klagt der Papst über einen „fürchterlichen" Schmerz. Der Papst hat nun seit 14 Uhr dreimal darüber geklagt, daß es ihm nicht gut geht.

„Am Abend um Viertel vor acht oder auch zehn vor acht kam er an die Tür seines Arbeitszimmers und sagte, er hätte unter einem fürchterlichen Schmerz gelitten, der jedoch wieder vorüber sei."

Don Diego sagte zu ihm: „Wir sollten einen Arzt rufen."

Wiederum wehrt der Papst ab. Don Diego versäumt es, Buzzonetti oder Da Ros in Venedig anzurufen.

Der Papst, Magee und Don Diego gehen zum Abendessen. Der Papst kommt auf das Thema Tod zu sprechen: „Die Art von Exerzitien, die ich im Moment haben möchte, sollten vom guten Tod handeln." Im Verlauf der Diskussion sprechen der Papst und Don Diego ein bekanntes Gebet um Ergebung in den Tod: „O Herr, gewähre mir die Gnade, den Tod anzunehmen, der mich niederwerfen wird." Magee zufolge geschieht dies „auf die Sekunde genau" um Viertel nach acht. Der Papst scheint eine Vorahnung seines kommenden Todes zu haben.

Nach dem Essen wird Don Diego angewiesen, Kardinal Colombo in Mailand anzurufen. Der Papst und Magee gehen dem Gespräch von Schwester Irma mit Schwester Vincenza zufolge gemeinsam zur Küche. Sie wünschen den Nonnen gute Nacht, und der Papst bittet

Magee, bei ihnen zu bleiben. „Sie sind immer so auf sich allein gestellt."

Als der Anruf kommt, rennt der Papst mit sensationellem Tempo über den Flur. Es ist die letzte kraftvolle Handlung seines Lebens, die Bewegung, die die größere Embolie auslöst.

Die Berichte über die anschließenden Aktivitäten der Mitglieder des päpstlichen Haushalts sind widersprüchlich.

Die Darstellung von Magee: Er begleitet den Papst zum Nachtgebet. Sie kehren ins Studierzimmer des Papstes zurück. Er beobachtet, wie der Papst eine Predigt von einem Bücherbord herunternimmt. Er betritt mit ihm das Schlafzimmer und zeigt ihm die Alarmknöpfe. Erst dann begibt er sich in die Küche. Don Diego hat die päpstlichen Gemächer bereits verlassen.

Die Darstellung von Don Diego: Er begleitet den Papst ebenfalls ins Schlafzimmer und macht ihn auf die Alarmknöpfe aufmerksam. Er kehrt anschließend ins Sekretariat zurück, um Predigten und Briefe zu tippen. Nach einer anderen Version schreibt er die Briefe auf seinem Privatzimmer. Er legt sich um 23 Uhr 45 schlafen.

Die Darstellung von Schwester Vincenza, berichtet von Schwester Irma: Magee begleitet den Papst nicht ans Bett. Er bleibt lange Zeit in der Küche. Er studiert die Regierungszeiten aller 263 Päpste der Geschichte. Magee sagt den Nonnen, daß er sich um die Gesundheit des Papstes Sorgen mache, und stellt Mutmaßungen an, ob der Papst nicht in dieser Nacht sterben könnte. Er verbringt den weiteren Abend mit dem Durchblättern des *Annuario Pontificio* und denkt über die Tode früherer Päpste nach. Magee, der Phantast, ist eine Fundgrube für seltsame Geschichten; er hat ein irisches Erzähltalent, ein historisches Gespür.

Der Papst liegt in seinem Zimmer im Sterben.

Ist Don Diego am Abend des Papsttodes ausgegangen? Ich bin nach Mailand zurückgekehrt, um ihn zu diesem strittigen Punkt zu befragen, doch er blieb eisern dabei, daß er daheimgeblieben war – daß er *nicht* ausgegangen war. Einige Wochen lang war ich mir im

Unklaren, wer am ehesten die Wahrheit gesagt haben könnte. Don Diego und Magee konnten nicht beide recht haben.

Dann kam es mir in den Sinn, daß womöglich keiner von beiden die Wahrheit gesagt hatte, und daß die Geschichte von Don Diegos Abwesenheit ein seltsames Alibi sein könnte, das nicht notwendigerweise ihn selbst decken mußte.

Bei der ganzen konfusen Geschichte vom Tod des Papstes mußte ich mich häufig wundern, wieso die Zeugen sich bei so bestimmten Randerscheinungen derart aufgehalten und die Aufmerksamkeit auf Gesichtspunkte gelenkt hatten, die ansonsten unbemerkt geblieben wären. Das vielleicht verdächtigste Moment war die Beschreibung vom Papst, der aufgestützt im Bett las. Dr. Roe hatte bemerkt: „Ich habe viele Todesfälle dieser Art gesehen, aber ich kenne niemanden, der völlig reaktionslos gestorben wäre.“ In Erwägung Dr. Lina Petris Überzeugung, daß der Papst nicht im Bett gestorben war, rief ich noch einmal Don Diego an, um ihn ganz unverblümt zu fragen, ob der Papst nicht in Wirklichkeit auf dem Boden seines Schlaf- oder Badezimmers aufgefunden und erst danach ins Bett geschafft wurde. Er stritt diese Vermutung eisern ab und bemerkte wiederholt: „Es ist einem allein gar nicht möglich, einen Toten aufzuheben!“ Dabei hatte ich an keiner Stelle die Vermutung geäußert, daß es die Arbeit einer einzigen Person gewesen wäre.

Dieses Telefongespräch veranlaßte mich, eine Hypothese aufzustellen, die die augenfälligen Diskrepanzen klären könnte.

John Magee ist in der Küche und erwägt die Möglichkeit, daß der Papst in dieser Nacht sterben könnte. Er denkt an die Anfälle am Nachmittag und Abend, die ihm Angst eingejagt haben. Er bleibt mit den Schwestern lange auf, spricht und trinkt Tee mit ihnen. Sie gehen die Liste der Päpste durch bis zurück zum Heiligen Petrus und zählen dabei die Tage der kürzesten Papstregentschaften. „Was, wenn Johannes Paul nach 33 Tagen sterben sollte!“ sagt Magee. Schließlich wünscht er ihnen um elf Uhr gute Nacht.

John Magee ist der Mann, der Paul VI. bis zu seinem Tode

gepflegt hat, der sich und Johannes Paul I. in einer brüderlichen Beziehung sah, der den neuen Papst sogar zu Bett geschickt hat, als der verzweifelt war. Ist es angesichts der Art und Weise, wie er den Abend verbracht hat, vorstellbar, daß er nun ohne innezuhalten am Schlafzimmer des Papstes vorbeigeht?

Sicherlich verhält er kurz, lauscht und bemerkt, daß das Schlafzimmerlicht noch brennt. Er öffnet die Tür nur einen Spalt und späht hinein. Magee kennt sich in diesen Gemächern, in denen er sich schon seit vier Jahren bewegt, bestens aus. Sie sind seine Domäne, er gehört hierher.

Was findet er vor? Der Papst liegt in Embryohaltung tot auf dem Boden, weit von den Alarmknöpfen entfernt. Er ist noch angekleidet, die Hände sind in Agonie an die Brust geklammert, sein Kopf, nach rechts geneigt, drückt auf den Boden. Der Tod ist alles andere als ‚plötzlich'.

Magee ist verzweifelt. Er wartet Don Diegos Rückkehr ab. Sie gehen gemeinsam ins Schlafzimmer. Sie sind in Panik und voller Gewissensbisse. Päpste sterben nicht auf solche Art – auf dem Boden liegend, in Agonie und unumsorgt. Alle Päpste der jüngeren Geschichte sind würdig, durch die Sakramente gestärkt, in ihren Betten gestorben. Zum Gesundheitszustand des Papstes am vorhergehenden Tag wird es viele Fragen geben. Wie sollen sie es erklären, warum sie keinen Arzt geholt haben, trotz so vieler Vorwarnungen? Wie sollen sie ihre Abwesenheit am Nachmittag erklären? Don Diegos Verschwinden am Abend? Ihr Versäumnis, das Staatssekretariat oder den vatikanischen Gesundheitsdienst zu benachrichtigen?

In der gereizten Spannung des Vatikans bekommen sie Angst vor den Folgen. Und was ist mit der großen weltweiten Gemeinschaft der katholischen Kirche draußen? Werden sie nicht verurteilt werden, weil sie den Papst in einer so schmählichen Weise haben sterben lassen? Werden sie nicht dafür verurteilt werden, daß sie es „in bestimmten Dingen an Anstrengungen haben fehlen lassen, um sein Leben zu retten"? Aber er ist tot, und nichts wird ihn wieder lebendig machen. *Sicherlich ist für alle die beste Lösung, sowohl einen würdigen wie ‚plötzlichen' Tod zu konstruieren, einen Tod, der, wie die Schrift sagt, gekommen ist „wie ein Dieb in der Nacht“*. Einen Tod, den Dr. Buzzonetti später als „augenblicklich oder unmittelbar, oder vorzeitig, oder etwas in der Art... unerwartet“ bezeichnen wird.

Sie heben gemeinsam den Toten auf. Don Diego bemerkt, daß der Rücken und die Füße des Papstes noch warm sind. Sie ziehen ihm die Soutane aus; darunter trägt er sein Oberhemd und die Unterwäsche. Sie haben Mühe, also zerreißen sie das sommerliche Kleidungsstück aus Leinen an den Ärmeln. Sie heben den Toten, der immer noch in Embryohaltung und halb bekleidet ist, auf das Bett (das ist schließlich Don Diego zufolge die Lage, in der er gefunden werden wird). Das sieht nicht richtig aus. Sie stützen ihn mit Kissen auf, damit sein Kinn auf die Brust sinkt, aber schief nach rechts geneigt. Sie setzen ihm die Brille auf die Nase, geben ihm Papiere in die Hand. Es ist entscheidend, daß es so aussieht, als wäre er ohne Vorwarnung gestorben, während einer normalen Tätigkeit. Die Schmerzen und Anfälle des Papstes vom Nachmittag und Abend werden nicht erwähnt werden.

Doch wann soll der Alarm ausgelöst werden? Tief in der Nacht? Wie sollen sie ihre Anwesenheit im Zimmer erklären? Wie sollen sie den Anschein eines ‚plötzlichen‘ und völlig ‚unerwarteten‘ Todes aufrechterhalten? Besser, alles geht seinen gewohnten Gang. Er wird am Morgen ‚aufgefunden‘ werden, wenn er nicht zum Morgengebet in der Kapelle erscheint.

Sie bleiben den größten Teil der Nacht auf, reden, machen untereinander vieles im Flüsterton aus, versuchen zu beten, weinen, betreten und verlassen das Zimmer wieder, vergewissern sich, daß der Körper und der Lesestoff in der richtigen Haltung bleiben. Um halb fünf ziehen sie sich zurück, um den Anschein eines normalen Tagesablaufs zu erwecken.

Aber sie wissen nichts von der diskreten Routine der Nonne, die den Kaffee tatsächlich ins Schlafzimmer von Johannes Paul bringt, möglicherweise um zwanzig nach fünf oder sogar früher. Schwester Vincenza stößt auf den toten Papst, ohne eine der züchtigen Formalitäten, die am folgenden Tag berichtet werden. Seine Haltung mit den Blättern und der aufgesetzten Brille sieht wie ein seltsames ‚Stilleben' aus.

Magee wird von den aufgescheuchten Nonnen gerufen, bevor er sein routinemäßiges Auftauchen in der Kapelle bewerkstelligen kann. Er wird behaupten, er habe seinen Wecker überhört und damit den Eindruck verstärken, daß er die ganze Nacht tief und fest geschlafen hat. Dann ist Don Diego an der Reihe.

Beide Sekretäre werden behaupten, daß sie sich nicht getroffen und abgesprochen hätten. Wie bei ineinandergreifenden Rädern einer Uhr ruft aber Magee Buzzonetti und Villot an, während Don Diego Da Ros und die Nichte des Papstes verständigt.

Dr. Buzzonetti trifft ein und bemerkt die ungewöhnliche Körperhaltung. Wird er von dem lächerlichen Anblick eines mit Kissen aufgestützten Toten, der die Blätter steif in Händen hält, zum Narren gehalten? Spricht er seine Zweifel laut aus? Was immer der Fall sein mag, nach einer privaten Unterredung mit den Sekretären und Villot schreibt der Arzt eine sofortige Diagnose, einen jedem einleuchtenden Urteilsspruch: Myokardinfarkt. Er stellt den Totenschein aus, ohne einen Blick auf den Krankenbericht, ohne eine weitere Meinung einzuholen und ohne, laut Don Diego, die Sekretäre nach jüngsten Symptomen bei Johannes Paul zu befragen. Es wird keine Autopsie geben.

Villot schreibt im Bulletin, daß Magee den Toten aufgefunden hat. Zumindestens bei dieser Gelegenheit hat er vielleicht die Wahrheit geschrieben.

Der Leichnam wird aufgebahrt. Die ersten privilegierten Trauernden kommen und gehen.

Eine der frühesten Besucherinnen ist die Nichte des Papstes. Sie ist Medizinstudentin am Gemelli-Krankenhaus in Rom. Bis zu dieser Zeit ist der Tote wieder mit seiner zerrissenen Soutane bekleidet worden. Das Zimmer ist leergeräumt. Auch ihr ist die Geschichte erzählt worden, daß der Tote im Bett aufgefunden wurde. Sie glaubt nicht daran. Zehn Jahre später wird sie immer noch sagen: „Ich war innerlich irgendwie überzeugt, daß er an seinem Schreibtisch beim Arbeiten gestorben war ..."

Im nachhinein werden die Sekretäre mit Fragen eingedeckt. Was unbedeutende Nebensächlichkeiten zu sein schienen, wird nun in monströsen Ausmaßen aufgeblasen. Was las der Papst? Welchen Gesichtsausdruck hatte er? Wer genau hat den Toten entdeckt? Die Gerüchte mehren sich.

Pater Magee bricht im Maria-Bambina-Institut mit Weinkrämpfen und mit schweren Herzschmerzen zusammen. Er glaubt, die Leute würden mit dem Finger auf ihn zeigen, ihn des Mordes beschuldigen. Schließlich reist er mit Marcinkus' Hilfe nach England ab. Er behauptet, in einer Zeitung stehe, Interpol sei ihm auf den Fersen, und an allen Grenzstellen werde nach ihm gefahndet. Seine Schwester muß ihn mit Sedativa ruhigstellen.

Der geschwätzige Don Diego kann weder seine Geschichte aufrechterhalten, noch kann er das Reden lassen. Nach dem Begräbnis wird er an einen versteckten Ort in Norditalien geschafft, wo er keine Gelegenheit mehr haben wird, mit Magee zusammenzutreffen. Er wird sein Stillschweigen über die Brustschmerzen des Papstes bis zum Oktober 1987 bewahren. Als er in einer Fernsehshow zur besten Sendezeit David Yallop gegenübergestellt wird, unter Druck, gibt er es auf. Magee folgt ihm im Februar 1988 in seinem Interview mit mir in Cobh. Sie brechen ihr Schweigen in dem Glauben, sie würden einer Verschwörungstheorie entgegenarbeiten, die sich auf die Vermutung stützt, daß der Papst bei bester Gesundheit war.

Aber warum will Magee die Leute zu der Annahme verleiten, daß Don Diego in jener Nacht außer Haus war, nachdem er selbst schon zu Bett gegangen war? Ist es nicht ein ausgezeichnetes Alibi für beide? Wie könnte denn ein Mann allein mit dem Gewicht des Toten fertigwerden? Don Diegos Abwesenheit in der Nacht des Papsttodes wird von drei getrennten Quellen erhärtet. Also, warum sollte er es leugnen? „Sie müssen den Vatikan verstehen. Hier unternehmen alle die größten Anstrengungen, um bekannt werden zu lassen, daß sie ihre Aufgabe ordnungsgemäß erfüllt haben", wie Pater Farusi kommentierte. Hat in diesem Fall die *bella figura* die Oberhand über das Alibi gewonnen?

Don Diego, ‚die Witwe des Papstes', spricht oft und ausführlich über den Toten – er spinnt so etwas wie ein Seemannsgarn. Und aus gutem Grund erzählt er tränenreich, daß er nie daran gedacht habe, Johannes Paul die bedingte Absolution zu erteilen. In einem unbedachten Augenblick räumt er mir gegenüber ein, daß der Körper noch warm war, als er ihn aufhob. Am Morgen, wenn der Körper kalt und steif ist, wäre es, wie er sehr wohl wußte, für Absolutionen zu spät gewesen. Er tröstet sich heutzutage mit der wiederholten Versicherung, daß der Papst „direkt in den Himmel gekommen ist".

Villot, wie ausführlich berichtet wird, befindet sich am Morgen des Todes in einem Zustand erregter Seelenqual. Wenn er ein Komplice in dieser ‚Vertuschung' ist, läßt sich daran gewiß das Ausmaß seiner eigenen Schuldgefühle ermessen. Es heißt, daß er in dem Glauben gestorben ist, er hätte Johannes Paul I. ‚zerstört'.

Ich telefonierte mit Bischof Magee und fragte ihn, ob an meiner Hypothese irgendein Körnchen Wahrheit sei. Wie Don Diego auch, bestritt er eine solche Annahme prompt.

„Nein", sagte Magee mit Nachdruck. „Wir haben ihn ganz bestimmt nicht auf dem Boden vorgefunden. Wir haben ihn am Morgen tot im Bett aufgefunden."

Und doch hätte ich viel lieber daran geglaubt, daß Magee in jener Nacht aus Mitgefühl halt gemacht *hat;* daß er gelauscht, das Licht noch brennen gesehen, vielleicht die Tür einen Spalt geöffnet und den Papst sterbend oder bereits tot aufgefunden hat.

Wie es aussieht, müssen wir glauben, daß Magees Rücksicht auf päpstliche Würde und Autorität sein natürliches Mitgefühl überwältigte. Obwohl die Angst um das bloße Leben von Johannes Paul ihn noch immer bewegte, ging er dennoch geradewegs an der Schlafzimmertür vorbei, kehrte in seine Gemächer zurück und ging zu Bett.

43

Kardinal Léon-Joseph Suenens erzählt die Geschichte von zwei Begegnungen mit dem eben neugewählten Papst Johannes Paul I. Als Suenens am Ende des Konklaves zu ihm trat, um ihm für die Annahme der Wahl zu danken, erwiderte Johannes Paul: „Ich hätte besser daran getan, ‚nein' zu sagen." Nach der letzten Nacht im Konklave ging Suenens mit ihm zusammen das letzte Mal in die Sixtinische Kapelle. „Wie haben Sie geschlafen, Heiliger Vater?" fragte er. „Ich habe", antwortete Johannes Paul, „die ganze Nacht nur mit Zweifeln verbracht."

Es gibt genügend Beweise, daß Johannes Paul von Anfang an geglaubt hat, daß seine Wahl ein Fehler gewesen und sein Papsttum zum Scheitern verurteilt sei. Er sehnte sich nach dem Tod. Er betete, er flehte Gott an, sterben zu dürfen, und er war überzeugt, es würde nicht lange dauern, bis ihm dieser Wunsch erfüllt werden sollte.

Es war Johannes Paul I. gelungen, in der Kirche aufzusteigen und gleichzeitig der Plackerei der Bürokratie und finanzieller Verantwortung aus dem Wege zu gehen. Von politischen Streitigkeiten blieb er verschont, und für theologische Dispute hatte er nichts übrig. Sein Weg zu einem Bischofssitz hat über die abgeschlossene Welt eines Seminars geführt, wo er über allgemeine Themen dozierte. Seine besondere Sachkenntnis lag in der Katechese – die Verbreitung der christlichen Lehre in klaren und einfachen Formeln.

Er ersetzte seinen Sekretär in Venedig, weil er Konversation über das Weltgeschehen und Kirchenpolitik nicht ausstehen konnte. Theologie war ihm verdächtig, seiner Meinung nach konnte sie zu Häresie führen: „... zuviel Theologie, zuwenig vom Seelenhirten ..." Wie sein Sekretär Lorenzi bemerkte, war „Luciani an großen Streitfragen nicht interessiert".

Er liebte die kleinen Freiheiten seiner täglichen Lebensroutine: die Möglichkeit, auszugehen und sich unters Volk zu mischen; die Freiheit, seine Siesta zu halten, einen Bergwanderurlaub zu machen, Zeit mit seinen Familienangehörigen zu verbringen. „Er war ein Mann, der sich um kleine und winzige Dinge Sorgen machte", wie sein Sekretär Magee bemerkte.

Seine Stütze fand er in der *Nachfolge Christi*, einem der geistlichen Werke, das Askese und persönliche Frömmigkeit betont. Es war auf die geistige Heranbildung von Mönchen und Nonnen in weltabgewandten Gemeinschaften ausgerichtet, und von daher kompromißlos in der Ablehnung „weltlicher Eitelkeiten".

Als er das Patriarchat von Venedig übernahm, hatte er bei seinen intellektuellen und administrativen Fähigkeiten einen außerordentlichen Gipfel erreicht, und dies war ihm ohne sichtbaren Ehrgeiz oder dem Wunsch nach einer Karriere gelungen. Er war durch allgemeine Akklamation gewählt worden: ein Zeichen für die periodisch wiederkehrende nostalgische Sehnsucht innerhalb der Kirche nach einfachen, frömmigkeitsorientierten Antworten auf die Probleme und Übel der Welt.

Aber bedeutete Venedig wirklich eine so große Herausforderung? Das altehrwürdige Patriarchat, reich an Geschichte und Gepränge, ist verwaltungsmäßig wahrscheinlich eine kleinere Aufgabe als eine große Innenstadtgemeinde. Wie Don Diego berichtet, hatte der frühere Sekretär die Diözese praktisch mit der linken Hand verwaltet. „Sie werden sich langweilen", hatte der Patriarch Don Diego bei seiner Einstellung vorhergesagt, und Don Diego hat sich dann in der Tat gelangweilt.

Luciani war Patriarch, er war ein Kardinal der Kirche, aber er schaffte es, einen pastoralen Lebensstil fortzusetzen, der von weltlichen oder administrativen Sorgen unberührt blieb. Das einzige, was ihm Unbehagen bereitete, waren die unbedeutenden Unannehmlichkeiten von Pomp und Protokoll, die zu diesem Posten gehörten.

Das alles fand im August 1978 ein jähes Ende, als er zum Papst gewählt wurde. Ohne es sich zu wünschen, ohne eine Lobby für sich aufzubauen oder auch nur vage darauf zu spekulieren, wurde Luciani im Alter von 65 Jahren auf einen der risikoreichsten und anstrengendsten Chefposten der Welt gehievt – 3000 vatikanische Angestellte daheim, 3000 Bischöfe draußen und fast eine Milliarde Seelen, deren geistlicher Führer er war. Die Bürde des Papstamtes vereinigt ein hohes Gewicht moralischer Verantwortung mit dem geschichtlichen Erbe – es ist die älteste überlebende Autokratie auf Erden. Die bürokratischen, politischen und finanziellen Verästelungen des modernen Papsttums sind unüberschaubar.

Vielleicht hatte das Konklave wirklich aus einem Empfinden nostalgischer Sehnsucht heraus eine *pastorale* Wahl getroffen: einen *heiligen* Mann, einen *schlichten* Mann, jemand, der die Geschäftemacherei der Kurie kurzschließen würde. Bei einem Mann des echten Gebets und der Heiligkeit, so glaubte man, liege alles in sicheren Händen. Auf dem Rückflug in ihre verschiedenen Länder beglückwünschten sich die meisten ausländischen Kardinäle zu ihrer Arbeit. Sie hatten bekommen, was sie wollten: sie hatten ‚Gottes eigenen Kandidaten‘ gefunden; sie waren vom Heiligen Geist geführt worden. Doch was bedeutete das unmittelbar und praktisch für Luciani?

Von der höheren Warte der Rückschau ist es offenkundig, daß Albino Luciani für die Rolle des Pontifex ganz außergewöhnlich schlecht ausgestattet war, seiner Erfahrung wie seinem Wesen nach. Es ist ebenso klar, daß er schwer krank war. Und wie der Jesuitenpater Farusi bemerkte: „Papst zu sein, bedeutet eine enorme Last, aber diese Last auf die Schultern zu nehmen und nicht bei guter Gesundheit zu sein, ist eine zusätzliche psychologische Belastung ...“ Johannes Pauls I. phänomenale Aufgabe wurde durch Krankheit noch weiter erschwert.

Don Diego schätzte die Eigenart der päpstlichen Aufgaben wie die Kunst des Möglichen im Vatikan falsch ein. Dafür kann man ihn kaum verantwortlich machen. Für seine Rolle besaß er weder die nötige Erfahrung, noch war er auf sie vorbereitet. „Papa Luciani", sagte Don Diego, „war ein Mann des Gebets; sie hätten ihn in Ruhe lassen sollen, dann hätte er wirken können."

Magee andererseits schien von der sonderbaren Machtsituation, in der er sich fand, wie hypnotisiert. „Wir hatten eine brüderliche Beziehung." „Der Einsiedler des Vatikans", wie ihn viele nannten, war von der Verletzlichkeit und dem Geist bereitwilliger Zustimmung des Papstes in den Bann gezogen. Er war, wie ihn mir ein Beamter beschrieben hat, ein ‚Phantast', ein Tagträumer. Johannes Paul I. hatte Männer mit nüchternem Verstand und ausgeglichenem Gemüt bitter nötig.

Ohne seine persönliche Einstellung aufzugeben und trotz seiner Handikaps versuchte Johannes Paul, sich der riesigen Aufgabe anzupassen: Er wies den Pomp der Krönung zurück; er bat darum, Hirte statt Papst genannt zu werden; er holte seine alten Predigten hervor und polierte sie auf. Vor den Kameras zeigte er ein gewinnendes Lächeln, und er gab sich alle Mühe, sich in Rom so zu verhalten, wie er es sein Priesterleben hindurch getan hatte.

Aber hinter dem äußeren Erscheinungsbild in der Öffentlichkeit verbarg sich private Qual. Den Großteil des Tages saß er in der Falle, ein Gefangener im ‚goldenen' Käfig mit seinem täglichen Alptraum: den beiden Koffern mit Papieren, die vom Staatssekretariat heraufkamen, und „jedes Blatt Papier ein Problem".

Villots Fehleinschätzung der administrativen Fähigkeiten des Papstes und seines kläglichen Gesundheitszustands war verheerend und sicher schuldhaft. Villot setzte ihm Tag und Nacht zu. Johannes Paul versuchte, in den vatikanischen Gärten spazierenzugehen, da hefteten sich ihm Sicherheitsbeamte an die Fersen, und Villot kam herbeigeeilt, um ihn mit noch mehr Problemen einzudecken. Tag und Nacht tauchte Villot auf, verlangte Antworten und Lösungen, quengelte und drängte. Wir werden das volle Ausmaß der administrativen Belastungen und Pressionen, die er dem neuen Papst auferlegt hat, wahrscheinlich nie erfahren. Aber eines wissen wir mit Sicherheit: Statt ihm einen leichten Einstieg zu ermöglichen, versuchte Villot – der ungeduldige Mann, der selbst gern einen leeren Schreibtisch hatte – innerhalb der ersten paar Wochen all das zu erledigen, was unter Paul VI. liegengeblieben war. Auch wenn er normalerweise ‚vor seinem eigenen Schatten Angst hatte', war Villot doch, den euphemistischen Worten Magees zufolge, „dem Papst gegenüber stark und dominant ...".

Meine Versuche, den Mann zu interviewen, der zur Zeit des Pontifikats von Johannes Paul I. als Kardinal Villots Sekretär fungiert hatte, wurden mit einer Reihe lächerlicher Ausflüchte abgeblockt. Trotz wiederholter Anweisungen von oben weigerte sich der betreffende Monsignore zu reden. Es ist unwahrscheinlich, daß die Geschichte von Villots Einfluß auf Johannes Paul I. im Detail bekannt wird. Wir wissen, daß Don Germano Pattaro den Papst in der letzten Woche seines Lebens völlig „desorientiert" fand. Und nach Johannes Pauls Tod pflegte Villot Leuten zu erzählen, er glaube, er hätte den Papst durch Arbeitsdruck ‚zerstört'.

Der Zustand des päpstlichen Haushalts läßt sich detaillierter beschreiben. Er bietet ein Bild von Unordnung und Unglück. Don Diego und Magee waren emotional und lagen miteinander im Streit. Don Diego – den vatikanischen Gerüchteköchen als *ragazzino* bekannt – war „im Vatikan verloren", unruhig, ungeduldig und lief bei jeder Gelegenheit davon. Die päpstlichen Diener beraubten, Magee zufolge, den Papst seiner Privatsphäre und seiner Gemütsruhe – sie führten Fremde und Fotografen sogar in sein Schlafzimmer. Schwester Vincenza hatte Heimweh und war krank.

Für Johannes Paul I. gab es aus dem Streß und der Anspannung keinerlei Ausweg, nicht einmal im inneren Heiligtum seiner Privatgemächer. Johannes Paul litt extrem unter Kopfschmerzen, Einsamkeit und Klaustrophobie. Die einzige Erleichterung, die ihm blieb, war das Aufundabschreiten auf einem Betondachgarten, wie ein Tier in einem Käfig. Ab der zweiten Woche seines Papsttums schwollen seine Beine zu elefantösen Ausmaßen an.

Es war an dieser Stelle, daß Magee von dem außergewöhnlichen Verhalten des Papstes während der Morgenmesse berichtete, als er darum bat, der *chierichetto* des Sekretärs zu sein – der kleine Altardiener, die niedrigste Funktion in der kirchlichen Liturgie. Dieser Akt der Erniedrigung, den Johannes Paul I. dreimal vollzogen hat, gibt einen Hinweis auf seine Gemütsverfassung. Er deutet ein tiefes Bedürfnis nach einem symbolischen Unterwerfungsakt, nach Erniedrigung an – als ob der Papst ein Gefühl der Unwürdigkeit und Unfähigkeit beruhigen wollte. Johannes Paul I. war überzeugt, daß das Konklave einen Fehler begangen hatte. Er war *nicht* vom Heiligen Geist ausgewählt worden. Er war ein Usurpator, ein ‚armer', zum Scheitern verurteilter Papst.

Bei jeder Mahlzeit, so Magee, sagte er: „Warum haben sie *mich* gewählt? Warum um alles in der *Welt* haben sie *mich* gewählt?" „Er sprach ständig vom Tod, erinnerte uns ständig daran, daß sein Pontifikat von kurzer Dauer sein würde. Ständig sagte er, daß er abtreten müßte, damit der ‚Ausländer' an seine Stelle träte."

Laut Magee war er „... dieser Welt überdrüssig und wollte nur sterben. ‚Ich bitte den gütigen Herrn, zu kommen und mich zu sich zu holen ...' Ich glaube, daß er sein Gebet — ‚Gott, bitte nimm mich hinweg!' — in jenem Monat seines Papsttums Tausende von Malen gesprochen hat." Dann nochmals laut Magee: „Er wollte nicht in dieser Welt bleiben." Am Abend seines Todes sprach er, wie in außergewöhnlicher Voraussicht, das Gebet: „Gewähre mir die Gnade, den Tod anzunehmen, der mich niederwerfen wird", und äußerte den starken Wunsch, sich in Exerzitien für einen heiligen Tod vorzubereiten.

Tag für Tag, erklärt Schwester Vincenza, betonte er immer wieder, daß er den Papststuhl, auf dem er saß, usurpiert hatte.

„Schauen Sie, Schwester, ich sollte nicht hier auf diesem Stuhl sitzen. Der ausländische Papst wird kommen und meinen Platz einnehmen. Ich habe unseren Herrn *angefleht*!"

Er hatte Gott darum *angefleht*, ihn sterben zu lassen. Er war innerlich überzeugt, daß sein Gebet erhört werden würde.

Es gibt hinreichende Beweise für einen Zusammenhang zwischen dem Verlust des Lebenswillens und plötzlichem Tod. Zu den besonders gut dokumentierten Gruppen gehören: Menschen, die vor kurzer Zeit einen Verlust erlitten haben; Menschen, die glauben, ein heiliges Tabu verletzt zu haben; Menschen in ausweglosen Situationen und insbesondere Menschen, die ihren eigenen Tod mit Hilfe irgendeiner *idée fixe* ‚erzwingen'. Die Forschung hat sich auf die Auswirkung von Gemütszuständen auf die innere Selbststeuerung und das Immunsystem konzentriert. Es gibt starke Beweise, daß bei Primaten im Streßzustand der Gerinnungsfaktor im Blut so weit steigen kann, daß er zum Tod führt.

Es wäre nicht schwierig, eine plausible Hypothese aufzustellen, die den Tod von Johannes Paul im Sinne solcher Erkenntnisse erklärt. Hat er, wie seine Nichte glaubt, nicht darauf geachtet, seine lebensrettenden Medikamente einzunehmen? Wo ist die Trennungslinie zwischen ‚Selbstaufgabe' und Selbstmord durch absichtliche Versäumnis, zwischen ‚Resignation' oder ‚Sich selbst aufgeben' im religiösen Sinn – wenn ein Mensch glaubt, es sei Gottes Wille, daß er sterben soll, und diese Aussicht bereitwillig annimmt?

Es gibt keinen Beweis, daß Johannes Paul sich der Verzweiflung überließ, aber er war bereit zu sterben, und da gab es nicht nur ein Gefühl, es sei an der Zeit zu sterben, sondern auch ein starkes Verlangen. Es bedurfte nur seiner Weigerung, einen Arzt zu sehen, und seiner Vernachlässigung durch andere Menschen, um sich das Ende, das er sich so innigst wünschte, zu sichern.

In der durch Gewalt geprägten Kultur des heutigen Italien ist ein finsteres neues Verbum in Umlauf gekommen: ‚selbstmorden', das sowohl im aktiven wie im passiven Sinne verwendet wird. Calvi soll geselbstmordet worden sein, ebenso seine Sekretärin, die ‚im passenden Moment' hoch oben aus dem Fenster des Gebäudes der Banco Ambrosiano sprang. Der Begriff impliziert den Versuch, einen Mord wie einen Selbstmord aussehen zu lassen. Hier eine Verwandtschaft zum Fall von Johannes Paul I. zu sehen, ist kein Hirngespinst. Indem die ihm Nahestehenden im Vatikan seine Symptome am Tag seines Todes verschwiegen, haben sie einen Tod, der sich durch klar erkennbare Anzeichen ankündigte, als er noch lebte, effektiv wie einen ‚plötzlichen' Tod dargestellt. Die Analogie kann noch weiter getrieben werden. Johannes Paul I. wollte sterben, die Umstände waren passenderweise vorhanden, die Umstehenden stürzten nicht herbei, um ihn davon abzubringen.

Johannes Paul ist mit ziemlicher Sicherheit an einer Lungenembolie gestorben, die aufgrund eines abnormalen Gerinnungsfaktors des Blutes eintrat. Er brauchte Ruhe und eine ärztlich kontrollierte Einnahme von Medikamenten. Wenn die entsprechenden Medikamente verschrieben worden wären, hätte er höchstwahrscheinlich überlebt. Die Alarmsignale einer tödlichen Krankheit waren für alle unübersehbar; die Signale wurden mißachtet. Es wurde nichts getan, um ihm zu Hilfe zu eilen oder ihn zu retten.

Etwa hundert Meter von den päpstlichen Gemächern entfernt, befindet sich der vatikanische Gesundheitsdienst mit Ärzten und Schwestern, der einen Dienst rund um die Uhr garantiert, und einer Tag-und-Nacht-Apotheke, die von italienischen Arzneimittelbeschränkungen frei und groß genug ist, um 8000 Patienten zu versorgen. Der vatikanische Gesundheitsdienst ist erstklassig. Zur Zeit von Johannes Paul I. war sein Leiter Professor Mario Fontana, ein führender römischer Pathologe, der der Leibarzt von Paul VI. gewesen war. Alle Einrichtungen und Angestellten standen Johannes Paul I. während seiner kurzen Herrschaft im Prinzip zur Verfügung, und doch ist er gestorben, ohne auch nur ein einziges Mal von einem vatikanischen Arzt besucht worden zu sein. Magee zufolge war am Wochenende vor dem Tod der Übergang der ärztlichen Verantwortung von Da Ros zu Buzzonetti vereinbart worden, aber die Krankengeschichte war im Vatikan noch nicht eingetroffen. Nach Aussage von Buzzonetti war der Vatikan für die Gesundheit des Papstes nicht verantwortlich und ist es auch nie gewesen. Es stellt eine außergewöhnliche Ironie dar, daß sechs Topspezialisten sich in der Nacht vom 29. auf den 30. September neun Stunden lang am Körper des toten Papstes abmühten, um für die sich hinziehenden Trauerfeierlichkeiten sein Erscheinungsbild zu erhalten, und kein einziger Arzt sich für die Gesundheit des Papstes in den letzten Tagen seines Lebens verantwortlich erklären kann, als der Papst schwer erkrankt war und bei rechtzeitiger Behandlung noch hätte gerettet werden können.

Die Vernachlässigung seines körperlichen Wohlbefindens, die nach dieser Lage der Dinge offenbar wird, ist symptomatisch für die Haltung des Vatikans gegenüber dem Mann, der dort als der ‚lächelnde Papst' bezeichnet wurde.

Während der Wochen, in denen ich mit Dutzenden von Vatikanbeamten sprach, habe ich festgestellt, daß die gesundheitlichen wie arbeitsbezogenen Schwierigkeiten von Johannes Paul I. in den vier Wochen seiner Herrschaft allgemein bekannt waren. Don Diego Lorenzi erklärte mir: „Der Vatikan existiert nicht. Die Leute wissen nicht, was sie meinen, wenn sie vom ‚Vatikan' sprechen." Und doch verbreitet sich jede Information, jedes Gerücht oder Geschwätz unglaublich schnell in den Fluren und Büros des Stadtstaates. Als Gesamteinheit, als außergewöhnlich auf sich selbst bezogene Gemeinschaft ist der Vatikan existent. Insassen haben den Vatikan mir gegenüber beschrieben als „Goldfischglas", „ein Dorf von Waschweibern", „einen Eunuchenpalast". Der ganze Vatikan, so wurde mir berichtet, „wabert geradezu in brillant bösartigem Klatsch". Gleichzeitig ist niemand verantwortlich. Es herrscht durchgehend eine Atmosphäre von Kleinmütigkeit, eine Scheu, Dinge offen beim Namen zu nennen und Verantwortung zu übernehmen, geistige Niederträchtigkeit. Der alte Jesuit Farusi warnte mich: „Sehen Sie, Sie müssen den Vatikan verstehen. Alle hier machen die größten Anstrengungen, den Eindruck zu erwecken, daß sie ihre Aufgabe ordnungsgemäß erfüllen." ‚Den schwarzen Peter weitergeben' ist im Vatikan ein beliebter Zeitvertreib, und wenn nichts mehr hilft, schiebt man die Schuld auf die Italiener, die Amerikaner, die Reaktionäre, die Liberalen ...

Es war allgemein bekannt, daß Johannes Paul I. von seiner Aufgabe überwältigt war. „Jeder, der Bescheid wußte, sagte, er sei mit seinem Latein am Ende", wie ein Beamter es formulierte. Es war allgemein bekannt, daß er ernsthaft krank war. Ich sprach mit einem vatikanischen Beamten, der mir erklärte: „Einige Tage vor seinem Tod habe ich ihm bei einer Audienz die Hand geschüttelt und wußte, da hielt ich die Hand eines toten Mannes." Das Aussehen seiner geschwollenen Beine war überall im Vatikan bekannt. Seine Nichte Lina Petri kommentierte das so: „Er hatte geschwollene Beine; das wußte während seines Pontifikats jeder. Er konnte überhaupt keine Schuhe mehr anziehen, weder die neuen noch seine alten."

Warum ist nichts getan worden? In Dutzenden von Interviews ist mir erklärt worden: „Aber Sie können dem Papst doch nicht sagen, was er zu tun hat. Es liegt immer bei ihm zu entscheiden, was er will." Ich stieß nur ein einziges Mal auf die Aussage eines offiziellen Vertreters des Vatikans, der dem Papst in seinen administrativen Problemen zu helfen versucht hatte – ironischerweise war es Erzbischof Marcinkus, der ihm riet, Villot aufzufordern, die anstehenden Punkte in Form von Resümees einzureichen.

Wie konnte es geschehen, daß diese Gemeinschaft von Menschen, von denen sich die meisten einem religiösen Leben im Zentrum der Christenheit widmeten, es versäumte, dem Mann, der so offensichtlich litt, eine helfende Hand zu reichen.

Ich habe keine Hinweise dafür gefunden, daß der heutige Vatikan vereinzelt oder in Klüngeln Mörder, Schurken und Ganoven beherbergt. Andererseits bin ich gelegentlich auf Spuren von heiligmäßigen Männern und Menschen des Gebets gestoßen. Ihre ebenfalls vorhandenen Mängel und Schwächen fallen unter die ‚läßlichen' Unvollkommenheiten. Ihre Verbrechen sind nicht ‚Mord', ‚Raub', Betrug'. Es sind vielmehr ‚Doppeldeutigkeit', ‚sparsamer Umgang mit der Wahrheit', ‚geistiger Vorbehalt', ‚kleinlicher Ehrgeiz', ‚Verzagtheit', ‚Bösartigkeit', ‚Zynismus', ein auffallender Mangel an ‚Güte' und allgemeiner ‚Nächstenliebe'. John Magee erfuhr, was das bedeutete, als er nach dem Tod von Johannes Paul dem Zusammenbruch nahe war. Er kommentierte: „Ich hatte im ganzen Vatikan keinen Freund oder Verbündeten." Vittoria Marigonda erlebte, was das bedeutete, als Monsignori und Priester die Tür zu ihrem Büro öffneten und sie wortlos anstarrten. Marcinkus, alles andere als ein Mensch delikaten Zartgefühls, brachte es auf folgenden Nenner: „He, was ist das denn! Ich dachte, das hier wäre ein Ort der Liebe ... Ich mag nicht wie J. Edgar Hoover arbeiten, Dreck sammeln und weiterleiten. Ich nehm an, das klingt, als ob ich mich zu entschuldigen versuche, aber das ist eine grundlegende Tatsache. Und ausgerechnet hier ... du kannst dich in dieser aufgeblähten Bürokratie, die alle schlechten Eigenschaften des menschlichen Wesens zutage fördern kann, ganz schön verfangen ..."

Die Bewohner des Vatikans sind sich ihrer Schwächen nur zu bewußt. Sie wissen nur zu genau um die Bestürzung, die sie bei Außenstehenden hervorrufen. Sie sind es gewohnt, mit einem schiefen Lächeln zu sagen: „Wer das Feuer scheut, soll nicht zu nah an den Ofen treten." Doch das Zusammenwirken all dieser Unzulänglichkeiten erwies sich eben für Johannes Paul genauso tödlich wie wenn die Herren im Vatikan sich verschworen hätten, ihm Digitalis in den Kaffee zu schütten.

Das Konklave hatte einen Hirten als Papst gewählt und war über diese Wahl entzückt. Was die öffentliche Aufnahme betraf, so war sie geradezu ekstatisch. Pater Farusi meinte dazu: „Diesem Papst hat das einfache Volk eine enorme Zuneigung entgegengebracht. Er galt sogar als noch populärer als Johannes XXIII.; er war noch heiliger, noch demütiger, noch bescheidener, noch schlichter. Er wurde als ein heiliger Papst betrachtet, der seinem Volk nahestand."

Das allgemeine Urteil innerhalb des Vatikans fiel allerdings nicht so freundlich und liebevoll aus. Der neue Papst wurde wegen seines Watschelganges, seiner nicht sehr gewinnenden äußeren Erscheinung, seines schief sitzenden *zucchettos*, seiner naiven Reden ausgelacht. Ein Kleriker sprach von einer „Reader's Digest-Mentalität" des Papstes. Sie mokierten sich über seine Bemühungen, zu den Massen zu sprechen, über all seine hausbackenen Ansprachen an Kinder. Sie wackelten mit den Köpfen und ahmten seine Piepsstimme nach: „Gott der Allmächtige hat mehr von einer Mama als von einem Papa." Mitglieder der Kurie machten seine einfache Sprache verächtlich, seine Gewohnheit, Pinocchio in einem Atemzug mit Augustinus und Gregor dem Großen zu nennen. Herablassend wurde in Diminutiven auf ihn Bezug genommen – „sein Siestalein". Er kannte nicht den Unterschied zwischen wahrer Lehre und ‚Blasphemie'. Er war ein vorgeblicher Papst, wie „Peter Sellers", ein Clown. Es gab endlose Geschichten über seine Taktlosigkeiten und seine *faux pas* – einige waren apokryph, wie die Geschichte von seinem plötzlichen Auftauchen am Sant'Anna-Tor, um sich den Verkehr anzuschauen; einige wahr, wie die Geschichte, daß ihm vom Dachgarten Dokumente heruntergefallen waren.

Das Konklave, die Kirche, hatte einen hirtenmäßigen Papst gewählt, einen Mann des Gebets, aber der Vatikan hatte es abgelehnt, sich auf diese Herausforderung oder Chance einzustellen. „Sie hätten ihn gern geändert", sagte Don Diego Lorenzi. Sie betrachteten ihn voller Herablassung, und Villot deckte ihn gefühllos mit Bergen von Schreibtischarbeit ein.

Dann begannen sie in ihm einen Affront zu sehen, nahmen Anstoß an ihm. Scharfe Zungen lästerten, als er mit den Worten auf sich zeigte: „Habt Mitleid mit diesem armen Christus!" Bevor er starb, gab er Schwester Vincenza die erschütternde Ermahnung: „Sehen Sie, am Anfang schreit die Menge ‚Hosianna', und es dauert nicht lange und sie rufen ‚Kreuzigt ihn!' Vertraut nur auf Gott und setzt euren Glauben in *ihn*." Als wollte er das Gleichnis noch unterstreichen durch den Hinweis auf die Zahl der Lebensjahre Christi, starb er am 33. Tag seines Pontifikats.

Er starb mitten im Herzen der größten christlichen Gemeinde ganz allein. Er starb ohne Sterbesakramente. Er starb an Vernachlässigung und Mangel an Liebe.

Hinterher erklärte Don Diego: „Wir hatten ihn nicht verdient."

Das Urteil eines Vatikan-Beamten über seinen Tod ist typisch für viele, die ich gehört habe: „Der Heilige Geist hat uns einen guten Dienst geleistet: er hat uns von ihm erlöst, bevor er zu großen Schaden anrichtete." Es sollte noch viele andere Urteile geben; in Palästen und Büros, oben wie unten, sollten die Theorien nur so wuchern.

Die Ausgangsquelle für die Theorie, derzufolge Erzbischof Marcinkus und Kardinal Villot den Papst mit Gift ermordet haben, werden wir vielleicht nie in Erfahrung bringen. Die Verfechter einer Verschwörungstheorie haben den Standpunkt vertreten, sie sei durch Andeutungen und Anspielungen von Benelli ins Spiel gebracht worden. Das mag sein. Wenn es zutrifft, daß Benelli durch den Tod von Johannes Paul I. um den Posten des Staatssekretärs gekommen ist, so hatte er gewiß ein starkes Motiv, sich an seinen alten Gegnern zu rächen. In diesem seltsamen Spiegelsaal haben die Verschwörungstheoretiker ihren Zweck. Aber wie wir gesehen haben, führt das Suchen nach Motiven für sich genommen keineswegs zur sicheren Wahrheit.

Bis auf den heutigen Tag kommen immer neue Theorien und Andeutungen auf. Als ich meine Abreise aus Rom vorbereitete, nahm ein Journalist mit mir Verbindung auf, der behauptete, Johannes Paul I. sei vom CIA ermordet worden, weil er einen Wink über die Mörder von Aldo Moro bekommen hatte. Die Quelle, die nicht genannt werden will, behauptete auch noch, daß kein geringerer als Erzbischof Marcinkus dem CIA angehöre.

Folgendes ergab sich im Zeitraum von nur einer Woche: In einer britischen Zeitung las ich die Behauptung, Johannes Paul I. sei ein aktiver Sodomit gewesen. Ich erhielt einen anonymen, ans Staatssekretariat gesandten Brief, in dem behauptet wurde, ein gewisser Pater Kreishi, der früher im Staatssekretariat gearbeitet hatte, sei im Mai 1988 in Beirut hingerichtet worden, weil er die Mörder von Johannes Paul gekannt habe; und in Südfrankreich soll ein Cousin von Luciani der Agence France Presse mitgeteilt haben, daß die Familie nunmehr der Überzeugung sei, daß Johannes Paul tatsächlich ermordet worden sei.

Das Flüstern, die Gerüchte, die Theorien – weit hergeholt, sensationell, phantastisch – dienen alle einem Zweck: Sie alle lenken von der offenkundigsten und schmachvollsten Tatsache überhaupt ab: Johannes Paul I. starb verspottet und mißachtet – von der Institution, die dazu da war, ihn zu stützen und zu tragen.

EPILOG

Wenn wir nur die negativen Seiten des Säkularismus sehen . . . werden wir unsere Religion aus der Politik, aus unserer Wirtschaft, aus unserer Gesetzgebung und allem anderen dieser Art heraushalten. Wir werden somit die Welt noch säkularer im negativen Sinn werden lassen.

Edmund Hill, *Being Human*

Und was ist mit Marcinkus? Im Zusammenhang mit dem Tod von Johannes Paul I. hatte ich gegen ihn nichts entdecken können, und in diesem Sinne, so glaube ich, ist er das Opfer einer weitverbreiteten Verleumdung geworden. Doch während meine Nachforschungen sich dem Ende neigten, ließ mir seine Rolle als Banker, das Geheimnis seines Erfolgs und seines Überlebens im Vatikan noch immer keine Ruhe.

Marcinkus schien mir ein solcher Widerspruch zum kirchlichen Milieu, daß seine Anwesenheit und seine Art im Rahmen des Vatikans geradezu surrealistisch anmuteten. Durch welche Verkettung von Umständen oder welch seltsamen Dreh des Schicksals war er so hoch gestiegen und in seiner Spitzenposition geblieben – trotz der Skandale, die um ihn herumwirbelten? Hatte sein starker weltlicher Charakter sich einer stillschweigend nachgebenden Institution aufgedrängt? Oder war sie für ihn ein ideales Lebenselement? Je länger ich über diese Fragen nachdachte, desto stärker wuchs in mir die Überzeugung, daß die Antworten in den dramatischen Umwälzungen zu finden sein mußten, die die römisch-katholische Kirche in den vorangegangenen zwei Jahrzehnten aufgebrochen hatten.

Mit dem Zweiten Vatikanischen Konzil sollte ein Zeitalter erhabener päpstlicher Isolation bewußt abgeschlossen werden. Die neuen Schlagworte hießen Kollegialität, gemeinsame Beratung, Öffnung. Ohne Budget und ohne an die finanziellen Folgen zu denken, hatte der Heilige Stuhl zahllose neue Kommissionen, Kongregationen und Gerichtshöfe ins Leben gerufen. Er war schließlich so etwas wie eine Kreuzung aus Forschungsstiftung und internationaler Regierungsbehörde geworden. Um die Sache noch schlimmer zu machen, begann der Vatikan unter den Auswirkungen der massiven Gehälterinflation der frühen siebziger Jahre zu leiden. Seine Angestellten forderten nun eine jährliche Lohnanpassung und dieselben Sozialleistungen, die ihren Kollegen in der säkularen Welt zustanden: Gesundheitsvorsorge, Pensionen, Abfindungsentschädigungen.

Das war der Hintergrund, vor dem Marcinkus zu Ruhm und Ansehen aufstieg. Der draufgängerische weltliche Priester aus Chicago, ein Protegé mächtiger amerikanischer Kardinäle, hatte als Organisator von Papstreisen beeindruckt. Er war, nach allem, was wir wissen, der einzige Kleriker, der sich der Gefahren, denen ein im Ausland reisender Papst ausgesetzt ist, wirklich bewußt war. Daß er die Stellung bei der Vatikan-Bank bekam, entsprach der Ausübung von Ämterpatronage in einer absoluten Monarchie: Paul VI. belohnte diesen ‚Hansdampf in allen Gassen' und körperlich starken Mann, der ihm in wenigstens zwei Situationen das Leben gerettet hatte. Doch, und das ist noch wichtiger, in einer Zeit, als die Welt in das vatikanische Allerheiligste einzugreifen schien, erweckte Marcinkus den Eindruck eines Priesters, der mit den weltlichen Instanzen nach weltlichen Methoden sicher umzugehen verstand. Er gehörte zu jener Sorte amerikanischer Prälaten, die mit Geschäftsleuten auskamen und ohne eine Spur von klerikaler Scheu die Sprache der Geschäftswelt zu sprechen verstanden.

Wie aber stand er zur Geschäfts*moral*, zur Management-Ethik? Als ich ihn fragte, warum er weiterhin mit Calvi Geschäfte gemacht hatte, obwohl der italienische Banker wegen Devisenbetrugs zu einer Gefängnisstrafe verurteilt worden war, antwortete er: „Als Calvi im Kittchen saß, da *habe* ich jemand gefragt: ‚Hey, was geht da vor?' Und der Kerl sagt mir: ‚Wenn man nicht geschnappt wird, taugt man überhaupt nichts.' Isoliert betrachtet, könnte seine Antwort einige Aspekte der italienischen Geschäftssitten beleuchten, doch als Antwort auf meine Frage empfand ich sie als tief beunruhigend.

Ich war in Gefahr geraten, Marcinkus falsch einzuschätzen. Seine augenscheinliche Offenheit und Direktheit hatten mir imponiert. Was seine Vorliebe für Havanna-Zigarren, guten Whisky und den Golfplatz anging, so möchte ich darüber moralisch nicht richten. Hatte er es nicht geschafft, das Problem zu lösen, als Priester „in der Welt, mit der Welt und trotz der Welt zu leben“? Doch seine Bemerkung über Calvi gab mir paradoxerweise zu erkennen, daß seine Haltung zum Geschäftlichen so unaufgeklärt wie verwerflich war.

Sie bot mir keinen Anlaß, den vorhandenen Zweifel bezüglich seiner eigenen geschäftlichen Maßstäbe, zu seinen Gunsten auszulegen. Die zentrale Frage betraf nach wie vor die Rolle des Vatikans beim Zusammenbruch der Banco Ambrosiano. Die Trostbriefe, die zu erkennen gaben, daß der Vatikan die panamesischen Schuldnerfirmen kontrollierte, waren dazu bestimmt, Zeit für Calvi zu schinden, damit er sein Haus in Ordnung bringen und die Verschuldung verringern konnte. Diese Briefe sollten mit ihrem Hinweis auf die Verflechtung mit dem Vatikan bei den Gläubigern Vertrauen in die panamesischen Firmen wecken. Doch bestand – Marcinkus beharrt darauf – für die Vatikan-Bank keinerlei gesetzlich bindende Verpflichtung, die Schulden dieser Firmen zu begleichen – das beweist ein Brief Calvis an Marcinkus, der den Vatikan von jeder Verantwortung freispricht. Die Trostbriefe waren deshalb, aufgrund seines eigenen, ausdrücklichen Eingeständnisses, ein substanzloses Manöver zur Vertrauensbildung ohne Rücksicht auf die Rechte der Gläubiger.

Die Verwicklung des Vatikans in die Affäre um die Banco Ambrosiano illustriert eine der traditionalistischen römisch-katholischen Moral immanente Neigung: eine Geringschätzung der Werte und Maßstäbe des ‚weltlichen‘ Standes, in Verbindung mit einer kasuistischen Auffassung von Moral (im Gegensatz zu einer Moral, die Verantwortung für die Folgen betont).

Ich habe keine Hinweise darauf entdeckt, daß Marcinkus je vom Gedanken an persönliche finanzielle Vorteile motiviert war. Er war zweifellos darum besorgt, Calvi zu helfen, die Banco Ambrosiano zu retten, weil die Vatikan-Bank bei einem Debakel so viel wie jeder andere Gläubiger zu verlieren hatte. Unter der gleichen Voraussetzung, das darf wohl angenommen werden, hatte der Vatikan bei einem Erfolg Calvis etwas zu gewinnen. Marcinkus' fataler Fehler bestand nach meinem Eindruck in seinem Entschluß, sich dem Niveau der italienischen Geschäftspraxis anzupassen – zum Nachteil der hohen moralischen Ansprüche jener Institutionen, die Marcinkus repräsentierte. Die Vatikan-Bank ist schließlich nicht irgendeine Bank; sie ist unauflöslich mit dem moralischen Status ihrer Schirmherren verknüpft.

Marcinkus hat jahrelang Zeit gehabt, über den Vertrauensverlust nachzudenken, der dadurch innerhalb wie außerhalb der Kirche entstanden ist. Sein Versäumnis zurückzutreten und das Versäumnis des Papstes, ihn abzusetzen, wirken wie eine arrogante Weigerung, Verantwortung zu übernehmen. Marcinkus gab mir gegenüber zu, daß gewisse Leute im Vatikan seinen Rücktritt erwartet hatten, als die Entschädigungsgelder fällig wurden. Er erzählte mir: „Dann hat sie's umgehauen, als sie herausfanden, daß ich sie mir *nirgendwo* außerhalb beschaffen mußte." Er fügte betrübt hinzu: „Wir sind deshalb nicht völlig blank; wir haben gewissermaßen unsere Kapitaldecke senken müssen. Aber mich haut es um, wegen der Probleme von morgen. Ich denke nicht an den Ausgleich des Defizits: das ist sekundär. Es geht um morgen, um die Renten und all das. Und wenn du erst versuchst, alles aus der laufenden Verwaltung abzudecken, dann geht's dir an den Kragen. Wenn Ihre Firma jahrelang das Geld für den Pensionsfonds verbuttert hätte, würde sie Pleite machen. Sie müssen den Rentenfonds auf die Kante legen ..."

Es war eine außergewöhnliche Feststellung. Bedeutete dies, daß Marcinkus die Situation und übrigens auch seine Stellung gerettet hatte, aber der vatikanische Rentenfonds in Gefahr war?

Die Konsequenzen des Fiaskos der Banco Ambrosiano werden in den kommenden Jahren zu spüren sein. Wenn der Vatikan um finanzielle Unterstützung bittet, so haben die Gerüchte über Skandale und Ineffizienz die Katholiken in der ganzen Welt davon abgehalten, tief in die Taschen zu greifen. Die andauernde Geheimniskrämerei, das offensichtliche Fehlen von Offenheit, wenn der Vatikan einmal etwas sagt, ermutigt die Gläubigen kaum zu der Annahme, daß da eine heilsame Gewissensprüfung stattgefunden hat.

Daraus entstand nicht zuletzt die Gelegenheit, über ein Motiv für die mögliche Ermordung von Johannes Paul I. zu spekulieren. Als das Gerücht aufkam, Johannes Paul wäre ermordet worden, blieb es zunächst ein weithergeholtes Phantasiestück der traditionalistischen Ecke um Lefèbvre. Es war der Zusammenhang mit der Banco Ambrosiano, der in den Köpfen von Nicht-Katholiken wie Katholiken den Rahmen und die Aufnahmebereitschaft für eine plausible Mordverschwörung begründete. In diesem Sinne war Marcinkus selbst ironischerweise der unfreiwillige Begründer der Verschwörungstheorie über den Tod von Johannes Paul.

Doch die dauerhafteste und weitreichendste Folge der Finanzskandale wird wahrscheinlich ihre Auswirkung auf die moralische Autorität der Kirche gewesen sein. Als Johannes Paul II. im Dezember 1987 seine Enzyklika *Solicitudo Rei Socialis* veröffentlichte, verkündete er, daß die Kirche mit gutem Beispiel vorangehe, den Armen „aus ihrem Bedürfnis wie auch aus ihrem Überfluß“ zu geben. In bezug auf die Frage der Kirchenschätze und die Armen schreibt er: „Angesichts von Fällen der Not kann niemand die überflüssigen Ausschmückungen und kostspieligen Ausstattungen für Gottesdienste vorziehen. Im Gegenteil, es wäre eine Pflicht, diese Güter zu verkaufen, um für Nahrung, Getränke, Kleidung und Obdach für diejenigen zu sorgen, die diese Dinge benötigen.“ Vor dem Hintergrund der Verwicklung mit der Banco Ambrosiano und des Wissens um den Reichtum des Vatikans wurden diese Worte in der ganzen Welt mit Hohngelächter quittiert, nicht zuletzt auch von katholischen Journalisten.

Ich beendete meine Recherchen in Rom am 13. April 1988, am Festtag des Heiligen Martin, Papst und Märtyrer, dem Pontifex Maximus von 649–653 n. Chr. Papst Martin wurde von Kaiser Constantin gefangengenommen und starb aufgrund grober Mißhandlung im Exil. Doch weitaus schmerzhafter als die Brutalität des Kaisers war, wie Martin in seinen Briefen deutlich machte, das Versäumnis der römischen Bischöfe, sein hartes Los zu lindern. Sein Tod, zu dem es mit dem stillschweigenden Einverständnis seiner Priesterbrüder kam, wurde später als Martyrium betrachtet.

Als ich in der Bibliothek des Englischen Kollegs das Brevier für diesen Tag studierte, fand ich eine Stelle aus einem der Briefe Papst Martins an seine Kollegen in Rom: „Christen haben heidnische Art angenommen und zeigen nichts von jener Barmherzigkeit, die menschliche Wesen, sogar Barbaren, anhand von zahlreichen barmherzigen Taten ständig beweisen ... Doch warum bin ich furchtsam? Der Herr ist bei mir. Meine Hoffnung liegt in seinem Erbarmen, daß er nicht zögern wird, diesem Weg, den er mir zugewiesen hat, ein Ende zu bereiten."

Es war nicht schwierig, einen Widerhall im Leben und Sterben von Johannes Paul I. zu finden. Und doch spürte ich im Eindruck des *déjà-vu* gleichzeitig ein Empfinden der „leisen traurigen Musik der Menschlichkeit" Roms. Wer für längere Zeit in Rom lebt und arbeitet, dem drängt sich täglich diese historische Perspektive auf, die vor dem Hintergrund der geistigen und seelischen Sehnsüchte der Ewigen Stadt ständig vom Fortdauern menschlicher Schwäche, Bosheit und Torheit zeugt.

An jenem Abend ging ich nach unten, um in der Kirche des Englischen Kollegs der Messe für den Heiligen Martin beizuwohnen, und ich war ein wenig traurig darüber, daß meine Suche ihr Ende fand. Wie an meinem ersten Tag in Rom war die Kirche in ein Meer von Licht und Blumen getaucht. Der Zelebrant der Messe im leuchtenden Scharlach zur Erinnerung an den Märtyrerpapst war Monsignore Jim mit dem schneeweißen Bart. Es war sein 85. Geburtstag.

Seine Predigt spiegelte ein langes Leben in der römisch-katholischen Priesterschaft, die kirchlichen Einrichtungen, die zu seinen Lebzeiten aufgeblüht und verblüht waren. „Wir alle", sagte er, „müssen die Lektion lernen, daß wir uns auf nichts anderes als auf Gottes Gnade verlassen dürfen ... Und obwohl ich in den sechzig Jahren meiner Priesterschaft darum gerungen habe, diese Wahrheit zu akzeptieren, muß ich doch in meinem Alter bekennen, daß ich mich immer noch im Schneckentempo auf die Vollendung dieses Ideals zu bewege."

In einem leisen Bewußtsein von der Großartigkeit der Stadt draußen in der zunehmenden Dämmerung – der Hunderte von Kirchen, der Paläste und Denkmäler, der zahllosen Werke christlicher und heidnischer Kunst – empfand ich seine Worte als einen treffenden Ausdruck für die unversöhnliche Spannung zwischen übernatürlichem Verlangen und zeitlicher Eitelkeit, zwischen dem Heiligen und dem Profanen, die ein lebendiger Quell der römisch-katholischen religiösen Erfahrung ist.

Meine Untersuchung hatte eben die Auswirkungen einer Trennung von Religion und Welt aufgezeigt. In meinem Interview hatte Marcinkus an einer Stelle bemerkt, seine Bank befände sich an einem ‚verborgenen' Ort, und ich sah die Bedeutung dieser Worte in seinem Sinn, ich verstand das so, wie er es auch wohl beabsichtigt hatte – seine Bank befände sich in einer religiösen Enklave, vom Weltlichen abgesondert. Während ich durch die Piazzas, Cortiles und Korridore des Vatikans ging, kam ich mir manchmal wirklich wie an Bord eines schwimmenden Palastes vor, der vom Festland des Lebens entfernt dahintrieb. Dieses Gefühl einer anderen Welt wurde noch verstärkt durch die offensichtlich vorrangige Beschäftigung mit Ritualen und religiösen Äußerlichkeiten, kasuistisch legalistischem Denken, dem Tragen von Roben und dem Gebrauch von altmodischen Titeln – Exzellenz, Eminenz, Euer Gnaden – Zeichen einer geistigen Trennung zwischen einer durch und durch institutionalisierten Religion und der ‚äußeren Welt'.

Diese Entfremdung innerhalb des Vatikans hat, so scheint mir, viel zu tun mit einem fortwährenden Bemühen, trotz der Ausstrahlung des Vatikanischen Konzils die alten Positionen gegen eine mutmaßliche Entweihung durch die Welt zu verteidigen: Man jammert einer Festungsmentalität nach, sucht den Rückzug in ein Reich privater Bezüge und ‚pietätvoller' Beschäftigung mit sakralen Trivialitäten. Es ist schwer, in einer solchen Institution, die keine Rechenschaft legt, wahrzunehmen, daß der Kaiser keine Kleider trägt. In solch einem ‚verborgenen' abgeschotteten Geisteszustand kann ein Mensch sich leicht in dem Glauben wiegen, er sei heilig; kann er Böses leicht als Gutes mißverstehen. In diesem klaustrophobischen Bezirk ist wenig Raum für ein freies, großzügiges und spontanes Verschenken von Liebe und Mitgefühl.

Paulus spricht im Epheserbrief von Christus als von jemand, der „die trennende Scheidewand niedergerissen hat", die die uralte Trennung zwischen dem Sakralen und dem Profanen, dem Heiligen und dem Weltlichen, aufgehoben hat. Das Neue Testament sollte die Auflösung der Trennung zwischen dem Reinen und dem Unreinen markieren, die pharisäische Haarspalterei und Einhaltung unzähliger Gebote mißachten und den Glauben zurückweisen, daß Religion und Gott nichts mit dem weltlichen Leben im Hier und Jetzt zu tun haben.

Mein Auftrag überzeugte mich, daß der Vatikan die christliche Herausforderung, die Scheidewand der Feindschaft zwischen Gott und der weltlichen Gesellschaft niederzureißen, nicht angenommen hat. Meine Hauptgesprächspartner schienen mir zwei verschiedene Seiten der gleichen Getto-Mentalität vorzuführen. Trotz seiner schwadronierenden weltlichen Tünche erwies sich Marcinkus gegen die Vorstellung, das Christentum in die Geschäftswelt zu tragen, ebenso voreingenommen wie irgendein abgeschieden lebender Einsiedlermönch in der Wüste. Und die Männer in der Umgebung von Johannes Paul I. maßen den Äußerlichkeiten des päpstlichen Protokolls offensichtlich mehr Bedeutung bei als echtem Mitgefühl und echter Sorge um seine Leiden und Unzulänglichkeiten.

Was nun den ‚lächelnden Papst' selbst betrifft, so wird er ohne Zweifel als ein heiliger und demütiger Hirte in Erinnerung bleiben, doch es ist klar, daß seine Bescheidenheit, Schüchternheit und frommen Anliegen für eine Kirche, die sich den ‚weltlichen' Herausforderungen der achtziger und neunziger Jahre zu stellen hatte, nichts Gutes ahnen ließen. Noch am letzten Tag seines Lebens sprach er von der Gefahr, eine ‚soziale' Botschaft auf Kosten christlicher Evangelisation zu betonen, als ob es einen Widerspruch zwischen beiden gäbe.

Der *Osservatore Romano*, überwältigt von der Plötzlichkeit des Dahinscheidens und der so kurzen Regentschaft von Johannes Paul I., beschrieb das Ereignis als Zeichen eines ‚göttlichen Mysteriums' – ein passender Euphemismus für die wahren Umstände seines Todes. Meine Untersuchung hat mich davon überzeugt, daß der Vatikan die Dimension menschlicher Verantwortung am Tode von Johannes Paul I. ignorierte und nach wie vor ignoriert – nicht nur in bezug auf die Handlungen und Unterlassungen derjenigen, die um ihn waren, sondern auch in seiner eigenen stillschweigenden Ergebenheit angesichts eines Todes, der sich hätte vermeiden lassen.

ANHANG

Sterbeurkunde von Johannes Paul I.

CERTIFICATO DI MORTE

Certifico che Sua Santità GIOVANNI PAOLO I, ALBINO LUCIANI,
nato in Forno di Canale (Belluno) il 17 ottobre 1912,
è deceduto nel Palazzo Apostolico Vaticano il 28 settembre 1978
alle ore 23 per " morte improvvisa - da infarto miocardico acuto ".
Il decesso è stato constatato alle ore 6.00 del giorno 29 settembre 1978.

Città del Vaticano , 29 settembre 1978.

Renato Buzzonetti

(Dott. Renato Buzzonetti)

Visto il Direttore dei Servizi Sanitari
(Prof. Mario Fontana)

Mario Fontana

Memorandum des Vatikans, das bei der Bischofskonferenz im Juni 1984 vorgelegt wurde

Der Tod von Johannes Paul I.

Auch wenn der Tod von Papst Johannes Paul I. nur einen Monat nach seiner Wahl völlig überraschend kam, so sahen die Kardinäle, die sich täglich zur Vorbereitung des Konklaves trafen, keinen Anlaß, den Bericht von Dr. Renato Buzzonetti, Leiter des vatikanischen Gesundheitsdienstes, worin der Tod von Papst Johannes Paul I. auf natürliche Ursachen zurückgeführt wird, anzuzweifeln.

Ein zusätzlicher Tatbestand war, daß die Gesundheit des Papstes ziemlich angegriffen war. Einige Zeit vorher hatte er sich über geschwollene Knöchel beklagt. Seine nahen Verwandten zweifelten nicht nur die Natürlichkeit seines Todes nicht an, sondern erwähnten auch nicht weniger als drei Beispiele für ähnliche Sterbefälle in der Verwandtschaft.

Papst Johannes Paul I. hatte nicht vor, revolutionäre Umwälzungen in der Rangordnung des Vatikans vorzunehmen, wie aus den folgenden Tatsachen ersichtlich wird:

1. Am 27. August ernannte er Kardinal Villot zum Staatssekretär.
2. Am 28. August bestätigte er sämtliche Kardinäle an der Spitze der Ressorts und der Kurie „für die jetzt laufende Fünf-Jahres-

Periode" in ihren Ämtern. Diese Formulierung macht klar, daß der Papst nicht die Absicht hatte, zu diesem Zeitpunkt Umbesetzungen vorzunehmen, sondern zumindest das planmäßige Ablaufen der diesbezüglichen Amtszeiten abwarten wollte, bevor irgendwelche Änderungen vorgenommen werden sollten.

3. Dieser allgemeinen Verfügung folgend, die auf dem üblichen Weg im *Osservatore Romano* veröffentlicht wurde, wurde das formelle Beglaubigungsschreiben jedem Kardinal an der Spitze der Ressorts und den obersten Prälaten der römischen Kurie zugestellt.

4. Eine Papst Johannes Paul I. unterstellte Absicht zu durchgreifenden Veränderungen ging in Wirklichkeit sehr gegen seine Natur (d. h. sie lag nicht in seinem Charakter). Er hatte in seinen vorigen Diözesen in Vittorio Veneto und Venedig, wie sein Biograph, Monsignore Giulio Nicolini, festhält, bereits gezeigt, daß eine seiner hervorstechendsten Begabungen im Hirtenamt weise Voraussicht war. Bevor er Entscheidungen traf, überlegte, meditierte und überdachte er alles lange Zeit. Wenn dann seine Gedanken gereift waren, handelte er entschieden. Entschlußfestigkeit war eine seiner weiteren Gaben, doch immer gepaart mit dem absolutesten Respekt vor Personen, bemerkt Monsignore Nicolini.

5. Es ist nicht richtig, daß Papst Johannes Paul I. Kardinal Baggio als seinen Nachfolger nach Venedig schicken wollte. Er hatte soeben das Amt des Kardinals bei der Kongregation für die Bischöfe und seinen Vorsitz bei der Versammlung des lateinamerikanischen Episkopats, die für Puebla vorgesehen war, bestätigt. Kardinal Baggio selbst hat diese Theorie mit den Worten abgestritten: „Er hat mich nicht nur nicht gefragt, sondern wenn er mich gefragt hätte, wäre ich auch mit fliegenden Fahnen dorthin gegangen."

‚Die Blätter' *und* Die Nachfolge Christi

Die in den Händen von Papst Johannes Paul I. nach seinem Tod gefundenen Seiten können deshalb nicht Aufstellungen über die Prälaten gewesen sein, die versetzt werden sollten.

Monsignore John Magee, der persönliche Sekretär des Papstes, hat darauf hingewiesen, daß es die Gepflogenheit des Papstes war, sich Predigtstellen und Meditationen für die Mittwoch-Audienzen und die sonntäglichen Angelus-Ansprachen durchzusehen.

Die Annahme, daß der Papst *Die Nachfolge Christi* in Händen hielt, entsprang nicht einer offiziellen vatikanischen Quelle. Kein offizielles Dokument erwähnte sie jemals. Ein Bericht, der ohne böswillige Absicht unter den Journalisten kursierte, wurde sogar von Radio Vatikan aufgegriffen (das keinen offiziellen Status hat) und bald danach berichtigt, als die wirklichen Tatsachen klargestellt wurden.

Die Schwester oder der Privatsekretär?

Während es wirklich keinen Unterschied macht, ob der tote Papst von einer Schwester oder, wie das Kommuniqué des Vatikans lautete, vom Privatsekretär des Papstes aufgefunden wurde, ist der Sekretär tatsächlich augenblicklich ans Bett von Papst Johannes Paul I. geeilt, als er von der Schwester gerufen wurde, der etwas nicht in Ordnung zu sein schien. Der Sekretär berührte den Papst, um ihn aufzuwecken, und dabei entdeckte er, daß dieser tot war. Der Sekretär rief daraufhin Kardinal Villot an.

Der Fall
Wall Street Journal gegen Marcinkus

„Vatikan-Bank spielte eine zentrale Rolle beim Zusammenbruch der Banco Ambrosiano“, *Wall Street Journal* vom 27. April 1987, von Redaktionsmitglied Laura Colby.

Rom. – Neue Informationen zeigen, daß die Vatikan-Bank eine zentrale Rolle beim Milliarden-Dollar-Zusammenbruch der italienischen Banco Ambrosiano im Jahre 1982 spielte.

Seit der Skandal offenkundig wurde, hat die Vatikan-Bank ihre Beteiligung als unschuldig und höchstens peripher darzustellen versucht. Doch seit fünf Jahren durchsieben Ermittler Seite für Seite Tausende von Dokumenten, die über Luxemburg, die Schweiz und Italien bis nach Mittel- und Südamerika verstreut sind. Die Dokumente wissen von einer ganz anderen Geschichte zu berichten.

Aus ihnen ist Beweismaterial dafür aufgetaucht, daß mehr als ein Jahrzehnt lang Beamte der Vatikan-Bank eine viel bedeutendere Rolle als bisher angenommen in den verwickelten betrügerischen Machenschaften von Roberto Calvi, dem Vorsitzenden der Banco Ambrosiano, der 1982 unter der Blackfriars Bridge in London erhängt aufgefunden wurde, gespielt haben. Im Februar haben Untersuchungsbeamte in Mailand, der Zentrale der Banco Ambrosiano, Haftbefehle gegen drei höhere Beamte des Istituto per le Opere di Religione oder IOR, gemeinhin bekannt als die Vatikan-Bank, ausgestellt.

Die Untersuchungsakte zur Banco Ambrosiano enthält Tausende von Seiten, die bis auf die frühen siebziger Jahre zurückgehen. Einige davon, wie die nun berühmten Schutzbriefe der Vatikan-Bank, sind weithin bekannt. Doch die mit der Untersuchung beauftragten Beamten sagen, daß die Akte auch Dutzende von Transaktionen festhält, die bisher der Öffentlichkeit nicht bekannt waren. Diese zusätzlichen Beweise waren ausschlaggebend für die Entscheidung der Ankläger, formell Anklage gegen die drei Vertreter der Vatikan-Bank zu erheben.

Vertrauliche Berichte der Liquidatoren sowie Bankaufstellungen, die dieser Zeitung zugänglich gemacht wurden, zeigen zum ersten Mal, wie sehr die Vatikan-Bank in die Angelegenheiten Herrn Calvis verstrickt war. Sie beschreiben ausführlich eine Serie finanzieller Transaktionen, die über mehrere Jahre hinweg bis zum Zusammenbruch der Banco Ambrosiano stattgefunden haben. Diese Transaktionen, versichern die Untersuchungsbeamten, dekken nicht nur die engen Beziehungen zwischen Herrn Calvi und der Vatikan-Bank auf, sie zeigen auch, wie das Vermögen der Banco Ambrosiano auf eine Art und Weise verwendet wurde, die nicht in ihrem besten Interesse lag.

In einer der Transaktionen, das zeigen die Dokumente, erhielt die Vatikan-Bank am 10. Oktober 1979 zwei befristete Einlagen von der peruanischen Niederlassung der Banco Ambrosiano in Lima, eine über 65 Millionen Dollar und die andere über 101 Millionen Schweizer Franken (69,2 Millionen Dollar zum gegenwärtigen Wechselkurs). Die Vatikan-Bank lieh im gleichen Zug identische Summen mit identischen Fälligkeitsdaten einer panamesischen Firma, United Trading. Es sah nach einer routinemäßigen Durchführung eines Bank-Vermittlungsgeschäfts aus, wofür die Vatikan-Bank eine Zinsrate von $^1/_{16}$ Prozent erhielt.

Als die Einlagen 1982 fällig wurden und die Banco Ambrosiano ihr Geld zurückverlangte, lehnte die Vatikan-Bank ab und meinte, in Wirklichkeit schulde United Trading das Geld der Niederlassung in Lima. Doch wie sich herausstellte, kontrollierte die Vatikan-Bank das gesamte Aktienkapital der United Trading und das schon seit Jahren. Im Grunde hatte die Vatikan-Bank sich von der Ambrosiano-Niederlassung Geld geborgt und sich selbst geliehen.

United Trading war am Ankauf von Aktien der Banco Ambrosiano und an anderen Aktivitäten beteiligt, die noch nicht zur Gänze geklärt sind, doch ist nicht klar, wofür sie das Geld der Bank in Lima verwendet hat. Auf alle Fälle ist dieser Bank nichts zurückgezahlt worden. So verschwanden mehr als 100 Millionen Dollar von ursprünglich 1,3 Milliarden Dollar Verlust in Italiens größtem Bankenkrach, einem Krach, der in der internationalen Finanzwelt hohe Wellen schlug. Obwohl die Gläubiger seitdem sich etwa 70 Prozent ihrer Verluste wiederbeschafft haben, verloren die meisten Aktieneigner der italienischen Bank ihre Investitionen.

Viele Fragen, was und wie es geschehen ist, bleiben unbeantwortet. Doch die Untersuchungsbeamten haben Beweismaterial gesammelt, das aussagekräftig genug ist, die drei Beamten der Vatikan-Bank zu belangen: Erzbischof Paul Marcinkus, den Vorstand der Bank, Luigi Mennini, ihren leitenden Direktor, und Pellegrino De Stroebel, ihren Hauptbuchhalter. Sie sollen Beihilfe zu betrügerischem Bankrott geleistet haben.

Solch ein Anklagepunkt impliziert, daß die Beschuldigten entweder von dem Betrug wußten oder ihn vermuteten und dennoch die Geschäftsabwicklungen weiter betrieben haben. „Ohne die Komplizenschaft der Vatikan-Bank“, meint ein italienischer Ermittler, „wäre es Calvi nicht möglich gewesen, das zu tun, was er getan hat.“

Es scheint kein Beweis aufzutauchen, daß die angeklagten Beamten persönlich davon profitierten, und es bleibt abzuwarten, ob die Anklagen zu einem Schuldspruch führen. Die Haftbefehle haben jedenfalls die Kirche in die Situation versetzt, daß sie vor der italienischen Justiz Flüchtige beherbergt.

Die drei Beamten, die ihre Unschuld beteuern, haben sich der Verhaftung dadurch entzogen, daß sie sich innerhalb der Mauern des Vatikans – ein souveräner Staat – versteckt halten, der seinerseits die italienischen Behörden auffordert, über diplomatische Kanäle ihre Auslieferung zu verlangen. Der Heilige Stuhl hat seine

Antwort noch nicht angedeutet lassen, aber aus hochrangigen vatikanischen Kreisen ist zu erfahren, daß sie erwarten, der Vatikan würde den Auslieferungsanträgen nicht stattgeben. Er hat auch Widerspruch gegen die Haftbefehle eingelegt.

In seinem ersten Kommentar zu der Angelegenheit verteidigte Papst Johannes Paul II. Erzbischof Marcinkus. „Wir sind davon überzeugt, daß eine Person nicht in so einer ausschließlichen und brutalen Weise angegriffen werden kann", sagte er, „aber wir nehmen den Fall sehr ernst und werden ihn von einer Sachverständigengruppe untersuchen lassen."

Weltliche Behörden versichern schon lange, daß das, was sie den betrügerischen Bankrott nennen, aus dem Verleihen hoher Geldsummen der Banco Ambrosiano durch ihre überseeischen Filialen und der Vatikan-Bank an eine Gruppe von Scheinfirmen entsprang, die wenig, wenn überhaupt ermittelbares Betriebsvermögen hatten. Die Scheinfirmen kauften Anteile der Banco Ambrosiano, führten eine oft verwirrende Reihe von Darlehen untereinander aus und ließen das Vermögen Teilhabern von Calvi zufließen.

Der Vatikan besteht seit jeher darauf, daß ihm keine Scheinfirmen gehörten, doch neues Beweismaterial zeigt an, daß er zumindest einige davon besaß. Der Vatikan hat auch verneint, daß er Kenntnis von deren Geschäften hatte. Aus Kreisen um den Heiligen Stuhl ist sogar zu hören, daß die Vatikan-Bank bis Mitte 1981 nicht einmal von der Existenz vieler der Firmen wußte. Doch die Untersuchungsbeamten ziehen das jetzt in Zweifel.

Ein Ziel der Transaktionen der Scheinfirmen war offensichtlich, die Unabhängigkeit der Banco Ambrosiano sicherzustellen; der verschwiegene Calvi befürchtete eine Übernahme. Die Einlage der von den Scheinfirmen angehäuften Bankanteile zusammengenommen, hielt die Vatikan-Bank 10 Prozent, womit ihr die effektive Kontrolle zur Zeit des Bankzusammenbruchs gegeben war. Ein weiteres Ziel könnte die Unterstützung befreundeter Politiker gewesen sein. Calvi befürchtete ebenfalls eine kommunistische Machtübernahme in der italienischen Regierung.

Vatikanische Quellen sagen, daß Calvi die Scheinfirmen leitete und die Vatikan-Bank deswegen nicht für sie verantwortlich war. Italienische Beamte ziehen auch nicht in Zweifel, daß Calvi der führende Kopf war, aber sie behaupten auch eine Mitschuld der Vatikan-Bank. Sie versichern, daß die Bank von zumindest einigen der fragwürdigen Handlungen dieser Firmen wußte und daß ihr einzigartiger Status als eine „ausländische Bank im Herzen Roms" es Herrn Calvi ermöglicht hat, unter dem Siegel der Verschwiegenheit zu arbeiten und so der Aufsicht der italienischen Behörden zu entschlüpfen.

Wie ist der Heilige Stuhl in das Ganze verwickelt worden? Vatikanische Quellen behaupten, daß die Beamten Herrn Calvi vertrauten, weil die Banco Ambrosiano als Italiens größte Privatbank und aufgrund ihrer einzigartigen Rolle als römisch-katholische Bank Ansehen genoß. Noch bis vor einigen Jahren mußte ein Taufschein vorgewiesen werden, um Aktien der Bank zu kaufen. Und Beamte der Vatikan-Bank könnten ihr eigenes politisches Interesse an der Aufrechterhaltung der Unabhängigkeit der Bank gehabt haben. Die profitbringende, diskrete Institution mit wichtigen Beteiligungen an Regionalbanken und Versicherungen übte große Macht in Italien aus.

Die Beziehung brachte der Vatikan-Bank sicherlich einiges ein. Während der elfjährigen Partnerschaft betätigte sie sich als Zwischenträger für Calvi in zahllosen Geschäften wie den Darlehen an die United Trading. Es brachte ihr Gebühren, Provisionen und Zinsen ein, wenn auch nicht bekannt ist, wieviel. Wie Erzbischof Marcinkus, der Vorstand der Vatikan-Bank, der italienischen Presse kurz vor dem Zusammenbruch der Banco Ambrosiano mitteilte, legt die Vatikan-Bank ihr Geld dort an, „wo es am besten gedeiht".

Dem durch die Untersuchungsbeamten und Liquidatoren zusammengetragenen Beweismaterial zufolge hat die Vatikan-Bank bis zu den späten siebziger Jahren eine Anzahl der mit Calvi verbundenen Scheinfirmen besessen. Die Bank selbst gab in den allseits bekannten Schutzbriefen, die am 1. September ausgegeben wurden, zu, daß „wir direkt oder indirekt" eine Reihe von Firmen in Luxemburg und Panama „kontrollieren" und daß ihr „deren Verschuldung bekannt“ sei. Die Briefe – an die Banco-Ambrosiano-Niederlassungen in Lima und Managua (Nikaragua) gerichtet – tragen die Unterschriften der Herren Mennini und De Stroebel.

Ermittler in Mailand sehen die Briefe als Beweis eines Übereinkommens zwischen Calvi und der Vatikan-Bank auf höchster Ebene an. „Es gab ein Einvernehmen, das weit über normale Geschäfte von Banken untereinander hinausging“, sagt ein italienischer Beamter.

Quellen im Vatikan behaupten stets, daß die Briefe auf Drängen Calvis versandt wurden, als er versuchte, sein zusammenbrechendes Imperium abzustützen, und weiter verlautet, daß der Heilige Stuhl nicht direkt die Firmen in Luxemburg und Panama besaß und die Briefe versandt hat, um sie davon abzuhalten, noch weitere Schulden anzuhäufen.

„Auch im Zeitraum nach Versand der Briefe“, schreibt Erzbischof Marcinkus in einem Bericht aus dem Jahr 1983, in dem die vatikanische Seite der ganzen Geschichte im einzelnen dargelegt wird, „gab es kein irgendwie geartetes Eingreifen – weder direkt noch indirekt – ins Management der kontrollierten Firmen durch das IOR, nicht einmal in der Form, daß grünes Licht oder Vollmachten [gegeben wurden], damit interessierte Personen oder Dritte Geschäfte durchführen konnten.“

Doch sieht es so aus, als würde dem Bericht des Erzbischofs durch einen von den Herren Mennini und De Stroebel unterzeichneten Brief vom 16. Oktober 1982 widersprochen werden. Der Brief, der von den Ermittlern in Luxemburg aufgetrieben wurde, gibt Calvi die Unbedenklichkeitserklärungen, im Namen der Vatikan-Bank Anordnungen zu treffen, und nennt ihn den „faktischen Bevollmächtigten“ für die in den Schutzbriefen genannten Firmen. Der Brief wirft Fragen auf, die noch nicht beantwortet sind: Wenn die Vatikan-Bank wirklich Calvi davon abhalten wollte, sich mehr zu borgen, warum hat sie ihm dann soviel Verfügungsgewalt über die Firmen gegeben? Und wenn sie die Firmen nicht wirklich besessen hat, wie konnte sie Anweisungen darüber geben, wer sie verwalten sollte?

Eine kaum bekannte Bestimmung in einer 1984 in Genf getroffenen Vereinbarung mit der Luxemburger Geschäftsstelle der Banco Ambrosiano erhärtet den Glauben, daß die Vatikan-Bank tatsächlich die Scheinfirmen besaß. In dieser Vereinbarung stimmt die Vatikan-Bank zu, an die Gläubiger 250 Millionen Dollar in Anerkennung einer „moralischen Verantwortung in dieser Affäre" zu zahlen.

Sie stimmte auch zu, den Gläubigern eine Auswahl von „Inhaberaktien" aus ihrem Besitz zu überlassen. Darunter fielen 500 Aktien der United Trading, „die das gesamte Aktienkapital bilden", 5499 der 5,5 Millionen Aktien einer Luxemburger Firma namens Zitropo Holding S. A. und 44.944 der 50.000 Aktien einer Firma namens Manic S. A. Die meisten der Scheinfirmen waren Untergruppierungen dieser drei. Zusätzlich vereinbarte die Vatikan-Bank, denselben Gläubigern 53.300 Aktien oder 23 Prozent des Gesamtkapitals der Banco Ambrosiano S. A., der Luxemburger Filiale der Mailänder Bank, auszuhändigen. Als Gegenleistungen kamen die Gläubiger überein, alle Zivilprozesse gegen die Vatikan-Bank um die Rückzahlung ihrer Gelder fallen zu lassen.

Selbst vatikanische Quellen sagen, daß die Vatikan-Bank schon vor beinahe zehn Jahren von der Existenz von United Trading wußte, der Scheinfirma in Panama, bei der später die Darlehen der Banco-Ambrosiano-Niederlassung in Lima gelandet sind. Vatikanische Quellen sprechen davon, daß Calvi Ende 1977 die Vatikan-Bank darum bat, Aktien der United Trading auf den Namen der Bank überschreiben zu lassen und daß dies Anfang 1978 erfolgte.

United Trading, so die Aussage der Untersuchungsbeamten, war auch der Empfänger weiterer Darlehen, für die die Vatikan-Bank als Zwischenhändler fungierte. Das Geld wurde der Vatikan-Bank von der Banco-Ambrosiano-Niederlassung auf den Bahamas geliehen und dann an die United Trading weitergegeben. Auch in diesen Fällen behauptete die Vatikan-Bank, daß United Trading, nicht sie selbst, für die Rückzahlung der Darlehen verantwortlich war. Vatikanische Quellen behaupten, die Bank hätte schriftliche Anweisungen von Calvi als Vorstand der Niederlassung auf den Bahamas erhalten, die sie ermächtigte, das Darlehensgeschäft als Vermittler durchzuführen. Ihr wurde eine Provision gezahlt.

Pierre Siegenthaler, der Präsident der Geschäftsstelle auf den Bahamas, wußte jedoch nichts von solch einem Brief, wie er einem gemeinsam von der italienischen Regierung und dem Heiligen Stuhl bestellten Untersuchungsausschuß erzählte. Dem Bericht des Ausschusses nach sagte er, die Revisoren der Bahamas-Bank „nahmen eine so hohe Vergabe nur an, weil IOR die Staatsbank des Vatikans war. Die Revisoren hätten sicherlich keine so hohe Verschuldung gegenüber einer unbekannten Kundenfirma akzeptiert."

So hat Calvi offenbar über die Vermittlung des Vatikans erfolgreich die Vertreter seiner eigenen Bank verleitet, wacklige Darlehen aufzunehmen. Zur Zeit des Zusammenbruchs der Banco Ambrosiano bezifferten sich die Gesamtschulden der United Trading gegenüber der Mailänder Bank auf mehr als 200 Millionen Dollar.

Ein anderer gewichtiger Gläubiger, die in Luxemburg registrierte Manic, „wurde offensichtlich mit Zustimmung des IOR von Calvi als Aktiengesellschaft eingetragen", wie ein vertraulicher Bericht der Liquidatoren der Banco Ambrosiano Holdings 1985 verlautet, der Luxemburger Geschäftsstelle, die alle überseeischen Interessen der Mailänder Bank vereinte.

Manic wurde 1973 in Luxemburg gegründet, sagen die Liquidatoren und zitieren aus der Firmensatzung, „um Aktienhandel zu betreiben, Tochtergesellschaften in Luxemburg und im Ausland zu bilden und zu unterhalten und Darlehen zu geben und aufzunehmen mit und ohne Garantien". Ihr Anfangskapital betrug 50.000 Dollar. Später im Jahr erhöhte sie ihr Kapital auf 5 Millionen Dollar, offenbar durch den Verkauf von Aktien an die Bahamas-Filiale der Banco Ambrosiano.

Einen Monat nach der Gründung von Manic, so der Bericht der Liquidatoren, unterzeichnete Roberto Calvi als Vorstand der Banco Ambrosiano in Übersee ein Abkommen, demzufolge die Vatikan-Bank eine von Manic ausgegebene 40-Millionen- Dollar-Anleihe zeichnete und Manic mit 5 Millionen Dollar auf ihr ganzes Aktienkapital belieh, den Besitz der Aktien übernahm und so effektiv die Kontrolle über die Firma gewann. Calvi, so fährt der Bericht fort, vereinbarte die Zahlung von 10 Prozent Zinsen auf die Gesamtsumme von 45 Millionen Dollar mit der Abmachung, daß für den Fall der Darlehensrückzahlung die Aktien einem Holdingträger seiner Wahl zurückgegeben werden sollten.

Dies sollte nicht der Fall sein. Als die 45 Millionen Dollar im April 1979 der Vatikan-Bank durch eine Überweisung der Manufacturers Hanover Trust Co. zurückgezahlt wurden, verblieben die Aktien im Besitz der Vatikan-Bank, wie es im Bericht von Erzbischof Marcinkus 1983 heißt.

Der erzbischöfliche Bericht besagt, daß dies so war, weil „die Gegenpartei" nie die Aktien einforderte. Es ist nicht klar, ob er mit der „Gegenpartei" Calvi oder eher die zurückzahlende Gesellschaft meinte. Aber den Liquidatoren zufolge war die zurückzahlende Gesellschaft eine Firma namens Nordeurop, im Besitz von niemand anderem als United Trading, der von der Vatikan-Bank kontrollierten Firma. Also kontrollierte die Vatikan-Bank, zumindest indirekt, immer noch Manic. Es ist ungewiß, wo die 45 Millionen Dollar herkamen, doch im September 1981 schuldete Nordeurop der Niederlassung der Banco Ambrosiano in Lima beinahe 400 Millionen Dollar.

Mittlerweile hatte Manic sich auf einen Geschäftskurs gewagt, der sich als für die Banco Ambrosiano verheerend erweisen sollte: Sie begann, über Firmen, die als Begünstigte eingesetzt waren, Aktien der Mailänder Bank zu kaufen, und der Erwerb wurde dem Liquidatorenbericht nach weitgehend durch Darlehen – von denen viele nicht wieder zurückgezahlt wurden – bei der Banco Ambrosiano und ihren Niederlassungen finanziert. Als 1982 der Zusammenbruch der Ambrosiano erfolgte, so lautet ein veröffentlichter Rechenschaftsbericht, besaß Manic direkt oder indirekt 3,7 Millionen der Bankaktien oder 7,5 Prozent des Gesamtkapitals.

„Der Hauptzweck der Manic-Transaktionen mit der Banco Ambrosiano SpA scheint die Aufrechterhaltung der Kontrolle über ein nennenswertes Aktienpaket gewesen zu sein", schreiben die

Liquidatoren. „Der Grund, warum Manic die Aktien im Namen zahlreicher Strohmann-Firmen hielt, war, wie anzunehmen ist, die wahre Eigentümerschaft der Aktien zu verbergen.“ Hätte Banco Ambrosiano solche Erwerbungen gemacht, die die von den Aktienbesitzern akzeptierten Grenzen überschritten hätten, wäre es gegen das Gesetz gewesen, sagen italienische Rechtsexperten.

Ein Mailänder Ermittler ist da unverblümter: „Dies war die Geheimstrategie“, sagt er. „Zusammen hatten sie [Calvi und die Vatikan-Bank] es erfolgreich geschafft, die Banco Ambrosiano zu kontrollieren.“

Die Vatikan-Bank behauptet, daß sie nie Manic verwaltet hat und nichts mit deren Geschäften zu tun hatte. Sie sagt auch, daß sie nie von Manics Niederlassungen in Panama wußte bis Mitte 1981, als sie die Schutzbriefe ausstellte.

Doch gibt es in Form von an Herrn Mennini im IOR adressierten Briefen Beweise, daß die Vatikan-Bank schon einige Informationen über Manic bei mindestens drei Gelegenheiten erhielt. Die Briefe, 1975, 1976 und 1977 datiert, informierten über eine Kapitalaufstockung und luden Herrn Mennini ein, an den Gesellschafterversammlungen der Firma teilzunehmen.

Ermittler legen auch nahe, daß die Vatikan-Bank etwas über die Aktivitäten von Manics vielen Tochtergesellschaften durch Erzbischof Marcinkus erfahren haben könnte, welcher seit August 1977 einer der drei Direktoren der Niederlassung der Banco Ambrosiano auf den Bahamas gewesen war. Ein maschingeschriebener Brief an die Niederlassung auf den Bahamas mit Datum vom 5. März 1980, der einfach die Unterschrift „Manic S. A.“ trägt, unterstreicht die Verwicklung der Niederlassung auf den Bahamas in die Angelegenheiten von Manic:

„Im Zusammenhang mit unseren zahlreichen panamesischen Tochtergesellschaften, deren Geschäfte Sie in unserem Auftrag führen, deren offizielles Büro sich in Ihrem Haus befindet und für das Sie Beamte und Direktoren stellen, bestätigen wir hiermit, daß alle Unternehmensdokumente und Akten, die sich auf diese Firmen beziehen, als Ihr ausschließlicher Besitz anzusehen sind und nicht

Dritten, Ihre unabhängigen Revisoren eingeschlossen, zugänglich zu machen sind.“

Wie viele solcher Informationen dem Erzbischof in seiner Rolle als Direktor der Bahamas-Bank zugänglich waren, ist eine der vielen Fragen, die unbeantwortet bleiben. Vatikanische Quellen sagen, daß die verwalteten Firmen nie bei den Aufsichtsratssitzungen der Niederlassung auf den Bahamas erwähnt wurden. Sie weisen darauf hin, daß die Protokolle dieser Sitzungen zeigen, wie der Erzbischof wiederholt von Herrn Calvi, dem Vorsitzenden der Niederlassung, geäußerte Vorschläge, die winzige Kreditspanne der Bank zu erhöhen, in Frage stellte.

Aber es gab andere Warnsignale betreffs der Banco Ambrosiano, die der Vatikan offensichtlich zu beachten versäumte. Anfang 1982 hat sich beispielsweise Carlo de Benedetti, derzeit der Aufsichtsratsvorsitzende von Olivetti und kurzzeitig stellvertretender Vorsitzender der Banco Ambrosiano, mit einem hohen Vertreter des Vatikans getroffen und seine Besorgnis darüber ausgedrückt, was in der Banco Ambrosiano vor sich ging. De Benedetti bestätigt dieses Treffen.

Es ist jetzt nur noch eine Frage der Zeit, bis die langjährige Zusammenarbeit der Bank mit Herrn Calvi in allen Einzelheiten an die Öffentlichkeit kommen wird. Gerichtsbeamte in Mailand sagen, wenn ihr Auslieferungsgesuch zurückgewiesen wird, werden sie versuchen, über die drei vatikanischen Beamten in Abwesenheit zu verhandeln. In der Zwischenzeit verbleiben Erzbischof Marcinkus und die Herren Mennini und De Stroebel hinter den vatikanischen Mauern aus dem 9. Jahrhundert, wo sie weiterhin die Geschäfte der Vatikan-Bank führen.

Marcinkus antwortet dem *Wall Street Journal*

Von den Rechtsanwälten des IOR vorbereitete Gegendarstellung zu Laura Colbys Artikel

1. Das IOR besaß und kontrollierte *nicht* die UTC. Die Vatikan-Bank besaß in *treuhänderischer Verwaltung* (ein unter Banken üblicher Vorgang) das Aktienzertifikat von UTC *im Namen und im schriftlichen Auftrag der Banco Ambrosiano*. Besagtes Zertifikat war bei der Banco del Gottardo deponiert, die auch die Firma verwaltete. Der Verwaltungsvertrag hielt fest, daß die Banco del Gottardo keine Transaktion ohne schriftliche Anweisungen des IOR machen sollte. Die Dokumente und die von der gemeinsamen Kommission (italienisch-vatikanisch) durchgeführte Untersuchung haben bewiesen, daß das IOR keine wie immer geartete Anweisung gegeben hat und daß die Banco del Gottardo UTC nach den Anweisungen verwaltet hat, die sie von der Banco Ambrosiano und insbesondere von Herrn Calvi empfangen hat.

Das IOR hätte sich kein Geld von anderen Banken borgen brauchen, um seine eigenen Firmen zu finanzieren, da es eine kommerzielle Bank ist (was bedeutet, daß es sich damit beschäftigt, wie es Geld anlegt, nicht, wie es welches beschafft). UTC wurde durch Gelder finanziert, die von der Ambrosiano-Gruppe kamen, weil es der Gruppe gehörte und direkt von ihr in derem alleinigen Interesse verwaltet wurde.

2. Die Anschuldigung der Ermittler basiert nur auf durch keinerlei Beweise gestützte Vermutungen und Hypothesen. In ihrem ausführlichen Bericht ist es ihnen in der Tat nicht gelungen, ein einziges Faktum zu nennen, das beweisen könnte, daß die Geschäftsführer des IOR direkt an der Verwaltung von Calvis Firmen beteiligt waren oder daß das IOR von der Existenz und dem unethischen Charakter von Calvis Planungen Kenntnis hatte. Da das IOR mit dem Geschäftsablauf der Firmen nichts zu tun hatte und davon nichts wußte, geht es nicht an, dem IOR eine Komplizenschaft zu unterstellen, die Calvi geholfen hat, seine betrügerischen Pläne zu verfolgen.

3. Die Ambrosiano-Gruppe gewährte den Scheinfirmen nur deshalb so große Darlehen, weil sie der Gruppe gehörten und im Interesse von Ambrosiano verwaltet wurden. In der Tat kann nur der Eigentümer seine eigenen Firmen nach seinem Willen finanzieren, ohne die Garantien, die er für ein Darlehen an einen Dritten benötigt. Das IOR hat *nie* die überseeischen Firmen von Ambrosiano *finanziert*, es handelte lediglich als vermittelnde Bank bei einigen Geschäften, mit denen die Ambrosiano-Gruppe ihre eigenen Firmen finanzierte.

4. Bis zu diesem Datum ist von den Richtern kein „neues Beweismaterial" vorgelegt worden. Die Dokumente, die es erst der gemeinsamen Kommission, dann den italienischen Richtern erlaubten, ihre Untersuchung durchzuführen, konnten nur dank des IOR beschafft werden, das die Banken und andere beteiligte Finanzinstitute darum ersuchte, der Kommission *ohne Ausnahme* Kopien all der in ihrem Besitz befindlichen Dokumente auszuhändigen, die die überseeischen Firmen und ihre Beziehung zum IOR betrafen. Und selbstverständlich hat das IOR alle seine eigenen Unterlagen ausgehändigt. Auf der anderen Seite waren die Liquidatoren der Banco Ambrosiano nicht in der Lage, der Kommission auch nur ein Dokument von einiger Aussagekraft zu liefern.

5. Es ist eine gesicherte Tatsache, daß die Scheinfirmen mehr als 10 Prozent des Banco-Ambrosiano-Kapitals besaßen und deshalb de facto die Kontrolle über die Bank hatten. Die Scheinfirmen waren jedoch nie im Besitz des IOR. Sie gehörten der Ambrosiano-Gruppe, dessen Management sich auf diese Weise die Kontrolle über die Bank gesichert hatte. Wenn das IOR der Anteilseigner gewesen wäre, hätte sein Verhalten ziemlich anders ausgesehen. Es hätte zunächst einmal seine eigenen Leute in die Geschäftsleitung berufen, da es – juristisch wie de facto – für das IOR kein Hindernis gab, sich die direkte offene Kontrolle über eine Bank zu sichern, die in erster Linie vor allem eine starke katholische Tradition besaß.

6. Die kriminelle Beteiligung irgendeines Bürgers kann nur aufgrund von unabhängigen Fakten und Beweisen behauptet werden, nicht nach der unbegründeten Hypothese eines Richters. Sogar die Ermittler geben zu, daß es kein Dokument gibt, das beweist, daß das IOR beteiligt war an oder Kenntnis hatte von den unerlaubten Transaktionen Calvis. Bis zu diesem Datum ist noch kein Zeuge aufgetreten und hat behauptet, er hätte unmittelbares Wissen oder Beweismaterial für irgendeine Beteiligung des IOR.

Kein weiteres objektives Beweisstück ist vorgelegt worden, um die Meinungen und Gerüchte – mehr oder weniger übertrieben – über eine angenommene direkte Beteiligung des IOR an der Ambrosiano-Affäre zu bekräftigen.

7. Die Provisionen, die das IOR für seine Vermittlung bei einigen Finanzierungstransaktionen empfing, sind bestens bekannt (0,0625 Prozent) und sind gewissenhaft von der gemeinsamen Kommission bestätigt worden. Keine weitere Zahlung oder Entschädigung irgendwelcher Art ist vom IOR für die obige Vermittlung empfangen worden. Die Gesamtsumme der dem IOR gezahlten Provisionen ist so bescheiden, daß es nicht möglich ist, daraus eine Komplizenschaft des IOR bei Calvis unrechtmäßigen Profitgeschäften zu rechtfertigen.

8. Als 1981 das IOR von den *de-facto*-Verbindungen, die es durch MANIC und UTC mit einer Reihe ihm völlig unbekannter Firmen verband, Kenntnis bekam, ersuchte es Calvi, sich von diesen Verbindungen zu lösen. Damit es ihm dabei helfen konnte, bat Calvi das IOR, ihm die Schutzbriefe vom 1. September „für den alleinigen Gebrauch innerhalb der Ambrosiano-Gruppe" zu geben. Das IOR entsprach dieser Bitte, weil (a) die *de-facto*-Verbindungen in der Tat gegeben waren, wenn auch ohne Wissen des IOR und (b) weil die von der Ambrosiano dem IOR gelieferten Finanzaufstellungen der überseeischen Firmen zeigten, daß ihre Guthaben ihre Schulden gegenüber den verschiedenen Banken der Ambrosiano-Gruppe in etwa decken würden.

Es muß daran gemahnt werden, daß in Einklang mit Calvis Versprechen die Schutzbriefe nie außerhalb der Gruppe zirkulierten und auch eine Verhinderung weiterer Verschuldung der überseeischen Firmen bewirkten, die sich von diesem Augenblick an keine weiteren Darlehen beschafften.

9. Die Calvi gegebene Autorisierung, als *faktischer Bevollmächtigter* für die überseeischen Firmen zu agieren, war eine direkte Folge der Bewilligung der Schutzbriefe vom 1. September. Sie wurden auf Calvis ausdrücklichen Wunsch bewilligt, um ihn formell zu ermächtigen, die Firmen zu verwalten, die das IOR de facto, aber unbeabsichtigt, kontrollierte. Der Brief, der Calvi zum faktischen Bevollmächtigten für die Firmen benannte, diente nur dazu, die zuvor schon bestehende Lage zu bestätigen, da die besagten Firmen schon immer von Calvi ohne irgendwelche Anweisungen des IOR und ohne dessen Kenntnis verwaltet wurden. Als das IOR sich der Lage bewußt wurde, war sein erster Schritt, Calvis Verpflichtung zu erhalten, daß die Verschuldung der Firmen unter keinen Umständen erhöht würde. Das ist tatsächlich auch geschehen, da es nach dem September 1981 keine neuen Transaktionen mehr gab.

Da das IOR nicht der wahre Eigentümer der Firmen war und sie auch nie verwaltet hatte, konnte es bei dieser Sachlage auch nicht in deren Verwaltung einbezogen werden. Auf der anderen Seite schien das IOR den Kapitalbesitz der Firmen zu haben. Daher die Notwendigkeit für das IOR, die Verwaltung der Firmen ihrem wirklichen Eigentümer formell anzuvertrauen.

10. Die Genfer Vereinbarung von 1984, die Kenntnis genommen hatte von der Tatsache, daß das IOR als der formelle Besitzer der Firmen *erschien,* und von der festen Absicht des IOR – von Anfang an bekundet – alle Bindungen mit den Firmen, deren wahrer Eigentümer es nicht war, zu lösen, sieht die Rückgabe der direkt oder indirekt im Namen des IOR einbehaltenen Aktienzertifikate an die Ambrosiano-Gruppe vor, deren wahrer Eigentümer die Ambrosiano auch war. Unkorrekt ist die Aussage, die Vereinbarung gebe an, daß das IOR der wahre Eigentümer der Scheinfirmen *war.* Tatsächlich ist das Gegenteil richtig, weil die Vereinbarung, indem sie die Aussage des IOR und das, was es von Anfang an verlangt hatte, akzeptiert, alle formellen Bindungen zwischen dem IOR und den überseeischen Firmen beseitigte, die ihrem wahren Eigentümer – der Ambrosiano-Gruppe – übergeben wurden.

11. Als das MANIC-Darlehen zurückgezahlt wurde, war es dem IOR unbekannt und es konnte auch nicht wissen, daß das Geld von Nordeurop kam, einer Firma, mit der das IOR nie irgendeine Beziehung unterhielt.

Gleichfalls war dem IOR unbekannt und konnte es auch nicht wissen, daß Nordeurop eine Tochtergesellschaft von UTC war, aus dem einfachen Grund, daß UTC dem Verwaltungsvertrag mit der Banco del Gottardo zufolge keine Transaktion ohne schriftliche Anweisungen vom IOR durchführen sollte, und es war auch niemals vom IOR der Banco del Gottardo eine Anweisung gegeben worden.

Die Rückzahlung des Darlehens durch Geld, das von einer anderen Firma kam, kann jedenfalls nicht bedeuten, daß die letztere MANIC kontrolliert.

12. Es ist völlig richtig, daß die von MANIC ausgeführte Transaktion (unter der Verwaltung von Ambrosiano) den Zweck hatte, Calvi die Kontrolle über die Banco Ambrosiano zu sichern. Aber es

ist nicht richtig, daß das IOR zu diesem Plan seinen Beistand leistete, was durch die Tatsachen auch bewiesen wird. Tatsächlich hat das IOR nie, wie oben bereits festgestellt, Ambrosiano direkt verwaltet, indem es Männer seines Vertrauens in die Geschäftsleitung der Ambrosiano berief, was für den Eigentümer eine absolut normale Sache gewesen wäre. Es hätte dabei auch juristisch wie de facto für das IOR kein Hindernis gegeben, sich die direkte, offene Kontrolle über eine katholische Bank zu sichern. Auf der anderen Seite liefe es jedem Sachverstand zuwider, wenn der Eigner andere ein enormes Vermögen verwalten, schlimmer, schlecht verwalten ließe, und absolut kein Interesse an seiner Investition zeigen würde.

13. Das IOR erhielt als Gläubiger von MANIC – dessen Aktien es als Darlehenssicherheit besaß – nur bei drei Gelegenheiten (1975, 1976 und 1977) die Bilanzen der Firma zur Bestätigung bei der Jahreshauptversammlung eingereicht. Das IOR war nie bei einer solchen Versammlung, noch hat es jemals der Firmenverwaltung, die von der Ambrosiano geleitet wurde, irgendwelche Anweisungen gegeben. Es ist symptomatisch, daß die Bilanzen, die dem IOR geschickt wurden, unter den Beteiligungen keine der Tochtergesellschaften, die mit Zusammenbruch der Ambrosiano zu tun hatten, aufführen.

Nach 1977 und bis 1981 ist dem IOR keine weitere Information zugegangen.

14. Es gab in der Geschäftsleitung von Banco Ambrosiano in Übersee GmbH. sieben Direktoren.

Die Bank wurde vom Verwaltungsdirektor (Pierre Siegenthaler) und dem Vorsitzenden (Calvi), dem weitreichende Vollmachten verliehen worden waren, geleitet. Monsignore Marcinkus war wie alle anderen Direktoren nur mit den Angelegenheiten vertraut, die auf den Aufsichtsratssitzungen besprochen wurden. Die Sitzungsprotokolle zeigen, daß die Aktivitäten der panamesischen Tochtergesellschaften nie auf der Tagesordnung standen und von den Direktoren nie besprochen wurden. Der Brief von MANIC an BAOL vom 6. März 1980 ist ein offizieller Brief, der im Hinblick auf die Verträge zur treuhänderischen Verwaltung und Domizilierung der panamesischen Tochtergesellschaft bestätigt, daß alle Unternehmensakten der besagten Firmen von BAOL treuhänderisch verwaltet wurden und Dritten nicht zugänglich gemacht werden sollten. Diese Art von Briefen ist bei allen Treuhandverträgen mit Banken für die Verwaltung und Domizilierung von Firmen absolut normal.

Abschrift eines Trostbriefes

datiert 1. September 1981

BANCO AMBROSIANO ANDINO S. A.
LIMA/PERU

Sehr geehrte Herren!

Hiermit bestätigen wir, daß wir direkt oder indirekt die unten aufgeführten Einträge kontrollieren:

- Manic S. A., Luxemburg
- Astolfine S. A., Panama
- Nordeurop. Establishment, Liechtenstein
- U. T. C. United Trading Corporation, Panama
- Erin S. A., Panama
- Bellatrix S. A., Panama
- Belrosa S. A., Panama
- Starfield S. A., Panama

Wir bestätigen auch unsere Kenntnis von ihrer Verschuldung Ihnen gegenüber durch die beigefügte Postenaufstellung vom 10. 6. 1981.

Hochachtungsvoll
[Unterschrift unleserlich]
ISTITUTO PER LE OPERE DI RELIGIONE

REGISTER

Theologie bei Piper

Heinz J. Fischer
Der heilige Kampf
Geschichte und Gegenwart der Jesuiten. 284 Seiten. Serie Piper 728

Mario von Galli
Gott aber lachte
Erinnerungen. 141 Seiten. Serie Piper 905

Albert Görres
Kennt die Religion den Menschen?
Erfahrungen zwischen Psychologie und Glauben. 142 Seiten. Serie Piper 318

Helmut Gollwitzer
Was ist Religion?
Fragen zwischen Theologie, Soziologie und Pädagogik. 78 Seiten. Serie Piper 197

Norbert Greinacher
Die Kirche der Armen
Zur Theologie der Befreiung. 177 Seiten. Serie Piper 196

Norbert Greinacher
Der Schrei nach Gerechtigkeit
Elemente einer prophetischen politischen Theologie. 199 Seiten. Serie Piper 643

Herbert Haag
Vor dem Bösen ratlos?
In Zusammenarbeit mit Katharina und Winfried Elliger.
320 Seiten. Serie Piper 951

Herbert Haag/Katharina Elliger
»Stört nicht die Liebe«
Die Diskriminierung der Sexualität – ein Verrat an der Bibel.
271 Seiten. Serie Piper 1081

Piper 38/11 b

PIPER

Theologie bei Piper

Karl Jaspers
Die maßgebenden Menschen
Sokrates – Buddha – Konfuzius – Jesus. 210 Seiten. Serie Piper 126

Doris Kaufmann
Frauen zwischen Aufbruch und Reaktion
Protestantische Frauenbewegung in der ersten Hälfte des 20. Jahrhunderts.
Mit einem Vorwort von Elisabeth Moltmann-Wendel.
264 Seiten. Serie Piper 897

Wilhelm Korff
Wie kann der Mensch glücken?
Perspektiven der Ethik. 388 Seiten. Serie Piper 394

Gerhard Schmied
Kirche oder Sekte?
Entwicklungen und Perspektiven des Katholizismus in der westlichen Welt.
138 Seiten. Serie Piper 910

Helmut Thielicke
Mensch sein – Mensch werden
Entwurf einer christlichen Anthropologie. 526 Seiten. Kart.

Paul Tillich
Auf der Grenze
Eine Auswahl aus dem Lebenswerk. Mit einem Vorwort von Heinz Zahrnt zur Taschenbuchausgabe.
240 Seiten. Serie Piper 593